DCG

Diplôme de Comptabilité et Gestion

UE10

Comptabilité approfondie

Conforme au programme de DCG
BO n° 25 du 27/06/2019

Patricia BRAULT
Marine DUMURE
Hervé JAHIER
Pascal LÉPINE
Romain MANSO

RÉFORME PCG 2025 ANC 2022-06

• ÉDITION 2024 •

FontainePicard

SOMMAIRE

UE10 – COMPTABILITÉ APPROFONDIE

PARTIE 4 : CHARGES ET PRODUITS

PARTIE 5 : ENTITÉS SPÉCIFIQUES

ENTRAÎNEMENT À L'ÉPREUVE

Correspondance de l'ouvrage avec le programme

La correspondance entre le programme officiel et les chapitres de l'ouvrage est indiquée en colonne de droite.

BO n° 25 du 27/06/2019

COMPTABILITÉ APPROFONDIE (UE 10)

Niveau L : 170 heures – 14 ECTS
L'UE de « comptabilité approfondie », dans la continuité de l'UE de « comptabilité », vise à compléter et approfondir les notions comptables de base.

1 - Profession et normalisation comptable (15 h)

Sens et portée de l'étude

Connaître les enjeux actuels de la comptabilité à travers la présentation de la profession comptable et de la normalisation comptable.

11 - Profession comptable

Sens et portée de l'étude

Positionner le rôle de la profession comptable au sein du monde économique.

Compétences attendues	Savoirs associés	Chapitre de l'ouvrage
• Identifier les modalités d'exercice de la profession, ses missions et ses responsabilités. • Expliquer les rôles des organisations professionnelles et le statut de leurs membres. • Appliquer les règles déontologiques à respecter par les experts-comptables et les commissaires aux comptes, dans une situation donnée.	• Organisations professionnelles, leurs principaux rôles et leurs liens avec les régulateurs publics : - ordre des experts-comptables ; - compagnie nationale des commissaires aux comptes ; - haut conseil du commissariat aux comptes. • Diversité des statuts et des modalités d'exercice de la profession : - expert-comptable ; - commissaire aux comptes ; - comptable salarié ; - comptable public. • Principales missions de l'expert-comptable et du commissaire aux comptes. • Nature des responsabilités du comptable salarié, du comptable public, de l'expert-comptable et du commissaire aux comptes. • Notion d'éthique et de déontologie et principes fondamentaux de comportement à observer par la profession.	1

12 - Normalisation comptable

Sens et portée de l'étude

Comprendre l'importance de la normalisation comptable et sa place dans une économie mondialisée.

Compétences attendues	Savoirs associés	Chapitre de l'ouvrage
• Identifier les normalisateurs internationaux et nationaux, analyser leurs rôles. • Positionner le Plan Comptable Général (PCG) dans le contexte évolutif de la normalisation internationale. • Identifier les principes fondamentaux de la comptabilité et justifier le rôle d'un cadre conceptuel. • Citer les référentiels comptables applicables en France.	• Normalisateurs internationaux et principaux rôles : - « *International Accounting Standards Board* » (IASB) ; - « *International Public Sector Accounting Standards Board* » (IPSASB). • Normalisateurs nationaux et principaux rôles : - Autorité des Normes Comptables (ANC) ; - Autorité des Marchés Financiers (AMF) ; - Conseil de Normalisation des Comptes Publics (CNOCP). • Principes comptables applicables en France pour les comptes individuels. • Notion de groupe et référentiels comptables applicables en France pour les comptes consolidés. • Définition et rôle d'un cadre conceptuel. • Comparaison du cadre français et du cadre conceptuel des « International Financial Reporting Standards » (IFRS) dont la notion de juste valeur et le principe de la prééminence de la réalité sur l'apparence.	2

2 - Actif (70 h)

Sens et portée de l'étude

Identifier et comprendre les problèmes posés par la comptabilisation des actifs, les solutions apportées et leurs impacts.

21 - Principes généraux

Sens et portée de l'étude

Connaître la définition de l'actif et les règles d'activation.

Compétences attendues	Savoirs associés	Chapitre de l'ouvrage
• Caractériser les différentes catégories d'actif. • Exposer les conditions d'activation. • Exposer les principes d'évaluation des actifs.	• Définition, catégories d'actif et conditions d'activation. • Principes d'évaluation des actifs à l'entrée et postérieurement à leur entrée.	3

22 - Immobilisations corporelles et incorporelles

Sens et portée de l'étude

Définir les immobilisations corporelles et incorporelles et appliquer les règles de leur évaluation et de leur comptabilisation.

Compétences attendues	Savoirs associés	Chapitre de l'ouvrage
• Identifier et distinguer les immobilisations corporelles et incorporelles. • Exposer et appliquer les règles d'inscription à l'actif, d'évaluation et d'enregistrement des immobilisations corporelles et incorporelles. • Évaluer et comptabiliser les opérations portant sur les immobilisations corporelles et incorporelles à l'entrée et postérieurement à leur entrée. • Analyser les conséquences d'un choix de comptabilisation, notamment sur la présentation des comptes annuels, dans une situation donnée. • Présenter les informations à fournir en annexe.	• Principes d'évaluation des immobilisations corporelles et incorporelles à l'entrée et postérieurement à leur entrée : - détermination de la valeur d'entrée et incorporation des frais et charges ; - évaluation à l'inventaire (amortissement comptable, amortissement fiscal et dépréciation éventuelle) ; - sortie des immobilisations et prise en compte des frais de cession ; - comptabilisation des régularisations de TVA. • Opérations de location-financement. • Cas spécifique de la clause de réserve de propriété. • Cas spécifiques relatifs aux immobilisations corporelles : - composants ; - sinistres ; - réévaluation libre. • Cas spécifiques relatifs aux immobilisations incorporelles : - redevances annuelles ; - opérations de recherche et développement ; - brevets et marques ; - logiciels et sites internet ; - fonds commerciaux.	4, 5, 6, 7

23 - Stocks

Sens et portée de l'étude

Définir les stocks et mettre en œuvre les règles de leur évaluation et de leur comptabilisation.

Compétences attendues	Savoirs associés	Chapitre de l'ouvrage
• Exposer et appliquer les règles d'inscription à l'actif, d'évaluation et d'enregistrement des stocks. • Évaluer et comptabiliser les opérations portant sur les stocks à l'entrée et postérieurement à leur entrée. • Analyser les conséquences d'un choix de comptabilisation notamment sur la présentation des comptes annuels, dans une situation donnée. • Présenter les informations à fournir en annexe.	• Principes d'évaluation des stocks à l'entrée et postérieurement à leur entrée. • Cas spécifiques : - quotas d'émission de gaz à effet de serre et instruments assimilés ; - clause de réserve de propriété ; - sinistres.	10

24 - Actifs financiers

Sens et portée de l'étude

Définir les actifs financiers et appliquer les règles de leur évaluation et de leur comptabilisation.

Compétences attendues	Savoirs associés	Chapitre de l'ouvrage
• Identifier et caractériser les différentes catégories d'actifs financiers. • Exposer et appliquer les règles d'inscription à l'actif, d'évaluation et d'enregistrement des titres. • Évaluer et comptabiliser les opérations portant sur les actifs financiers à l'entrée et postérieurement à leur entrée. • Analyser les conséquences d'un choix de comptabilisation, notamment sur la présentation des comptes annuels, dans une situation donnée. • Présenter les informations à fournir en annexe.	• Définitions et catégories d'actifs financiers. • Principes d'évaluation des actifs financiers à l'entrée et postérieurement à leur entrée : - détermination de la valeur d'entrée et incorporation des frais d'acquisition ; - actions entièrement et partiellement libérées, actions gratuites ; - évaluation à l'inventaire. • Cas de rachats par l'entité de ses propres actions et obligations. • Acquisition et cession de droits préférentiels de souscription et de droits d'attribution, de bons de souscription d'actions et d'obligations. • Obligations souscrites à l'émission, acquises ou vendues après leur émission.	9

3 - Passif (40 h)

Sens et portée de l'étude

Identifier et comprendre les problèmes posés par la comptabilisation des passifs, les solutions apportées et leurs impacts.

31 - Capitaux propres

Sens et portée de l'étude

Définir les capitaux propres et maîtriser les règles de leur évaluation et de leur comptabilisation.

Compétences attendues	Savoirs associés	Chapitres de l'ouvrage
• Exposer et appliquer les règles relatives aux opérations de variation des capitaux propres des sociétés selon leur forme juridique. • Analyser les opportunités et les risques d'une modalité d'augmentation de capital, et/ou d'affectation du résultat. • Évaluer et comptabiliser les variations de capitaux propres dans les comptes individuels. • Analyser les conséquences d'un choix de comptabilisation, notamment sur la présentation des comptes annuels, dans une situation donnée. • Présenter les informations à fournir en annexe.	• Variations du capital : - apports initiaux ; - augmentation de capital ; - réduction de capital ; - amortissement du capital ; - traitement comptable des frais liés aux opérations sur le capital ; - cas particuliers : apports partiellement libérés et leurs appels ultérieurs, versements anticipés et actionnaires retardataires ou défaillants, bons de souscription d'actions, droits préférentiels de souscription et droits d'attribution. • Affectation du résultat, y compris les cas particuliers du paiement des dividendes en actions et du versement d'acomptes sur dividendes. • Provisions réglementées : définition et principes de comptabilisation.	11, 12, 13, 14

32 - Passif externe

Sens et portée de l'étude

Définir les passifs externes et appliquer les règles de leur évaluation et de leur comptabilisation.

Compétences attendues	Savoirs associés	Chapitres de l'ouvrage
• Caractériser les différentes catégories de passif. • Exposer et appliquer les conditions d'inscription au passif. • Évaluer et comptabiliser les opérations portant sur certains passifs à leur entrée et postérieurement à leur entrée. • Analyser les conséquences d'un choix de comptabilisation, notamment sur la présentation des comptes annuels, dans une situation donnée. • Présenter les informations à fournir en annexe.	• Définition, catégories de passifs externes et conditions d'inscription : provisions, dettes, charges à payer, passifs éventuels. • Cas particuliers de provisions : - provisions pour retraites et obligations similaires ; - provisions pour restructuration ; - limitation de la provision pour perte de change, coûts de démantèlement, d'enlèvement et de remise en état de site ; - provisions pour gros entretien ou grandes révisions. • Engagements financiers et passifs financiers. • Emprunts obligataires, dans leur forme ordinaire, non convertibles, avec ou sans prime de remboursement : - émission, service de l'emprunt, régularisations d'inventaire ; - émission de bons de souscription d'obligations ; - annulation par l'entité de ses propres obligations.	**15, 17, 16, 18**

4 - Charges et produits (30 h)

Sens et portée de l'étude

Appréhender l'importance de la notion de temps dans le processus comptable et la question de rattachement des charges et des produits au résultat de l'exercice.

Compétences attendues	Savoirs associés	Chapitres de l'ouvrage
• Exposer et appliquer les traitements comptables relatifs au rattachement des charges et des produits. • Évaluer et comptabiliser les opérations citées et plus particulièrement celles se déroulant sur plusieurs exercices. • Analyser les conséquences d'un choix de comptabilisation, notamment sur la présentation des comptes annuels, dans une situation donnée. • Présenter les informations à fournir en annexe.	• Abonnement des charges et des produits. • Évènements postérieurs à la clôture. • Contrats à long terme. • Dispositifs associant le personnel aux performances de l'entreprise. • Impôt sur les sociétés. • Aides aux entreprises : subventions, aides à l'emploi, abandons de créance. • Changements comptables.	**19, 20, 21, 22, 23, 24, 25**

5 - Entités spécifiques (15 h)

Sens et portée de l'étude

Identifier et appliquer les adaptations des règles de comptabilisation aux associations et aux collectivités territoriales.

Compétences attendues	Savoirs associés	Chapitre de l'ouvrage
• Exposer les spécificités propres aux associations et aux collectivités territoriales. • Citer les principales particularités comptables des associations et des collectivités territoriales. • Évaluer et comptabiliser les principales opérations.	• Associations : - cadre légal et réglementaire ; - principales sources de financement et obligations d'information liées ; - principales opérations comptables ; - documents de synthèse. • Collectivités locales : - cadre légal et réglementaire ; - principe de séparation de l'ordonnateur et du comptable public et leurs fonctions ; - notions de budget et d'équilibre budgétaire ; - principales opérations comptables ; - contrôle des comptes.	**26, 27**

Avant-propos

Cette nouvelle édition est conforme à la réforme du PCG (ANC n° 2022-26 applicable au plus tard le 1er janvier 2025). Cet ouvrage permet de préparer l'épreuve écrite de l'UE portant sur l'étude d'une ou de plusieurs situations pratiques avec, le cas échéant, une ou plusieurs questions (durée : 3 heures ; coefficient : 1).

Les dispositions du règlement ANC n° 2022-06 et les hypothèses formulées sont intégrées aux fiches ressources sous forme de remarques encadrées.

Règlement ANC n° 2022-06 – Traitement des coûts d'emprunts rattachés à des actifs
Le règlement ANC n° 2022-06 supprime la technique du transfert de charges (article 1er nouveau : « À l'article 512-1, les mots "les transferts de charges" sont supprimés »).
Lorsque la charge n'a pas été inscrite directement dans le compte adéquat, le montant concerné est transféré en créditant le compte 669 « Charges d'intérêts ». Ce compte doit venir en diminution du poste « intérêts et charges assimilées » dans le compte de résultat.

Les chapitres 4, 11 et 21 ont été restructurés autour d'une situation professionnelle permettant d'illustrer les notions et concepts étudiés tout au long du chapitre.

À la fin de l'ouvrage, 2 sujets d'entraînement à l'épreuve permettent de réviser l'ensemble du programme.

Applications

Chaque application est identifiée ainsi : * facile ** moyen *** difficile

et est accompagnée d'une estimation du temps nécessaire afin de favoriser l'apprentissage de la gestion du temps par l'étudiant.

PARTIE 1 : PROFESSION ET NORMALISATION COMPTABLE

CHAPITRE 1 : L'ORGANISATION DE LA PROFESSION COMPTABLE

COMPÉTENCE ATTENDUE

- **Identifier** les modalités d'exercice de la profession comptable et les règles déontologiques à respecter.

FICHE RESSOURCES

1 - L'organisation de la profession comptable

I. La diversité des statuts

Deux statuts prédominent dans la profession comptable :

- la profession comptable libérale, caractérisée par son indépendance professionnelle ;
- la profession comptable salariée, basée sur le lien de subordination lié au contrat de travail.

II. La profession comptable libérale

L'exercice de la profession comptable libérale repose sur la nature de la mission réalisée :

- une mission contractuelle pour l'expert-comptable ;
- une mission légale pour le commissaire aux comptes.

A. La mission contractuelle de l'expert-comptable

La mission de l'expert-comptable est de nature contractuelle. Elle peut donc prendre différentes formes en fonction de la nature de la prestation souhaitée par le client. Cette dernière est définie dans la lettre de mission sur laquelle l'expert-comptable s'accorde avec le client qui souhaite son intervention. Le titre d'expert-comptable est légalement protégé par l'ordonnance n° 45-2138 du 19 septembre 1945. Il est réservé au diplômé d'expertise comptable, donc au titulaire du DEC. Pour pouvoir exercer sa profession à titre libéral, l'expert-comptable doit obligatoirement être inscrit à l'Ordre des experts-comptables.

Pour pouvoir être inscrit au tableau de l'Ordre, l'expert-comptable doit répondre à un certain nombre d'obligations :

– *« il n'y a plus de condition de nationalité pour l'inscription à l'ordre des titulaires du diplôme français ;*

– *jouir de ses droits civils, n'avoir subi aucune condamnation criminelle ou correctionnelle de nature à entacher son honorabilité ;*

– *présenter les garanties de moralité jugées nécessaires par le conseil de l'Ordre des Experts-Comptables ».*

Cette inscription lui confère le titre « d'Expert-comptable diplômé » et l'oblige à respecter le code de déontologie, la norme relative à la maîtrise de la qualité des missions, la norme professionnelle de lutte contre le blanchiment des capitaux et le financement du terrorisme, et le cadre de référence des missions du professionnel de l'expertise comptable.

Ce cadre, agréé par arrêté ministériel du 10 juin 2022 et applicable à compter du 1er juillet 2022, distingue trois familles de missions :

- les missions d'assurance sur les comptes complets historiques ;
- les autres missions d'assurance ;
- les missions sans assurance.

Les normes professionnelles applicables aux missions d'assurance sur les comptes complets historiques définissent l'objet et les diligences que le professionnel de l'expertise comptable doit mettre en œuvre afin d'atteindre les objectifs de la mission qui lui a été confiée :

NATURE DE LA MISSION NORMALISÉE	MISSION DE PRÉSENTATION DE COMPTES	MISSION D'EXAMEN LIMITÉ DE COMPTES	MISSION D'AUDIT D'ÉTATS FINANCIERS
Objets de la mission	**La mission de présentation** a pour objet de permettre à l'expert-comptable d'exprimer une **assurance modérée** sur la cohérence et la vraisemblance des comptes annuels.	**La mission d'examen** limité de comptes a pour objectif d'exprimer une **assurance modérée** sur la conformité des comptes au référentiel comptable qui leur est applicable. Cette mission répond aux besoins d'une assurance supérieure à celle résultant d'une mission de présentation.	La **mission d'audit** peut être exercée au profit d'entreprises dans le cadre de l'audit contractuel. Cette mission a pour objectif de permettre au professionnel d'exprimer une **assurance raisonnable** sur la conformité des états financiers au référentiel comptable qui leur est applicable.

L'expert-comptable perçoit une rémunération sous forme d'honoraires définis dans la lettre de mission. Ses honoraires sont calculés en fonction des taux horaires pratiqués par l'expert-comptable appliqués à la nature et à la durée de la mission.

Exemple

Un expert-comptable dresse une lettre de mission relative à la tenue de la comptabilité et à l'élaboration des comptes annuels d'une société. Cette mission représente 4 heures de travail par mois pour l'expert-comptable, et 10 heures de travail par mois pour le collaborateur chargé du dossier. Les honoraires sont calculés en fonction des taux horaires pratiqués par l'expert-comptable et de son temps de travail ainsi que de celui de son collaborateur.

La fixation des honoraires de résultat a été autorisée par la loi Pacte du 22 mai 2019 sous conditions :

- les honoraires de résultat doivent être complémentaires aux honoraires de diligence et ne peuvent pas porter sur les missions principales de l'expert-comptable (tenue de comptabilité et révision comptable) et sur celles participant à la détermination de l'assiette fiscale et sociale du client ;
- les honoraires de résultat ne doivent pas compromettre l'indépendance de l'expert-comptable ou le placer en situation de conflit d'intérêts.

Par ailleurs, la loi PACTE a instauré la notion de mandat implicite : la signature de la lettre mission autorise, de manière implicite, l'expert-comptable à réaliser des démarches administratives, fiscales ou sociales pour le compte de son client.

La fonction d'un professionnel libéral inscrit au tableau est incompatible avec tout emploi salarié, sauf chez un autre membre de l'Ordre ou dans une société membre de l'ordre, et avec tout acte de commerce ou d'intermédiaire autre que ceux que comporte l'exercice de la profession. Toutefois, la loi PACTE du 22 mai 2019 a institué le statut d' « expert-comptable en entreprise » permettant à un diplômé d'expertise comptable salarié d'une entité non inscrite à l'Ordre, avec l'accord de son employeur, de demander son inscription à l'Ordre (voir partie III.B).

Un expert-comptable peut intervenir dans toutes les entités, quels que soient leur taille, le secteur d'activité, le statut juridique.

La loi pour la croissance, l'activité et l'égalité des chances économiques (loi Macron) du 6 août 2015, puis la loi PACTE du 22 mai 2019 ont entraîné plusieurs modifications des conditions d'exercice des experts-comptables : il est désormais possible de réaliser tout type d'études ou de travaux d'ordre statistique, économique, administratif, financier, environnemental et numérique pour un client pour lequel aucune mission comptable n'est assurée, tels que :

- conseil en organisation générale, commerciale ou administrative (art. 2, al.3, de l'ordonnance de 1945) ;
- relation avec les organismes bancaires et financiers ;
- mise en place d'un système informatique ;
- réalisation d'un bilan carbone, des missions d'ordre administratif ou technique dans les domaines :
  - fiscal : mandat fiscal, gestion fiscale de groupe…,
  - social : établissement des paies, administration sociale, bilan économique ou fiscal, conseil en organisation fiscale des missions juridiques protégées par la loi du 31 décembre 1971, telles que des consultations juridiques et la rédaction d'actes sous seing privé.

L'expert-comptable peut les réaliser :

- chez un client permanent ou habituel pour lequel l'expert-comptable réalise déjà des missions comptables ou d'accompagnement déclaratif et administratif ;
- pour un nouveau client dans le prolongement direct de travaux comptables.

Ce type de missions ne doit pas constituer l'activité principale du cabinet d'expertise comptable.

Par ailleurs, à titre accessoire, les experts-comptables peuvent, par le compte bancaire de leur client ou adhérent, procéder au recouvrement amiable de leurs créances et au paiement de leurs dettes, pour lesquels un mandat leur a été confié.

B. La mission légale du commissaire aux comptes

La mission légale du commissaire aux comptes est celle qui résulte de la loi sur les sociétés commerciales, fixées par le décret 69-810 du 12 août 1969. Cette dernière a institué pour ces sociétés un contrôle légal de caractère permanent par un ou plusieurs commissaires aux comptes ayant pour objectif principal la vérification de la régularité, de la sincérité et de l'image fidèle des comptes.

Le Décret n° 2024-152 du 28 février 2024 modifie les seuils de désignation du commissaire aux comptes. Les nouvelles mesures s'appliquent aux comptes et rapports afférents aux exercices ouverts à compter du 1er janvier 2024. Les mandats en cours doivent se poursuivre jusqu'à leur date d'expiration.

Pour les sociétés commerciales suivantes : SARL, EURL, SA, SAS, SCA, SCS et SNC, les désignations des commissaires aux comptes sont obligatoires si dépassement de 2 des 3 seuils suivants :

- 5 000 000 € de bilan ;
- 10 000 000 € de chiffre d'affaires HT ;
- 50 salariés.

En cas de franchissement des seuils, il n'est pas obligatoire de nommer un CAC pour contrôler les comptes de l'exercice au cours duquel les seuils sont dépassés. L'obligation entre en vigueur dès l'exercice suivant.

Une personne physique ou une société professionnelle, inscrite sur une liste spéciale dressée dans le ressort de chaque Cour d'appel peut-être nommée commissaire aux comptes. Le titre de Commissaire aux comptes est légalement protégé par le décret du 12 août 1969.

Il est nécessaire dans ce cadre d'être titulaire soit du diplôme d'expert-comptable (DEC), soit du certificat d'aptitude aux fonctions de commissaire aux comptes (CAFCAC).

La personne, physique ou morale, doit être obligatoirement membre d'une organisation professionnelle : la Compagnie Régionale des Commissaires aux Comptes (CRCC).

Le statut de CAC, fixé par décret, l'oblige également à respecter les normes professionnelles homologuées par arrêté du garde des Sceaux après avis du Haut Conseil du Commissariat aux comptes (HCCC) créé par la loi du 1er août 2003 relative à la sécurité financière.

- *À la constitution d'une société, le commissaire aux comptes est nommé par l'assemblée constitutive. Dans les autres cas, le commissaire aux comptes est désigné dans les statuts de la société.*
- *Pendant la vie sociale, le commissaire aux comptes est nommé par l'assemblée générale ordinaire (AGO) ou par décision judiciaire, à la demande de tout actionnaire, si l'assemblée omet d'élire un commissaire.*

Le commissaire aux comptes est nommé pour une durée de six exercices comptables. (Cette durée peut-être renouvelée à la demande de la société). Quelle que soit la nomination, un CAC suppléant est toujours nommé, et sur la même durée, que le CAC titulaire. Le CAC suppléant intervient lorsque le CAC titulaire ne peut plus assumer sa mission.

Les fonctions cessent :

- soit, éventuellement, à l'expiration de la durée (au bout de 6 ans) ;
- soit pour deux causes, pendant la durée d'exercice légale (dans la période de 6 ans) :
  - **par démission pour justes motifs :** raisons personnelles non liées à la mission, maladie, litige grave avec l'entité nécessitant une notification à l'entité,
  - **par révocation**, par l'assemblée générale ordinaire ou en justice pour non-exécution de la mission, divulgation de secret sur l'entité ou immixtion dans la gestion.

La fonction de commissaire aux comptes est incompatible avec :

- toute activité ou tout acte de nature à porter atteinte à son indépendance ;
- tout emploi salarié. Toutefois un commissaire aux comptes peut dispenser un enseignement se rattachant à l'exercice de sa profession ou occuper un emploi rémunéré chez un commissaire aux comptes ou chez un expert-comptable ;
- toute activité commerciale, qu'elle soit exercée directement ou par personne interposée. **De plus, un commissaire aux comptes ne peut pas être nommé dans une société où il exerce une fonction d'expert-comptable. De ce fait, il ne doit pas s'immiscer dans la gestion de la société contrôlée.** Il ne peut pas exercer des actes exemple commerciaux, comme, par exemple, être gérant d'une Société en Nom Collectif.

FICHE RESSOURCES

III. La profession comptable salariée

La profession comptable salariée repose sur le lien de subordination défini par le contrat de travail. La nature juridique du secteur d'activité de l'employeur (secteur privé ou secteur public) définit le statut du comptable salarié.

A. Statut de droit public : le comptable public

Le comptable public est un fonctionnaire ou agent habilité à titre principal au maniement et à la gestion des deniers publics ou des deniers privés réglementés. Les deniers privés réglementés se distinguent des deniers publics en ce sens que les premiers sont confiés aux organismes publics tandis que les seconds leur appartiennent. Les deniers privés réglementés sont des fonds qui appartiennent à une personne privée.

Exemple

Les particuliers peuvent déposer auprès du Trésor Public des fonds sous forme de compte courant ou de bons du trésor. Ce sont, dans ce cas, des deniers privés réglementés.

Le titre de comptable public est obtenu par voie de concours public organisé par le ministère de l'économie et des finances. Le titulaire dispose d'un statut spécifique car, dans l'exercice de ses fonctions, il dispose d'une totale indépendance, non seulement à l'égard du directeur de l'établissement, mais encore à l'égard de l'autorité qui l'a nommé.

Cette indépendance est la contrepartie logique de la responsabilité qui lui est propre. Il recouvre, sous sa responsabilité pécuniaire personnelle, les créances et paye les dettes de la majeure partie des personnes publiques ou collectivités publiques dont il s'occupe : État, collectivités locales, établissements publics.

Exemple

Le comptable public d'une mairie paie les dettes municipales après accord de l'ordonnateur (le maire), mais il reste garant des deniers publics. Il a un rôle de gestionnaire des dépenses générées par l'entité publique.

B. Contrat de droit privé : le comptable salarié

Le comptable salarié est lié par un contrat de travail à un employeur de droit privé. Sa fonction est liée à la nature des travaux confiés par son employeur. Le travail réalisé dépend de l'expérience professionnelle, des diplômes, du secteur d'activité, des conventions collectives. Une personne diplômée « Expert-comptable » peut-être salariée. C'est le contrat de travail signé avec son employeur qui détermine la nature des travaux. Dans cette situation, elle devient « expert-comptable salarié », et non « expert-comptable diplômé », mention réservée aux membres de l'Ordre des experts-comptables.

Avec la loi PACTE du 22 mai 2019, un diplômé d'expertise comptable salarié d'une entité non inscrite à l'Ordre peut, avec l'accord de son employeur, demander son inscription à l'Ordre et porter le titre d' « expert-comptable en entreprise ». Ce statut offre à l'expert-comptable salarié une meilleure reconnaissance de son diplôme et un accès aux différents produits et services proposés par l'Ordre. Les experts-comptables en entreprise bénéficient notamment de formations et d'informations de l'Ordre. Ils doivent s'acquitter d'une cotisation auprès du conseil régional dont ils relèvent et respecter certaines règles déontologiques des experts-comptables (agir avec probité, honneur et dignité, etc.).

L'expert-comptable en entreprise ne peut accomplir les missions réservées aux experts-comptables, à l'exception de celles fournies au bénéfice de l'entité juridique qui les emploie.

2 - Les organisations professionnelles

I. Historique

L'expert-comptable, professionnel libéral au sein d'une organisation réglementée

L'Ordre des Experts-Comptables, placé sous la tutelle du **ministère de l'Économie et des Finances**, a été institué par la **loi du 3 avril 1942** et redéfini par l'**ordonnance n° 45-2138 du 19 septembre 1945** qui demeure le texte de base de l'organisation actuelle en France. Les grandes missions confiées à l'Ordre sont alors :

- d'assurer la promotion de la profession ;
- de protéger les intérêts de ses membres ;
- d'affirmer sa contribution à l'évolution et au redressement de l'économie du pays et de préconiser toutes les mesures susceptibles d'atteindre ces objectifs dans l'intérêt général du public.

Le Commissaire aux comptes, une profession définie par la loi

Le commissariat aux comptes est érigé en une profession qu'organise le **décret du 12 août 1969**, créant une Compagnie nationale des commissaires aux comptes, placée auprès du **ministre de la Justice**.

Au cours des récentes années, une succession de lois et règlements a modernisé l'ensemble du système d'informations comptables et financières, compte tenu notamment des directives d'harmonisation européennes, du développement des normes internationales et de difficultés rencontrées par les entreprises.

De ces textes résultent principalement pour le commissaire aux comptes :

- une extension de son champ d'intervention, notamment aux entités économiques du secteur public et aux associations ;
- un élargissement du contenu même de sa mission, en particulier l'alerte si la continuité de l'entreprise apparaît compromise.

Depuis 1985, de nombreuses lois ont étendu l'intervention du commissariat aux comptes à diverses entités débordant du cadre strict de l'entreprise. Plus généralement, ces réformes ont pour objet de répondre au besoin d'une information fiable non seulement au profit des organes internes à l'entreprise, mais également de ses partenaires externes et des autorités publiques intéressées, ce que traduit l'obligation de déposer au greffe du tribunal de commerce le rapport du commissaire aux comptes avec les comptes annuels.

Remarque

Un commissaire aux comptes, membre de la CNCC, inscrit auprès de la cour d'appel de sa juridiction peut éventuellement, s'il accepte la mission proposée, intervenir dans les sociétés commerciales, les établissements de crédit les associations, et dans d'autres entités définies par la loi.

Depuis le 1er janvier 2024, le Haut Conseil du Commissariat aux Comptes (H3C), autorité publique indépendante de régulation de la profession de CAC en France, devient la Haute Autorité de l'Audit (H2A).

La H2A reprend les missions antérieurement assurées par le H3C et se voit confier de nouvelles missions relatives à la régulation et à la certification des informations en matière de durabilité en France.

Par ailleurs, les plus grandes entreprises devront au titre de l'exercice 2024 publier un rapport de durabilité sur les sujets environnementaux, sociaux et de gouvernance qui sera contrôlé par des Commissaires Aux Comptes (CAC) ou des auditeurs de durabilité comme les experts-comptables.

La Haute Autorité de l'Audit (H2A) procède à l'inscription des CAC et des auditeurs de durabilité sur les listes leur permettant d'exercer la mission de certification des informations en matière de durabilité.

II. L'organisation actuelle

Organisation de l'Ordre des Experts–comptables

L'Ordre des Experts-Comptables (OEC) est un organisme de droit privé, doté de la personnalité civile, chargé d'une mission de service public. **Il est institué auprès du ministre de l'Économie et des Finances**. Par délégation de la puissance publique, il dispose, dans ce cadre, d'un pouvoir de contrôle de la compétence et de la moralité de ses ressortissants en vue de la garantie du public. Il est composé du Conseil national de l'Ordre des experts-comptables, de 16 Conseils Régionaux de l'Ordre des Experts-Comptables (CROEC) et de 2 comités départementaux. Le conseil national de l'Ordre dispose des droits attachés à la personnalité civile et assure le fonctionnement régulier de l'ordre. Les conseils régionaux ont pour vocation principale de représenter l'Ordre dans les circonscriptions régionales.

Organisation de la Compagnie Nationale des Commissaires aux comptes

La Compagnie Nationale des Commissaires aux Comptes (CNCC) groupe tous les commissaires, personnes physiques ou personnes morales, inscrits sur la liste.

Dotée de la personnalité morale, **elle est instituée auprès du garde des Sceaux, ministre de la justice**, et est reconnue d'utilité publique depuis la loi de sécurité financière du 1er août 2003. Elle est administrée par un conseil national (Conseil national de la CNCC), et 17 compagnies régionales qui siègent dans le ressort de chaque cour d'appel (CRCC).

3 - L'Éthique professionnelle, fondement de la profession comptable

I. L'éthique dans une perspective déontologique - Distinction entre éthique et déontologie

L'éthique

Le mot éthique vient du latin « *éthica* » et du grec « *êthikos* » qui signifient « mœurs ». C'est une valeur morale qui concerne toute personne dans la conduite de ses affaires, dans son appréciation personnelle et professionnelle. C'est la relation entre l'expression d'une liberté professionnelle avec des repères et l'analyse des choix et décisions à effectuer dans le sens de qui est bien.

Exemple

Un expert-comptable libéral est libre dans le choix des missions, mais dès que la lettre de mission est signée, il doit effectuer ses travaux et prendre des décisions en fonction des normes définies par l'Ordre des experts-comptables. Toute décision ou choix effectué en dehors de ce repère normalisé ne respecte pas l'éthique préalablement définie.

FICHE RESSOURCES

La déontologie

Le mot déontologie vient du grec « *Déon, Ontos* » et « *logos* » qui signifient respectivement devoir et discours. La déontologie est la science traitant des devoirs que crée pour un individu, l'exercice d'une certaine profession. La déontologie peut être vue comme une éthique appliquée à un domaine professionnel spécifique. Membre d'une profession libérale, l'expert-comptable a l'obligation de respecter **une déontologie** rigoureuse définie par la profession.

Son indépendance lui permet de mener sa mission avec intégrité et objectivité. Il agit dans le cadre de la loi et d'une éthique qui lui imposent le secret professionnel. Cette obligation garantit au client une totale confidentialité.

L'Expert-Comptable engage sa responsabilité professionnelle dans ses travaux. Dans son comportement personnel comme dans ses relations avec ses clients et ses confrères, il doit respecter la devise de l'Ordre « **Science, Conscience, Indépendance** ».

Remarque

Un expert-comptable a un devoir de conseil. Ce devoir doit être exercé conformément à la devise précitée. Le professionnel communique sa science comptable en toute indépendance à l'égard d'autres personnes, et avec conscience, c'est-à-dire en respectant une éthique professionnelle.

II. Le code de déontologie

Pour l'Ordre des Experts-Comptables, un code de déontologie s'applique à l'ensemble des membres de l'Ordre des Experts-comptables.

Un code de déontologie s'applique également à la profession de commissaire aux comptes.

La déontologie du comptable professionnel traduit un équilibre entre l'intérêt général, l'intérêt du client et l'intérêt professionnel.

INTÉRÊT GÉNÉRAL	**Il faut respecter et faire respecter les lois en vigueur.** • Base de la prestation de serment de l'expert-comptable lors de son inscription à l'ordre (Article 32, titre V « Je jure d'exercer ma profession avec conscience et probité, de respecter et faire respecter les lois dans mes travaux »). • Le commissaire aux comptes a l'obligation de révéler au procureur de la République les faits délictueux dont il pourrait avoir connaissance.
INTÉRÊT DU CLIENT	L'appartenance aux institutions professionnelles (Ordre des Experts-Comptables et Compagnie Nationale des Commissaires aux Comptes) protège l'intérêt du client en garantissant la compétence de leurs membres.
INTÉRÊT PROFESSIONNEL	L'intérêt professionnel est garanti par l'application du Code de déontologie, notamment par les règles de communication suivantes. Toute action de promotion ou de démarchage : • doit être mise en oeuvre avec discrétion, de façon à ne porter atteinte à l'indépendance, à la dignité, à l'honneur, à l'image de la profession ; • doit être décente et empreinte de retenue ; • ne doit comporter aucune inexactitude, ni être susceptible d'induire le public en erreur ; • doit être exempte de tout élément comparatif. **Règles déontologiques** • Les membres de l'ordre se doivent assistance et courtoisie réciproques, les commissaires aux comptes doivent entretenir des rapports de courtoisie et confraternité. • Les membres de l'ordre peuvent collaborer dans l'accomplissement d'une même mission s'ils remplissent chacun de leur côté, les conditions requises pour exercer la profession. • Les experts-comptables appelés, par un client pour remplacer un confrère, ne peuvent accepter leur mission qu'après en avoir informé ce dernier. Les experts-comptables s'assurent que l'offre n'est pas motivée par la volonté du client d'éluder l'application des règlements. • Le commissaire aux comptes appelé à succéder en tant que titulaire à un confrère dont le mandat venant à expiration ne sera pas renouvelé s'assure préalablement auprès de ce confrère que le défaut de renouvellement de son mandat n'est pas motivé par des considérations contraires à l'exercice de la mission légale.

III. Les critères déontologiques

L'indépendance

L'indépendance est un concept fondamental et une notion complexe pour le professionnel comptable. L'indépendance, c'est l'affirmation d'une liberté d'esprit face aux contraintes extérieures. « Être et paraître indépendant », le code de déontologie de l'expert-comptable recommande à tout membre de l'ordre de ne jamais se placer dans une situation qui puisse diminuer son libre arbitre ou faire obstacle à l'accomplissement de son devoir. Parmi les obligations morales, un membre de l'ordre doit être désintéressé. Son attitude doit être loyale et mesurée. **« L'esprit de lucre » ne doit jamais l'emporter sur la rigueur intellectuelle**. Il doit notamment refuser toute mission dans laquelle son activité pourrait conduire à accomplir des actes irréguliers ou dans laquelle son indépendance ne serait pas sauvegardée.

Pour les Experts-comptables, l'article 157 du Code de déontologie précise : « l'obligation de dénoncer le contrat qui lie l'expert-comptable à son client dès la survenance d'un événement susceptible de le placer dans une situation de conflit d'intérêts ou de porter atteinte à son indépendance ».

Exemples

Un expert-comptable a un client qui représente 80 % de l'ensemble de ses honoraires. Cet expert devient dépendant de ce client car il est indispensable à la pérennité de son cabinet.

Un expert-comptable a, parmi sa clientèle, un agent immobilier qui lui propose l'achat d'un appartement ou d'une maison avec des conditions financières intéressantes. L'expert devient dépendant de ce client.

La compétence

La compétence a trait aux connaissances approfondies, au droit de juger ou de décider. Elle est précisée dans les principes fondamentaux de comportement du code de déontologie des commissaires aux comptes. Pour les experts-comptables, l'examen d'activité professionnelle vise à la mise en place des contrôles qualité en vue de maintenir un haut niveau de qualité et de promouvoir l'image des experts-comptables comme professionnels incontournables de la gestion des entreprises.

Exemple

Le commissaire aux comptes a l'obligation de consacrer annuellement un nombre d'heures suffisant à sa formation permanente et veille également à celle de ses collaborateurs afin de maintenir le haut niveau de compétence qu'exige la mission.

L'intégrité

L'intégrité est liée à l'honnêteté et l'incorruptibilité. Le professionnel comptable doit faire preuve d'honnêteté intellectuelle et de droiture dans la conduite de sa mission. Il s'abstient, même en dehors de l'exercice de la profession, de tous agissements contraires à la probité et à l'honneur. Cette obligation morale peut être interprétée comme une « charte de bon comportement » tant à l'égard de la production d'informations fiables et crédibles qu'à l'égard des contingences externes, telles que les relations avec les tiers, les administrations publiques et les autorités judiciaires. Le code de déontologie précise : « Les experts-comptables doivent être libres de tout lien extérieur d'ordre personnel, professionnel ou financier qui pourrait être interprété comme constituant une entrave à leur intégrité ou à leur objectivité ».

Exemple

Un commissaire aux comptes est nommé dans une association sportive très populaire financée par des subventions municipales, départementales et régionales. En cas de difficulté financière de l'association, face aux pressions publiques, le commissaire aux comptes doit rester intègre dans l'exercice de sa mission.

L'objectivité

L'objectivité est liée à l'impartialité. Le professionnel comptable doit veiller tout au long de sa mission à conserver une analyse objective de l'ensemble des données dont il a connaissance, sans préjugé ni parti pris. Sa démarche professionnelle doit être menée en dehors de toutes influences extérieures ou conflits d'intérêts. Le lien avec l'intégrité est très étroit.

La confidentialité

Le caractère confidentiel des affaires s'applique à l'ensemble des professionnels comptables. La confidentialité est le lien très étroit entre l'information financière, la prise de décision et le pouvoir d'anticipation des affaires. **La confidentialité est liée au secret professionnel.** Celui-ci s'applique à tous les professionnels comptables, qu'ils soient dans une activité libérale ou une activité salariée.

Pour les salariés, le secret professionnel est levé à l'égard des employeurs.

Pour les professions libérales, la notion de secret professionnel est plus complexe :

- pour les commissaires aux comptes, il y a obligation de secret professionnel vis-à-vis de différents acteurs ou organismes externes ;

Exemple

L'expert-comptable ou le commissaire aux comptes ont l'obligation de secret vis-à-vis : de conseillers juridiques, avocats, conseils fiscaux ; d'agents de l'administration fiscale ; du tribunal de grande instance ; du tribunal d'instance ; du conseil des prud'hommes ; du tribunal de commerce.

FICHE RESSOURCES

- pour l'expert-comptable, le secret professionnel est profondément attaché au rapport contractuel existant entre l'expert et son client ;
- face à une infraction pénale d'un client, le commissaire aux comptes a l'obligation de révéler le fait délictueux au procureur de la République. L'expert-comptable n'a pas l'obligation de révéler. Il est tenu au secret professionnel ;
- par contre, l'expert-comptable et le commissaire aux comptes sont tenus de déclarer aux services du Tracfin (**Tr**aitement du renseignement et **ac**tion contre les circuits **fin**anciers clandestins) les opérations pouvant provenir du trafic de stupéfiants, de la corruption ou d'activités criminelles organisées.

APPLICATIONS

CONTRÔLE DE CONNAISSANCES

Répondre par « oui » ou par « non » aux affirmations ci-dessous en donnant toutes explications utiles.

1. Un expert-comptable peut effectuer des missions légales et contractuelles.

2. Un diplômé expert-comptable est obligatoirement attaché à l'Ordre des experts-comptables.

3. Un expert-comptable diplômé doit respecter le code de déontologie des professionnels de l'expertise comptable.

4. Un diplômé expert-comptable peut être salarié d'une entreprise privée.

5. Face à une infraction pénale d'un client, un expert-comptable est tenu au secret professionnel.

6. Un diplômé expert-comptable peut exercer la fonction de comptable public.

7. Un comptable public est responsable de sa fonction sur ses deniers privés.

8. Un comptable public est recruté par concours public.

9. Un comptable public peut exercer sa fonction dans une entreprise privée.

10. Un comptable salarié peut être diplômé expert-comptable.

11. Un diplômé expert-comptable peut être commissaire aux comptes.

12. Un commissaire aux comptes est associé aux décisions de gestion de l'entreprise.

13. Un commissaire aux comptes doit accepter toutes les missions légales.

14. Un commissaire aux comptes peut démissionner sans justifier sa décision.

15. Un commissaire aux comptes peut exercer des missions légales dans des entités autres que les entreprises.

16. Un commissaire aux comptes peut interpréter le code de déontologie de la profession de commissaire aux comptes.

QUIZ EN VERSION NUMÉRIQUE

https://eqrco.de/a/eDSGAC

APPLICATION 1**: EXERCICE DE LA PROFESSION LIBÉRALE ET RESPONSABILITÉ DU SALARIÉ

15 Min

La société RIGOLETTO se constitue le 1er avril N. Les associés hésitent sur la forme juridique de la société : SARL ou SA. Le dirigeant est soucieux de présenter aux administrations une comptabilité conforme à la loi.

TRAVAIL À FAIRE

1. Indiquer si la future société est obligée de désigner un expert-comptable, un commissaire aux comptes.
2. Exposer la responsabilité de la société RIGOLETTO en cas d'embauche d'un comptable salarié.
3. Indiquer si un comptable salarié peut être complice d'une infraction dans le cadre de son contrat de travail.

APPLICATION 2**: RESPONSABILITÉ D'UN EXPERT-COMPTABLE

15 Min

Monsieur Marot est expert-comptable, inscrit au tableau de l'ordre régional de Paris. Il constate, lors de sa mission, que son client, Monsieur Ronsard, a omis volontairement de passer des écritures comptables relatives à l'impôt.

TRAVAIL À FAIRE

1. Présenter l'attitude que doit adopter M. Marot vis-à-vis de M. Ronsard.
2. Si M. Ronsard ne veut pas modifier son omission, exposer la responsabilité de l'expert-comptable en cas de poursuite de la mission.

APPLICATION 3**: INSCRIPTION À L'ORDRE ET STATUT DE L'EXPERT-COMPTABLE

15 Min

Madame Nahouza vient d'obtenir son diplôme d'expert-comptable. Elle hésite entre trois possibilités : soit exercer en libéral, soit travailler comme salariée chez un expert-comptable, soit travailler dans une entreprise comme directeur financier.

TRAVAIL À FAIRE

1. Citer les conditions à remplir pour s'inscrire à l'Ordre des experts-comptables.
2. Expliquer si Mme Nahouza peut travailler à la fois en libéral et chez un expert-comptable comme salariée à temps partiel.
3. Expliquer si Mme Nahouza peut travailler à la fois, à temps partiel, comme salariée, chez un expert-comptable, et dans une entreprise comme directrice financière.

APPLICATION 4**: RELATIONS ENTRE LES PROFESSIONNELS

15 Min

Madame Wolf est expert-comptable. La société ERARD l'a sollicitée pour remplacer un autre expert-comptable.

TRAVAIL À FAIRE

1. Préciser les obligations de Mme Wolf vis-à-vis de l'expert-comptable remplacé.
2. Indiquer si Mme Wolf peut négocier des honoraires fixés en fonction des résultats financiers obtenus par le client.
3. En cas de litige avec l'autre expert-comptable, indiquer l'organe chargé de régler les litiges entre les professionnels.
4. Indiquer l'organe chargé de la tutelle des pouvoirs publics sur l'Ordre des experts-comptables et présenter son pouvoir.

APPLICATION 5**: MISSIONS LÉGALES DU PROFESSIONNEL LIBÉRAL

15 Min

Madame Sand est expert-comptable et commissaire aux comptes. Elle a été nommée par le Comité Social et Économique (CSE) de la société PLEYEL en tant qu'expert-comptable.

TRAVAIL À FAIRE

1. Présenter, à partir d'une recherche sur Légifrance, le cadre légal de son intervention auprès du Comité Social et Économique de la société PLEYEL.
2. Expliquer si Mme Sand peut intervenir comme commissaire aux comptes du même comité social et économique.
3. Expliquer si Mme Sand peut être nommée comme commissaire aux comptes de la société PLEYEL.

APPLICATION 6**: RESPONSABILITÉ ET CONSEIL DU COMPTABLE PUBLIC

15 Min

Monsieur Faure, soucieux de la poursuite de sa carrière dans la filière comptable, s'interroge sur le métier de comptable public.

TRAVAIL À FAIRE

1. Indiquer le mode d'obtention du titre de comptable public.
2. Présenter la nature du conseil d'un comptable public.
3. Exposer les responsabilités du comptable public.
4. Justifier la séparation des fonctions entre l'ordonnateur et le comptable public.

MINI-CAS DE SYNTHÈSE

SECRET PROFESSIONNEL, INDÉPENDANCE ET PROFESSION COMPTABLE ***

30 Min

Compétences attendues :
- **Identifier les modalités d'exercice de la profession, ses missions et ses responsabilités.**
- **Expliquer les rôles des organisations professionnelles et le statut de leurs membres.**
- **Appliquer les règles déontologiques à respecter par les experts-comptables et les commissaires aux comptes, dans une situation donnée.**

Madame Sévigné est diplômée expert-comptable depuis quelques années.

Soucieuse de pratiquer un travail de qualité lié à la réglementation professionnelle, elle envisage trois hypothèses dans le cadre de son activité professionnelle.

▶ **Première hypothèse :** elle est associée dans un cabinet de commissaire aux comptes et d'expert-comptable. Face aux développements de « certaines » pratiques des clients, elle s'interroge sur ses obligations de secret professionnel en tant qu'expert-comptable et commissaire aux comptes et sur le nouveau référentiel des normes professionnelles de l'expertise comptable.

La SARL « La Tulipe Noire », client du cabinet de Mme Sévigné en expertise comptable, a une activité d'hôtel-restaurant. Elle doit entreprendre des investissements exigés par le service départemental hygiène et sécurité. Elle est donc dans l'obligation de demander un prêt important à sa banque. À ce jour le cabinet réalise une mission d'examen limité pour cette entreprise.

MISSIONS

1 ***Citer les personnes physiques et morales vis-à-vis desquelles le commissaire aux comptes a une obligation de secret professionnel.***

2 ***Présenter les obligations de secret professionnel de l'expert-comptable.***

3 ***Exposer les situations dans lesquelles le commissaire aux comptes, puis l'expert-comptable, sont déliés du secret professionnel.***

4 ***Apprécier si la mission comptable réalisée par le cabinet est susceptible d'apporter les informations nécessaires dans le cadre de la négociation du prêt.***

▶ **Deuxième hypothèse :** elle exerce les fonctions de directeur financier au sein d'une société anonyme.

5 ***Exposer les obligations de secret professionnel du directeur financier.***

6 ***Expliquer si Mme Sévigné peut décider de la nomination du commissaire aux comptes.***

7 ***Indiquer si Mme Sévigné est indépendante dans l'exercice de sa fonction.***

▶ **Troisième hypothèse :** elle est salariée expert-comptable dans un cabinet à temps partiel, et enseignante à l'université en master d' « Audit ».

8 ***Indiquer si Mme Sévigné peut exercer sa fonction d'enseignante en toute indépendance.***

9 ***Apprécier l'obligation de « secret professionnel » de Mme Sévigné entre son statut de salariée expert-comptable et d'enseignante.***

CHAPITRE 2 : LA NORMALISATION COMPTABLE

COMPÉTENCES ATTENDUES

- **Identifier** les normalisateurs internationaux et nationaux et analyser leurs rôles.
- **Positionner** le Plan Comptable Général (PCG) dans le contexte évolutif de la normalisation internationale.
- **Identifier** les principes fondamentaux de la comptabilité et justifier le rôle d'un cadre conceptuel.
- **Citer** les référentiels comptables applicables en France.

FICHE RESSOURCES

1 - Définitions

Les informations comptables intéressent un grand nombre d'utilisateurs et elles sont pour une large part destinées à être communiquées à l'extérieur de l'entité. La comptabilité financière représente donc un enjeu social, ce qui explique qu'elle soit aujourd'hui normée et réglementée dans la plupart des pays.

NORMALISATION COMPTABLE	Processus de production de normes comptables dans un espace géopolitique donné tel que l'espace national, ou mondial.
NORME COMPTABLE	Obligation plus ou moins contraignante imposée à la pratique comptable. Il s'agit soit d'une convention, c'est-à-dire un usage ou une pratique qui permet aux utilisateurs de la comptabilité de prendre leurs décisions et d'agir, soit d'un raisonnement théorique ou d'un cadre conceptuel fixés a priori, qui a fait l'objet d'une reconnaissance institutionnelle.
DROIT COMPTABLE	Branche du droit privé, qui régit la comptabilité financière et les professionnels comptables.
LA RÉGLEMENTATION COMPTABLE	Elle peut-être définie comme l'action de l'État en matière de production, de mise en œuvre et de contrôle de l'application des normes comptables. On distinguera la règle comptable de la norme en précisant que la norme est une manière d'agir impérative ou recommandée tandis que la règle est impérative et donc plus contraignante qu'une simple norme.
RÉGULATION COMPTABLE	Processus de production, de mise en œuvre et de contrôle de l'application des normes comptables.
CADRE CONCEPTUEL	Le cadre conceptuel définit les concepts qui sont à la base de la préparation et de la présentation des états financiers à l'usage des utilisateurs externes. Il constitue la structure de référence théorique qui sert de support et de guide à l'élaboration des normes comptables. Il définit les concepts qui sont à la base de la préparation et de la présentation des états financiers. Il sert de guide pour la résolution de problèmes comptables lorsqu'il n'existe pas de disposition spécifique édictée par une norme comptable internationale. Il fixe les objectifs des états financiers et les caractéristiques qualitatives de l'information financière. Aujourd'hui les normes internationales possèdent un cadre conceptuel publié par l'IASB en avril 2001 de même que les normes américaines sous la forme des normes de concepts (SFAC).
MODÈLE COMPTABLE	Le modèle comptable est une représentation simplifiée de la réalité économique et juridique d'une entité.
MODÈLE COMPTABLE EUROPÉEN CONTINENTAL	C'est le modèle dominant en Allemagne et en France où le rôle de l'État est important dans la vie des affaires et la protection des tiers. Dans ce cadre, les états financiers doivent répondre aux besoins d'informations de toutes les parties prenantes.
MODÈLE COMPTABLE ANGLO-SAXON	Il est utilisé notamment au Canada, aux États-Unis et au Royaume-Uni. Ce modèle considère que le rôle des actionnaires est essentiel. Ils sont les destinataires principaux des états financiers. Les principes de la juste valeur et de la prééminence de la substance économique sur la forme juridique dominent ce modèle comptable.

FICHE RESSOURCES

2 - Rôle du cadre conceptuel

Tout ensemble de normes s'inscrit dans un contexte plus large, explicite ou implicite. L'idée sous-jacente à la notion de « cadre conceptuel » est de mettre à la disposition des instances autorisées, les principales notions utiles ou nécessaires pour la conception des normes, pour leur rédaction, pour leur interprétation, pour leur application et pour la résolution des conflits. Un cadre conceptuel permet de passer d'une approche inductive de la normalisation à une approche déductive.

La notion de cadre conceptuel vient des États-Unis. Le FASB, organisme de normalisation aux États-Unis, a progressivement dégagé un certain nombre de « concepts » (SFAC) de l'ensemble des normes généralement admises existantes (GAAP), dans le but de disposer d'un outil intellectuel pour une élaboration et une interprétation systématiques et cohérentes des normes positives et formelles (SFAS) à venir. Dans cet esprit, le cadre conceptuel n'a pas de caractère normatif et, dans certains cas, les GAAP peuvent d'ailleurs s'avérer contraires aux concepts, sans néanmoins être illicites aussi longtemps qu'ils n'ont pas été remplacés par des SFAS.

De même, l'idée de fonder la pratique comptable internationale sur un cadre conceptuel sûr, constituant un système cohérent d'objectifs et de principes fondamentaux liés entre eux et susceptibles de conduire à des normes solides, a été adoptée par l'IASB (anciennement IASC) (voir partie 7.I.1). Selon celui-ci, ce cadre conceptuel n'est pas un corps de règles, et les normes IAS/IFRS peuvent d'ailleurs parfois entrer en conflit avec le cadre; dans le même sens, l'IASB précise que l'objet du cadre est de fournir une aide (« to assist »), ce qui confirme son caractère non prescriptif, et elle ajoute que le cadre sera revu de temps en temps sur la base de l'expérience acquise par son application, ce qui confirme son caractère de guide plutôt que de norme.

3 - Intérêts et limites de la norme comptable

INTÉRÊTS	LIMITES
• Fournir des informations à l'État en matière de comptabilité nationale. • Répondre à une information financière externe des tiers : créanciers, investisseurs, salariés… • Être le support de la détermination du résultat fiscal. • Répondre à des besoins du chef d'entreprise pour prendre ses décisions. • Traduire dans un langage unique (principes et méthodes préalablement définis et acceptés par tous) la réalité économique et juridique d'une organisation. • Produire d'une information financière sincère qui ne trompe pas les tiers. • Faciliter la comparaison entre entreprises.	• Non-exhaustive car elle omet de prendre en compte certains types d'opérations qui peuvent influer fortement sur la valeur d'une entreprise notamment celles que l'on qualifie de « hors bilan ». Par exemple, une société peut se porter caution d'une société filiale. Cette information ne figure que dans l'annexe, même si l'impact potentiel sur le patrimoine de l'entité peut être très important. • Les influences fiscales restent déterminantes lorsque la doctrine comptable n'est pas clairement exprimée. • De nombreux choix comptables permettent de lisser le résultat de l'entreprise. On parle, à ce sujet, de « **comptabilité créative** », c'est l'utilisation de nombreuses « options » comptables qui donne une représentation, une image, des résultats, la plus favorable possible des performances et de la situation financière de l'entité. Ces « options » utilisent en toute légalité la flexibilité de la réglementation comptable. Le recours à une « option » est légal mais l'accumulation de ces choix peut devenir nuisible à l'image fidèle fournie par les états financiers en s'opposant au concept de sincérité. • Difficultés de traiter des innovations et des problèmes nouveaux tout en restant dans un cadre comptable bien établi.
La comptabilité financière qui constitue pour l'entreprise l'obligation de « rendre compte » ne peut être fiable et significative que dans la mesure où l'entreprise n'a pas la possibilité d'en infléchir le contenu. Il en résulte une mission sociale de la comptabilité qui doit être la source d'une information normalisée et vérifiable. Le lecteur des comptes doit être en mesure de supposer que les informations reflètent le résultat effectif des décisions des dirigeants et non pas simplement une description plus ou moins subjective des activités de l'entreprise.	

4 - Les sources du droit comptable

La hiérarchie des sources du droit comptable est celle des autres branches du droit. Elle est, dans l'ordre descendant, la suivante :

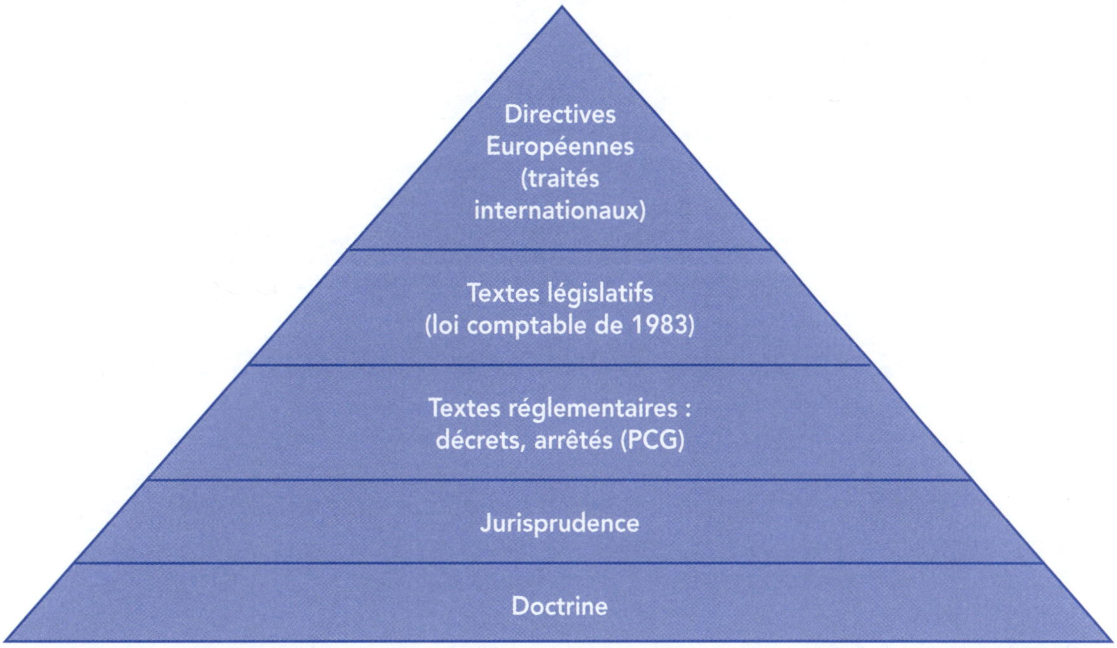

I. La réglementation internationale et française

1. Tableau de synthèse

OBJET	TRAITÉS INTERNATIONAUX	CODE DE COMMERCE		ARRÊTÉS MINISTÉRIELS
	Directives européennes	Loi française	Décrets d'application	
Pour les comptes individuels (c'est-à-dire d'une entité : entreprise, société, association…).	La Directive 2013/34/UE du 26 juin 2013 relative aux états financiers. Elle abroge la 4e Directive relative aux comptes sociaux et la 7e Directive relative aux comptes consolidés des groupes non cotés.	Loi du 30/04/1983 (dite loi comptable) modifiant le Code de commerce	Décret du 29/11/1983	Plan Comptable Général (arrêté du 21/09/1999)
Pour les comptes consolidés (c'est-à-dire d'un groupe de sociétés).		Loi du 24/07/1966 sur les sociétés commerciales modifiée par la loi du 3/01/1985	Décret du 23/03/1967 sur les sociétés commerciales modifié par les décrets du 17/02/1986 et du 17/01/1990	Règles et méthodes relatives aux comptes consolidés (arrêté du 29/04/1999)

2. L'autorité des normes comptables (ANC)

L'ordonnance n° 2009-79 du 22 janvier 2009 a remplacé le Conseil National de la Comptabilité (CNC) et le Comité de la Réglementation Comptable (CRC) par l'autorité des normes comptables (ANC) qui est désormais le régulateur comptable unique. L'ANC a pour mission :

- d'édicter sous forme de règlements les prescriptions comptables que doivent respecter les personnes tenues d'établir des comptes conformes aux normes de la comptabilité privée ;
- de donner des avis sur les dispositions législatives et réglementaires nationales, sur les normes internationales et sur les projets prévoyant la publication par les entreprises d'informations sur les enjeux environnementaux, sociaux et de gouvernance (ordonnance n° 2023-1142 du 6 décembre 2023) ;
- de proposer des études et recommandations destinées à faciliter la coordination des travaux théoriques et méthodologiques conduits en matière comptable.

L'Autorité des normes comptables comprend un collège, des commissions spécialisées et un comité consultatif :

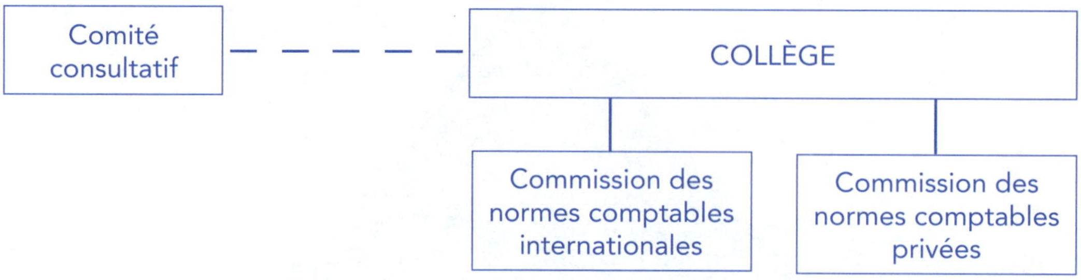

II. Les autres sources nationales du droit comptable (caractère non obligatoire)

1. La jurisprudence

Comme pour toutes les branches du droit, les tribunaux sont amenés à préciser l'application de la règle. La jurisprudence n'a pas un caractère obligatoire, mais pour une même question de droit, les tribunaux tendent à juger de manière identique. Leur interprétation de la règle comptable conduit très souvent, en pratique, à l'adopter comme une solution à un problème comptable qui leur est posé.

Exemple : *Délit de présentation de comptes annuels ne présentant pas une image fidèle.*

2. La doctrine

L'ensemble des commentaires, interprétations ou compléments des différents organismes chargés de la bonne application des règles comptables constitue la doctrine. En matière comptable elle est très abondante, signe probable, à la fois de la gestation du droit comptable et du rôle prépondérant des professionnels dans sa formation. Les avis ou recommandations proviennent essentiellement des organismes suivants :

- le CNC qui jouait un rôle très important dans le processus de normalisation comptable, qui a été remplacé par l'ANC ;
- l'Autorité des Marchés Financiers (AMF), dont les avis sont obligatoires pour les sociétés cotées ;
- la Compagnie Nationale des Commissaires aux Comptes (CNCC), qui peut apporter des réponses aux questions posées par les commissaires aux comptes sur l'application de la réglementation. Ces réponses sont traitées par la Commission des États comptables et publiées dans le bulletin trimestriel de la CNCC.

Exemple

Le bulletin n° 57 de la CNCC apporte la précision suivante concernant les immobilisations acquises au moyen de redevances annuelles. Lors de l'acquisition, le prix d'acquisition étant aléatoire au moment de sa signature, la CNCC estime que le montant définitif à retenir pour la comptabilisation à l'actif doit correspondre à la valeur vénale (valeur de marché) du bien au moment de la signature de l'acte.

- L'Ordre des Experts-Comptables (OEC) : le conseil national diffuse sous forme de recommandations et d'avis, obligatoires pour leurs membres, des indications sur l'application des règles comptables.

Exemple

L'avis n° 25 de l'OEC est relatif à la comptabilisation des contrats à long terme.

Remarque : l'IFAC « International Federation of Accountants » ou « Fédération internationale des experts-comptables » normalise la profession d'auditeur au niveau mondial. Créée en 1977, l'IFAC regroupe 180 organisations professionnelles à travers le monde et 3 millions de professionnels comptables et d'auditeurs exerçant en libéral, en entreprise, dans la fonction publique ou dans l'enseignement. La France y est représentée par l'OEC et la CNCC.

Le principal objectif de l'IFAC est de favoriser le développement d'une profession comptable mondiale homogène ayant des pratiques et des comportements harmonisés. L'IFAC s'attache à :

- promouvoir les normes et le développement de la profession en publiant des informations techniques et professionnelles et en encourageant l'adoption des normes promulguées par ses soins et par l'IASB ;
- promouvoir le rôle, les responsabilités et la réussite de la profession ;
- aider à la formation et au développement des organisations nationales et régionales ;
- coopérer avec les organisations internationales.

5 - Les principes comptables

Selon le Code de commerce, des comptes annuels réguliers et sincères donnant une image fidèle du patrimoine, de la situation financière, et du résultat de l'entreprise doivent être établis.

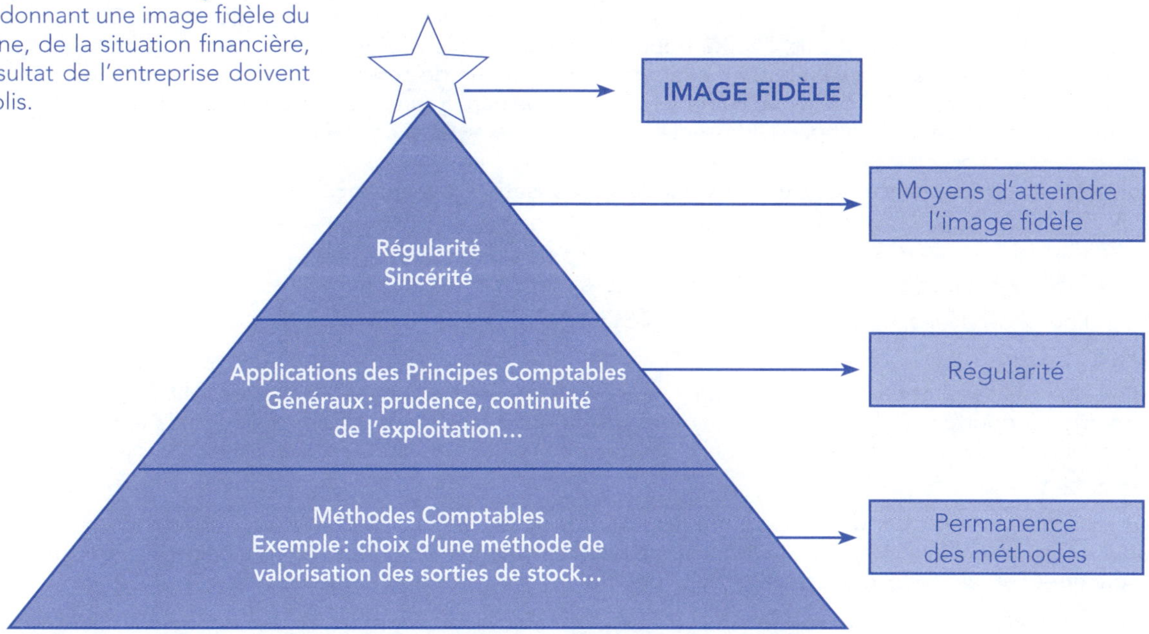

I. La fidélité : objectif suprême de la comptabilité financière

Aucune définition n'est fournie par les textes bien qu'il s'agisse de la clé de voûte du modèle comptable actuel. On peut cependant dire que l'image fidèle est l'objectif assigné aux comptes annuels : les comptes annuels doivent être réguliers, sincères et donner une image fidèle du patrimoine, de la situation financière et du résultat de l'entreprise. L'article L. 123-14 du Code de commerce marque la primauté de l'image fidèle sur les règles comptables, puisqu'il souligne l'obligation de déroger à ces dernières lorsque l'application de l'une d'elles se révèle, dans un cas exceptionnel, de nature à ne pas donner l'image fidèle recherchée. Cette disposition ne doit pas s'entendre comme la liberté de ne pas appliquer une règle comptable dans un certain nombre de cas applicables à l'ensemble des entreprises. En effet, on pourrait alors se demander pourquoi les autorités comptables ne modifient pas cette règle. Cette disposition ne doit s'appliquer que dans des cas exceptionnels dans lesquels l'application d'une norme comptable serait trompeuse.

II. La sincérité et la régularité : les moyens d'obtenir l'image fidèle

1. La régularité

Cette notion n'est pas définie par la loi comptable mais par le Plan Comptable Général : (Art. 121-3 du PCG) « la comptabilité est conforme aux règles et procédures en vigueur ». On en conclura qu'une comptabilité est régulière dès lors qu'elle est conforme aux règles fixées par la loi, la jurisprudence, et les organismes professionnels compétents.

2. La sincérité

Elle est définie également par le Plan comptable Général (Art. 121-3 du PCG). La sincérité est l'application de bonne foi de ces règles et procédures en fonction de la connaissance que les responsables des comptes doivent normalement avoir de la réalité et de l'importance des opérations, événements, et situations.

FICHE RESSOURCES

III. Les principes comptables fondamentaux

1. La continuité de l'exploitation

Le Plan Comptable Général énonce ce principe dans son article 121-2 : « La comptabilité permet d'effectuer des comparaisons périodiques et d'apprécier l'évolution de l'entité dans une perspective de continuité d'activité ». Ce postulat permet au comptable de résoudre un grand nombre de problèmes liés à l'évaluation des biens. Si ce postulat de la continuité d'exploitation n'existait pas, l'entité pourrait inscrire ses biens à une valeur très faible correspondant à une valeur de liquidation ou de mise au rebut. En effet, dans une optique de cessation d'activité, le patrimoine ne peut plus être évalué en valeurs actuelles susceptibles de générer des valeurs futures par synergie dans le cadre d'un ensemble coordonné. Si ce principe n'existait pas, la présentation du bilan serait ainsi très différente.

2. Le principe d'indépendance des exercices (ou de spécialisation des exercices)

L'objectif étant de calculer le résultat de la gestion passée de l'entreprise, il est nécessaire de découper la vie continue de celle-ci en périodes comptables. Ce principe implique donc que l'entreprise arrête ses comptes chaque année et qu'elle rattache à chaque exercice les charges et les produits qui s'y rapportent.

Le PCG indique ainsi dans ses articles 511-3, 512-4 et 513-4 :

- **Art. 511-3**

  Pour calculer le résultat par différence entre les produits et les charges de l'exercice, sont rattachées à l'exercice, les charges supportées par l'exercice, auxquelles s'ajoutent éventuellement les charges afférentes à des exercices précédents mais qui, par erreur ou omission, n'ont pas alors fait l'objet d'un enregistrement comptable.

- **Art. 512-4**

  Pour calculer le résultat par différence entre les produits et les charges de l'exercice, sont rattachés à l'exercice, les produits acquis à cet exercice, auxquels s'ajoutent éventuellement les produits acquis à des exercices précédents mais qui, par erreur ou omission, n'ont pas alors fait l'objet d'un enregistrement comptable.

- **Art. 513-4**

  Le résultat tient compte des risques et des pertes qui ont pris naissance au cours de l'exercice ou d'un exercice antérieur même s'ils sont connus entre la date de clôture de l'exercice et celle de l'établissement des comptes annuels.

3. Le principe des coûts historiques (ou du nominalisme monétaire)

Cette règle figure dans l'article L.123-18 du Code de commerce, où il est stipulé qu'« à leur date d'entrée dans le patrimoine de l'entreprise, les biens acquis à titre onéreux sont enregistrés à leur coût d'acquisition, les biens acquis à titre gratuit à leur valeur vénale et les biens produits à leur coût de production. » Ce principe est également prévu par l'article 213-1 du PCG. Ce principe est très critiqué aujourd'hui. Il n'a pas été retenu par l'IASB dans son cadre conceptuel et l'article 33 de la 4e directive autorise les dérogations. En ce qui concerne les comptes annuels, la loi du 3 janvier 1985 a prévu une exception en autorisant la réévaluation libre du bilan sous certaines conditions.

4. Le principe de prudence

Cette règle comptable, est définie par le PCG (article 121-4) de la manière suivante : « La comptabilité est établie sur la base d'appréciations prudentes pour éviter le risque de transfert, sur des périodes à venir, d'incertitudes présentes susceptibles de grever le patrimoine et le résultat de l'entité ». Cette convention est retenue par l'IASB avec la précision suivante : elle ne doit pas contribuer à la création de réserves latentes ou occultes. Cette règle comptable admet des exceptions importantes telles que la réévaluation libre et la comptabilisation des contrats à long terme selon la méthode de l'avancement des travaux.

5. Le principe de permanence des méthodes

Ce principe figure dans l'article 121-5 du PCG : « La cohérence et la comparabilité des informations comptables au cours des périodes successives reposent sur la permanence des méthodes comptables et de la structure du bilan et du compte de résultat.

Les méthodes comptables sont les principes, règles et pratiques spécifiques appliqués par une entité lors de l'établissement de ses comptes annuels. »

6. Le principe d'importance relative

Ce principe signifie essentiellement que seules les informations pertinentes et utiles sont nécessaires à l'établissement des documents de synthèse. Il s'applique particulièrement pour l'établissement de l'annexe dans les termes suivants : « l'annexe doit comporter toutes les informations significatives sur la situation patrimoniale et financière et sur le résultat de l'entreprise » (art. 21 du décret du 29/11/1983). Ce principe rend nécessaire la hiérarchisation de l'information en privilégiant les informations qui sont pertinentes et donc en fixant éventuellement un seuil de signification dans le respect des obligations légales et réglementaires.

7. Le principe de non-compensation

Il est énoncé à l'article L.123-19 du Code de commerce : « les éléments d'actif et de passif doivent être évalués séparément. Aucune compensation ne peut être opérée entre les postes d'actif et de passif du bilan ou entre les postes de charges et de produits du compte de résultat ». Toute compensation a en effet comme conséquence une perte d'information.

8. Le principe d'intangibilité du bilan d'ouverture

Le principe d'intangibilité du bilan d'ouverture est exposé par l'article L.123-19 du Code de commerce : « Le bilan d'ouverture d'un exercice doit correspondre au bilan de clôture avant répartition de l'exercice précédent ». En conséquence, le bilan de clôture d'un exercice doit rester intact lors de l'ouverture des comptes au premier jour de l'exercice suivant.

9. Le principe de prééminence de la réalité économique sur l'apparence juridique

Ce principe vise à privilégier l'aspect financier de l'analyse comptable au détriment de l'aspect strictement juridique. Ainsi, si pour une transaction ces deux approches coexistent, il convient de privilégier la première. En France, ce principe ne fait pas partie du droit positif. Cependant pour l'IASB (norme IAS1) : « Les transactions et les autres événements de la vie de l'entreprise doivent être enregistrés et présentés conformément à leur nature et à la réalité financière sans s'en tenir uniquement à leur apparence juridique. »

6 - Présentation du PCG (Plan Comptable Général)

Le Plan Comptable Général peut être considéré comme le cadre conceptuel implicite de la normalisation française, notamment dans son titre « L'objet et les principes de la comptabilité ». C'est une illustration du modèle comptable européen continental où l'État joue un rôle essentiel dans la vie des affaires et dans la protection des tiers. L'objectif des états financiers dans ce modèle est de satisfaire les besoins d'informations de toutes les parties prenantes. Ce référentiel est un droit écrit et un droit de la preuve. Les marges d'interprétation laissées aux préparateurs des comptes sont limitées.

1. Définition

Le PCG est le document de caractère réglementaire qui constitue la clef de voûte de la normalisation comptable française. Les définitions et principes contenus dans le PCG s'imposent à toutes les entités tenues légalement de présenter des comptes. Des adaptations professionnelles, en fonction de l'activité de l'entreprise, sont possibles mais elles doivent être adoptées dans les mêmes formes que le PCG et leur utilisation est mentionnée dans l'annexe.

2. Contenu

Le sommaire du Plan Comptable Général est le suivant :

LIVRE I : PRINCIPES GÉNÉRAUX APPLICABLES AUX DIFFÉRENTS POSTES DES DOCUMENTS DE SYNTHÈSE

TITRE I – OBJET ET PRINCIPES DE LA COMPTABILITÉ

TITRE II – L'ACTIF

TITRE III – LE PASSIF

TITRE IV – ACTIFS ET PASSIFS DONT LA VALEUR DÉPEND DES FLUCTUATIONS DES MONNAIES ÉTRANGÈRES

TITRE V – CHARGES ET PRODUITS

LIVRE II : MODALITÉS PARTICULIÈRES D'APPLICATION DES PRINCIPES GÉNÉRAUX

TITRE VI – DISPOSITIONS ET OPÉRATIONS DE NATURE SPÉCIFIQUE

TITRE VII – COMPTABILISATION ET ÉVALUATION DES OPÉRATIONS DE FUSIONS ET OPÉRATIONS ASSIMILÉES

LIVRE III : MODÈLES DE COMPTES ANNUELS

TITRE VIII – DOCUMENTS DE SYNTHÈSE

LIVRE IV : TENUE, STRUCTURE ET FONCTIONNEMENT DES COMPTES

TITRE IX – TENUE, STRUCTURE ET FONCTIONNEMENT DES COMPTES

FICHE RESSOURCES

7 - Présentation des normes internationales IAS/IFRS

Les normes IFRS constituent un exemple de modèle comptable anglo-saxon. Dans ce type de modèle, le rôle des actionnaires est décisif et ils constituent la partie prenante principale. Les états comptables doivent permettre l'évaluation de la rentabilité des capitaux investis et de la performance de l'entité comptable. Dans ce type de modèle les principes de prééminence de la substance économique sur la forme juridique et de juste valeur dominent.

La juste valeur est définie comme le montant pour lequel un actif pourrait être échangé, ou un passif éteint, entre parties bien informées, consentantes, et agissant dans des conditions de concurrence normale.

Lorsqu'il s'agit d'un actif financier coté, sa juste valeur correspond à son cours sur le marché financier ou au prix de vente probable. Lorsqu'il s'agit d'un actif non coté, la juste valeur représente le prix probable de négociation. La juste valeur peut être obtenue en actualisant les flux de trésorerie futurs générés par cet actif.

I. Les organismes chargés de ce processus d'harmonisation

1. Dans un cadre international :

- L'International Accounting Standard Board (IASB)

  Les représentants des principales organisations comptables des différents pays ont fondé en 1973 un organisme privé appelé « International Accounting Standards Committee » (IASC). En février 2001, une réforme de l'IASC a permis de redéfinir un nouvel organisme appelé l'IASCF (International Accounting Standards Committee Foundation) chargé de l'évolution de la normalisation comptable internationale. Un professionnel français, membre de l'IASB, assure la liaison entre cette organisation et la CNCC et l'OEC. Ce professionnel, appelé « liaison member », participe à la diffusion et à l'utilisation des normes IFRS en France.

- Un comité permanent d'interprétations « IFRS Interpretation Commitee ».

  Ce comité est l'organe d'interprétation de l'IASB. Ce comité travaille avec l'IASB pour soutenir l'application cohérente des normes comptables IFRS. Il répond aux questions sur l'application des normes comptables et effectue d'autres travaux à la demande de l'IASB. Il vise à promouvoir l'application rigoureuse et uniforme des IFRS.

  Le comité d'interprétation comprend 14 membres votants. Les membres fournissent leur expertise technique et une diversité des affaires internationales et de l'expérience du marché concernant l'application des normes comptables IFRS.

2. Dans l'Union européenne

- L'European Financial Reporting Advisory Group (EFRAG)

  L'EFRAG est un organisme technique de droit privé créé en 2001 par les préparateurs, les utilisateurs et les membres de la profession comptable (avec l'appui des organismes de normalisation comptable nationaux) qui ont en charge la gestion de l'information financière en Europe. Il a deux objectifs principaux :
  - apporter une contribution proactive aux travaux de l'IASB ;
  - donner un avis technique quant à l'adoption des normes comptables internationales de l'IASB en effectuant une évaluation technique des normes et interprétations, avant leur adoption en Europe par la commission européenne.

- Le Comité de la réglementation comptable européen (CRCE) ou l'Accounting Regulatory Committee (l'ARC)

  Le CRCE ou l'ARC a été créé par la commission européenne en 2002. Son rôle consiste à fournir un avis sur les propositions de la commission d'adopter une ou des normes comptables internationales. Il est composé de représentants des États membres et est présidé par la Commission européenne.

II. Les normes

1. Le processus de validation des normes

L'Europe délègue l'élaboration des normes comptables à l'IASC (aujourd'hui IASB) en juin 2000 :

- la commission européenne préconise le 13 juin 2000 l'application des normes IAS par les groupes côtés européens au plus tard le 1er janvier 2005 ;
- la commission crée un organisme : le **Comité de Réglementation Comptable Européen** qui n'a pas de compétences techniques particulières mais qui est à vocation « politique ». Il doit donner son avis avant l'adoption d'une nouvelle norme IAS/IFRS par la commission ;
- la commission bénéficie de l'assistance et de l'expertise technique d'un comité créé en 2001 par les professionnels européens de la comptabilité : l'**European Financial Reporting Advisory Group** (EFRAG). Ce comité « négocie » directement avec l'IASB le contenu des normes.

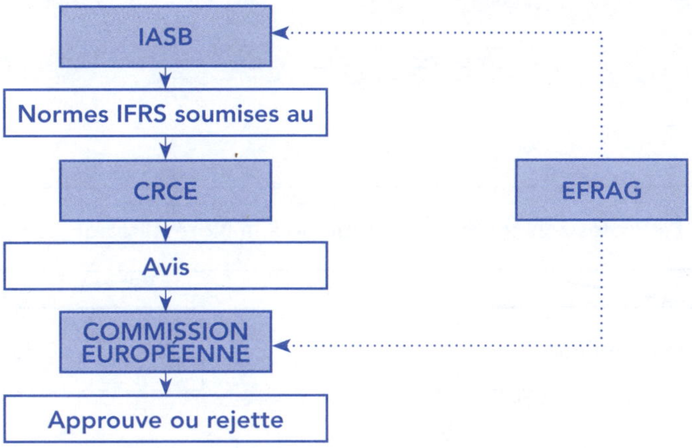

2. Champ d'application des normes IFRS en France

La France a fixé le champ d'application des normes internationales de la façon suivante :

<table>
<tr><th></th><th>COMPTES CONSOLIDÉS</th><th>COMPTES INDIVIDUELS</th></tr>
<tr><td>Sociétés avec appel public à l'épargne</td><td>Normes IAS/IFRS obligatoires</td><td rowspan="3">Normes françaises (PCG) convergentes avec les normes de l'IASB
Les normes IFRS sont interdites au niveau des comptes individuels
Exemple :
Le règlement CRC sur les passifs n° 2002-10 précisant le changement de « provision pour dépréciation » en « dépréciation » est inspiré d'une norme IFRS qui indique que le terme « provision » est réservé aux provisions figurant au passif.</td></tr>
<tr><td>Sociétés non cotées consolidantes</td><td>Normes françaises (PCG) convergentes avec les normes de l'IASB (Règlement ANC 2020-01)
Normes IFRS applicables sur option</td></tr>
<tr><td>Autres entités</td><td></td></tr>
</table>

3. Principales spécificités du référentiel IAS/IFRS

Elles ne distinguent pas comptes sociaux et comptes consolidés et s'appliquent aux deux indistinctement.

Les normalisateurs de l'IASB se réfèrent à un cadre conceptuel (IAS 1 notamment « Présentation des états financiers ») précisant les principes comptables fondamentaux sur lesquels sont bâties les normes qui doivent être cohérentes entre elles (41 normes). Selon le cadre conceptuel de l'information financière (mars 2018), « l'objectif de l'information financière [...] est de fournir [...] des informations utiles aux investisseurs, prêteurs et autres créanciers actuels et potentiels aux fins de prise de décisions sur la fourniture de ressources à l'entité. »

Les caractéristiques de l'information financière sont classées en deux sous-ensembles :

- les caractéristiques qualitatives essentielles : pertinence (importance significative) et fidélité. Une image fidèle doit être exhaustive, neutre, prudente et exempte d'erreurs ;
- les caractéristiques qualitatives auxiliaires : comparabilité, vérifiabilité, rapidité, compréhensibilité.

4. Liste des normes IAS/IFRS en vigueur en 2024

https://eqrco.de/a/GPYutW

FICHE RESSOURCES

SYNTHÈSE

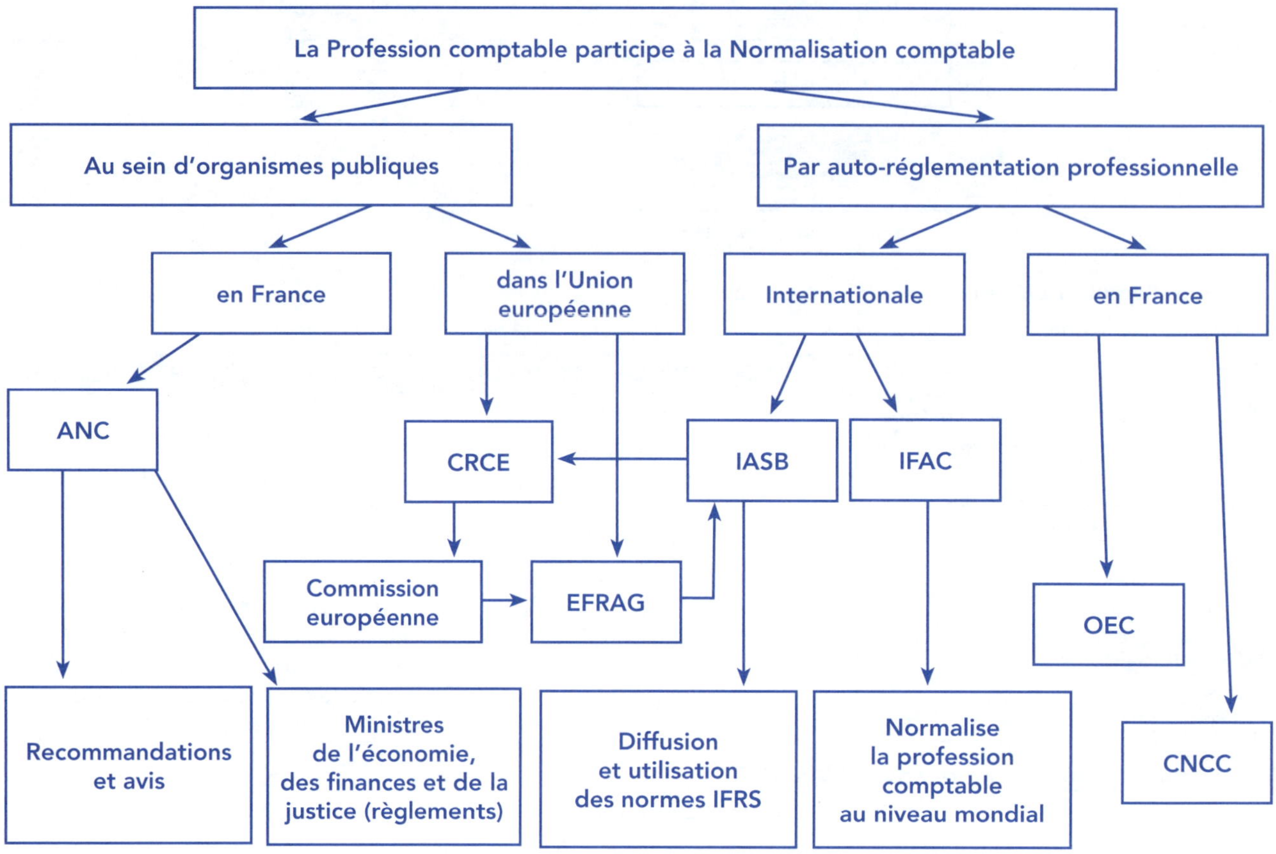

SIGLES :

ANC	*Autorité des Normes Comptables*
CNC	*Conseil National de la comptabilité*
CRC	*Comité de la Réglementation Comptable*
CRCE	*Comité de Réglementation Comptable Européen*
FAS	*Financial Accounting Standards ou SFAS (Statements of…)*
IASC	*International Accounting Standards Committee*
IFAC	*Fédération internationale des experts-comptables*
EFRAG	*L'European Financial Reporting Advisory Group (l'information financière en Europe)*
IASB	*International Accounting Standards Board*
IFRS	*International Financial Reporting Standards*
SIC	*Standing Interpretation Committee*
SFAC	*Statements of Financial Accounting Concepts*
US GAAP	*Generally Accepted Accounting Principles*
OEC	*Ordre des Experts-Comptables*
CNCC	*Compagnie Nationale des Commissaires aux Comptes*

APPLICATIONS

CONTRÔLE DE CONNAISSANCES

Répondre par « oui » ou « non » aux affirmations ci-dessous en donnant les explications nécessaires.

1. Le droit comptable est la branche du droit privé qui régit les professionnels comptables et la comptabilité.
2. Le PCG est un texte d'origine réglementaire.
3. Le PCG doit respecter les principes énoncés dans le Code de commerce.
4. Les options prévues dans le PCG doivent s'utiliser dans le cadre de la permanence des méthodes.
5. Le principe de prudence autorise à comptabiliser de manière courante les plus-values latentes.
6. L'image fidèle implique le respect des principes comptables.
7. La norme comptable est soit une convention, soit un principe théorique.
8. Le principe de prééminence de la réalité économique sur l'apparence juridique figure dans le PCG.
9. Les normes IAS/IFRS sont obligatoires en France.
10. La comptabilité créative peut être définie comme l'utilisation de nombreuses options comptables qui donne une représentation du bilan et des résultats la plus favorable possible.
11. La sincérité peut se définir comme l'application de bonne foi des règles comptables.
12. Le principe d'intangibilité du bilan d'ouverture signifie qu'on ne peut pas le modifier à l'ouverture des comptes.
13. Les normes IAS/IFRS sont élaborées par l'union européenne.
14. Une méthode de référence est un traitement comptable de référence par opposition aux autres traitements comptables autorisés.
15. Le manque d'exhaustivité peut être considéré comme une limite de la normalisation comptable.
16. Les normes IAS/IFRS font explicitement référence à une approche juridique des traitements comptables.
17. Le plan de comptes proposé par le PCG a retenu le principe de la codification décimale.
18. Les textes approuvés par l'ANC ont automatiquement la force juridique d'un règlement.
19. La partie double constitue une norme comptable.
20. La profession comptable est responsable de la normalisation comptable.
21. L'ANC est lié à l'ordre des experts-comptables.
22. Un avis du comité d'urgence de l'ANC a « force de loi ».
23. L'OEC émet des recommandations obligatoirement utilisées par les experts-comptables.
24. L'OEC est relié à l'IASB par un professionnel français.
25. Les normes IFRS sont toutes intégrées dans le droit comptable français.
26. Les normes IFRS sont soumises au CRCE.
27. L'EFRAG, c'est l'organisme technique consultatif de la commission européenne.
28. La CNCC et l'OEC participent aux normes professionnelles élaborées par l'IFAC.

QUIZ EN VERSION NUMÉRIQUE

https://eqrco.de/a/9crr3c

APPLICATION 1*: LES NORMES COMPTABLES

10 Min

Une SARL nouvellement créée souhaite se constituer une documentation comptable. Pour faciliter son classement, elle vous demande d'indiquer pour chaque type de texte mentionné dans le tableau suivant s'il est d'application obligatoire ou facultative, en commentant votre réponse.

TYPE DE TEXTE	APPLICATION OBLIGATOIRE	APPLICATION FACULTATIVE	COMMENTAIRE
1. Décret du 29/11/1983			
2. Règlements de l'ANC			
3. Avis de l'ANC			
4. Plan comptable général			
5. Règlements du CRC			
6. Recommandation de l'OEC			
7. Jurisprudence			
8. Code de commerce			
9. Normes de la CNCC			

APPLICATION 2*: LES PRINCIPES COMPTABLES

10 Min

Une série de textes, issus notamment du Code de commerce et du PCG, qui énoncent les principes comptables fondamentaux, vous est fournie dans le tableau ci-dessous :

TEXTES	PRINCIPE COMPTABLE
1. « Le bilan d'ouverture d'un exercice doit correspondre au bilan de clôture de l'exercice précédent. »	
2. Selon le PCG, toute exception à ce principe doit être justifiée par la recherche d'une meilleure information financière et suppose le choix d'une nouvelle méthode conforme aux principes d'établissement des comptes annuels.	
3. La comptabilité est établie sur la base d'appréciations prudentes, pour éviter le risque de transfert, sur des périodes à venir, d'incertitudes présentes susceptibles de grever le patrimoine et le résultat de l'entité.	
4. « Pour l'établissement des comptes annuels, le commerçant, personne physique ou morale, est présumé poursuivre ses activités. »	
5. Les états financiers devraient s'efforcer d'être approximativement corrects dans leur traduction de la réalité économique, plutôt que précisément faux.	
6. « Les éléments d'actif et de passif doivent être évalués séparément. »	
7. « L'annexe comporte les compléments d'informations relatifs au bilan et au compte de résultat dès lors qu'ils sont significatifs »	
8. « ... à leur date d'entrée dans le patrimoine de l'entité, les biens acquis à titre onéreux sont enregistrés à leur coût d'acquisition et les biens produits à leur coût de production. »	

TRAVAIL À FAIRE

Compléter le tableau en indiquant dans la colonne de droite le principe comptable correspondant.

MINI-CAS DE SYNTHÈSE

LES PRINCIPES COMPTABLES ★★★

25 Min

À partir d'un contexte professionnel, le candidat doit être capable d'identifier le cadre comptable s'appliquant à l'entité et de justifier ce choix. La connaissance des principes comptables doit notamment permettre au candidat d'analyser et de justifier les traitements comptables mis en œuvre dans l'établissement des comptes individuels des sociétés françaises.

M. Jugurtha comptable d'une importante société anonyme, dont l'exercice est clos en fin d'année civile le 31/12/N, vous expose les problèmes comptables suivants.

1. En octobre N-1, le responsable de l'atelier 2 a décidé de mettre au rebut une machine dont le coût d'acquisition était de 80 000 €. Cette machine, amortissable selon le mode linéaire en 8 ans, avait été acquise le 30 juin N-7. Les services comptables n'avaient pas été prévenus de la mise au rebut à cette occasion. M. Jugurtha a l'intention de diminuer le montant du résultat N-1 affecté aux réserves de manière à rattacher la moins-value sur ce matériel à l'exercice concerné.

2. Un litige en cours avec un salarié laisse présager selon l'avocat le versement de dommages et intérêts estimés à 8 000 € ainsi que des frais de procès estimés à 850 €.

3. L'entreprise a cautionné une de ses filiales auprès d'un organisme financier pour une somme de 40 000 €.

4. La Société a prêté dans l'année 100 000 € sans intérêt à l'une de ses filiales sur une durée de 4 ans. M. Jugurtha envisage de retenir la valeur actuelle de ce montant en utilisant un taux de 2 %.

5. Un banc d'essai d'une valeur de 100 000 € HT a fait l'objet d'un plan d'amortissement en mode linéaire sur une durée de 10 ans. Cette durée correspondait lors de son acquisition le 1er octobre N-2 au rythme prévu de consommation des avantages économiques. À la fin de l'année N, on constate un accroissement sensible du rythme de production. La durée restante correspondant à la consommation future des avantages économiques est estimée à 5 ans au 1er janvier N.

6. La SA a emprunté 200 000 € à la Banque de financement du développement durable au taux de 4 %, remboursables (nominal et intérêts) le 1er juillet de l'année suivante. Aucune écriture n'a été enregistrée à l'inventaire.

7. La SA a acquis un fonds de commerce en N-5 pour une valeur de 230 000 €. La valeur actuelle est estimée aujourd'hui à 560 000 €. M. Jugurtha envisage de le porter au bilan pour cette somme et d'enregistrer en contrepartie un produit exceptionnel.

MISSIONS

1 ***Indiquer le (ou les) principe(s) comptable(s) mis en cause et les solutions à proposer aux problèmes exposés ci-dessus.***

2 ***Présenter les éventuelles écritures de régularisation.***

PARTIE 2 : ACTIF

CHAPITRE 3 : LES ACTIFS : PRINCIPES GÉNÉRAUX

COMPÉTENCES ATTENDUES

- **Caractériser** les différentes catégories d'actif.
- **Exposer** les conditions d'activation.
- **Exposer** les principes d'évaluation des actifs.

FICHE RESSOURCES

1 - Définition d'un actif

PCG - Art. 211-1
Un actif est un élément identifiable du patrimoine ayant une valeur économique positive pour l'entité, c'est-à-dire un élément générant une ressource que l'entité contrôle du fait d'évènements passés et dont elle attend des avantages économiques futurs.

La définition d'un actif implique ainsi le respect de trois conditions cumulatives présentées dans le tableau ci-dessous.

LE CARACTÈRE IDENTIFIABLE DE L'ACTIF	Pour être identifiable, un actif doit être séparable des autres éléments du patrimoine (possibilité de le vendre, de le donner en location, de l'utiliser dans l'activité, etc.) ou un actif doit résulter d'un droit légal ou contractuel.
LE CONTRÔLE DE L'ACTIF PAR L'ENTREPRISE	L'entreprise contrôle l'actif si elle peut décider de l'utilisation de l'actif et obtenir les avantages économiques futurs attendus de cette utilisation.
LES AVANTAGES ÉCONOMIQUES FUTURS LIÉS À L'ACTIF	**PCG – Art. 211-2** L'avantage économique futur représentatif d'un actif est le potentiel qu'a cet actif de contribuer, directement ou indirectement, à des flux nets de trésorerie au bénéfice de l'entité. Le potentiel de services attendus de l'utilisation d'un actif par une association ou une entité relevant du secteur public est fonction de l'utilité sociale correspondant à l'objet ou à la mission. Les flux de trésorerie peuvent résulter de l'exploitation de l'actif ou de sa revente.

2 - Conditions d'inscription à l'actif

Pour qu'une dépense soit inscrite à l'actif, deux conditions cumulatives s'ajoutent à celles résultant de la définition d'un actif :

- 1re condition : il est probable que l'entreprise bénéficie d'avantages économiques futurs de l'utilisation de l'actif ;
- 2e condition : l'entreprise doit pouvoir évaluer le coût de manière fiable.

Cette dernière condition peut poser problème pour les contrats aléatoires, par exemple, en cas d'acquisition d'une immobilisation payée par rentes viagères. Dans ce cas, il faut retenir le prix stipulé dans l'acte ou à défaut procéder à son estimation.
Par exception, lorsqu'une évaluation directe n'est pas possible, le coût d'un élément d'actif appartenant à un ensemble de biens peut être obtenu par différence entre le coût total d'acquisition de l'ensemble et celui des autres éléments dont le coût est connu. Ainsi, le fonds commercial acquis, évalué par différence, est inscrit à l'actif dans les comptes individuels.

Les dépenses qui ne répondent pas aux conditions cumulées de définition et de comptabilisation des actifs et qui ne sont pas attribuables au coût d'acquisition ou de production des immobilisations, doivent être comptabilisées en charges.

Remarque : biens acquis de faible valeur.

PCG – Art. 212-6 : Les éléments d'actif non significatifs peuvent ne pas être inscrits au bilan ; dans ce cas, ils sont comptabilisés en charges de l'exercice.

Pour l'application de cette disposition particulière il est possible d'appliquer la position fiscale. L'acquisition de matériel et outillage, matériel de bureau, mobilier de bureau et de magasin, logiciels pour un petit nombre d'unités et pour une valeur unitaire inférieure à 500 € HT peut être comptabilisée en charges sauf si globalement le montant de l'achat est significatif.

Exemples :

- l'achat de 200 fauteuils d'une valeur unitaire de 130 € HT pour l'équipement d'une salle de cinéma constitue une immobilisation ;
- l'acquisition d'un fauteuil de 400 € pour remplacer un fauteuil usagé d'une salle d'attente pourra être enregistrée en charge.

3 - Catégories d'actif

IMMOBILISATION CORPORELLE	**PCG – Art. 211-6** Une immobilisation corporelle est un actif physique détenu, soit pour être utilisé dans la production ou la fourniture de biens ou de services, soit pour être loué à des tiers, soit à des fins de gestion interne et dont l'entité attend qu'il soit utilisé au-delà de l'exercice en cours. Pour distinguer une immobilisation d'un stock, le critère de la durée d'utilisation est déterminant. Si le bien acquis est destiné à servir de façon durable dans l'entreprise, il constitue une immobilisation.
IMMOBILISATION INCORPORELLE	**PCG – Art. 211-5** Une immobilisation incorporelle est un actif non monétaire sans substance physique.
STOCK	**PCG - Art. 211-7** Un stock est un actif détenu pour être vendu dans le cours normal de l'activité, ou en cours de production pour une telle vente, ou destiné à être consommé dans le processus de production ou de prestation de services, sous forme de matières premières ou de fournitures.
CHARGES CONSTATÉES D'AVANCE	**PCG – Art. 211-8** Les charges constatées d'avance sont des actifs qui correspondent à des achats de biens ou de services dont la fourniture ou la prestation interviendra ultérieurement.

D'autres éléments d'actif, qui ne répondent pas à la définition d'un actif, peuvent tout de même être comptabilisés à l'actif car le Code de commerce impose ou permet cette comptabilisation. Il s'agit :

ÉCART DE CONVERSION - ACTIF	Inscription obligatoire en cas de perte de change latente, relative aux créances et dettes en monnaies étrangères.
FRAIS D'ÉTABLISSEMENT	Inscription à l'actif possible : • les frais de constitution, de transformation, de premier établissement, peuvent être inscrits à l'actif comme frais d'établissement. Leur inscription en compte de résultat en charge constitue néanmoins la méthode de référence ; • les frais d'augmentation de capital, de fusion et de scission. Ces frais peuvent être inscrits à l'actif en frais d'établissement.
CHARGES DIFFÉRÉES OU À ÉTALER	Seuls les frais d'emprunt peuvent être étalés sur option.

Remarques :

• Le cas des immobilisations de sécurité

Les immobilisations corporelles acquises pour des raisons de sécurité ou liées à l'environnement, bien que n'augmentant pas directement les avantages économiques futurs se rattachant à un actif existant donné, sont comptabilisées à l'actif si elles sont nécessaires pour que l'entité puisse obtenir les avantages économiques futurs de ses autres actifs. Ces actifs ainsi comptabilisés, sont éventuellement dépréciés.

Exemple : *un fabricant de produits chimiques peut devoir installer certains actifs de protection afin de se conformer à des dispositions environnementales sur la production et le stockage de produits dangereux ; les améliorations d'installations correspondantes sont comptabilisées en tant qu'actifs sous réserve de la limite mentionnée ci-avant car, sans elles, l'entité n'est pas en mesure de fabriquer ni de vendre ses produits chimiques.*

• Effet d'une clause de réserve de propriété

La clause de réserve de propriété a pour objet, dans un contrat de vente, de suspendre le transfert de propriété à l'acheteur jusqu'au moment du paiement total du prix. Elle constitue donc une protection mise en place par le vendeur, offrant une garantie en cas de non-paiement du bien.

Le plan comptable précise dans son article 512-3 « les transactions assorties d'une clause de réserve de propriété sont comptabilisées à la date de livraison du bien et non à celle du transfert de propriété ». L'acheteur doit porter au bilan, sur une ligne de regroupement distinct le montant des immobilisations frappées d'une clause de réserve de propriété, ainsi que le montant des stocks frappés d'une telle clause.

4 - Principes d'évaluation des actifs

I. Évaluation à l'entrée

Biens acquis à titre onéreux	COÛT D'ACQUISITION (cf. chapitres 4 et 5)
Biens produits par l'entreprise	COÛT DE PRODUCTION (cf. chapitres 4 et 5)
Biens acquis à titre gratuit (sans aucune contrepartie présente ou future, monétaire ou non monétaire)	VALEUR VÉNALE La contrepartie d'un bien acquis à titre gratuit est enregistrée en produits. **Remarque : Règlement ANC n° 2022-06** À notre avis, l'acquisition d'un bien à titre gratuit n'est, en principe, pas liée à un évènement majeur et inhabituel. Par conséquent, cette acquisition devrait être enregistrée en produit d'exploitation dans le compte 758 - « Indemnités et autres produits ». Toutefois, le caractère majeur et inhabituel d'une opération est une décision de gestion et doit être analysé au cas par cas.
Biens reçus à titre d'apport en nature	VALEUR FIGURANT DANS LE TRAITÉ D'APPORT
Biens acquis par voie d'échange	En principe : évaluation à la VALEUR VÉNALE si l'échange à une substance commerciale, c'est-à-dire s'il entraîne une modification des flux de trésorerie futurs résultant de la transaction. L'échange peut être complété par une soulte, un complément de prix convenu, afin d'égaliser l'échange. Par exception : évaluation à la VALEUR NETTE COMPTABLE (VNC) de l'actif cédé si l'échange n'a pas de substance commerciale ou si la valeur vénale de l'immobilisation reçue ou de l'immobilisation donnée ne peut être évaluée de façon fiable.

La **valeur vénale** est le montant qui pourrait être obtenu, à la date de clôture, de la vente d'un actif lors d'une transaction conclue à des conditions normales de marché, net des coûts de sortie. Les coûts de sortie sont les coûts directement attribuables à la sortie d'un actif, à l'exclusion des charges financières et de la charge d'impôt sur le résultat.

FICHE RESSOURCES

Remarque : La prise en compte des coûts d'emprunt.

PCG – Art. 213-9	
PRINCIPE	Les coûts d'emprunt pour financer l'acquisition ou la production d'un actif éligible peuvent être inclus dans le coût de l'actif. Deux traitements sont donc autorisés : comptabilisation des coûts d'emprunt en charges ou incorporation au coût de l'actif.
ACTIF ÉLIGIBLE	Immobilisation incorporelle, corporelle ou stock, qui demande une longue période de préparation ou de construction avant de pouvoir être utilisé ou vendu.
NATURE DES COÛTS D'EMPRUNT	• Les intérêts sur découverts bancaires et emprunts à court terme et à long terme ; • l'amortissement des primes d'émission ou de remboursement d'emprunts ; • l'amortissement des coûts accessoires : frais d'émission d'emprunt.
CONDITIONS À REMPLIR POUR L'INCORPORATION DES COÛTS D'EMPRUNT À L'ACTIF	• Coûts d'emprunt directement attribuables à l'acquisition ou à la période de construction ou de production d'un actif éligible : – il doit être probable qu'ils généreront des avantages économiques futurs pour l'entité ; – ils doivent être évalués de façon fiable. • Coûts d'emprunt non directement attribuables : **(financement central d'un groupe, emprunts globaux à des taux d'intérêt différents, prêts de la tête de groupe aux filiales à des taux différents…).** Dans la mesure où les fonds sont empruntés de façon générale et utilisés en vue de l'obtention d'un actif éligible, le montant des coûts d'emprunt incorporables au coût de l'actif doit être déterminé en appliquant un taux de capitalisation aux dépenses relatives à l'actif. Ce taux de capitalisation doit être la moyenne pondérée des coûts d'emprunt applicables aux emprunts de l'entité en cours au titre de l'exercice, autres que les emprunts contractés spécifiquement dans le but d'obtenir un actif éligible.
COMPTABILISATION	2…. — X 669 – Charges d'intérêts — X

Règlement ANC n° 2022-06 – Traitement des coûts d'emprunts rattachés à des actifs

Le règlement ANC n° 2022-06 supprime la technique du transfert de charges (article 1er nouveau : « À l'article 512-1, les mots "les transferts de charges" sont supprimés »).

Lorsque la charge n'a pas été inscrite directement dans le compte adéquat, le montant concerné est transféré en créditant le compte 669 « Charges d'intérêts ». Ce compte doit venir en diminution du poste « intérêts et charges assimilées » dans le compte de résultat.

II. Évaluation postérieure à l'entrée

VALEUR D'INVENTAIRE (VALEUR ACTUELLE)	Valeur **la plus élevée** entre la VALEUR VÉNALE et la VALEUR D'USAGE.
VALEUR À L'ARRÊTÉ DES COMPTES (VALEUR À L'ACTIF NET DU BILAN)	Valeur **la plus faible** entre la VALEUR ACTUELLE et la VALEUR NETTE COMPTABLE.

La **valeur d'usage** est la valeur des avantages économiques futurs attendus de l'utilisation de l'actif et de sa sortie. Elle est calculée à partir des flux nets de trésorerie actualisés.

APPLICATIONS

CONTRÔLE DE CONNAISSANCES

QUIZ EN VERSION NUMÉRIQUE

https://eqrco.de/a/1xOGPd

APPLICATION 1*: CONDITIONS D'ACTIVATION D'UN ACTIF (D'APRÈS SUJET D'EXAMEN – SESSION 2020)

15 Min

Fondé, il y a 15 ans par Julie Bernard, FESTIFOOD est un traiteur (brunchs, buffets) installé à Annecy (Haute-Savoie). Julie Bernard se déplace dans la région pour démarcher de nouveaux clients et rencontrer les responsables des entreprises clientes. Le véhicule qu'elle utilisait jusqu'à présent et exclusivement pour ses déplacements professionnels, est tombé en panne. Afin de bénéficier d'un modèle plus récent et mieux équipé, la société FESTIFOOD conclut un contrat de crédit-bail. Ce contrat de crédit-bail mentionne une valeur d'origine du véhicule de 12500 € TTC.

TRAVAIL À FAIRE

1. Identifier le référentiel comptable que doit respecter la société FESTIFOOD pour l'établissement de ses comptes annuels et citer le normalisateur chargé de son élaboration.
2. Expliquer si le véhicule de tourisme pris en crédit-bail par la société FESTIFOOD remplirait les conditions d'activation prévues par le plan comptable général.
3. Citer et expliquer le principe des normes IFRS qui imposerait une comptabilisation du véhicule de tourisme pris en crédit-bail au bilan.

APPLICATION 2**: DISTINCTION IMMOBILISATION/STOCK/CHARGE EXEMPLE D'UNE COMPTABILITÉ AGRICOLE

15 Min

Le domaine « LES CAMPÊCHES » est une exploitation agricole reprise depuis deux ans par Monsieur Norga, jeune agriculteur spécialisé dans l'élevage bovin. Afin de faire face aux aléas du secteur, il a opté pour un positionnement de son exploitation sur deux segments importants du marché: la production laitière et l'engraissement d'animaux de boucherie.

TRAVAIL À FAIRE

À l'aide des documents 1 et 2:

1. Distinguer la catégorie d'actif de chaque catégorie d'animaux.
2. Présenter au journal les écritures à la date d'acquisition de chacun des trois lots d'animaux, sachant que ce type d'opération est soumis à la TVA au taux de 5,5 %. Chaque acquisition a été réglée par chèque bancaire.
3. Indiquer si Monsieur Norga peut pratiquer un amortissement sur les différentes catégories d'animaux du cheptel. Votre réponse devra être justifiée.
4. Enregistrer au journal les écritures constatant le changement de destination des cinq vaches laitières réformées.

Document 1 Relevé des opérations réalisées au cours de l'exercice N

CATÉGORIES D'ANIMAUX	COÛT D'ACHAT UNITAIRE HORS TAXES (EN €)	DATES D'ACQUISITION	ÂGE AU MOMENT DE L'ACHAT (EN MOIS)	OBSERVATIONS
60 vaches laitières	1 200	01/07/N	18	Bonnes pour la production.
50 génisses	900	01/09/N	6	Achetées pour la reproduction mais adultes à 16 mois.
80 taurillons	600	01/10/N	5	Mis à l'engraissement pour la boucherie à l'âge de 18 mois.

Remarque : parmi les vaches laitières achetées le 1er juillet N, cinq sont considérées comme étant insuffisamment productives et mises à l'engraissement à partir du 1er janvier N+1 pour la boucherie. Au 31 décembre N, elles avaient une valeur nette comptable globale de 5 500 €.

Document 2 Extraits du plan comptable agricole

234 - IMMOBILISATIONS CORPORELLES EN COURS (BIENS VIVANTS)
- 2341 - Animaux reproducteurs (jeunes de renouvellement)
- 2343 - Animaux de service

24 - IMMOBILISATIONS CORPORELLES (BIENS VIVANTS)
- 241 - Animaux reproducteurs (adultes)
- 242 - Animaux reproducteurs (jeunes de renouvellement)
- 243 - Animaux de service

31 - ANIMAUX (cycle long) (1)

32 - ANIMAUX (cycle court) (2)
- 471 - Stocks provenant d'immobilisations

60 - ACHATS ET VARIATION DES STOCKS
- 604 - Achats d'animaux

(1) Cycle de production d'une durée normalement supérieure à deux ans.
(2) Cycle de production d'une durée normalement inférieure ou égale à deux ans.

(D'après un sujet d'examen)

APPLICATION 3★ : CLAUSE DE RÉSERVE DE PROPRIÉTÉ

15 Min

La société SOFIA a fait l'acquisition le 1er septembre N d'un banc d'essai à crédit pour tester ses produits à la fin de la chaîne de production, d'une valeur de 320 000 HT. Le fournisseur a inclus dans le contrat une clause de réserve de propriété. Le règlement est effectué le 1er février N+1.

TRAVAIL À FAIRE

1. Rappeler la définition d'une clause de réserve de propriété. Quel est son intérêt pour le vendeur ?
2. Procéder à l'analyse comptable de cette opération.
3. Enregistrer les écritures nécessaires sur les exercices N et N+1.

APPLICATION 4**: PRISE EN COMPTE DES COÛTS D'EMPRUNT

20 Min

La société SIGMA a commandé un matériel industriel auprès de la société OMÉGA, le 1er février N. Le coût total est de 1 600 000 € HT. La livraison a été effectuée le 1er octobre N, accompagnée de la facture. Le financement est assuré à l'aide de trois emprunts non affectés contractés au début de l'exercice par la société SIGMA et remboursable in fine le 1er janvier N+3 :

- emprunt HSBC : montant 300 000 € – taux d'intérêt annuel de 4 % ;
- emprunt SG : 500 000 € – taux annuel de 7 % ;
- emprunt Banque de Bretagne : 700 000 € – taux annuel de 6,2 %.

Le taux d'intérêt moyen pondéré s'élève à 6 %.

La société SIGMA a opté pour l'incorporation aux actifs de ces coûts d'emprunt.

Les versements à la société OMÉGA ont été les suivants :

➔ 01/02/N : acompte de 10 % du prix total HT à la commande ;

➔ 01/04/N : acompte de 40 % du prix total HT ;

➔ 01/06/N : acompte de 20 % du prix total HT ;

➔ 01/10/N : solde du prix total. La date de mise en service a été fixée au 01/10/N.

TRAVAIL À FAIRE

1. Présenter le calcul permettant d'obtenir le taux d'intérêt moyen pondéré de 6 %.
2. Calculer le montant des coûts d'emprunt à incorporer.
3. Enregistrer l'acquisition de ce matériel.

APPLICATION 5**: ACQUISITION D'UNE IMMOBILISATION PAR VOIE D'ÉCHANGE

20 Min

➢ La société GAMA échange avec la société SIGMA un matériel A contre un matériel B. L'entreprise GAMA reçoit, en plus du matériel une somme de 400 €. La société GAMA estime que ses flux de trésorerie augmenteront suite à cette transaction.

Les Valeurs Nettes Comptables (VNC) et les valeurs vénales des deux matériels sont les suivantes à la date de l'opération :

	VALEUR D'ORIGINE	VNC	VALEUR VÉNALE
Matériel A	1 600	1 300	1 400
Matériel B	1 800	800	1 000

➢ La société ZETTA échange son camion C avec le camion D de la société EPSILON. La société ZETTA estime que les flux de trésorerie obtenus de l'utilisation du camion reçu dans l'échange ne seront pas différents des flux qu'elle aurait obtenus de l'utilisation de son précédent camion.

Les Valeurs Nettes Comptables (VNC) et les valeurs vénales des deux matériels sont les suivantes à la date de l'opération :

	VALEUR D'ORIGINE	VNC	VALEUR VÉNALE
Camion C	39 000	30 000	31 000
Camion D	34 500	29 000	30 500

TRAVAIL À FAIRE

1. Analyser ces deux transactions.
2. Enregistrer ces deux transactions chez GAMA et chez ZETTA.

MINI-CAS DE SYNTHÈSE

SOCIÉTÉ DELTA ★★★

20 Min

Objectifs : à partir de la description d'opérations effectuées par une entité et des définitions du PCG, il est attendu du candidat d'analyser ces opérations, de justifier l'inscription ou non en actif et, le cas échéant, la catégorie d'actif concernée.

La société DELTA est une société familiale spécialisée dans la fabrication de meubles en bois massif selon des règles séculaires. Progressivement, la société se mécanise et produit en série des tables, des buffets, des vaisseliers, des commodes, des lits, des armoires.

Le comptable de l'entreprise s'interroge sur un certain nombre d'opérations à enregistrer dans le cadre de l'objectif général de la société d'immobiliser le maximum de coût en utilisant les options du PCG.

La société DELTA a effectué, notamment, les opérations suivantes au cours de l'exercice N :

- Acquisition d'un fonds de commerce, le 6 juin N, composé des éléments suivants :
  - droit au bail : 80 000 € ;
  - matériel industriel : (TVA au taux normal) : 60 000 € HT ;
  - matières premières (TVA au taux normal) : 125 000 HT.

  La société DELTA a accepté, compte tenu des perspectives bénéficiaires du fonds, un prix d'achat global de 350 000 HT. La société règle comptant 100 000 € par chèque bancaire et souscrit deux billets à ordre d'égal montant payable le premier au 6 décembre N et le second au 6 juin N+1.

- De frais de prospection et de publicité relatifs au démarrage de l'activité du nouveau fonds de commerce ont été engagés le 7 juin et réglés par chèque (TVA au taux normal) : 7 800 € HT.

- Réception le 15 juin de la facture suivante pour des travaux sur un atelier de production :
  - réfection de la peinture : 6 000 € HT ;
  - travaux de mise en conformité de l'atelier aux normes de sécurité : 15 000 € HT.

- La société DELTA a reçu un matériel de découpe du bois sans aucune contrepartie le 30 juin N. La valeur vénale de ce type de machine s'élève à 2 500 €.

- Le 1er septembre, la société DELTA a échangé un matériel de découpe avec la société OMÉGA contre un kit de perceuse-visseuse. L'entreprise DELTA reçoit en plus la somme de 200 €. La société DELTA estime que les flux de trésorerie augmenteront à la suite de cette transaction.
  - Le matériel de découpe à une valeur d'origine de 1 300 €, une VNC de 1 000 € et une valeur vénale de 900 €.
  - La perceuse à une valeur d'origine de 1 100 €, une VNC de 850 € et une valeur vénale de 870 €.

- Le 23 mars, la société DELTA achète un matériel industriel à commande numérique de 150 000 € HT réglé comptant par chèque bancaire. Ce matériel est financé par un emprunt spécifique du même montant au taux de 4,5 % réalisé le 1er avril, remboursable par annuités constantes sur 5 ans. L'installation de la machine débute le 1er avril N et la machine est mise en service le 1er octobre N.

MISSION ***Enregistrer les différentes opérations de l'exercice N au journal de la société DELTA, en justifiant toutes vos réponses.***

CHAPITRE 4 : LES IMMOBILISATIONS CORPORELLES

COMPÉTENCES ATTENDUES

- **Identifier et distinguer** les immobilisations corporelles et incorporelles.
- **Exposer et appliquer** les règles d'inscription à l'actif, d'évaluation et d'enregistrement des immobilisations corporelles et incorporelles.
- **Évaluer et comptabiliser** les opérations portant sur les immobilisations corporelles et incorporelles à l'entrée et postérieurement à leur entrée.
- **Analyser** les conséquences d'un choix de comptabilisation, notamment sur la présentation des comptes annuels, dans une situation donnée.
- **Présenter** les informations à fournir en annexe.

PRÉREQUIS DU RÉFÉRENTIEL UE9

3.2 Opérations courantes d'investissement

- Distinguer les charges des immobilisations.
- Identifier la nature d'une immobilisation.
- Justifier les règles d'entrée des immobilisations.
- Évaluer et comptabiliser l'entrée des immobilisations corporelles dans le patrimoine de l'entité.

3.3 Opérations courantes liées aux cessions d'immobilisations

- Analyser les règles spécifiques de comptabilisation applicables aux cessions d'immobilisations.
- Évaluer et comptabiliser le prix de cession des immobilisations.

4.1 Opérations d'inventaire

- Amortissements comptables des immobilisations.
- Dépréciations des actifs.

CAS DÉCOUVERTE

Opérations d'investissement de la société SEGELEC

La société SEGELEC est une société spécialisée dans la production de systèmes électriques et électroniques. Elle a décidé en N de réaliser deux opérations d'investissement. Par ailleurs, un mobilier de bureau est devenu inutilisable et doit être sorti de l'actif.

Achat d'une machine-outil à commande numérique en juin N

La société n'a pas opté pour l'incorporation au coût d'entrée des frais de formation.

La machine à commande numérique a été livrée et facturée par la SARL METAC le 18 avril N (facture 184211). Son prix d'achat s'élève à 100000 € HT, auxquels viennent s'ajouter des frais d'installation pour 11300 € HT. Deux ouvriers de la société SEGELEC ont travaillé pendant deux jours pour réaliser le socle en béton de réception et installer la machine sur son site pour un coût de 700 €. L'installation sur le site est terminée le 31 mai N. En raison d'un retard de livraison, la SA SEGELEC a bénéficié d'un rabais de 2 %, calculé sur le prix d'achat, hors installation. La facture mentionne l'existence d'une clause de réserve de propriété. L'intégralité de la facture a été payée le 30 septembre N.

Le 15 juin N, l'entreprise a formé ses salariés sur la nouvelle machine : 15000 € HT. Selon la facture 1564 de la société METAC, la mise en service a eu lieu le 1er juillet N.

Durant le premier mois d'utilisation, la société a subi des pertes d'exploitation s'élevant à 5000 €. La valeur résiduelle est estimée à 20000 €.

La SA SEGELEC envisage d'utiliser l'immobilisation durant 5 ans. Elle retient un mode d'amortissement linéaire sur le plan économique et utilise le système dégressif sur le plan fiscal.

La machine est cédée le 30 septembre N+4 pour 25000 € HT.

Tableau d'amortissement de la machine-outil

Années	Amortissement fiscal	Amortissement économique		Amortissements dérogatoires	
		Calcul	Montant	Dotations	Reprises
N	28875,00			19875,00	
N+1	28393,75			10393,75	
N+2	18455,94			455,94	
N+3	17137,65				862,35
N+4	17137,66				862,35
N+5					9000,00
	110000,00			30724,69	10724,69

Mission 1

1. Déterminer le coût d'entrée de la machine dans le patrimoine de la société SEGELEC et le (ou les) élément(s) qui resteront en charges de l'exercice.
2. Enregistrer les opérations d'acquisition et d'installation de la machine.
3. Présenter le tableau d'amortissement économique de la machine-outil, à l'aide du tableau de l'énoncé.
4. Enregistrer l'amortissement comptable au 31/12/N.
5. Présenter les calculs des amortissements fiscaux et dérogatoires des années N et N+3, en apportant toutes les justifications nécessaires.
6. Enregistrer les écritures au 31/12/N et au 31/12/N+3 relatives à ces amortissements.
7. Enregistrer la cession de la machine à commande numérique.

Construction d'un hangar pour le stockage de ses différentes machines

Cette construction a commencé en janvier N. La société a opté pour l'incorporation des frais d'acquisition au coût d'entrée de la structure lorsque le PCG le permet.

La construction a été réalisée par les moyens propres de la société SEGELEC. Il n'a été fait appel à des entreprises tierces que pour la réalisation des travaux d'électricité et de chauffage. Les travaux de construction ont débuté le 1er juin N. La construction a été achevée le 31 décembre N+1.

Autres éléments relatifs à cette construction :

Coûts engagés en N	Coûts engagés en N+1
• honoraires du notaire : 9000 € HT et droits de mutation : 41 000 € (comptabilisés en charges par nature) ; • frais administratifs généraux : 5000 € ; • frais d'architecte internes : 14000 € ; • matériaux utilisés (montant HT) : 80000 € ; • coût de la main-d'œuvre interne : 6000 €.	• matériaux utilisés (montants HT enregistrés en charges au cours du mois de mai N+1) : 280000 € ; • coût de la main-d'œuvre interne : 100000 € ; • chauffage (montant HT enregistré début décembre N+1 dans un compte d'immobilisations en cours) : 50000 € ; • système électrique : facture du 14 décembre pour un montant HT de 30000 € enregistrée en charge ; • autres coûts internes directement imputables : 34000 €.

- Mode d'amortissement : linéaire.
- Durées d'amortissement
  - structure du hangar : 20 ans ;
  - chauffage : 10 ans ;
  - système électrique : 8 ans.

En raison d'une baisse d'activité de la SEGELEC, un test de dépréciation est effectué au 31/12/N+3. La valeur vénale est de 450000 € et la valeur d'usage est de 430000 €.

Mission 2

8. Déterminer le coût d'entrée du hangar.

9. Enregistrer l'écriture d'inventaire au 31/12/N.

10. Enregistrer les écritures nécessaires à la date d'achèvement du hangar.

11. Enregistrer les amortissements au 31/12/N+2.

12. Présenter le tableau d'amortissement révisé de la structure jusqu'au 31/12/N+4, à l'aide du modèle de tableau ci-dessous.

Année	Valeur brut (a)	Base d'amortissement	Dotation amortissement	Dotation cumulée	VNC c = a - b	Valeur actuelle	Dépréciation	Dépréciation cumulée (d)	VNC après dépréciation c - d
N+2									
N+3									
N+4									
...	...	...	...	...	...			...	...

13. Enregistrer les écritures d'inventaire de la structure au 31/12/N+3.

Mise au rebut du mobilier de bureau devenu inutilisable le 31/03/N

Le mobilier de bureau avait été acquis et mis en service le 01/04/N-7 pour un montant de 1 600 € HT. La société avait estimé lors de son acquisition que la consommation des avantages économiques attendus devait être de 10 % l'an. Le montant des amortissements comptabilisés au 1er janvier N s'élevait à 1 080 €. La sortie de ce bien n'a pas été constatée en comptabilité et ne constitue pas un évènement majeur et inhabituel.

Mission 3

14. Enregistrer la mise au rebut du mobilier de bureau en constatant :

a. les dotations aux amortissements ;

b. la sortie de l'actif.

Corrigé

Cas découverte

https://eqrco.de/a/vqGZmu

FICHE RESSOURCES

1 - Évaluation des immobilisations corporelles acquises

1.1 Éléments du coût d'acquisition

CAS DÉCOUVERTE Questions 1 et 2

Art. 213-8

Le coût d'acquisition d'une immobilisation corporelle est constitué de :

- son prix d'achat, y compris les droits de douane et taxes non récupérables, après déduction des remises, rabais commerciaux et escomptes de règlement ;

La valeur d'entrée n'est pas affectée par les conditions particulières liées au paiement.

À noter que l'obtention d'une réduction commerciale ou financière sur un exercice ultérieur entraîne la modification de la valeur d'entrée et le recalcule des amortissements sur la base modifiée.

- de tous les coûts directement attribuables engagés pour mettre l'actif en place et en état de fonctionner selon l'utilisation prévue par la direction.

Exemple de coûts directement attribuables :
- rémunérations et autres avantages au personnel résultant directement de la construction ou de l'acquisition de l'immobilisation ;
- coût de préparation du site et frais de démolition nécessaires à la mise en place de l'actif ;
- frais de livraison et de manutention initiaux ;
- frais de transport, d'installation, de montage nécessaires à la mise en état d'utilisation ;
- coûts liés aux essais de bon fonctionnement, déduction faite des revenus nets provenant de la vente des produits obtenus durant la mise en service (tels que des échantillons) ;
- honoraires de professionnels architectes, géomètres, experts, évaluateurs, conseils, etc.

Les frais externes afférents à des formations nécessaires à la mise en service de l'immobilisation peuvent, sur option, être rattachés au coût d'acquisition de l'immobilisation ou comptabilisés en charges.

Dans les comptes individuels, les droits de mutation, honoraires ou commissions et frais d'actes, liés à l'acquisition, peuvent sur option, être rattachés au coût d'acquisition de l'immobilisation ou comptabilisés en charges. Leur rattachement au coût d'acquisition de l'immobilisation constitue la méthode de référence.

Ces deux options peuvent être exercées indépendamment l'une de l'autre.

- de l'estimation initiale des coûts de démantèlement, d'enlèvement et de restauration du site sur lequel elle est située, en contrepartie de l'obligation encourue, soit lors de l'acquisition, soit en cours d'utilisation de l'immobilisation pendant une période donnée à des fins autres que de produire des éléments de stocks. Dans les comptes individuels, ces coûts font l'objet d'un plan d'amortissement propre tant pour la durée que le mode.

Exemples : *coût prévisible obligatoire de démantèlement d'une plate-forme pétrolière, d'une centrale nucléaire, d'enlèvement des déchets, de restauration du site dans un état naturel, ou de dépollution.*

Schéma comptable : *Une immobilisation est acquise pour un coût de 250 000 € HT. On peut estimer les coûts de remise en état du site après l'utilisation à 40 000 € HT.*

215S		Immobilisations de support	250 000	
44562		État, TVA déductible sur immobilisation	50 000	
215D		Immobilisation démantèlement	40 000	
	404	Fournisseurs d'immobilisation		300 000
	1581*	Provisions remises en l'état		40 000

* En application du règlement ANC n° 2022-06, le compte 1581 est remplacé par le compte 1526 - Provisions pour remise en état.

Remarques : *Les coûts de démantèlement non encore engagés, et a fortiori non décaissés, représentent la contrepartie de l'obligation de démantèlement, d'enlèvement ou de restauration de site, constatée au passif (voir Chapitre 15 sur les Passifs externes). En contrepartie du coût, une provision pour remise en état est constituée.*
En revanche, les coûts liés à la dégradation progressive du site, encourus pour produire des stocks pendant cette période doivent être évalués comme le coût de production des stocks, au fur et à mesure de l'utilisation de l'actif, et ne sont donc pas considérés comme des coûts de remise en l'état.

- Les coûts d'emprunts peuvent être rattachés au coût d'acquisition (voir chapitre 3 sur les actifs).

1.2 Coûts non attribuables au coût d'acquisition

Tous les coûts qui ne font pas partie du prix d'acquisition de l'immobilisation et qui ne peuvent pas être rattachés directement aux coûts rendus nécessaires pour mettre l'actif en place et en état de fonctionner, sont comptabilisés en charges.

Exemples de coûts qui ne font pas partie des coûts des immobilisations corporelles :
- *coûts d'ouverture d'une nouvelle installation ;*
- *coûts d'introduction d'un nouveau produit ou service (coûts de publicité et de promotion) ;*
- *coûts de relocalisation d'une affaire dans un nouvel emplacement ou avec une nouvelle catégorie de clients ;*
- *coûts administratifs et autres frais généraux à l'exception du coût des structures dédiées ;*
- *coût des rémunérations et autres avantages au personnel ne résultant pas directement de la construction ou de l'acquisition de l'immobilisation.*

1.3 Période d'incorporation

Les coûts sont attribués au coût de l'immobilisation à compter de la date à laquelle la direction a pris – et justifie au plan technique et financier – la décision de l'acquérir ou de la produire, et démontre qu'elle génèrera des avantages économiques futurs.

L'activation des coûts cesse lorsque l'immobilisation est en place et en état de fonctionner selon l'utilisation prévue par la direction.

Par exemple, les coûts suivants sont exclus du coût des immobilisations corporelles :
- les coûts liés à des actifs, en état de fonctionner conformément à l'utilisation prévue par la direction, qui ne sont pas encore mis en production ou fonctionnent en dessous de leur pleine capacité ;
- les pertes d'exploitation initiales ;
- les inefficiences clairement identifiées et les pertes opérationnelles initiales encourues avant qu'un actif n'atteigne le niveau de performance prévu ;
- les coûts de réinstallation ou de réorganisation d'une partie ou de la totalité des activités de l'entité.

Tous les coûts qui ne font pas partie du prix d'acquisition de l'immobilisation et qui ne peuvent pas être rattachés directement aux coûts rendus nécessaires pour mettre l'actif en place et en état de fonctionner conformément à l'utilisation prévue par la direction, sont comptabilisés en charges.

Exemple : *loyer perçu pour la location d'un terrain utilisé comme parc de stationnement jusqu'à ce que la construction commence.*

Les dépenses ou les coûts, qui ne répondent pas aux critères de comptabilisation prévus pour les immobilisations comme les dépenses courantes d'entretien et de maintenance (telles que produits consommables, main-d'œuvre, fournitures), sont comptabilisés en charges.

1.4 Aspects liés à la TVA

Acquisition d'une immobilisation	La TVA grève la grande majorité des biens et services achetés à un fournisseur installé en France. Lors de la facturation d'une immobilisation, on enregistre : 2… — Immobilisations — 100 000 44562 — État, TVA déductible sur immobilisation — 20 000 404 — Fournisseurs d'immobilisations — 120 000
Acquisition d'une immobilisation avec un coefficient de déduction inférieur à 1	La TVA non récupérable est incluse dans le coût d'acquisition de l'immobilisation. *Exemple : Achat le 30 juin N d'un véhicule de tourisme d'une valeur de 10 000 € HT.* 30/06/N 2182 — Matériel de transport — 12 000 404 — Fournisseurs d'immobilisations — 12 000 Acquisition véhicule de tourisme
Acquisition intracommunautaire	Si elle est acquise auprès d'un fournisseur de l'Union Européenne l'enregistrement de l'acquisition intracommunautaire se fera à la réception de la facture ou à la date d'exigibilité de la TVA, le cours de change se faisant au taux mensuel douanier. 2… — Immobilisations — 100 000 44562 — État, TVA déductible sur immobilisation — 20 000 404 — Fournisseurs d'immobilisations — 100 000 4452 — TVA due intracommunautaire — 20 000
Importation	Depuis le 1er janvier 2022, le recouvrement de la TVA sur les importations n'est plus réalisé en douane : l'acquéreur doit auto-liquider la TVA.
Livraison à soi-même	La livraison de biens à soi-même d'immobilisation n'est plus une opération imposable sauf si le coefficient de déduction est différent de 1.

FICHE RESSOURCES

2 - Évaluation des immobilisations corporelles produites

CAS DÉCOUVERTE Questions 8 et 9

Le coût d'une immobilisation produite par l'entité pour elle-même suit les mêmes principes que pour une immobilisation acquise (ex. : période d'incorporation identique). Il peut être déterminé par référence au coût de production des stocks si l'entité produit des biens similaires pour la vente.

Le coût de production d'une immobilisation corporelle est égal au coût d'acquisition des matières consommées augmenté des autres coûts engagés au cours des opérations de production, c'est-à-dire des charges directes et indirectes (fixes et variables) qui peuvent être raisonnablement rattachées à la production du bien ou du service. Les charges directes sont les charges qu'il est possible d'affecter, sans calcul intermédiaire, au coût d'un bien ou d'un service déterminé.

Les coûts d'emprunt peuvent être incorporés au coût de production selon les mêmes règles que pour le coût d'acquisition.

Les charges de structure de production ou administratives dédiées correspondant à la sous-activité sont exclues du coût de production (méthode de l'imputation rationnelle de la comptabilité de gestion).

Exemple :

- Charges de structure : 10000

- Activité normale de la période : 8000 heures de main-d'œuvre directe

- Activité réelle : 6400 heures

1. *Quel est le montant des charges de structure à imputer au coût à immobiliser ?*
   10000 x 6400/8000 = 8000
2. *Quel est le montant du coût de la sous-activité ?*
   10000 – 8000 = 2000
3. *Comment est comptabilisé le coût de la sous-activité ? Pourquoi ?*

Le coût de la sous-activité étant exclu du coût de production de l'immobilisation, il est enregistré en charge dans le résultat de l'exercice. La sous-activité concernant l'exercice en cours, il est normal qu'elle soit enregistrée dans le résultat de cet exercice.

Enregistrement comptable :

21		Immobilisations		
	722	Production immobilisée		

Remarque : la taxation de la livraison à soi-même n'est exigible que lorsque l'acquisition d'un tel bien auprès d'un autre assujetti n'ouvrirait pas droit à déduction complète parce que le droit à déduction de la taxe afférente au bien fait l'objet d'une exclusion ou d'une limitation.

3 - Analyse des immobilisations par composants

CAS DÉCOUVERTE Question 10

A. Ventilation des immobilisations par composants

Il y a lieu d'identifier et de comptabiliser séparément les éléments d'une immobilisation corporelle qui font l'objet de remplacements à intervalles réguliers chaque fois que :

- les composants ont une durée d'utilisation différente de celle de la structure de base ;
- ou lorsque les composants procurent des avantages à l'entreprise selon un rythme différent nécessitant l'utilisation de taux et de modes d'amortissement différents.

Le composant doit avoir un caractère ou une valeur significatif. Pour la détermination de ce seuil de signification, il n'y a pas d'indication dans le PCG ; il est donc laissé à la discrétion des entreprises.

Le PCG distingue 2 catégories de composants :

→ ceux de 1re catégorie, éléments principaux d'une immobilisation devant être remplacés à intervalles réguliers ;

→ ceux de 2e catégorie, dépenses d'entretien faisant l'objet de programmes pluriannuels de grosses réparations ou de grandes révisions en application de lois, règlements ou pratiques constantes de l'entreprise (avions, trains, navires…).

Par exemple, pour le logement social, il est prévu de décomposer l'acquisition initiale en 5 composants minimum :

1. Structure et ouvrages assimilés
2. Menuiseries extérieures
3. Chauffage : collectif ou individuel
4. Étanchéité
5. Ravalement avec amélioration et possibilité de créer 3 composants supplémentaires :
   – électricité ;
   – plomberie/sanitaire ;
   – ascenseur.

Les coûts significatifs de remplacement ou de renouvellement d'un composant ou d'un élément d'une immobilisation corporelle doivent être comptabilisés comme l'acquisition d'un actif séparé et la VNC du composant remplacé doit être comptabilisée en charges [Sortie d'immobilisation : compte 675 ou 657 dans le règlement ANC n° 2022-06].

Un composant séparé, qui n'a pas été identifié à l'origine, doit l'être ultérieurement si les conditions de comptabilisation en immobilisation sont réunies, y compris pour les dépenses d'entretien faisant l'objet de programmes pluriannuels de gros entretien ou grandes révisions, si aucune provision pour gros entretien ou grande révision n'a été constatée.

B. Dépenses de gros entretien et grandes révisions (dépenses dites de 2e catégorie)

Ces dépenses ont pour seul objet de vérifier le bon état de fonctionnement des installations ou d'y apporter un entretien sans prolonger leur durée de vie (cas des avions par exemple qui doivent être révisés complètement tous les 3 ans ou des ravalements d'immeubles…).

Cette catégorie de dépenses doit relever d'une obligation ou d'une pratique habituelle et constante de l'entreprise.

Pour la détermination du coût du composant concernant le plan pluriannuel de gros entretien ou de grandes révisions, il faut prendre tous les coûts attribuables à ce programme à l'exclusion des coûts de renouvellement des autres composants.

Sont également exclus :

- les coûts administratifs et autres frais généraux, à l'exception des coûts de structure dédiés ;
- les frais de formation du personnel ;
- les pertes d'exploitation ou les coûts encourus lorsque les immobilisations concernées ne fonctionnent pas ou fonctionnent en dessous de leur capacité ;
- les coûts de réinstallation ou de réorganisation d'une partie ou de la totalité des activités de l'entreprise.

Le coût prévisible des dépenses de gros entretien est réparti sur la durée séparant deux révisions.

Selon le PCG, les entreprises peuvent, pour ce type de dépenses appliquer la méthode des composants ou constituer des provisions pour gros entretien. (Selon les normes IAS/IFRS, le traitement en composants est obligatoire).

→ Provision : la provision est dotée, puis les travaux sont portés en charges, et la provision est reprise. Dans le règlement ANC n° 2022-06, cette provision est enregistrée dans le compte 1525 - Provisions pour gros entretien ou grandes révisions.

→ Composant : lors de l'acquisition de l'immobilisation, le composant « Grosse réparation » est isolé et amorti sur sa durée de vie propre. Lors de la réalisation des travaux, le coût est enregistré comme un nouveau composant en classe 2 et l'ancien composant est sorti du bilan.

Fiscalement, le traitement en composant n'est pas reconnu (correction extra-comptable à effectuer).
La méthode comptable retenue doit être mentionnée en annexe. Le traitement adopté doit être identique pour toutes les immobilisations.

Remarque : contingences sectorielles et d'utilisation :

Selon la nature de l'activité de l'entreprise et l'utilisation faite de l'immobilisation, un élément pourra ou pas être décomposé en composants. De même, les durées d'amortissements pourront être très différentes.

C. Composant non identifié à l'origine

L'entreprise doit identifier un composant dès qu'elle constate qu'il satisfait aux conditions de définition. Ceci n'intervient parfois que postérieurement à l'acquisition de l'immobilisation. C'est notamment le cas quand un élément significatif indispensable au fonctionnement doit être remplacé de manière imprévue au cours d'utilisation de la structure.

Le coût du composant de remplacement doit être immobilisé. La valeur nette comptable du composant remplacé non identifié à l'origine, doit être enregistrée en charge. Cette valeur nette comptable doit être reconstituée :

- d'une part, par reconstitution de la valeur brute du composant remplacé ;
- d'autre part, par reconstitution des amortissements pratiqués sur ce composant, en fonction de sa valeur brute et de la durée d'amortissement de l'immobilisation ;
- si nécessaire, le coût estimé des dépenses d'entretien faisant l'objet d'un programme pluriannuel de gros entretien ou grandes révisions, futur et identique, peut être utilisé pour évaluer le coût du composant existant lors de l'acquisition ou de la construction du bien ;
- dans tous les cas, la VNC du composant renouvelé doit être comptabilisée en charges.

Remarque : les pièces détachées et de rechange.

Les pièces de rechange et le matériel d'entretien sont habituellement inscrits en stocks et comptabilisés dans le résultat lors de leur consommation. Toutefois, les pièces de rechange principales et le stock de pièces de sécurité constituent des immobilisations corporelles si l'entité compte les utiliser sur plus d'une période. De même, si les pièces de rechange et le matériel d'entretien ne peuvent être utilisés qu'avec une immobilisation corporelle, ils sont comptabilisés en immobilisations corporelles.

4 - Amortissements

A. Amortissements comptables

CAS DÉCOUVERTE
Questions 3, 4 et 11

À l'inventaire, l'entité procède au recensement et à l'évaluation de ses éléments actifs et passifs. La valeur d'inventaire est égale à la valeur actuelle. À la clôture des comptes, seules les moins-values sont constatées dans les conditions suivantes :

- pour les biens dont l'usage est limité dans le temps, l'entité établit un plan d'amortissement qui permet de calculer la valeur nette comptable de ces biens ;
- pour les biens corporels et incorporels dont la valeur actuelle est significativement inférieure, soit à la valeur brute, l'amoindrissement de la valeur d'actif est constaté par une dépréciation.

La comparaison entre la valeur actuelle et la valeur brute ou la valeur nette comptable est effectuée élément par élément.

> *« **Un actif amortissable** est un actif dont l'utilisation par l'entité est déterminable. »*
> *« L'utilisation d'un actif est déterminable lorsque l'usage attendu de l'actif par l'entité est limité dans le temps. »*

Cet usage est limité dès lors que l'un des critères suivants, soit à l'origine soit en cours d'utilisation, est applicable :

- **physique :** l'actif subit une usure technique par l'usage qu'en fait l'entité ou par le passage du temps ;
- **technique :** il est attendu que l'évolution technique impliquera l'obsolescence de l'actif, son utilisation devenant inférieure à celle qui serait fondée sur sa seule usure physique. Il en est notamment ainsi en cas d'obligation de mise en conformité à de nouvelles normes ;
- **juridique :** l'utilisation est limitée dans le temps par une période de protection légale ou contractuelle.

« Ces critères ne sont pas exhaustifs... Si plusieurs critères s'appliquent, il convient de retenir son utilisation la plus courte... »

« Une immobilisation est considérée comme ayant une utilisation indéterminable (ce qui ne signifie pas infinie) lorsque, sur la base d'une analyse de tous les faits pertinents, il n'y a pas de limite prévisible à la durée durant laquelle il est attendu que cette immobilisation procurera des avantages économiques à l'entité ».

➢ **Déterminable peut être traduit comme fini ou mesurable.**

« **Le montant amortissable** d'un actif est sa valeur brute sous déduction de sa valeur résiduelle ».

« La valeur brute d'un actif est sa valeur d'entrée dans le patrimoine ou sa valeur de réévaluation ».

« La valeur résiduelle est le montant, net des coûts de sortie attendus, qu'une entité obtiendrait de la cession de l'actif sur le marché, à la fin de son utilisation ».

> **La valeur résiduelle d'un actif n'est prise en compte pour la détermination du montant amortissable que lorsqu'elle est à la fois significative et mesurable.**

Cela nécessite de déterminer, dès l'origine, la valeur de revente sur le marché (problèmes d'évaluation de cette valeur résiduelle : nécessité d'un contrat de vente ferme (opération de buy-back), option de vente ou existence d'un catalogue de prix d'occasion (argus par exemple).
En outre, plus la durée d'utilisation est courte, plus la valeur résiduelle sera élevée et inversement.
Les coûts de sortie sont les coûts directement attachés à la sortie de l'actif du patrimoine : coûts externes ou internes à l'exclusion des charges financières et de l'impôt correspondant. Il peut s'agir des frais d'acte, des coûts d'enlèvement de l'actif...

« L'amortissement d'un actif est la répartition systématique de son montant amortissable **en fonction de son utilisation**. »

> **L'utilisation pour une entité se mesure par la consommation des avantages économiques attendus de l'actif.**
>
> **Elle peut être déterminable en termes d'unités de temps ou d'autres unités d'œuvre (physiques ou techniques) lorsque ces dernières reflètent correctement le rythme de consommation des avantages économiques attendus de l'actif.**

La durée d'utilisation est donc propre à l'entreprise.

Les unités d'œuvre peuvent être par exemple le nombre de kilomètres, le nombre d'heures d'utilisation, le nombre de pièces produites, etc.

« Le mode d'amortissement doit permettre de traduire au mieux le rythme de consommation des avantages économiques attendus de l'actif par l'entité. [...] Le mode linéaire est appliqué à défaut de mode mieux adapté. »

B. Amortissements fiscaux et amortissements dérogatoires

CAS DÉCOUVERTE Questions 5 et 6

L'administration fiscale permet dans certains cas de pratiquer un amortissement fiscal différent de l'amortissement comptable.

- Le mode d'amortissement linéaire en fonction de la durée d'utilisation est l'amortissement de droit commun du point de vue fiscal. L'entreprise peut également appliquer le mode d'amortissement dégressif fiscal pour certains biens (voir 4.C).
- Du point de vue fiscal, la durée d'amortissement est la durée d'usage. La durée d'amortissement fiscal peut être plus courte que la durée retenue du point de vue économique en comptabilité. Toutefois, par mesure de simplification, les petites entreprises peuvent, dans les comptes individuels, retenir la durée d'usage pour déterminer le plan d'amortissement des immobilisations (PCG Art.214-13).
- La valeur résiduelle n'est pas retenue pour le calcul de l'amortissement fiscal. En effet, sur le plan comptable, la base amortissable est égale à la différence entre valeur brute et valeur résiduelle; alors que sur le plan fiscal, la valeur résiduelle n'est pas prise en considération, la base amortissable correspondant à la valeur brute d'origine.

Cet avantage fiscal permet de dégager un supplément d'amortissement fiscalement déductible et donc de réduire le résultat imposable, et l'impôt sur les bénéfices. Ce mécanise améliore la trésorerie les premières années.

Ce supplément d'amortissement fiscal ne peut pas être comptabilisé en amortissement pour dépréciation puisqu'il ne correspond pas à une perte de valeur.

Il est donc enregistré en provision réglementée: amortissement dérogatoire et représente un avantage fiscal (voir chapitre 14).

Deux plans doivent être présentés: le plan d'amortissement économique ou comptable et le plan d'amortissement fiscal.
Si amortissement fiscal > amortissement économique ⟶ dotation aux amortissements dérogatoires.
Si amortissement fiscal < amortissement économique ⟶ reprise sur amortissements dérogatoires.

Toutefois, si l'amortissement comptable est supérieur à l'amortissement fiscal dès la première année, aucun amortissement dérogatoire n'est à constater, mais une réintégration extra-comptable sera à effectuer.

Schéma comptable

- Si amortissement fiscal > amortissement économique

		31/12/N		
68725		Dotation aux amortissements dérogatoires		
	145	Amortissements dérogatoires		

- Si amortissement fiscal < amortissement économique (en dehors de la première année)

		31/12/N+3		
145		Amortissements dérogatoires		
	78725	Reprises sur amortissements dérogatoires		

➢ Amortissement exceptionnel fiscal

Pour certaines immobilisations précises, il existe des règles spécifiques d'amortissement qui évolue en fonction des dispositions de la loi de finance annuelle.

Les caractéristiques et le fonctionnement de ces amortissements sont résumés dans le tableau ci-dessous.

CARACTÉRISTIQUES	PROVISION RÉGLEMENTÉE	DOTATIONS	REPRISES
145 Amortissements dérogatoires	**Amortissements dérogatoires** suite à des divergences entre les règles comptables et les règles fiscales.	**68725 Dotations aux amortissements dérogatoires:** Elles interviennent lorsque l'amortissement fiscal est supérieur à l'amortissement économique: - suite à des divergences de base d'amortissement; - suite à des divergences de durée d'amortissement; - suite à des divergences de modes d'amortissement.	**78725 Reprises des amortissements dérogatoires** - elles interviennent lorsque l'amortissement économique comptabilisé en 28 est supérieur à l'amortissement fiscal; - l'avantage fiscal est bien temporaire puisqu'il est comptabilisé en produit.

C. Amortissement dégressif fiscal

Il s'agit d'un amortissement fiscal spécifique.

Les biens pouvant s'amortir fiscalement en dégressif sont fixés par le CGI (Code Général des Impôts) : seuls certains biens acquis **NEUFS et d'une durée d'utilisation fiscale ≥ 3 ans** peuvent en bénéficier.

Les véhicules de tourisme ne peuvent pas s'amortir en dégressif.

Taux dégressif = taux linéaire x coefficient

Durée fiscale	coefficient applicable
3-4 ans	1.25
5-6 ans	1.75
> 6ans	2.25

La durée fiscale correspond à la durée d'usage

Calcul de la première annuité : à partir du **1er jour du mois d'acquisition** (donc le décompte se fait en mois).
Il y a autant de lignes d'amortissement que d'années !
1re annuité fiscale : cout d'entrée x taux dégressif x nombre de mois / 12
Annuités suivantes : l'amortissement se pratique sur la valeur nette fiscale :
Valeur nette fiscale = coût d'entrée - cumul des amortissements pratiqués
Annuité fiscale : valeur nette fiscale x taux dégressif
Passage au linéaire : lorsque le taux linéaire déterminé sur les années d'amortissement restantes devient supérieur au taux dégressif sur les dernières années d'amortissement, on retient le taux linéaire.

Les amortissements dégressifs étant un amortissement fiscal, ils ne se comptabilisent pas directement.

Pour les entreprises désirant bénéficier de l'avantage fiscal du calcul dégressif, un amortissement dérogatoire résultant de la méthode doit obligatoirement être comptabilisé pour la différence de taux, sauf pour les biens des entités bénéficiant de la mesure de simplification pour les petites entreprises.

D. Révision du plan d'amortissement

En application du principe de permanence des méthodes, le plan d'amortissement est établi à l'entrée de l'immobilisation dans le patrimoine et ne peut être modifié.
Par exception, le plan d'amortissement doit être modifié en cours d'utilisation dans deux situations :

- en cas de modification significative de l'utilisation prévue de l'immobilisation (par exemple, modification de la durée ou du rythme de consommation des avantages économiques attendus) ;
- en cas de constatation d'une dépréciation.

La révision du plan d'amortissement ne peut être que prospective. Il n'y a donc pas de remise en cause des amortissements déjà constatés.

5 - *Les dépréciations*

CAS DÉCOUVERTE Questions 12 et 13

On ne distingue pas s'il s'agit d'une perte de valeur irréversible ou pas : dans tous les cas, la perte de valeur sera enregistrée en dépréciation ; en d'autres termes, cela veut dire que l'on ne pourra plus constituer d'amortissement exceptionnel, on devra constater une dépréciation d'immobilisation, même si la perte de valeur est définitive.
Chaque entreprise doit apprécier à chaque clôture si les éléments d'actif ont perdu de la valeur. Il convient par conséquent de faire des tests de dépréciation même en ce qui concerne les immobilisations amortissables.
Ces tests de dépréciation vont consister à comparer la VNC des éléments d'actif à leur valeur actuelle. Auparavant, il conviendra de rechercher s'il y a des indices de perte de valeur. Dans l'affirmative, une dépréciation devra être calculée et constatée, dans la négative, il n'y aura rien à faire.

A. Les indices de perte de valeur externes et internes

Le PCG donne une liste minimale mais non exhaustive de ces indices de perte de valeur.

➢ **Indices externes :**

- valeur de marché si celle-ci a diminué plus que par le seul passage du temps ou de l'utilisation normale de l'actif ;
- changements importants dans l'environnement extérieur de l'entreprise : technique (apparition de nouveaux procédés rendant les techniques utilisées jusqu'à présent par l'entreprise non rentables ou non performantes), économique ou juridique (changement de réglementation) ou encore sur le marché sur lequel l'entreprise évolue ;
- forte augmentation des taux d'intérêt ou de rendement sur les marchés, ce qui entraîne une diminution des valeurs actualisées des biens. Cet indice est à prendre en considération surtout pour les éléments d'actif à caractère financier.

➢ **Indices internes :**

- obsolescence ou dégradation physique non prévues par le plan d'amortissement ;
- changements importants dans le mode d'utilisation : abandon, restructuration du secteur d'activité dans lequel l'élément d'actif est utilisé.

Dans ce dernier cas il faut se demander si un amortissement n'est pas préférable dans le cas d'un changement. En effet, en ce qui concerne les éléments amortissables, si la durée d'utilisation est toujours déterminable (cas des marques qui seront abandonnées par exemple) il faut amortir sur la durée résiduelle. Dans ce cas, si un plan d'abandon de l'actif est établi, pourquoi ne pas recourir également à l'amortissement ?

- Performances inférieures aux prévisions : des documents d'ordre interne peuvent indiquer que les prévisions ou les réalisations sont ou seront inférieures aux attentes initiales.

B. Les tests de dépréciation

Si un indice de perte de valeur existe, il convient alors de procéder à un test de dépréciation, c'est-à-dire comparer la valeur comptable de l'élément d'actif (VNC) à sa valeur actuelle. Cette valeur actuelle correspond soit à la valeur vénale, soit à la valeur d'usage, la plus forte de ces deux valeurs étant retenue.

Il faut comparer la Valeur Actuelle (**VA**) à la valeur comptable (**VNC**) :

. si **VA** ≥ **VNC** → pas de dépréciation ;
. si **VA** < **VNC** → constatation d'une dépréciation.

La dépréciation qui est constatée au cours d'une année n'est pas définitive. À la clôture des exercices suivants, compte tenu de l'évolution des indices de perte de valeur, il y aura lieu de corriger ou de ré-estimer les dépréciations.

Si l'indice de perte de valeur qui avait été constaté au cours des années précédentes a disparu (évolution positive de la conjoncture ou de l'environnement économique...), il faudra reprendre la dépréciation constatée.

Cette reprise de dépréciation sera limitée puisque la VNC après reprise ne peut être supérieure à la VNC obtenue sans dépréciation.

Pour les immobilisations amortissables, si une dépréciation est constatée, celle-ci vient réduire la base amortissable future et le plan d'amortissement pour les années à venir doit être reconstruit.

Le schéma suivant résume le mode opératoire de la constatation éventuelle d'une dépréciation :

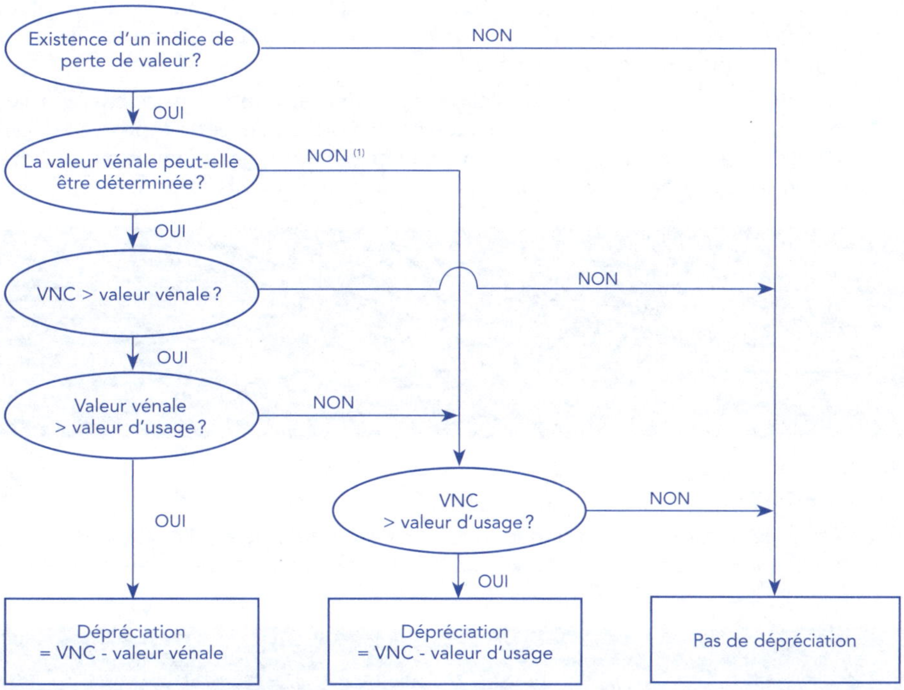

(1) En général, cas où il n'existe pas de marché secondaire.
Source : mémento comptable Francis Lefèbvre.

- **Schéma comptable :**

		31/12		
6816		Dotations aux dépréciations des immobilisations	X	
	291	Dépréciations des immobilisations corporelles		X

C. Conséquences comptables de la neutralisation des incidences fiscales des dépréciations

Fiscalement, la dotation aux dépréciations déductible est égale à la différence entre la **valeur nette fiscale** et la valeur vénale brute.

En conséquence, les dotations aux dépréciations comptables peuvent ne pas être déductibles ou l'être partiellement. C'est notamment le cas lorsque la dotation comptable est calculée à partir de la valeur d'usage, en l'absence de valeur vénale.

L'avis 2006-12 du CNC a prévu une solution permettant d'assurer la déductibilité fiscale des dotations aux dépréciations comptables : un amortissement exceptionnel* est enregistré à hauteur de la différence entre la dotation aux amortissements du plan initial et la dotation aux amortissements du plan révisé après dépréciation.

En contrepartie, la dépréciation comptable est reprise en résultat exceptionnel* à hauteur de cet amortissement exceptionnel.

Ainsi, une fraction de la dépréciation est transférée en amortissement.

> **Remarque :**
> *Selon le règlement ANC n° 2022-06, les écritures d'origine purement fiscale sont enregistrées en résultat exceptionnel. Par conséquent, à notre avis, les écritures de neutralisation des incidences fiscales des dépréciations doivent demeurer en résultat exceptionnel.

6 - Évaluation des immobilisations à la sortie du patrimoine

A. Les cessions d'immobilisations amortissables

CAS DÉCOUVERTE Question 7

Le principe de comptabilisation est identique à celui utilisé pour les immobilisations non amortissables. Cependant, il faut tenir compte des amortissements pratiqués à la date de clôture de l'exercice précédent et comptabiliser une dotation complémentaire jusqu'à la date de cession. Le total des amortissements doit être soldé puisqu'il y a sortie d'actif, et pour pouvoir déterminer la valeur comptable nette du bien cédé.

Si l'immobilisation amortissable cédée faisait également l'objet d'une dépréciation, dans ce cas-là, celle-ci doit être reprise puisqu'elle n'a plus aucun objet, et comme dans le cas d'un bien non amortissable, cette reprise de dépréciation n'a aucune incidence sur le résultat de cession. Les amortissements dérogatoires devront également être repris et il est nécessaire de solder l'éventuelle subvention d'équipement ayant permis l'acquisition de l'immobilisation.

> **Remarque :**
> Selon le règlement ANC n° 2022-06, sont comptabilisés en résultat exceptionnel les produits et les charges directement liés à un événement majeur et inhabituel. Les cessions d'immobilisations, qui étaient auparavant enregistrées en résultat exceptionnel, doivent dorénavant être enregistrées en résultat d'exploitation.
> Ainsi, le prix de cession est enregistré dans le compte 757 « Produits des cessions d'immobilisations corporelles » et la valeur nette comptable des immobilisations sorties de l'actif est enregistrée dans le compte 657 : « Valeurs comptables des immobilisations incorporelles et corporelles cédées ».

B. Les mises au rebut

CAS DÉCOUVERTE Question 14

Lorsqu'une entreprise décide de mettre au rebut une immobilisation amortissable, elle doit constater, à la date de sortie de l'immobilisation de son patrimoine, une dotation exceptionnelle pour obtenir une valeur comptable nulle ; le bien, en effet, n'a plus aucune valeur.

> **Remarque :**
> L'article 1212-28 du Règlement ANC n° 2022-06 supprime l'obligation de procéder à un amortissement exceptionnel pour ramener la valeur nette comptable du bien à 0. Par ailleurs, à notre avis, une mise au rebut ne relève pas d'un évènement majeur et inhabituel. Par conséquent, nous proposons d'appliquer le traitement comptable d'une cession d'immobilisation pour enregistrer la sortie d'un actif mis au rebut (cf. partie 6.A). La valeur nette comptable de l'immobilisation est enregistrée dans le compte 657.

7 - Comptabilisation des régularisations de TVA

A. Régularisation résultant du coefficient définitif

Lorsqu'un bien ou un service est acquis, l'entreprise détermine à l'acquisition un coefficient de déduction provisoire.

Si les conditions de détermination de ce coefficient sont modifiées pendant le reste de l'année, le coefficient de déduction est modifié et une régularisation de TVA doit être comptabilisée.

Ainsi, en cas de différence entre le coefficient provisoire et le coefficient définitif, une déduction complémentaire ou un reversement de TVA doit être effectué. Le coût d'entrée de l'immobilisation est donc susceptible d'être modifié (CGI – annexe II, article 209), et par conséquent le plan d'amortissement également.

Cependant, lorsque l'écart entre le coefficient de déduction provisoire et le coefficient de déduction définitif n'excède pas 5 %, il peut être comptabilisé en résultat exceptionnel* (pas de modification du coût d'entrée de l'immobilisation).

B. Régularisation annuelle

Dans le cadre des régularisations annuelles, l'administration fiscale s'est alignée sur la position comptable en admettant, par mesure de tolérance, que ces régularisations ne remettent pas en cause le coût d'entrée de l'immobilisation. Une régularisation annuelle est ainsi comptabilisée en résultat exceptionnel*.

Remarque :
*Selon le règlement ANC n° 2022-06, les écritures d'origine purement fiscale sont enregistrées en résultat exceptionnel. Par conséquent, à notre avis, les écritures qui découlent d'une régularisation de TVA doivent demeurer en résultat exceptionnel.

C. Régularisation globale

1. Cas de cession d'immobilisation avec reversement de TVA

La TVA à reverser peut :

- soit s'imputer au compte d'immobilisation et augmenter le coût d'acquisition ;
- soit être enregistrée directement en **657 – Valeurs comptables des immobilisations incorporelles et corporelles cédées**. Cette dernière solution est préférable puisqu'en fait le reversement de TVA à l'État aura pour conséquence d'augmenter la valeur comptable nette du bien cédé. La contrepartie est enregistrée au crédit du compte « **44571 État, TVA collectée** » ou « **44551 État, TVA à décaisser** » comme une dette envers le Trésor public.

Exemple :
Une entreprise a cédé à crédit le 01/11/N pour un prix de cession 45 000 €, une construction dont le prix d'achat était de 35 000 € HT (TVA 20 % à cette date) le 01/02/N-7, le cumul des amortissements comptabilisés à la date de cession s'élève à 18 380 €. Le montant de TVA à reverser est de 4 200 €.

		01/11/N		
462		Créances sur cession d'immobilisations	45 000	
	757	Produits des cessions d'immobilisations incorporelles et corporelles		45 000
		Prix de cession		
		01/11/N		
2813		Amortissement des constructions	18 380	
657		Valeurs comptables des immobilisations incorporelles et corporelles cédées	20 820	
	213	Constructions		35 000
	44551	État, TVA à décaisser		4 200
		Sortie de la construction		

2. Cas de cession d'une immobilisation avec complément de déduction de TVA

Il s'agit de biens immobilisés qui n'ont pas bénéficié d'un droit de déduction de la TVA sur le montant total de l'acquisition. La cession de ces biens peut, sous certaines conditions, donner droit à l'entreprise cédante à une déduction complémentaire de TVA.

Ce montant de TVA sera débité dans le compte 44562 « État - TVA déductible sur immobilisations » et crédité dans le compte d'immobilisation correspondant.

FICHE RESSOURCES

Exemple :

Une entreprise a acquis le 01/09/N-2, un véhicule de tourisme dont le prix d'achat TTC était de 36 000 € (TVA 20 %). Elle l'a cédé, à crédit, le 01/06/N, à un négociant en véhicules d'occasion, pour un prix de 17 000 € HT. La cession est soumise à la TVA (au taux de 20 %), ce qui permet à l'entreprise d'obtenir une déduction complémentaire de TVA pour 2 400 €. Les amortissements ont été comptabilisés jusqu'à la date de cession pour un montant de 11 550 €.

Comptabiliser cette cession

		01/06/N		
462		Créances sur cession d'immobilisations	20 400	
	757	Produits des cessions d'immobilisations incorporelles et corporelles		17 000
	44571	État, TVA à décaisser		3 400
		Prix de cession		
		01/06/N		
28182		Amortissement du matériel de transport	11 550	
657		Valeurs comptables des immobilisations incorp. et corp. cédées	22 050	
44562		État, TVA déductible sur immobilisations	2 400	
	2182	Matériel de transport		36 000
		Sortie du matériel de transport		

APPLICATIONS

CONTRÔLE DE CONNAISSANCES

QUIZ EN VERSION NUMÉRIQUE

https://eqrco.de/a/Nx5oXO

APPLICATION 1*: COÛT D'ENTRÉE D'UNE IMMOBILISATION CORPORELLE ACQUISE

15 Min

La société BALSTAR a fait l'acquisition d'une machine-outil ZX 221 le 1er septembre N. La facture adressée par le fournisseur mentionne:

• Prix d'achat HT		30 000,00
• Remise commerciale	–	600,00
• Escompte de règlement	–	300,00
• Frais de livraison	+	1 100,00
• Frais de montage	+	800,00
• Frais externes de formation du personnel	+	950,00
Total HT		31 950,00
TVA à 20 %	+	6 390,00
Total TTC		38 340,00

La mise en service a eu lieu le 15 septembre N. La comptabilité analytique fait apparaître 2 000 € de charges indirectes liées à l'installation de cette machine. La société a opté pour l'incorporation des frais de formation au coût de l'immobilisation.

TRAVAIL À FAIRE

1. Calculer le coût d'entrée du matériel. Justifier toutes les options retenues.
2. Comptabiliser l'entrée de ce bien au journal de la société BALSTAR.
3. Le 25 septembre une facture reçue du même fournisseur indique: tests et réglages sur la machine ZX 221 pour 2 500 € HT (TVA: 500 €). La valeur d'entrée de la machine est-elle modifiée? Enregistrer la facture.

APPLICATION 2*: COMPTABILISATION D'UNE IMMOBILISATION CORPORELLE

20 Min

Le 1er janvier N, la SA « HILTON » acquiert une machine aux États-Unis pour un montant de 250 000 $. Le 8 janvier, la société reçoit de son transitaire une facture indiquant :

- droits de douane : 2 000 € ;
- TVA sur la machine : 41 552 € ;
- Honoraires : 500 € HT + TVA à 20 %.

Les frais supplémentaires suivants sont facturés par le fournisseur américain :

- livraison : 14 000 € ;
- installation : 21 000 € ;

et des coûts généraux indirects constatés pour : 3 500 €.

La période d'installation et de mise en marche a duré 2 mois, et un montant supplémentaire de 23 000 € (charges de personnel, matières consommables) a été engagé par l'entreprise pour les frais de mise en route directement liés à l'obtention de bonnes conditions de fonctionnement. L'installation a été terminée le 28/02/N.

Les rapports mensuels indiquent que pour les 6 premiers mois, les quantités produites par cet équipement, du fait de leur faible importance, se sont traduites par une perte opérationnelle de 26 000 €. Les mois qui suivent apportent des résultats beaucoup plus encourageants.
L'équipement a une durée d'utilité estimée à 15 années et les frais de démantèlement sont estimés à 15 000 €.

TRAVAIL À FAIRE

1. Indiquer quelle valeur sera comptabilisée à l'origine comme coût historique de l'actif (cours du $ au 01/01/N : 0,70 €).
2. Quelles charges affecteront le résultat en N, puis les années suivantes ?
3. Enregistrer l'acquisition de cette machine.
4. Enregistrer la dotation aux amortissements au 31/12/N.

APPLICATION 3*: COÛT DE PRODUCTION D'UNE IMMOBILISATION CORPORELLE

15 Min

La société JOLIOT a réalisé au cours de l'exercice N la construction d'un matériel spécifique (amortissable en 5 ans) terminé le 1er novembre N.

Les dépenses relatives à ce matériel se sont élevées à :

• matériaux utilisés	320 000
• charges directes de production	220 000
• charges indirectes fixes de production	100 000
• charges indirectes variables de production	90 000
• charges administratives générales imputables selon la comptabilité analytique	20 000
• Intérêt de l'emprunt effectué et finançant l'opération :	
- intérêts relatifs à la période précédant la fabrication	3 000
- intérêts relatifs à la période de fabrication	10 000
- intérêts relatifs à la période postérieure à la mise en service	8 000

La société JOLIOT a opté pour l'incorporation des coûts d'emprunt.

TRAVAIL À FAIRE

1. Dans une courte note, exposer les règles relatives à l'incorporation des coûts d'emprunt dans le coût de production de l'immobilisation corporelle.
2. Indiquer les informations à renseigner en annexe relatives à l'incorporation des coûts d'emprunt.
3. Évaluer le matériel produit par l'entreprise au 31 octobre N sachant que le niveau d'activité de la production est de 80 %.
4. Comptabiliser la production de cette immobilisation.

APPLICATION 4**: COÛT D'ENTRÉE D'UNE IMMOBILISATION CORPORELLE ET COMPOSANTS

20 Min

La SA « LES CHARPENTES DE L'ALLIER » a acquis un immeuble le 1er juillet N. Les durées d'utilisation des éléments composant cet immeuble ainsi que leur coût respectif sont indiqués dans le tableau ci-dessous :

ÉLÉMENT	DURÉE D'UTILISATION	COÛT
Structure	40 ans	420000
Toiture	15 ans	60000
Menuiseries extérieures	30 ans	30000
Chauffage individuel	20 ans	40000
Ascenseurs	25 ans	50000

L'état des frais d'acquisition adressé par le notaire indique les éléments suivants :

- *droits de mutation : 21 000 € ;*
- *honoraires : 9 000 € HT.*

L'acquisition de l'immeuble n'est pas assujettie à la TVA.

TRAVAIL À FAIRE

1. Justifier la décomposition de l'immeuble en composants et préciser le traitement comptable des composants.
2. Rappeler le traitement comptable des frais d'acquisition indiqués sur l'état adressé par le notaire.
3. Enregistrer l'acquisition de l'immeuble le 1er juillet N en proposant deux solutions au regard de votre réponse à la question 2.

APPLICATION 5***: COMPOSANT NON IDENTIFIÉ À L'ORIGINE

20 Min

La société MIGLIANI, spécialisée dans la production de pompes pour l'industrie automobile a acquis le 01/07/N un banc d'essai pour une valeur de 300000 € HT. La durée d'utilisation prévue est de 15 ans. Le 01/7/N+5, il est nécessaire de remplacer le moteur pour une valeur de 108000 € HT. Après étude technique, l'entreprise considère que le coût du moteur le 01/07/N était de 90000 € HT et que sa durée de consommation des avantages économiques est de 5 ans.

TRAVAIL À FAIRE

Enregistrer les écritures sur les exercices N et N+5.

APPLICATION 6**: ACQUISITION D'UNE IMMOBILISATION CORPORELLE; PROGRAMME D'ENTRETIEN PLURIANNUEL

30 Min

La SA « FERRULIN » a acquis le 1er avril N, une machine-outil laser spécifique pour une valeur globale de 140 000 € HT, d'une durée d'utilisation de 10 ans.
Le bras laser doit être remplacé tous les cinq ans, sa valeur initiale est de 25 000 € HT. Une révision obligatoire de la machine pour des raisons de sécurité doit être effectuée tous les 3 ans. Le contrat de révision établi par le fournisseur prévoit un montant de 18 000 € HT, payable pour la 1re fois début avril N+3. La valeur résiduelle sera nulle à la fin de la période d'utilisation.

TRAVAIL À FAIRE

1. Comptabiliser l'acquisition de cette machine. La société n'enregistre pas de provisions pour gros entretien.
2. Enregistrer les écritures au 31/12/N.
3. Indiquer l'écriture comptable qui sera enregistrée le 01/04/N+3 lors de la réception de la facture de révision, le montant HT définitif des travaux s'élève à 20 000 € HT.
4. Indiquer les autres enregistrements comptables à passer en N+3.
5. Enregistrer les écritures nécessaires au 01/04/N+5. La facture du nouveau laser s'élève à 27 500 € HT.
6. Indiquer le traitement alternatif prévu par le PCG pour les dépenses de gros entretien puis reprendre les questions 1 à 4 dans le cadre de ce traitement alternatif et présenter toutes les écritures modifiées.

APPLICATION 7**: PLAN D'AMORTISSEMENT, VALEUR RÉSIDUELLE, AMORTISSEMENT FISCAL

30 Min

L'entreprise HAROCHE a acquis le 01/07/N, une machine-outil spécifique pour un montant de : 32 000 € HT. Cette machine sert exclusivement à fabriquer un produit P dont le cycle de vie est de cinq ans. Le nombre d'heures d'utilisation pour fabriquer ce produit est évalué de la manière suivante :

ANNÉE	N	N+1	N+2	N+3	N+4	TOTAL
Nombre d'heures	1 000	2 000	3 000	2 000	2 000	10 000

Après cinq ans, on pense pouvoir revendre la machine pour 4 000 €. L'entreprise répartit dans le temps le montant amortissable au prorata de l'utilisation de la machine. La machine utilisée par l'entreprise est admise au système fiscal de l'amortissement dégressif, sur une durée de 5 ans (coef. 1,75). L'entreprise souhaite utiliser cet avantage fiscal.

TRAVAIL À FAIRE

1. Déterminer le montant amortissable de la machine.
2. Présenter le plan d'amortissement comptable de cette machine.
3. Présenter le plan d'amortissement fiscal de la machine.
4. Comparer les annuités d'amortissement comptables et fiscales et déterminer les dotations et les reprises sur amortissements dérogatoires.
5. Enregistrer les amortissements et les reprises au 31 décembre N+1 et au 31 décembre N+2.

APPLICATION 8*: ÉVALUATION D'UNE DÉPRÉCIATION

10 Min

Un actif dont la valeur brute est de 100 K€, a été amorti de 30 K€. Plusieurs hypothèses sont à envisager pour qualifier les valeurs d'usage (VU), valeur vénale (VV), et valeur actuelle (VA).

TRAVAIL À FAIRE

1. Déterminer la valeur nette comptable (VNC).
2. Compléter le tableau ci-dessous :

HYPOTHÈSES	ANALYSE	DÉPRÉCIATION	VALEUR PORTÉE AU BILAN
H1 : VV = 80			
H2 : VV = 60 VU = 65			
H3 : VV = 60 VU = 50			
H4 : VV = 60 VU = 75			

APPLICATION 9**: LES TESTS DE DÉPRÉCIATION

15 Min

La société ALTUS a acquis un terrain constructible en N-4, sur lequel elle envisageait d'édifier un atelier de production en N. Ce terrain figure à son bilan pour 300 000 €.
À la clôture N, la direction n'a pas encore décidé la construction de l'immeuble en raison de la baisse d'activité de l'entreprise et de la mauvaise conjoncture mondiale et nationale. Le secteur d'activité de l'entreprise subit une forte baisse de production. En outre, la hausse des taux d'intérêt n'incite pas les dirigeants à s'endetter pour financer cette construction.
Après étude de ce dossier par la direction comptable, les éléments suivants ont été rassemblés : le prix de cession qui pourrait être retiré de la vente du terrain s'élève à 230 000 € ; la vente du terrain occasionnerait des frais de cession estimables à 5 % du prix de vente ; la valeur d'usage du terrain, s'élevant à 209 900 €, a été estimée en fonction des flux nets de trésorerie annuels attendus, soit 18 300 € sur une durée de 20 ans (taux d'actualisation 6 %).

TRAVAIL À FAIRE

1. Existe-t-il un « indice de perte de valeur » du terrain au sens du PCG ?
2. Définir et calculer la valeur vénale du terrain.
3. Définir la notion de « valeur d'usage » et présenter le calcul ayant permis d'obtenir une valeur d'usage du terrain de 209 900 €.
4. Effectuer le « test de dépréciation » nécessaire au vu de la réponse à la question précédente, tel qu'il est défini par le PCG.
5. Enregistrer l'éventuelle écriture nécessaire à la clôture N.

APPLICATION 10**: VARIATIONS SUR L'INCIDENCE D'UNE DÉPRÉCIATION SUR LE PLAN D'AMORTISSEMENT

40 Min

La SA « GESSE » envisage d'acquérir plusieurs matériels industriels le 01/01/N. Elle souhaite simuler différentes hypothèses en matière d'amortissement et de dépréciation, avant de prendre ces décisions d'investissement. Les biens seront amortis selon le mode linéaire.

	PRIX D'ACQUISITION	DURÉE DE CONSOMMATION DES AVANTAGES ÉCONOMIQUES	VALEUR RÉSIDUELLE À LA FIN DE LA PÉRIODE D'UTILISATION	VALEUR VÉNALE AU 31/12/N+1	VALEUR D'USAGE AU 31/12/N+1	VALEUR ACTUELLE AU 31/12/N+2
Matériel 1	20 000 €	5 ans	0,00 €	10 200 €	10 000 €	9 000 €
Matériel 2	40 000 €	5 ans	8 000 €	23 000 €	-	16 000 €
Matériel 3	15 000 €	5 ans	3 000 €	8 700 €	-	8 000 €

TRAVAIL À FAIRE

1. Présenter les trois plans d'amortissement en tenant compte des différentes modifications de valeur.
2. Dans le cas du matériel n° 1, enregistrer les écritures d'inventaire des exercices N à N+3.

APPLICATION 11**: INCIDENCE D'UNE DÉPRÉCIATION SUR LE PLAN D'AMORTISSEMENT - CORRECTIONS FISCALES

20 Min

La SA VIALA achète le 01/07/N une machine-outil de 300 000 € HT. La durée d'utilisation prévue est de 6 ans. Sur le plan fiscal l'administration considère que la durée d'usage est aussi de 6 ans. Le mode d'amortissement est linéaire. Au 31/12/N+2, la société réalise un test de dépréciation et détermine une valeur d'usage de 157 500 €.

TRAVAIL À FAIRE

Enregistrer du 31/12/N+2 au 31/12/N+6, toutes les écritures nécessaires en envisageant les conséquences comptables de la neutralisation des incidences fiscales des dépréciations.

MINI-CAS DE SYNTHÈSE

SII - SOCIÉTÉ INTERNATIONALE D'INGÉNIERIE (SANS MACHINE À CALCULER)

50 Min

Le candidat doit non seulement pouvoir exposer les règles comptables du PCG relatives aux savoirs associés au thème, mais aussi enregistrer les écritures comptables en découlant dans un contexte professionnel. Le candidat doit pouvoir justifier et analyser la pertinence des choix comptables retenus dans un contexte professionnel.

La SII (Société Internationale d'Ingénierie) est une société spécialisée dans la réalisation d'usines, d'ateliers et d'installations techniques. Elle a répondu à un appel d'offres portant sur l'exécution partielle d'une installation très spécifique. Sa candidature ayant été retenue, elle a dû, pour mener à bien ce chantier, acquérir un matériel destiné à lutter contre le bruit. Il est prévu que cet ouvrage spécifique nécessite quatre ans de travail et qu'à la fin du chantier, ce matériel antibruit sera cédé. Par ailleurs, elle a mis en place au cours de l'exercice N une unité de production de chimie lourde pour satisfaire certains de ses besoins en matières premières et consommables. L'entreprise n'a pas opté pour l'incorporation des frais de formation au coût de l'immobilisation.

L'entreprise clôture son bilan chaque année au 31 décembre, son chiffre d'affaires est entièrement soumis à la TVA.

Document 1 Unité de production de chimie lourde

Mise en place d'une unité de production spécifique le 1er janvier N :
- *la construction comprend les éléments suivants :*
  - *structure : 259 500 € HT (durée d'utilisation 15 ans, ensuite le site sera démantelé),*
  - *étanchéité : 60 000 € HT (durée d'utilisation : 8 ans).*

Facture n° 21475 adressée par la société Bati-3000.
- *Le coût de démantèlement est estimé à : 75 000 € (dépollution du site, vérification des réseaux d'assainissement, contrôle des sols…).*

Document 2 Matériel antibruit : détail des opérations et informations complémentaires

- ➔ *15-12-N : commande de la machine et versement d'un acompte de 20 % en dollars au fournisseur américain.*
- ➔ *01-03-N+1 : livraison et facturation de la machine pour un prix HT de 1 000 000 $ US.*
- ➔ *03-03-N+1 : règlement par chèque des droits de douane pour 43 000 € […]. Le montant de la TVA relative à cette opération s'élève à 156 800 €.*
- ➔ *08-03-N+1 : facturation et règlement des frais de déchargement pour 2 000 € HT, TVA : 400 €.*
- ➔ *14-03-N+1 : frais de montage 1 200 € HT, TVA : 240 €. Le montage a eu lieu du 1er au 8 mars, a été facturé le 14 mars et réglé par banque le 20 mars.*
- ➔ *22-03-N+1 : à cette dépense, s'ajoute le travail d'un technicien de l'entreprise pendant deux semaines et dont le coût est estimé à 3 800 €.*
- ➔ *01-04-N+1 : mise en service du matériel.*
- ➔ *04-04-N+1 : stage de formation de 9 jours pour 4 personnes de l'entreprise, pour la conduite de ce nouvel outillage. Cette formation, assurée par un organisme spécialisé, a été facturée et réglée 30 000 € HT, TVA : 6 000 €.*
- ➔ *20-06-N+1 : règlement du fournisseur américain.*
- ➢ *Valeur du dollar :*
  - *décembre N : 1 $ = 0,95 €,*
  - *en N+1 : 01-01 au 28-02 : 1 $ = 0,95 €,*
    01-03 au 31-03 : 1 $ = 0,80 €,
    01-04 au 31-10 : 1 $ = 0,85 €,
    01-11 au 31-12 : 1 $ = 0,90 €.

Document 3 Matériel antibruit : modalités d'amortissement

- *Amortissement économique :*
  - *durée de vie du matériel : 10 ans, ;*
  - *période de consommation des avantages économiques : du 01/04/N+1 (date de mise en service) au 01/04/N+5 ;*
  - *valeur résiduelle au 01/04/N+5 : 350 000 $ (on estime que le cours du dollar sera de 1 $ = 1 € au 01/04/N+5) ;*
  - *mode d'amortissement : linéaire.*
- *Amortissement fiscal : la SII souhaite appliquer l'article 39 quinquies DA du CGI qui précise que les entreprises qui acquièrent des matériels destinés à réduire le niveau acoustique des installations industrielles peuvent procéder à l'amortissement intégral de ces biens sur 12 mois à partir de leur mise en service.*

MISSIONS

1 *En ce qui concerne l'unité de production de chimie lourde (document 1):*

1.1 - présenter l'écriture comptable au 01/01/N;

1.2 - présenter l'écriture d'inventaire;

1.3 - au 31/12/N+5 le coût de démantèlement est estimé à 93 000 €: enregistrer les écritures nécessaires à cette date. Indiquer la dotation annuelle future pour l'amortissement de l'actif de démantèlement;

1.4 - quelles seraient les écritures nécessaires au 31/12/N+5, si le coût de démantèlement était estimé à 25 000 € ?

2 *En ce qui concerne le matériel antibruit (documents 2 et 3):*

2.1 - calculer la valeur d'entrée de l'immobilisation dans le patrimoine de l'entreprise SII. Cette valeur peut-elle être modifiée ? Justifier votre réponse en vous référant aux principes comptables;

2.2 - enregistrer au journal de l'entreprise, dans l'ordre chronologique, les opérations d'acquisition du matériel, les divers frais et les règlements intervenus au cours des exercices N et N+1 ;

2.3 - présenter le plan d'amortissement de l'outillage;

2.4 - l'entreprise utilise les amortissements dérogatoires. Présenter le tableau de l'amortissement fiscal du bien et les amortissements dérogatoires qui en découlent;

2.5 - enregistrer au journal général les écritures d'inventaire au 31/12/N+1.

CHAPITRE 5 : LES IMMOBILISATIONS INCORPORELLES

COMPÉTENCES ATTENDUES

- **Identifier et distinguer** les immobilisations corporelles et incorporelles.
- **Exposer et appliquer** les règles d'inscription à l'actif, d'évaluation et d'enregistrement des immobilisations incorporelles.
- **Évaluer et comptabiliser** les opérations portant sur les immobilisations incorporelles à l'entrée et postérieurement à leur entrée.
- **Analyser** les conséquences d'un choix de comptabilisation, notamment sur la présentation des comptes annuels, dans une situation donnée.
- **Présenter** les informations à fournir en annexe.

FICHE RESSOURCES

Une entreprise peut acquérir des éléments incorporels ou les développer elle-même. Ces éléments peuvent constituer des éléments d'actifs, dans la mesure où ils ont un potentiel pour générer des avantages économiques futurs au bénéfice de l'entreprise. De manière générale, la comptabilisation des actifs incorporels pose les mêmes problèmes que ceux relatifs aux immobilisations corporelles, tels que la détermination de leur coût d'entrée, de leur durée d'amortissement et le mode de comptabilisation des dépréciations permanentes et substantielles de leur valeur.

Toutefois, les caractéristiques des actifs incorporels rendent les solutions à ces problèmes peu évidentes, car ils manquent de qualités physiques, leurs valeurs sont difficiles à estimer et leurs durées de vie utiles peuvent être indéterminées. Les règles d'évaluation et le mode de comptabilisation et d'amortissement des actifs incorporels fixés par le PCG prennent donc une importance particulière.

1 - Définitions

Selon l'article 211-5 du PCG, une immobilisation incorporelle est un actif non monétaire sans substance physique.

Nous avons déjà précisé qu'un actif est un élément identifiable du patrimoine ayant une valeur économique positive pour l'entité, c'est-à-dire un élément générant une ressource que l'entité contrôle du fait d'événements passés et dont elle attend des avantages économiques futurs.

La notion de contrôle est essentielle puisque « les avantages économiques futurs n'existent que si les risques et avantages ont bien été transférés à l'entreprise ».

- Une immobilisation incorporelle est identifiable :

- si elle est séparable des activités de l'entité, c'est-à-dire si l'immobilisation peut être vendue, louée, transférée ou échangée (ex : brevet, fonds de commerce...) ;
- ou si elle résulte d'un droit légal ou contractuel, même si ce droit n'est pas transférable ou séparable (ex : droit au bail).

- Les critères généraux de comptabilisation d'un actif s'appliquent aux immobilisations incorporelles :

- il est probable que l'entité bénéficiera des avantages économiques futurs correspondants (ou du potentiel de services attendus) ;
- le coût ou la valeur de l'immobilisation peut être évalué avec une fiabilité suffisante (si évaluation directe impossible, évaluation par déduction du coût de l'ensemble ; ex. : fonds commercial).

FICHE RESSOURCES

2 - Évaluation à l'entrée dans l'entité

I. Immobilisation incorporelle créée en interne

- **coûts de développement**
  - les dépenses engagées pour la recherche (ou pour la phase de recherche d'un projet interne) doivent être comptabilisées en charges et ne peuvent plus être incorporées dans le coût d'une immobilisation incorporelle à une date ultérieure;
  - les coûts de développement peuvent être comptabilisés à l'actif sous conditions;
  - coûts attribuables aux coûts de développement = dépenses pouvant être directement attribuées et nécessaires à la création, la production et la préparation de l'actif afin de le mettre en état de fonctionner selon l'utilisation prévue.

Exemples:

- coûts des matériaux et services utilisés;

- frais de personnel;

- droits d'enregistrement;

- amortissements des brevets et licences utilisés;

- coûts de dépôt des brevets;

- coûts directement liés à l'acquisition et au développement de logiciels.

- **Coûts non attribuables aux coûts de développement:**
  - coûts de vente, administratifs et frais généraux sauf si ces coûts peuvent être directement attribués à la préparation de l'actif, en vue de son utilisation;
  - inefficiences identifiées et pertes opérationnelles liées à la sous-activité;
  - dépenses internes de formation du personnel.

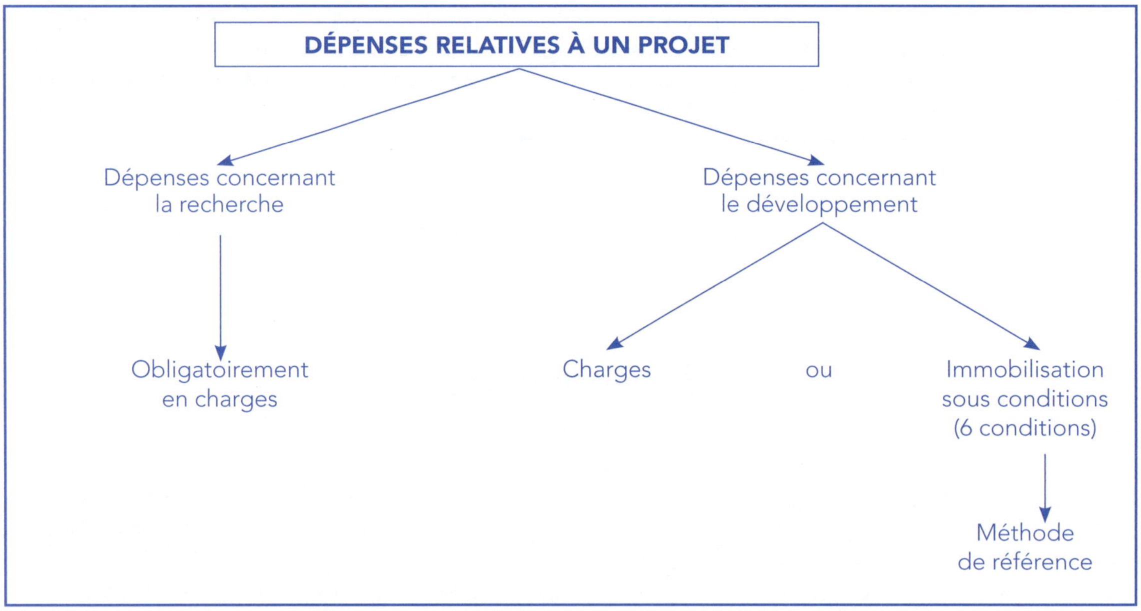

Si la distinction entre phase de recherche et de développement est impossible, toutes les dépenses sont considérées comme rattachées à la phase de recherche et ne peuvent être qu'enregistrées en charges.

Les coûts de développement peuvent être comptabilisés à l'actif s'ils se rapportent à des projets nettement individualisés, ayant de sérieuses chances de réussite technique et de rentabilité commerciale - ou de viabilité économique pour les projets de développement pluriannuels associatifs. Ceci implique, pour l'entité, de respecter l'ensemble des 6 critères suivants:

→ 6 conditions pour immobiliser les coûts de développement:

1. faisabilité technique nécessaire à l'achèvement ;
2. intention d'achever l'immobilisation et de l'utiliser ou la vendre ;
3. capacité à utiliser ou vendre l'immobilisation ;
4. capacité de l'immobilisation incorporelle à générer des avantages économiques futurs probables (existence d'un marché ou utilité) ;

L'entité doit démontrer, entre autres choses, l'existence d'un marché pour la production issue de l'immobilisation incorporelle ou pour l'immobilisation incorporelle elle-même ou, si celle-ci doit être utilisée en interne, son utilité;

5. disponibilité de ressources de toute nature (techniques, financières et autres) pour achever l'immobilisation et l'utiliser ou la vendre ;
6. capacité à évaluer de manière fiable les dépenses attachées au développement de l'immobilisation.

La comptabilisation des coûts de développement à l'actif est considérée comme **la méthode de référence**.

Dépenses ne pouvant être immobilisées (car non identifiables, non séparables de l'activité) : dépenses pour créer en interne :

- des fonds commerciaux ;
- des marques ;
- des titres de journaux et magazines ;
- des listes de clients ;
- et autres éléments similaires.

II. Les immobilisations incorporelles acquises

1. Le coût d'achat

Le coût d'acquisition comprend le prix d'achat, droits de douane et taxes non récupérables, déduction faite des remises, rabais et escomptes de règlement ainsi que l'ensemble des coûts directement attribuables en vue de l'utilisation envisagée (ex. : frais de transport).

Les frais de mutation, honoraires, commissions et frais d'actes liés à l'achat peuvent sur option être comptabilisés en charges ou rattachés à l'immobilisation. On peut y adjoindre les coûts d'emprunt à condition de respecter les conditions énumérées au chapitre 3. Les frais externes afférents à des formations nécessaires à la mise en service de l'immobilisation acquise peuvent être, sur option, rattachés au coût d'acquisition ou en charges.

Les coûts ultérieurs à la mise en état de fonctionner de l'immobilisation ne peuvent plus être activés et sont donc comptabilisés en charges.

2. Le compte 205 « Concessions et droits similaires, brevets, licence, marques, procédés, logiciels, droit et valeurs similaires »

Ce compte enregistre les dépenses occasionnées pour procurer au bénéficiaire de ces droits l'avantage de la protection.

Pour les brevets, si les coûts de développement ont permis l'obtention d'un brevet, on passera l'écriture suivante :

2803		Amortissement des frais de développement (pour solde)	X	
2052		Brevets	X	
	203	Frais de développement		X

3. Le compte 207 « Fonds commercial »

Seule l'acquisition du fonds commercial est comptabilisée en immobilisation. Les éléments incorporels d'un fonds de commerce qui ne peuvent être dissociés sont enregistrés dans ce compte. Exemple : si le droit au bail ne peut être dissocié des autres éléments incorporels du fonds de commerce, il sera comptabilisé en 207 et pas en 206 « droit au bail ».

III. Cas particuliers : les frais d'établissement

Les dépenses engagées à l'occasion d'opérations qui conditionnent l'existence ou le développement de l'entité mais dont le montant ne peut être rapporté à des productions de biens ou services déterminées, peuvent être inscrites en immobilisations incorporelles au poste : « Frais d'établissement ».

- Les frais de constitution, de transformation, de premier établissement (prospection, publicité) engagés lors de la création d'une entreprise peuvent être inscrits à l'actif comme frais d'établissement. Toutefois, leur inscription en charge constitue la méthode de référence.
- Les frais d'augmentation de capital, de fusion, de scission, peuvent être inscrits à l'actif en frais d'établissement.

3 - Évaluation à la clôture de l'exercice

I. Rappel des principes généraux

1. Amortissement d'une immobilisation incorporelle

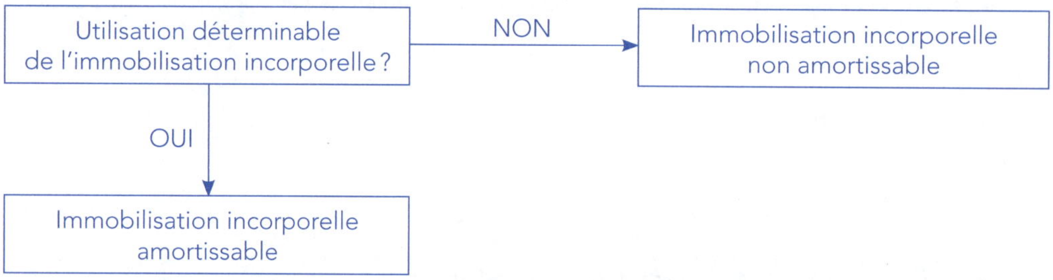

2. Dépréciation d'une immobilisation incorporelle

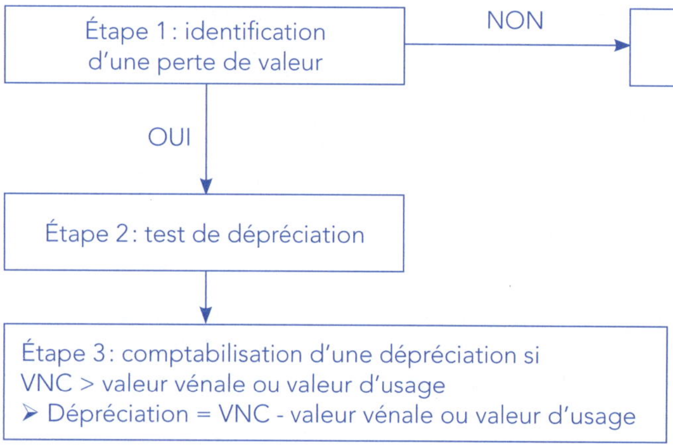

II. Règles spécifiques

- Les frais d'établissement sont amortis dans un délai maximal de 5 ans. Tant que les frais de constitution ne sont pas amortis, aucune distribution de bénéfices n'est possible. Pour les autres frais d'établissement, on ne peut pas procéder à une distribution de dividendes, sauf si le montant des réserves libres est au moins égal à celui des frais non amortis. En l'absence de précisions des textes, il est d'usage de pratiquer un amortissement constant par part égale. Il est admis que l'entreprise ait le choix entre une première annuité sans prorata ou avec prorata.
- Les frais de développement sont amortis généralement sur 5 ans au maximum. En cas de durée plus longue, elle doit être justifiée dans l'annexe. Celle-ci doit en outre préciser la méthode de comptabilisation des coûts de développement, les taux et les modes d'amortissement. Si le projet échoue, les frais sont immédiatement amortis en 6871* « dotations aux amortissements exceptionnels des immobilisations ». Tant que les frais de développement ne sont pas totalement amortis, aucune distribution de dividendes n'est possible, sauf si le montant des réserves libres est au moins égal à celui des frais non amortis.

> **Remarque :**
> *Le règlement ANC n° 2022-06 supprime l'obligation de procéder à un amortissement exceptionnel pour ramener la valeur nette comptable du bien à 0.
> Si l'échec du projet ne relève pas d'un évènement majeur et inhabituel, nous proposons d'appliquer le traitement comptable d'une cession d'immobilisation pour enregistrer la sortie des frais de développement de l'actif. La valeur nette comptable du projet est enregistrée dans le compte 657.

- Les brevets sont normalement amortis sur la durée de protection (20 ans), ou sur la durée d'utilisation si elle est plus courte [fiscalement si la durée est plus courte (5 ans), l'amortissement comptable doit s'aligner : l'amortissement dérogatoire est interdit]. Ils peuvent aussi être dépréciés.

– Les marques : lorsqu'elle est exploitée sans échéance déterminée, ce qui est le cas général, la durée d'utilisation n'est pas déterminable et donc la marque n'est pas amortie. Dans le cas où la direction de l'entité décide de supprimer l'exploitation de la marque à une échéance donnée, celle-ci devient un actif amortissable. La durée d'amortissement correspond à la durée d'exploitation résiduelle de la marque. Ce changement comptable est un changement d'estimation (voir chapitre 25).

– Les fonds commerciaux :

- L'article 214-3 du PCG stipule que le fonds commercial est présumé avoir une durée d'utilisation non limitée, et donc en principe n'est pas amortissable.
- **Pour éviter une éventuelle surévaluation et par application du principe de prudence, l'article 214-15 rend obligatoire, au moins une fois par exercice, la réalisation d'un test de dépréciation sur les fonds commerciaux, qu'il existe ou non un indice de perte de valeur.**
- La présomption simple d'une durée d'utilisation non limitée peut être réfutée. Dans le cas où, au regard des critères fixés par le PCG : physiques, techniques, juridiques ou économiques, une durée limitée peut être déterminée, le fonds commercial est amorti sur cette durée.

Exemples donnés dans la note de présentation du règlement ANC 2015-06 :

- fonds commercial adossé à un contrat ou une autorisation légale ayant une durée d'utilisation limitée dans le temps, tels que le contrat de concession ou une autorisation d'exploitation d'une mine ;
- décision prise par l'entité d'arrêter l'activité à laquelle le fonds de commerce est adossé.

Cas particulier des petites entreprises :

Le PCG permet aux petites entreprises d'amortir sur une durée de 10 ans tous les fonds commerciaux inscrits à leur bilan. Cette mesure évite aux petites entreprises d'avoir recours aux tests de dépréciation.

Le Code de commerce stipule que les petites entreprises sont celles qui ne dépassent pas, à la clôture deux des trois critères suivants :

– un total du bilan inférieur ou égal à 7 500 000 € ;
– un chiffre d'affaires inférieur ou égal à 15 000 000 € ;
– un nombre moyen de salariés permanents employés au cours de l'exercice inférieur ou égal à 50.

APPLICATIONS

CONTRÔLE DE CONNAISSANCES

QUIZ EN VERSION NUMÉRIQUE

https://eqrco.de/a/ghQX83

APPLICATION 1*: ACQUISITION D'UN BREVET

20 Min

L'entreprise ADÈLE acquiert un brevet le 01/04/N moyennant le paiement d'une redevance annuelle payable le 31 mars de chaque année de 2 % du chiffre d'affaires de la période précédente sur 5 ans (taux d'actualisation 10 %). Le chiffre d'affaires annuel prévisionnel s'élève à 500 000 €.

L'entreprise clôture ses comptes le 31 décembre.

Le 31/03/N+3, le brevet est obsolète. Un autre moyen plus efficient a été trouvé par un concurrent. Les chiffres d'affaires ont évolué de la façon suivante :

- du 01/04/N+1 au 31/03/N+2 : 350 000 € ;
- du 01/04/N+2 au 31/03/N+3 : 100 000 € ;
- à partir du 01/04/N+3 : plus aucun chiffre d'affaires ne sera généré par le brevet.

N.B. Ne pas tenir compte de la TVA.

N.B. L'obsolescence du brevet n'est pas considérée par l'entreprise ADELE comme un évènement majeur et inhabituel.

TRAVAIL À FAIRE

1. Présenter le calcul permettant d'obtenir la valeur du brevet, égale à 38 000 €.
2. Comptabiliser l'acquisition du brevet le 01/04/N.
3. Enregistrer la ou les écritures nécessaires au 31/12/N.
4. Comptabiliser l'écriture nécessaire au 31/03/N+1, sachant que le chiffre d'affaires généré par le brevet s'est élevé à 600 000 € du 01/04/N au 31/03/N+1.
5. Enregistrer les écritures nécessaires au 31/03/N+3.

APPLICATION 2*: FRAIS DE RECHERCHE ET DÉVELOPPEMENT

20 Min

La société CONCORDIA a réalisé les opérations suivantes :

- Commande pour le client MARTIN en N
  - ➔ frais de recherche du 01/03 au 31/03/N : 2 000 €
  - ➔ frais de développement du 01/04 au 31/05/N : 4 000 €
- Projet de recherche N° 28 424 : dépenses engagées
  - ➔ du 01/02 au 28/02/N frais de recherche fondamentale : 100 000 €
  - ➔ du 01/03 au 31/03/N frais de recherche appliquée : 200 000 €
  - ➔ du 01/04 au 30/06/N frais de développement : 300 000 €.

    La consommation des avantages économiques de ce projet débute le 30/06/N, sur une durée de 5 ans.
- Pour le projet n° 57810
  - ➔ frais de développement du 01/07 au 31/12/N : 4 000 €
  - ➔ frais de développement du 01/01 au 30/06/N+1 : 3 000 €

Le 01/07/N+2, on constate la réussite du projet 57 810, et la société obtient un brevet de fabrication. La durée d'amortissement est de 5 ans, et la durée de consommation des avantages économiques n'est pas modifiée par l'obtention du brevet. L'exercice comptable correspond à l'année civile. Le point de départ de consommation des avantages économiques du projet N° 57 810 est le 30/06/N+1.

N.B. On supposera que les conditions fixées par le PCG pour l'activation des charges sont remplies.

TRAVAIL À FAIRE

1. Rappeler les conditions d'inscription à l'actif des frais de développement.
2. Comptabiliser les opérations en N, N+1, N+2.

APPLICATION 3*: MARQUES

15 Min

On vous communique les informations suivantes sur la société LUDO qui possède plusieurs marques.

- La marque FLIBUSTIER a été développée en interne. Les dépenses engagées en N sont de 16 000 € et les frais de dépôt de marque de 1 500 €.
- Le 1er septembre N, il a été décidé que la marque SPORTISSIMO sera arrêtée au 31/12/N+2. Elle a été acquise le 01/07/N-8 au prix de 28 000 €.
- La marque KOZAC acquise en N-2 pour 25 000 € est entretenue depuis cette date. La valeur actuelle est de 15 000 € au 31/12/N.

TRAVAIL À FAIRE

Présenter toutes les écritures que vous jugez nécessaires au 31/12/N.

MINI-CAS DE SYNTHÈSE 1

CLUB DE RUGBY « STADE DE T. » SA À OBJET SPORTIF

25 Min

Le candidat doit non seulement pouvoir exposer les règles comptables du PCG relatives aux savoirs associés au thème mais aussi enregistrer les écritures comptables en découlant dans un contexte professionnel. Le candidat doit pouvoir justifier et analyser la pertinence des choix comptables retenus dans un contexte professionnel.

Au début de l'année N, le club de rugby « Stade de T. » société anonyme à objet sportif a décidé d'engager une politique agressive de recrutement de joueurs expérimentés, étape supplémentaire dans la professionnalisation de ce sport et de ce club. Les dirigeants doivent négocier le transfert d'un joueur professionnel José Domi. Le transfert abouti contre une indemnité de 1 500 000 €, versé le 01/01/N, malgré les réticences culturelles du milieu sportif local. Selon la direction financière, l'image personnelle du joueur permettra de conquérir de nouveaux marchés, car il générera des recettes sur les droits dérivés (vente d'objets, publicités diverses, cession de droits de télévision ou de droits d'auteur si le club réussit à produire des œuvres cinématographiques : Video-clip ou reportage…). Le contrat porte sur une durée de cinq ans. Au-delà de 5 ans, le joueur peut changer de club sans verser d'indemnité. À la clôture de l'exercice N les performances de l'équipe ont été décevantes, même si José Domi n'a pas démérité ; la valeur d'usage de l'équipe du stade de T. s'élève à 9 millions d'euros. À la fin de l'exercice N+1, compte tenu de la non-participation à diverses compétitions de la prochaine saison, elle est de 5 millions d'euros. Les performances de José Domi interviennent pour 15 % dans ces montants.

Document Avis n° 2004-12 du 23 juin 2004 du CNC

Relatif au traitement comptable des indemnités de mutation versées par les sociétés « à vocation sportive » visées à l'article 11 de la loi n° 84-610 du 16 juillet 1984

1 - Définition et conditions de comptabilisation des indemnités de mutation versées

…L'avis susvisé reprenant les dispositions de la norme IAS 38 (sur les actifs), prévoit une condition supplémentaire pour les immobilisations incorporelles à savoir leur caractère identifiable.

« Une immobilisation incorporelle est identifiable si :

- *elle est séparable des activités de l'entité, c'est-à-dire susceptible d'être vendue, transférée, louée ou échangée de manière isolée ou avec un contrat, un autre actif ou passif ;*
- *ou elle résulte d'un droit légal ou contractuel même si ce droit n'est pas transférable ou séparable de l'entité ou des autres droits et obligations ».*

Il apparaît que l'indemnité versée par la société en cas de mutation correspond à l'acquisition d'un droit contractuel :

- *qu'elle contrôle du fait d'événements passés ;*
- *dont elle sera la seule à attendre des avantages économiques futurs liés à la présence du joueur dans son équipe.*

L'avis précise qu'il est peu probable qu'un talent spécifique en matière de direction ou de technique satisfasse à la définition d'une immobilisation incorporelle, à moins que ce talent ne soit protégé par des droits permettant son utilisation et l'obtention des avantages économiques futurs attendus de ce talent et à moins qu'il ne satisfasse également aux autres dispositions de la définition.

Les conditions de comptabilisation de ce droit contractuel sont remplies dans la mesure où :

- *il est probable que la présence du joueur générera des avantages économiques futurs ;*
- *le coût peut être évalué avec une fiabilité suffisante…*

3 - Amortissement

Conformément aux dispositions de l'article 322-1/1 et 2 du règlement n° 99-03 du CRC modifié par le règlement n° 2002-10, cette immobilisation est amortissable, car son utilisation, limitée par la durée du contrat, est déterminable. Elle ne peut excéder la période de cinq ans (recommandation UEFA), y compris en cas de renouvellement de contrat, car celui-ci a lieu entre le joueur et la société employeur, alors que l'indemnité initiale a été versée au profit d'une autre société.

Le mode d'amortissement retenu par la société doit permettre de traduire au mieux le rythme de consommation des avantages économiques attendus. Le mode d'amortissement linéaire est le plus approprié.

4 - Modalités de dépréciation

En application des dispositions de l'article 322-5 du règlement susvisé, la société doit apprécier à chaque arrêté intermédiaire et à chaque clôture des comptes, « s'il existe un indice quelconque montrant que l'immobilisation a pu perdre notablement de sa valeur ».

➔

→

« Lorsqu'il existe un indice de perte de valeur, un test de dépréciation est effectué : la valeur nette comptable de l'actif immobilisé est comparée à sa valeur actuelle ».
Pour la détermination de la valeur actuelle, il est procédé comme suit :
- *si la valeur vénale est supérieure à la valeur comptable, aucune dépréciation n'est comptabilisée ;*
- *si la valeur vénale est inférieure à la valeur comptable, c'est la valeur la plus élevée entre la valeur vénale et la valeur d'usage qui est retenue. Si la valeur vénale ne peut pas être déterminée, c'est la valeur d'usage qui est retenue.*

En l'absence d'un marché des transferts produisant une valeur vénale pouvant servir de base objective à une valeur actuelle, les clubs devront utiliser le concept de valeur d'usage qui devra être déterminée avec la prudence qui convient, particulièrement pour des entités en situation récurrente de déficit au niveau résultat avant amortissement des immobilisations corporelles, résultat financier et impôts. Dans ce dernier cas, toute amélioration reflétée dans les équilibres d'exploitation et de financement par rapport aux derniers exercices devra être dûment justifiée pour pouvoir être prise en compte dans les calculs de flux nets prévisionnels de trésorerie servant à la détermination de la valeur d'usage. La qualité des processus de prévision devra être validée et testée à partir du degré de fiabilité des prévisions passées pour refléter de telles améliorations, et plus généralement pour permettre de conserver à l'actif ces indemnités de mutation.
Le test de dépréciation doit au moins être effectué à deux niveaux :
- *au niveau global de l'équipe considérée comme une unité génératrice de trésorerie (flux nets de trésorerie attendus, rapprochement entre résultats passés et obtenus…) ;*
- *au niveau du joueur en cas de défaillance individuelle (performance, indisponibilité, participation aux matchs…).*

« Si la valeur actuelle d'un actif immobilisé devient inférieure à sa valeur nette comptable, cette dernière, si l'actif continue à être utilisé, est ramenée à la valeur actuelle par le biais d'une dépréciation ».
La comptabilisation d'une dépréciation modifie de manière prospective la base amortissable de l'immobilisation.
En fin de contrat ou en cas de cession du joueur avant la fin de son contrat, la valeur nette comptable de l'immobilisation est sortie…

MISSIONS

1 ***Rappeler la définition d'un actif.***

2 ***Rappeler la définition d'une immobilisation incorporelle.***

3 ***Indiquer comment a été évaluée la valeur d'usage de l'équipe de rugby.***

4 ***À l'aide du document, indiquer quelles sont les conditions d'inscription à l'actif d'une immobilisation incorporelle.***

5 ***Appliquer ces conditions aux indemnités de mutation des sportifs professionnels.***

6 ***Enregistrer les écritures que vous jugez nécessaires sur les exercices N et N+1.***

MINI-CAS DE SYNTHÈSE 2

SA MASSI-MÉTAL ★★★ 30 Min

La SA MASSI-MÉTAL cherche des solutions pour améliorer le procédé de pliage de ses tôles, afin de rester compétitive sur le marché de la fabrication de tubes spéciaux, en pleine expansion.

En N-1, elle dépense 40 000 € pour approfondir les connaissances fondamentales concernant les évolutions technologiques en matière de procédés de pliage et les experts arrivent à la conclusion que le développement d'un nouveau procédé est envisageable en N.

En conséquence, le 1er janvier N, elle décide de mettre au point un nouveau procédé de pliage, que son usine de Moulins sera en mesure d'exploiter afin de réduire ses coûts de production. Les dépenses correspondantes en N sont de 400 000 €.

La SA MASSI-MÉTAL a une équipe technique solide et des moyens financiers importants lui permettant de mener à bien la conception de ce nouveau procédé. Par ailleurs, elle dispose d'une comptabilité de gestion sophistiquée.

Le 1er janvier N+1, le procédé est en état de fonctionner dans l'usine de Nevers. La direction estime que les avantages économiques attendus de ce procédé seront consommés linéairement sur 4 ans.

Le 1er janvier N+2, la SA MASSI-MÉTAL dépose un brevet correspondant au nouveau procédé et bénéficie ainsi d'une protection juridique de 20 ans.

Fin N+2, un brevet plus innovant concernant le même type de procédé est déposé par un concurrent. À cette date, le montant net des coûts de sortie qui pourrait être obtenu de la vente du brevet de MASSI-MÉTAL est estimé à 120 000 €, et la valeur des avantages économiques futurs attendus de l'utilisation du brevet est de 150 000 €.

La SA MASSI-MÉTAL clôture ses comptes le 31 décembre.

Lors de son précédent projet Julius, la SA MASSI-MÉTAL a enregistré, en N-2, les frais de développement à l'actif.

MISSIONS

1 **Indiquer la règle de comptabilisation des dépenses en N-1 en justifiant votre choix.**

2 **a - Indiquer la règle de comptabilisation des dépenses en N en justifiant très précisément votre choix.**

b - Comptabiliser les dépenses en N.

3 **a - Justifier le mode d'amortissement retenu.**

b - Préciser les spécificités de la durée d'amortissement des coûts de développement et indiquer, en conséquence, la durée d'amortissement des coûts de développement du procédé de pliage.

c - Comptabiliser les amortissements nécessaires jusqu'au dépôt du brevet.

4 **a - Comptabiliser le dépôt du brevet en N+2 en justifiant vos choix.**

b - Comptabiliser l'amortissement du brevet en N+2 en justifiant vos choix.

c - Indiquer ce que représentent l'arrivée d'un nouveau brevet concurrent et la procédure à suivre.

d - Comptabiliser en conséquence les écritures nécessaires en N+2 et en N+3.

MINI-CAS DE SYNTHÈSE 3

SOCIÉTÉ DES JEUNES INNOVATEURS (SJI) ***

30 Min

La SOCIÉTÉ DES JEUNES INNOVATEURS (SJI), est une société anonyme au capital entièrement libéré.

Elle est organisée en plusieurs départements dont un département recherche et développement à l'origine des innovations qui ont fait le succès de l'entreprise.

L'exercice de la société coïncide avec l'année civile. La société tient sa comptabilité sur un journal unique. La SJI effectue des activités de recherche afin de mettre au point des nouveaux produits ou procédés de fabrication ; cependant elle achète aussi des brevets auprès d'autres entreprises spécialisées dans la recherche. Certains de ses produits sont commercialisés sous des marques reconnues par les professionnels du secteur. Un projet de développement d'un procédé de fabrication novateur baptisé PRODIX a été lancé au début de l'année N.

On vous communique dans le document ci-joint des renseignements complémentaires.

MISSIONS

1 Rappeler les conditions nécessaires pour que les coûts de développement d'un projet puissent être inscrits à l'actif.

2 Comptabiliser toutes les écritures liées à ce projet du 30 juin N au 31 décembre N (les écritures de comptabilisation en charges de l'ensemble des frais de recherche et développement ont été correctement enregistrées).

Le brevet d'un nouveau produit appelé GITRIX a été acquis fin N-5 auprès de l'entreprise MUCOLAD par le biais de redevances annuelles calculées sur le chiffre d'affaires généré par les ventes issues de la détention de ce brevet.

3 Indiquer le principe comptable qui serait susceptible d'être remis en cause par les indications présentées en document. Rappeler le contenu de ce principe.

4 Enregistrer dans le journal de la SJI le paiement de la redevance au 15 mars N.

L'entreprise développe depuis le 3 février N, une nouvelle marque : ALGAL pour certains de ses produits ; le budget publicitaire prévisionnel global est de 20 000 € dont environ un tiers devra être consacré à cette nouvelle marque en plus de toutes les actions habituelles de promotion de l'entreprise.

5 Enregistrer chronologiquement au cours de l'exercice N et à l'inventaire au 31 décembre N, toutes les écritures nécessaires concernant la création de cette nouvelle marque et l'abandon de l'ancienne marque présentée en document. Le cas échéant, justifier explicitement l'absence d'écriture.

La société SJI s'interroge sur le traitement comptable de son fonds commercial. Il s'agit du fonds de commerce de l'activité de ventes de produits bio à base d'algues. Aucun indice de perte de valeur n'a été détecté au 31/12/N mais les valeurs, vénale et d'usage, déterminées par l'expert-comptable ne donnent pas les résultats attendus.

6 Un test de dépréciation au 31/12/N est-il nécessaire ? Présenter éventuellement l'écriture nécessaire.

7 Dans le cas où la SJI est considérée comme une petite entreprise, quel serait le traitement comptable ? Présenter l'écriture nécessaire.

8 L'entité décide, le 01/12/N d'arrêter l'exploitation commerciale des produits bio à base d'algues adossée au fonds de commerce à la date du 31/12/N+2. Indiquer les conséquences comptables de cette décision.

Document Renseignements concernant les immobilisations incorporelles de la SJI

- ***Informations concernant les frais de recherche et développement: projet PRODIX***

L'entreprise SJI applique la méthode de référence de comptabilisation des frais de développement à l'actif. Au 30 juin N, le projet est en état de fonctionner selon l'utilisation prévue par les instances dirigeantes de la SJI. La durée d'utilisation prévue est de 4 ans.

L'analyse des dépenses comptabilisées dans les comptes de charges donne les informations suivantes:

Frais de recherche: 157 000 €, frais de développement: 243 000 € (dont 6 600 d'amortissements dérogatoires).

Ce projet respecte les conditions d'inscription à l'actif depuis son origine.

Devant l'efficacité de ce nouveau procédé de fabrication, la direction a décidé de le protéger par le dépôt d'un brevet. La facture n° 17 du consultant qui a aidé l'entreprise dans ses démarches préparatoires est reçue le 17 octobre N; montant HT 3 000 € (TVA au taux normal); la facture est payée dès réception par chèque bancaire.

Après différentes démarches préparatoires nécessaires, le brevet est déposé le 31 octobre N auprès de l'INPI; les frais de dépôt s'élèvent à 600 € (non soumis à TVA) et sont réglés le jour même par chèque bancaire.

La durée de consommation des avantages économiques n'est pas modifiée par l'obtention du brevet.

- ***Informations concernant les brevets: brevet GITRIX***

Le contrat prévoit un versement de redevances pendant 5 ans.

Ce brevet est entré dans le compte 2052 pour une valeur d'origine de 100 000 €. Les redevances futures ont été calculées à partir de statistiques ajustées présentant un degré important de fiabilité.

Au grand livre au 1er janvier N, le compte « 404003 Fournisseur d'immobilisation Mucolad » présente un solde créditeur de 19 000 €.

Pour l'année N-1, le montant définitif de la quatrième redevance (payable au 15 mars N) s'élève à 25 000 €.

N.B. On négligera la TVA sur l'ensemble des opérations affectant le projet GITRIX.

- ***Informations concernant une marque figurant au bilan***

Dans le bilan de l'entreprise, on trouve l'existence d'une marque « OBSOL » acquise en N-9 pour une valeur de 30 000 €. Le service marketing juge cette marque complètement obsolète.

Il a été décidé, début janvier N, d'abandonner cette marque fin décembre N+1 afin de la remplacer par la nouvelle marque développée en interne « ALGAL » qui correspondra beaucoup mieux à l'image de l'entreprise.

- ***Informations concernant le fonds commercial***

La SJI est propriétaire d'un fonds commercial de 250 000 €, acquis le 1er juillet N-8. Le 31/12/N les valeurs d'usage et vénale sont respectivement de: 200 000 € et 190 000 €.

CHAPITRE 6 : LES IMMOBILISATIONS CORPORELLES ET INCORPORELLES : CAS SPÉCIFIQUES

COMPÉTENCES ATTENDUES

- **Identifier et distinguer** les immobilisations corporelles et incorporelles.
- **Exposer et appliquer** les règles d'inscription à l'actif, d'évaluation et d'enregistrement des immobilisations corporelles et incorporelles.
- **Évaluer et comptabiliser** les opérations portant sur les immobilisations corporelles et incorporelles à l'entrée et postérieurement à leur entrée.
- **Analyser** les conséquences d'un choix de comptabilisation, notamment sur la présentation des comptes annuels, dans une situation donnée.
- **Présenter** les informations à fournir en annexe.

- **Savoirs associés :** Cas spécifiques relatifs aux immobilisations corporelles :
  - composants ;
  - sinistres ;
  - réévaluation libre.
- **Savoirs associés :** Cas spécifiques relatifs aux immobilisations incorporelles :
  - opérations de recherche et développement ;
  - brevets et marques ;
  - logiciels et sites internet ;
  - redevances annuelles ;
  - fonds commerciaux.

FICHE RESSOURCES

1 - Construction sur sol d'autrui

Elle doit être comptabilisée en immobilisations corporelles au compte 214 puisqu'elle correspond à la définition de l'actif (bien indentifiable, avantages économiques attendus, contrôle).

Lorsqu'elle sera en état de fonctionnement, on enregistrera :

214		Constructions sur sol d'autrui	X	
44562		État, TVA déductible sur immobilisations	X	
	404	Fournisseurs d'immobilisations		X

L'amortissement sera calculé à partir de la valeur brute déduction faite de l'indemnité de reprise du bail. La durée d'utilisation ne peut être supérieure à la durée du bail. À la fin du bail, on passera l'écriture suivante :

2814		Amortissement des constructions du sol d'autrui	X	
	214	Constructions sur sol d'autrui		X

L'amortissement fiscal s'effectue sur la durée normale d'utilisation sans tenir compte de la durée du bail.

2 - Acquisition d'un ensemble immobilier

La répartition des frais entre le terrain et la construction n'est pas toujours évidente mais nécessaire. En effet, le terrain est un actif non amortissable alors que la construction est un actif amortissable. Le coût du terrain supporte le prix du terrain, les travaux de voirie… alors que la construction génère le coût de l'immeuble, des honoraires d'architecte.

Les frais liés à la démolition d'un bâtiment préexistant sont enregistrés dans le coût de la construction, sauf s'ils sont occasionnés pour rendre le terrain nu libre à la vente.

Quant au bâtiment, il sera comptabilisé en construction si l'entreprise l'achète dans le but de le détruire pour en reconstruire une autre. Si elle l'avait utilisé auparavant, la démolition serait enregistrée comme une sortie d'immobilisation.

Rappel : Les frais liés à l'acquisition de l'ensemble immobilier (droits d'enregistrement, honoraires du notaire…) peuvent être rattachés :

- soit en charges déductibles fiscalement immédiatement ;
- soit en immobilisations : la répartition entre les différents composants s'effectue proportionnellement aux coûts d'acquisition.

SYNTHÈSE : TABLEAU RÉCAPITULATIF DE L'ÉVALUATION DU COÛT DU TERRAIN ET DE LA CONSTRUCTION

SITUATION	CONSÉQUENCES COMPTABLES
Éléments entrant dans le coût du terrain.	Prix du terrain, redevances pour création de locaux à usage de bureau ou industriel, versements pour dépassement du plafond légal de densité, participation pour construction en surdensité, participation pour travaux de voirie (effectués par la commune), dépenses destinées à rendre le terrain nu (indemnités d'éviction par exemple), prix d'achat de certaines servitudes (droit de passage par exemple)…
Éléments entrant dans le coût de la construction.	Coût de l'immeuble, taxes locales d'équipement et d'espaces verts, honoraires d'architecte et bureau d'études, travaux de terrassement au terrain et travaux de fondation, frais de démolition d'une construction préexistante, coût d'acquisition d'un immeuble destiné à être démoli et remplacé…

SYNTHÈSE : TABLEAU RÉCAPITULATIF DES FRAIS DE DÉMOLITION

SITUATION	CONSÉQUENCES COMPTABLES
Acquisition d'un terrain construit puis démolition immédiate pour le rendre libre et nu.	Les frais de démolition et la VNC de la construction font partie de la valeur d'entrée du terrain.
Acquisition d'un terrain construit puis démolition immédiate de la construction pour reconstruire un immeuble.	Les frais de démolition et la VNC de la construction font partie de la valeur d'entrée de la nouvelle construction.
Démolition ultérieure après inscription à l'actif de la construction pour rendre le terrain libre et nu disponible pour le revendre.	Les frais de démolition font partie de la valeur d'entrée du terrain et la VNC de la construction constitue une perte comptable.
Démolition ultérieure après inscription à l'actif de la construction pour reconstruire.	Les frais de démolition font partie de la valeur d'entrée de la construction et la VNC de la construction constitue une perte comptable.

3 - La réévaluation libre

I. Principes généraux de la réévaluation libre

Les entreprises peuvent procéder à la réévaluation de l'ensemble de leurs immobilisations corporelles et financières (Code Com. art. L 123-18). Ces immobilisations sont ainsi portées à leur valeur actuelle supposée supérieure à la valeur nette comptable.

Les immobilisations sont évaluées au coût historique : coût d'acquisition, de production ou valeur vénale. Le principe du nominalisme monétaire (ou des coûts historiques) ne modifie pas la valeur d'entrée, sauf pour les pertes de valeur constatées par dépréciation (principe de prudence). Il est cependant possible pour les entreprises de réévaluer pour tenir compte des plus-values latentes dues à l'inflation, la hausse du prix de l'immobilier…

Art. 214-27 du PCG :

Des ajustements de valeur portant sur l'ensemble des immobilisations corporelles et financières peuvent être effectués dans le cadre de la réévaluation des comptes.

L'écart entre la valeur actuelle et la valeur nette comptable constatée lors d'une opération d'ensemble de réévaluation ne participe pas à la détermination du résultat. Il est inscrit directement dans les capitaux propres.

L'écart de réévaluation peut être incorporé en tout ou partie au capital. Il ne peut pas compenser les pertes, sauf s'il a été préalablement incorporé au capital…

Pour le traitement ultérieur de l'écart de réévaluation, voir application 2.

- → Cette réévaluation doit porter sur la totalité des immobilisations corporelles et financières, une réévaluation partielle n'est pas possible.
- → À noter que les immobilisations incorporelles sont exclues du champ d'application de la réévaluation (contrairement aux dispositions du régime légal de réévaluation de 1976).
- → L'écart de réévaluation, contrepartie de la différence entre la valeur actuelle et la valeur nette comptable, doit être inscrit directement dans les capitaux propres, dans un poste distinct. Il ne peut être utilisé pour compenser des pertes sauf s'il a été préalablement incorporé au capital.
- → Dans le cas où les capitaux propres sont inférieurs à la moitié du capital social, l'écart de réévaluation permet d'augmenter les capitaux propres. En cas de pertes importantes, l'écart de réévaluation ne peut pas être imputé sur les pertes, mais « le coup de l'accordéon » peut être envisagé. Dans ce cas, on augmente le capital par transfert partiel ou total de l'écart de réévaluation, puis on réduit le capital pour imputer les pertes.

II. Pratique de la réévaluation libre

1. Lors de la réévaluation

- → C'est la valeur nette comptable qui est réévaluée, et non la valeur d'entrée. En conséquence, il n'y a pas à réévaluer les amortissements antérieurement pratiqués sur le bien. L'écart de réévaluation est égal à la différence entre la valeur actuelle réévaluée et la valeur nette comptable (c'est-à-dire la valeur d'entrée diminuée de la somme des amortissements pour dépréciation).
- → L'écart est porté au compte « 1052. Écart de réévaluation libre », sans qu'il soit nécessaire d'opérer une distinction entre les écarts sur éléments amortissables et sur éléments non amortissables. Il ne constitue pas un élément du résultat comptable.

> Selon le règlement ANC n° 2022-06, les écarts de réévaluation sont enregistrés dans le compte 105 – « Écarts de réévaluation ».

- → Les amortissements dérogatoires éventuellement constatés antérieurement à l'opération de réévaluation et afférents aux immobilisations réévaluées ne sont pas pris en compte dans le calcul de l'écart de réévaluation. Ils n'ont donc pas à être repris à la date de la réévaluation (Recueil des normes comptables ANC, commentaire IR 3 sous l'art. 214-27).

2. Lors des années ultérieures :

Les amortissements sont calculés, après la réévaluation, en appliquant à la nouvelle valeur comptable le plan d'amortissement initialement choisi.

Exemple : *après réévaluation, la nouvelle valeur nette comptable du bien s'élève à 240 000 €. Il reste trois annuités à pratiquer selon le plan d'amortissement initialement prévu.*

Les annuités d'amortissement à enregistrer seront de : 240 000/3 = 80 000 €.

III. Cession d'un bien ayant fait l'objet d'une réévaluation libre

La comptabilisation de la cession d'un bien réévalué suivant le régime de l'article L 123-18 du Code de commerce, s'effectue en appliquant aux valeurs réévaluées, les principes généraux de comptabilisation des cessions d'immobilisations.

IV. Informations à donner en annexe

Méthodes utilisées pour le calcul des valeurs de réévaluation, liste des postes concernés du bilan et du compte de résultat, traitement fiscal de l'écart de réévaluation, mouvements ayant affecté pendant l'exercice les postes de passif concernés.

V. Traitement de l'écart de réévaluation

(Voir application 2).

FICHE RESSOURCES

4 - Indemnisation des sinistres

(avec prise en compte du règlement ANC n° 2022-06)

L'enregistrement de l'indemnisation des sinistres va dépendre des circonstances du sinistre et de son indemnisation.

I. Les circonstances du sinistre

Afin de comptabiliser les conséquences du sinistre, il est nécessaire d'identifier si le sinistre constitue un évènement majeur et inhabituel et si les biens sont totalement détruits ou réparables.

Le Règlement ANC n° 2022-06 redéfinit le résultat exceptionnel. Avec l'entrée en vigueur de ce nouveau règlement, sont enregistrés en résultat exceptionnel les produits et charges liés à un évènement **majeur** (évènement susceptible d'influencer la lecture des comptes et les décisions prises) et **inhabituel** (évènement qui n'est pas lié à l'exploitation normale et courante de l'entreprise et qui n'est pas susceptible de se produire à nouveau lors d'autres exercices comptables).

Exemple : une catastrophe naturelle est susceptible de remplir les conditions pour être qualifiée d'évènement majeur et inhabituel. À l'inverse, la destruction d'un des matériels industriels d'une importante usine, du fait d'une erreur humaine par exemple, ne peut pas être qualifiée d'évènement majeur en raison de la taille de l'entreprise et du caractère unique du bien détruit. De plus, cet évènement est lié à l'exploitation normale et courante de l'entreprise, et peut se reproduire sur d'autres exercices.

Autre exemple, il est normal pour une entreprise de location de voitures de connaître chaque année des sinistres sur ses voitures : qu'ils soient détruits partiellement ou totalement (véhicule à la casse), cela fait partie de son exploitation courante. De ce fait, toutes les charges et les produits liés à ces événements seront dans le résultat d'exploitation.

Par conséquent, lorsque cet évènement est un sinistre, il appartient à chaque entité de le qualifier de nature exceptionnelle ou non. Cette appréciation est une décision de gestion. À noter qu'un même sinistre peut être qualifié de manière différente dans des entreprises en fonction des circonstances.

Le caractère réparable ou non des biens va déterminer s'il est nécessaire d'enregistrer des charges de réparation ou de sortir l'immobilisation de l'actif.

Tableau de synthèse de la comptabilisation du sinistre en fonction des circonstances :

<table>
<tr><th colspan="2"></th><th>PRODUIT
(indemnité d'assurance éventuelle)</th><th>CHARGES LIÉES AU SINISTRE</th></tr>
<tr><td rowspan="2">Le sinistre n'est pas qualifié d'évènement majeur et inhabituel</td><td>Destruction partielle (immobilisation réparable)</td><td>Compte 7587 – « Indemnités d'assurance »</td><td>Les frais de réparation sont enregistrés dans les comptes de charges d'exploitation par nature (exemple : 615 – Entretien et réparations).
Remarque : à notre avis, si le sinistre est qualifié d'évènement majeur et inhabituel, les charges directement liées à ce sinistre et qui n'auraient pas été constatées en l'absence du sinistre sont à enregistrer en charges exceptionnelles.</td></tr>
<tr><td>Destruction totale ou vol d'une immobilisation</td><td>Compte 757 – « Produits des cessions d'immobilisations incorporelles et corporelles »</td><td>Sortie de l'immobilisation à la VNC de l'actif, par le compte 657 – « Valeurs comptables des immobilisations incorporelles et corporelles cédées ».</td></tr>
<tr><td colspan="2">Le sinistre est qualifié d'évènement majeur et inhabituel</td><td>• Les aides, les remboursements et les indemnités directement liés à l'évènement majeur et inhabituel et reçus en compensation de charges d'exploitation (par exemple, loyers, charges de personnel, dotations aux amortissements…) sont classés en résultat d'exploitation, donc en compte 7587.
• Les indemnités perçues en compensation de charges exceptionnelles vont en produits exceptionnels : compte 778 - « Autres produits exceptionnels ».</td><td>Proposition : Sortie de l'actif par le solde des comptes d'immobilisations après une dotation exceptionnelle aux amortissements permettant d'obtenir une valeur comptable nulle.</td></tr>
</table>

Remarque : en cas de sinistre sur un stock, le stock final sera diminué et les conséquences du sinistre seront donc prises en compte indirectement dans les écritures de variations de stocks en fin d'exercice. Seule l'éventuelle indemnité d'assurance est à enregistrer.

II. La capacité à estimer de manière fiable l'indemnité d'assurance à la clôture de l'exercice

Le compte de tiers utilisé au débit en contrepartie de l'indemnité d'assurance est le **compte 478 – Indemnités à recevoir**.

Toutefois, en cas de décalage entre l'exercice de destruction totale et l'exercice de fixation de l'indemnité :

- si le contrat d'assurance prévoit la base de l'indemnisation et que l'indemnité peut être estimée avec une fiabilité suffisante à la clôture de l'exercice, l'indemnité est enregistrée au 31/12/N dans le compte 478 ;
- si l'indemnité d'assurance n'est pas estimée avec une fiabilité suffisante à la clôture de l'exercice, il ne sera pas possible de l'enregistrer. Même si elle est déterminée entre la date de clôture et la date d'arrêté de compte, elle ne pourra pas être enregistrée car la théorie des événements postérieurs ne s'applique pas à un produit. L'indemnité sera donc enregistrée en N+1 lorsqu'elle sera définitivement fixée.

5 - *Solutions informatiques*

Le Règlement ANC n° 2023-05, qui s'applique aux exercices ouverts à compter du 1er janvier 2024, remplace le terme « logiciels » par les termes « solutions informatiques ». Par ailleurs, les articles 612-1 à 612-4 relatifs aux sites internet sont abrogés.

I. Définition et typologie des solutions informatiques

Art. 611-1 du PCG :

*« Une solution informatique est un **ensemble organisé de fonctionnalités logicielles** (programmes, codes, paramétrages...) apte à satisfaire les besoins des utilisateurs en vue notamment de stocker, manipuler, transformer, produire, sécuriser des données, d'y accéder ou encore de les transmettre. Une solution informatique peut être un projet unique ou un ensemble de sous-projets. »*

Une solution informatique peut être :

- utilisée en l'état (solution informatique « standard ») : acquise sous forme de licence, ou, mise à disposition de l'entreprise suite à la conclusion d'un contrat de prestations de services conférant les droits d'accès (exemple : contrat d'hébergement selon le mode Software as a Service) ;
- développée par l'entreprise (solution informatique « sur mesure ») :
  - intégralement,
  - ou, partiellement : l'entreprise développe ses propres fonctionnalités pour répondre à des besoins spécifiques à partir d'une solution informatique acquise ou pour laquelle elle bénéficie des droits d'accès.

Une solution informatique peut être créée afin d'être commercialisée, ou, utilisée pour un usage interne.

II. Comptabilisation des solutions informatiques

Art. 611-2 du PCG :

*« Toute solution informatique **porteuse d'avantages économiques futurs** pour l'entité et **utilisée au-delà d'un exercice**, constitue une immobilisation incorporelle. »*

Les solutions informatiques sont des immobilisations incorporelles (actif sans substance physique) lorsqu'elles correspondent à la définition d'un actif et qu'elles respectent les critères d'inscription à l'actif.

Traitement comptable (tableau adapté de la version commentée du règlement n° 2023-05) :

TYPE DE SOLUTION INFORMATIQUE		TRAITEMENT COMPTABLE
Utilisée en l'état	Acquise	Actif incorporel enregistré au coût d'acquisition dans le **compte 2053 – « Solutions informatiques »**.
	Mise à disposition via un contrat conférant un droit d'accès	Charges (rémunérations d'une prestation de services continue d'accès à une solution informatique) enregistrées dans le **compte 6513 – « Redevances pour Solutions informatiques »** (Art. 611-5 du PCG), au fur et à mesure de la réalisation de la prestation de services.

→

FICHE RESSOURCES

➔

<table>
<tr><th colspan="2">TYPE DE SOLUTION INFORMATIQUE</th><th>TRAITEMENT COMPTABLE</th></tr>
<tr><td rowspan="2">Développée par l'entreprise</td><td>Développée intégralement</td><td>Actif incorporel enregistré au coût de production dans le compte 2053 – « Solutions informatiques » à compter de la date à laquelle l'entité s'engage à réaliser le projet et dès lors que les critères spécifiques aux solutions informatiques sont respectés (Art 611-3 du PCG) :
• la faisabilité technique nécessaire à l'achèvement de la solution informatique ;
• l'intention d'achever la solution informatique et de l'utiliser ou de la commercialiser ;
• la capacité à utiliser ou à commercialiser la solution informatique ;
• la capacité de la solution informatique à générer des avantages économiques futurs probables (démontrer l'existence d'un marché si usage commercial ou son utilité si usage interne) ;
• la disponibilité de ressources techniques, financières et autres, appropriées pour achever la solution informatique et la commercialiser, le cas échéant ;
• la capacité à évaluer de façon fiable les dépenses attribuables à la solution informatique au cours de son développement.</td></tr>
<tr><td>Développée partiellement</td><td>Actif incorporel enregistré au coût de production (compte 2053) pour les coûts nécessaires pour mettre la solution informatique en état de fonctionner selon l'utilisation prévue par la direction, dès lors que les critères spécifiques aux solutions informatiques sont respectés (voir ci-dessus).
ET
Charges (compte 6513) pour la rémunération de la prestation de services continue d'accès à la solution informatique.</td></tr>
<tr><td colspan="2">Solutions informatiques faisant partie d'un projet de développement</td><td>Le traitement comptable est celui applicable aux projets auxquels ils se rapportent (voir chapitre 5).
Exemple : logiciels intégrés dans la production de robots industriels.</td></tr>
</table>

III. Détermination de la valeur d'entrée à l'actif des solutions informatiques

Le coût d'acquisition d'une solution informatique est déterminé selon les règles générales applicables aux immobilisations incorporelles (voir chapitre 5).

Le coût de production comprend les coûts directement attribués à la solution informatique et nécessaires à sa production (Art. 611-6 du PCG), c'est-à-dire les coûts engagés pour que la solution informatique soit en état de fonctionner selon l'utilisation prévue par la direction, dès lors que les critères spécifiques aux solutions informatiques sont respectés (voir partie II). Les coûts cessent d'être activés lorsque la solution informatique est en état de fonctionner selon l'utilisation prévue par la direction (Art. 611-4 du PCG).

ÉLÉMENTS DE COÛT	PRISE EN COMPTE DANS LE COÛT DE PRODUCTION
Coûts des travaux nécessaires à la production.	**Inclus**.
Études préliminaires (frais de pré-études, étude de faisabilité du projet, rédaction du cahier des charges, appels d'offres, etc.). Remarque : ces études vont permettre à l'entreprise de prendre sa décision quant au développement ou non de la solution informatique.	**Exclus** (comptabilisation en charges).
Coûts relatifs aux changements d'organisations de l'entreprise du fait de l'implantation et du développement de la solution informatique.	**Exclus** (comptabilisation en charges).
Coûts de configuration, d'interfaces avec les autres systèmes, de paramétrage, d'adaptation du code source, codage, etc.	**Inclus** (coûts directement attribuables).
Frais généraux et administratifs qui ne sont pas spécifiques à la conception de la solution informatique.	**Exclus** (comptabilisation en charges).
Coûts de migration.	**Exclus** (comptabilisation en charges) s'ils consistent en un simple transfert de données et ne nécessitent pas de développements spécifiques. **Inclus** s'ils sont nécessaires dans le cadre du développement de la solution informatique (afin d'effectuer des tests par exemple), ou si les travaux de migration supposent la création d'un outil spécifique.
Éléments corporels (matériel, serveurs) nécessaires au fonctionnement de la solution informatique.	**Exclus** (comptabilisation séparée en immobilisations corporelles).

IV. Les coûts ultérieurs

> ***Art. 611-6 du PCG:***
> *« Les coûts engagés postérieurement à la mise en service de la solution informatique sont portés à l'actif:*
> - *s'il est probable qu'ils permettront à la solution informatique de* ***générer des avantages économiques futurs au-delà du niveau de performance actuelle****;*
> - *et, s'ils peuvent être* ***évalués et affectés à cette dernière de façon fiable****. »*

Exemples de coûts engagés activables postérieurement à la mise en service de la solution informatique:

- *développement de nouvelles fonctions modifiant les caractéristiques essentielles de la solution informatique;*
- *ajout de modules additionnels, modifications prolongeant la durée d'utilisation de la solution informatique. Les modifications apportent des améliorations significatives.*

Par ailleurs, dans le cadre du développement d'une solution informatique à usage commercial, les dépenses liées aux évolutions fonctionnelles apportées à la « solution informatique mère » sont comptabilisées:

- en stock (encours de production), si ces dépenses sont engagées dans le cadre d'un marché spécifique conclu avec un client (développements demandés par un client) et sont facturées à ce client comme un complément du prix d'acquisition de la solution informatique;
- en immobilisation incorporelle, si ces dépenses de développements spécifiques peuvent générer des avantages économiques au-delà de ceux engendrés par le marché spécifique (les nouvelles fonctions peuvent être revendues à d'autres clients). Les critères spécifiques aux solutions informatiques doivent être respectés (voir partie II).

V. Amortissements et dépréciations des solutions informatiques inscrites à l'actif

Les solutions informatiques sont amorties et dépréciées selon les règles générales applicables aux immobilisations incorporelles (voir chapitre 5).

Une solution informatique peut être développée en suivant:

- une approche par phase (phase d'études préalables, phase de conception détaillée, etc.);
- une approche itérative, qui consiste à décomposer le développement de la solution informatique en sous-projets.

Dans ce dernier cas, lorsque la solution informatique est développée selon une approche itérative, chaque sous-projet est amorti dès qu'il est mis en service.

Exemple (adapté du règlement ANC n° 2023-05): *le développement d'une solution informatique est décomposé en trois sous-projets. La durée d'utilisation de la solution est de 5 ans.*

	COÛT	DATE DE MISE EN SERVICE	DOTATIONS AUX AMORTISSEMENTS
Sous-projet 1	2000	01/01/**N**	2000/**5** = 400
Sous-projet 2	1000	01/01/**N+1**	1000/**4** = 250
Sous-projet 3	600	01/01/**N+2**	600/**3** = 200

Ainsi, la charge d'amortissement est:

- en N: 400 €;
- en N+1 : 400 + 250 = 650 € ;
- en N+2 : 400 + 250 + 200 = 850 €.

Fiscalement, à notre avis, l'article 236 I du CGI permettant une déduction immédiate des dépenses de création de logiciels même inachevés demeure applicable.

Deux options sont donc possibles pour ces dépenses de conception comptabilisées en immobilisations.

- La déduction immédiate:
  Les dépenses ayant été comptabilisées en immobilisations (immobilisations incorporelles en cours ou immobilisations incorporelles), la déduction fiscale prendra la forme d'une dotation aux amortissements dérogatoires qui sera égale à la différence entre la valeur totale du coût de la solution informatique logicielle et la dotation comptable aux amortissements éventuellement pratiquée. Cette dotation aux amortissements dérogatoires intervient à la clôture de l'exercice au cours duquel les dépenses ont été inscrites à l'actif, même si la solution informatique logicielle est inachevée;
- La déduction échelonnée:
  Dans ce cas, le traitement fiscal est calqué sur le traitement comptable. L'amortissement débute lorsque la solution informatique logicielle est mise en service.

Remarque : ces dispositions (parties I à V) sont applicables aux solutions informatiques utilisées dans les sites internet. Ainsi, les solutions informatiques utilisées dans les sites internet ne bénéficient plus de l'option pour un enregistrement en charges, si les conditions d'activation sont réunies.

6 - Acquisitions ou productions conjointes

Lorsque les biens sont acquis conjointement, ou sont produits de façon conjointe et indissociable, pour un coût global d'acquisition ou de production, le coût d'entrée de chacun des biens est déterminé à proportion de la valeur attribuable à chacun d'eux. Si aucune valeur individualisée n'est attribuable, le coût d'un ou plusieurs biens est évalué par référence à un prix de marché ou d'une manière forfaitaire s'il n'en existe pas.

7 - Actifs acquis en monnaie étrangère

En cas d'acquisition d'actif en monnaie étrangère, le taux de conversion utilisé est le taux de change à la date d'entrée ou, le cas échéant, celui de la couverture si celle-ci a été prise avant l'opération. Les frais engagés pour mettre en place les couvertures sont également intégrés au coût d'acquisition.

8 - Immobilisation réglée par redevances annuelles

I. Acquisition

Certaines immobilisations (brevets, licences d'exploitation...) peuvent être payées au moyen de redevances annuelles.
L'évaluation peut être fixée par les parties pour le calcul des droits d'enregistrement ou déterminée en partie ou totalement à partir de paramètres dont le montant peut varier.

***Exemple :** redevance UMTS (Universal Mobile Telecommunications System communément appelé 3G) : une partie est fixe, une partie est fonction du chiffre d'affaires.*
Si l'estimation est suffisamment fiable, on l'enregistrera dans un compte d'immobilisations. Dans le cas contraire, le montant aléatoire sera porté en charges durant la période d'utilisation.

II. En cours d'exploitation

Lorsque les redevances versées excèdent le montant initialement comptabilisé à l'actif, le complément de redevances constitue :
- une charge (compte 651* – « Redevances pour concessions, brevets, licences, marques, procédés, solutions informatiques, droits et valeurs similaires ») lorsque ce complément correspond à la création en interne d'éléments incorporels ; tel est le cas des efforts de l'acquéreur pour développer son activité et faire augmenter le chiffre d'affaires ;
- une augmentation de la valeur de l'immobilisation lorsque le complément est analysé comme un véritable complément de prix correspondant à un élément non pris en compte dans la détermination du prix à l'origine et notamment lorsque le montant des redevances n'a pu être évalué de manière fiable à l'origine.

Si les redevances versées sont inférieures au montant initialement comptabilisé à l'actif, le compte fournisseur d'immobilisation est soldé en contrepartie d'un produit (compte 751* – « Redevances pour concessions, brevets, licences, marques, procédés, solutions informatiques, droits et valeurs similaires »).

Remarque
*Avant l'entrée en vigueur du règlement ANC n° 2022-06, la charge, ou le produit, résultant de l'excédent ou de l'insuffisance de versement par rapport au montant initialement comptabilisé à l'actif, était enregistré en résultat exceptionnel.
Ce règlement redéfinit le résultat exceptionnel en excluant les évènements liés à l'activité courante et normale de l'entreprise, comme l'est l'acquisition d'une immobilisation moyennant le paiement de redevances.

APPLICATIONS

CONTRÔLE DE CONNAISSANCES

QUIZ EN VERSION NUMÉRIQUE

https://eqrco.de/a/eciFTE

APPLICATION 1★★: CONSTRUCTION SUR SOL D'AUTRUI

25 Min

La société GAMA a fait construire un immeuble sur un terrain dont elle est locataire : coût d'acquisition 680 000 € HT. Un acompte de 200 000 € HT avait été versé au début des travaux le 01/01/N, le solde est payé à la mise en service le 01/09/N. Le bail, signé le 01/01/N (d'une durée de 9 ans), ne sera pas reconduit par l'entreprise et précise que l'indemnité versée par le propriétaire du terrain sera de 440 000 €.

Fiscalement, ce type de bien s'amortit sur 20 ans. L'entreprise désire bénéficier de la plus grande déduction fiscale possible. À la fin du bail, la valeur vénale de la construction est de 500 000 €.

TRAVAIL À FAIRE

1. Rappeler succinctement la règle juridique relative à la propriété dans ce type de cas.
2. Présenter les écritures d'acquisition et d'inventaire au 31/12/N.
3. Présenter l'écriture comptable issue de la fin du bail chez GAMA.

APPLICATION 2★: RÉÉVALUATION LIBRE

15 Min

Le directeur comptable de la SA BONHOURE vous demande une étude sur la réévaluation libre.
Après une lecture des documents relatifs au traitement comptable de l'écart de réévaluation (Documents 1 et 2), on vous demande de répondre aux questions suivantes :

TRAVAIL À FAIRE

1. Indiquer le traitement de l'écart de réévaluation libre en cas d'exercice bénéficiaire.
2. Indiquer le traitement de l'écart de réévaluation libre en cas de cession d'un bien réévalué.
3. Comment peut-on justifier le traitement comptable de l'écart de réévaluation libre figurant dans le PCG ?

Document 1 Avis n° 2003-10 du 24 juin 2003

Relatif au traitement comptable de l'écart de réévaluation (extrait) *1 - Définition et conditions de comptabilisation des indemnités de mutation versées.*

…Ces situations sont évoquées à l'article 33-2-c) de la quatrième directive n° 78/660……….

c) ***La réserve de réévaluation doit être dissoute dans la mesure où les montants affectés ne sont plus nécessaires pour l'application de la méthode d'évaluation utilisée et la réalisation de ses objectifs****. Les États membres peuvent prévoir des règles régissant l'utilisation de la réserve de réévaluation, à condition que des additions au compte de profits et pertes en provenance de la réserve de réévaluation ne puissent être effectuées que dans la mesure où les montants transférés ont été inscrits en tant que charges au compte de profits et pertes ou représentent des plus-values effectivement réalisées. Ces montants doivent être indiqués séparément dans le compte de profits et pertes.* ***Aucune partie de la réserve de réévaluation ne peut faire l'objet d'une distribution, directe ou indirecte, à moins qu'elle ne corresponde à une plus-value réalisée.***

Ces dispositions de l'article 33-2-c de la quatrième directive, autorisent la distribution de l'écart de réévaluation dès qu'il est réalisé. Pour ce faire, cet écart sera transféré dans un compte de réserves distribuables. Pour éviter toute compensation au sein du poste « Écart de réévaluation », les entités devront suivre les écarts, immobilisation par immobilisation.

Il est proposé de compléter l'article 350-1 du règlement N° 99-03 relatif au plan comptable général comme suit :

« Des ajustements de valeur portant sur l'ensemble des immobilisations corporelles et financières peuvent être effectués dans le cadre de la réévaluation des comptes.

L'écart entre la valeur actuelle et la valeur nette comptable constatée lors d'une opération d'ensemble de réévaluation ne participe pas à la détermination du résultat. Il est inscrit directement dans les capitaux propres.

L'écart de réévaluation peut être incorporé en tout ou partie au capital. Il ne peut pas compenser les pertes, sauf s'il a été préalablement incorporé au capital.

« L'écart de réévaluation initialement comptabilisé est transféré à un compte de réserves distribuables lors de la cession de l'immobilisation. Il en est de même pour le supplément d'amortissement relatif à la partie réévaluée de l'immobilisation, constaté en cas d'exercice bénéficiaire ».

De même, l'article 531-2/5 relatif au contenu de l'annexe sera ainsi complété.

« En cas de comptabilisation de valeurs réévaluées :

→ variation au cours de l'exercice et ventilation de l'écart de réévaluation ;
→ mention de part du capital correspondant à une incorporation de l'écart ;
→ rétablissement des informations en coûts historiques pour les immobilisations réévaluées, par la mise en évidence des compléments de valeur et des amortissements supplémentaires qui s'y rapportent ;
→ ***« mention de la part de l'écart de réévaluation transféré à un compte de réserves distribuables, immobilisation par immobilisation. »…***

Document 2 Art. 214-27 du PCG

Des ajustements de valeur portant sur l'ensemble des immobilisations corporelles et financières peuvent être effectués dans le cadre de la réévaluation des comptes. Cette réévaluation est une option ponctuelle à l'initiative de l'entité ou prévue par la loi. L'écart entre la valeur actuelle et la valeur nette comptable constatée lors d'une opération d'ensemble de réévaluation ne participe pas à la détermination du résultat. Il est inscrit directement dans les capitaux propres. L'écart de réévaluation peut être incorporé en tout ou partie au capital. Il ne peut pas compenser les pertes, sauf s'il a été préalablement incorporé au capital. Le produit hors frais de la cession qui excède la valeur nette comptable de l'immobilisation avant réévaluation, peut, en tout ou partie, être transféré à un compte distribuable à hauteur du montant résiduel de la réévaluation comptabilisée au passif du bilan, selon les règles du droit commun. Il en est de même lors de chaque exercice bénéficiaire pour le supplément d'amortissement relatif à la partie réévaluée de l'immobilisation.

APPLICATION 3**: RÉÉVALUATION LIBRE

20 Min

La société DIMITRI acquiert début janvier N-3 un ensemble immobilier pour 500 000 € dont 100 000 € pour le terrain. Le 31/12/N, il est décidé de réévaluer les immobilisations de la société. À cette date la valeur d'utilité de l'immeuble est de 630 000 € dont 150 000 € pour le terrain. La construction est amortissable sur 20 ans. Le 31/12/N+2, l'ensemble immobilier est vendu pour 600 000 €. Les exercices N+1 et N+2 ont été bénéficiaires. L'entreprise DIMITRI souhaite transférer en réserves distribuables l'écart de réévaluation au fur et à mesure qu'il est acquis.

TRAVAIL À FAIRE

1. Comptabiliser les écritures du 31/12/N.
2. Enregistrer les écritures au 31/12/N+1.
3. Enregistrer les écritures de cession.

APPLICATION 4**: RÉÉVALUATION LIBRE

20 Min

La société NAOUAL a procédé à la réévaluation de ses immobilisations corporelles et financières le 31/12/N-3, après écritures d'inventaire. Parmi celles-ci figurent :

- un terrain acquis le 15 mars N-12 pour 500 000 €, dont la valeur d'utilité au 31/12/N-3 a été estimée à 800 000 € ;
- une construction terminée le 30 juin N-10 et inscrite à cette date au bilan pour 1 200 000 € ; elle est amortie sur 25 ans et sa valeur d'utilité a été fixée au 31/12/N-3 à 1 500 000 €.

Le terrain et la construction sont cédés à une autre entreprise le 30 juin N pour les montants suivants :

- terrain : 750 000 € ;
- construction : 1 400 000 €.

L'entreprise souhaite transférer en réserves distribuables l'écart de réévaluation au fur et à mesure qu'il est acquis.

TRAVAIL À FAIRE

1. Reconstituer l'écriture constatant la réévaluation de ces deux éléments au 31/12/N-3.
2. Présenter les écritures d'inventaire au 31/12/N-2, sachant que la valeur du terrain doit être ramenée à 710 000 € et que les exercices N-1 et N-2 ont été bénéficiaires.
3. Présenter les écritures de cession de cet ensemble immobilier, sachant que l'écart de réévaluation n'a pas été incorporé au capital.

APPLICATION 5**: RÉÉVALUATION LIBRE

20 Min

La société TAMARI a procédé à une réévaluation libre de son bilan N-l pour les terrains et les constructions. En effet, à la fin de l'exercice N-1, il existait des plus-values latentes uniquement sur les constructions, terrains et immobilisations incorporelles.

Le poste « Écarts de réévaluation » figurant au bilan N comprend, pour un montant de 3 500 000 €, le compte « Écart de réévaluation libre ». Ce montant correspond aux plus-values dégagées sur les terrains et les constructions. Aucune plus-value n'a fait l'objet d'une incorporation au capital.

La valeur nette comptable des biens réévalués s'établissait ainsi avant leur réévaluation :

Terrains................................ 1 200 000

Constructions....................... 3 780 000

Aucun des biens n'ayant été cédé en N, ces mêmes biens figurent dans les immobilisations corporelles du bilan N pour les valeurs suivantes :

	BRUT	AMORTISSEMENTS	NET
Terrains..................	2 600 000	0	2 600 000
Constructions..........	8 400 000	2 912 000	5 488 000

Aucune des constructions n'est entièrement amortie.

TRAVAIL À FAIRE

1. Retrouver l'écriture d'amortissement des constructions de fin N.
2. Dire pourquoi les immobilisations incorporelles qui comprenaient des plus-values latentes n'ont pas été réévaluées fin N-1.

APPLICATION 6**: ACQUISITION ET AMÉNAGEMENT DE TERRAINS

25 Min

La société BÉTA achète le 2/01/N, un terrain composé de deux parcelles. Sur chaque parcelle, une construction est édifiée. Elles sont détruites immédiatement pour que l'entreprise BÉTA puisse réaliser ses projets immobiliers. Sur la première parcelle appelée « Parc des Berges », la société crée un parc d'agrément. Sur la deuxième parcelle nommée « Sud-Ouest », la société BÉTA fait construire un immeuble qui sera utilisé comme siège social.

TRAVAIL À FAIRE

1. Rédiger une note présentant les règles de ventilation des éléments entrant dans le coût de production d'un ensemble immobilier.
2. Enregistrer les écritures nécessaires au 02/01/N.
3. Enregistrer les écritures d'inventaire au 31/12/N (hors amortissements).

Document

	Terrain le parc des berges	Terrain Sud-Ouest
Prix du terrain	900 000	1 500 000
VNC chez le vendeur des immeubles à détruire	500 000	6 000 000
Prix d'achat de l'immeuble	800 000	9 700 000
Frais de démolition	350 000	680 000
Participation aux travaux de voirie	55 000	220 000

- Taxe locale d'équipement : 62 000 €
- Honoraire de l'architecte : 450 000 € (400 000 pour le siège social et 50 000 pour les espaces verts du parc)
- Frais de construction : 15 000 000 : construction terminée le 01/09/N
- Frais d'aménagement du terrain pour la création du parc : 740 000

Toutes les charges par nature ont été comptabilisées. On ne tiendra pas compte de la TVA.

APPLICATION 7***: SINISTRES

20 Min

Début juillet N, la société anonyme ALPHA est victime d'un ouragan qui a totalement détruit un atelier de production. Dans la déclaration de sinistre qu'elle a adressée à sa compagnie d'assurances, la société ALPHA a recensé les éléments suivants comme ayant fait l'objet d'une destruction totale :

- un bâtiment acquis 300 000 €, le 1er janvier N-15 ;
- une machine Z, acquise pour 250 000 € HT, le 20 décembre N-2 ;
- des matières premières stockées dans l'atelier pour une valeur comptable de 76 000 € HT ;
- des produits finis entreposés en attente de livraison, évalués au coût de production à 175 800 € HT.

Après négociation avec la compagnie d'assurances, l'indemnité a été définitivement fixée en décembre N. Elle se décompose ainsi :

- assurance couvrant les constructions .... 350 000 €
- assurance couvrant le matériel d'exploitation.. 200 000 €
- assurance couvrant les matières premières et les produits finis................. 80 000 €
- assurance couvrant les pertes d'exploitation.. ? €

En ce qui concerne l'évaluation de la perte d'exploitation, la société ALPHA a fourni les informations suivantes :

- Perte de chiffre d'affaires : 250 000 €
- Coût opérationnel (variable en fonction du chiffre d'affaires) : 40 %
- Charges de structure : 80 000 €

Le bâtiment était amorti sur une durée de vingt ans selon le système linéaire. L'ensemble du parc de machines faisait l'objet d'un amortissement économique sur une durée d'utilisation de 10 ans. L'amortissement fiscal était calculé selon le mode dégressif sur la même durée (coefficient 2,25). Au 31/12/N-1, le cumul des amortissements fiscaux de la machine Z s'élève à 59 883 €.

N.B. Au regard de l'ampleur du sinistre (catastrophe naturelle) ayant totalement détruit un atelier de production, la SA ALPHA a qualifié cet évènement de majeur et inhabituel. Les conséquences du sinistre sont susceptibles d'avoir une influence sur le jugement et les décisions des utilisateurs des comptes, et l'évènement n'est pas lié à l'exploitation normale et courante de l'activité.

TRAVAIL À FAIRE

Sachant que dans les livres de la société ALPHA, aucune écriture n'a été enregistrée concernant ce sinistre.

1. Enregistrer les régularisations nécessaires concernant les immobilisations au 31/12/N.
2. En supposant que l'indemnité d'assurance n'ait pas été fixée de manière suffisamment fiable à la clôture de l'exercice N, préciser quelles modifications devront être apportées à vos enregistrements.
3. Évaluer l'indemnité d'assurance « perte d'exploitation ».
4. Enregistrer les régularisations concernant les autres biens sinistrés et indemnités d'assurance.

Document 1 Extrait de l'actif du bilan de la SA ALPHA au 31/12/N

Bilan actif	Brut	Amortissements et provisions	Net
Actif immobilisé			
Machine Z	250000	38253*	211747

** La dotation complémentaire de N est prise en compte.*

Document 2 Évaluer une indemnité d'assurance « perte d'exploitation »

*En cas de sinistre et si l'entreprise est couverte, **l'indemnisation pour la perte d'exploitation** est versée afin de compenser la baisse du chiffre d'affaires. L'objectif est de permettre à l'entrepreneur de reprendre son activité dans les meilleures conditions, en rachetant les installations endommagées et en réalisant les travaux nécessaires dans ses locaux. Le calcul de l'indemnisation pour perte d'exploitation se fait en fonction de la marge brute d'exploitation […]. Le calcul de cette marge correspond à la différence entre le chiffre d'affaires et les charges variables de l'entreprise.*

www.matmut.fr

APPLICATION 8**: ENSEMBLE IMMOBILIER DESTINÉ À LUTTER CONTRE LA POLLUTION

50 Min

La société RABELAIS est une filiale d'un groupe français à vocation européenne. Elle a décidé le 30 novembre N, de lancer un plan de lutte contre les pollutions liées aux rejets dans l'atmosphère, pratiqués par ses diverses unités de production. Un des éléments contenus dans ce plan consiste à édifier un ensemble immobilier antipollution susceptible de bénéficier des dispositions du CGI en matière d'amortissement exceptionnel. Le gérant de la société RABELAIS a fait appel à un architecte : M. Larchi afin qu'il dessine les plans de cet immeuble destiné à lutter contre la pollution.

Par mesure d'uniformité, il a été décidé au niveau du groupe que toutes les immobilisations seraient amorties sur le plan économique selon le mode linéaire en fonction du temps d'utilisation. Cependant, la société RABELAIS entend bénéficier des mesures fiscales françaises concernant l'amortissement exceptionnel.

La clôture de l'exercice se situe le 31 décembre.

Le chef comptable de cette société vous demande de réaliser les travaux devant lui permettre de compléter son dossier technique sur le plan de lutte contre la pollution élaboré pour le conseil d'administration. Pour répondre à sa demande, il vous confie les travaux suivants à réaliser à l'aide des documents 1 à 3 et vous précise que la société enregistre en charges les frais d'acquisition des immobilisations.

TRAVAIL À FAIRE

1. Enregistrer l'acquisition de l'ensemble immobilier fin N.
2. Enregistrer les opérations au cours de l'exercice N+1.
3. Comment la société RABELAIS peut-elle à la fois bénéficier des dispositions fiscales concernant l'amortissement exceptionnel et respecter la norme interne au groupe ?
4. Enregistrer les écritures relatives aux travaux d'inventaire de l'exercice N+1.
5. Enregistrer les opérations au 01/01/N+2 et au 01/02/N+2.
6. Enregistrer les écritures relatives aux travaux d'inventaire de l'exercice N+2.
7. Enregistrer les opérations relatives à l'exercice N+3.

Document 1 Détail des opérations

1.1. La SARL RABELAIS acquiert par paiement comptant le 28/12/N un ensemble immobilier vétuste pour 250 000 € HT dont 200 000 € pour le terrain.
1.2. Les honoraires du notaire ont été réglés pour 5 500 € HT (TVA à 20 %), le 28/12/N. L'immeuble est destiné à être démoli.
1.3. Début N+1, la démolition de l'immeuble est entreprise. La société DA COSTA adresse le 31 mars N+1 un mémoire pour les travaux de démolition soit 120 000 € HT (taux de TVA : 20 %). Ce mémoire fait l'objet d'un paiement comptant.
1.4. Le 15 avril N+1, Monsieur Larchi adresse sa note d'honoraires pour 50 000 € HT (taux de TVA : 20 %) réglée comptant.
1.5. L'édification du nouveau bâtiment est confiée à la société BATIBIEN et le coût de l'opération s'élève à 775 000 € HT (taux de TVA : 20 %) au 31 août N+1. Ces travaux ont été payés au comptant.
1.6. La taxe départementale des espaces naturels sensibles a été payée pour 5 000 € le 30 juin N+1.
1.7. Le bâtiment est livré et mis en service le 30 septembre N+1.
1.8. Les éventuels frais d'acquisition sont inscrits en charges.
1.9. L'ensemble immobilier est vendu pour 2 000 000 € le 31 mars N+3.

Document 2 Financement

2.1. Un emprunt est obtenu le 1er février N+1 pour 300 000 € au taux de 8 %, remboursable par amortissement constant sur 5 ans. La société ne souhaite pas incorporer de charges financières dans le coût de production de l'immeuble.
2.2. Le reste de l'investissement est financé sur les fonds propres de la société.

Document 3 Base documentaire

3.1. Article 39 quinquies E et F du CGI :
Les immeubles destinés à épurer les eaux industrielles ou à lutter contre les pollutions atmosphériques peuvent bénéficier du régime suivant :
– le taux de l'amortissement exceptionnel est porté à 100 % ;
– l'amortissement doit être pratiqué selon le mode linéaire sur 12 mois et éventuellement réparti prorata temporis sur les deux premiers exercices.
On supposera que cette disposition est applicable à la société Rabelais.
3.2. La durée de consommations des avantages économiques procurés par l'immeuble est fixée à 25 ans à la date de mise en service.
3.3 La taxe départementale est un élément du coût de production de la construction.

APPLICATION 9★★ : SOLUTION INFORMATIQUE DÉVELOPPÉE INTÉGRALEMENT PAR L'ENTREPRISE

30 Min

La société JUPITER dispose d'une équipe d'informaticiens qualifiés et elle a décidé de créer sa propre solution informatique logicielle de gestion prévisionnelle, dont la date de mise en service a été fixée au 1er avril N. Le comptable sait que les dépenses engagées pour le développement d'une solution informatique doivent être immobilisées, si certaines conditions sont remplies. Les conditions requises étant remplies à la fin de l'année N-1.

Le comptable vous communique le détail des frais HT (en €), correspondant aux différentes phases de la réalisation de cette solution informatique logicielle :

- au cours du quatrième trimestre N-1 :
  - étude préalable 18 000
  - programmation 30 000
- au cours du premier trimestre N :
  - programmation 15 000
  - tests et jeux d'essai.................................. 20 000
  - coûts d'interface avec les autres systèmes...... 10 000

Un nouveau serveur a été acquis afin d'héberger la nouvelle solution informatique pour un coût de 3 000 € HT.
La solution informatique est en état de fonctionner et mise en service le 01/04/N+1. La durée d'utilisation prévue est de 5 ans.
Les frais de maintenance pour l'exercice N, s'élèvent à 15 000 € HT. Toutes les charges ont été normalement comptabilisées. La société JUPITER souhaite bénéficier des dispositions fiscales les plus avantageuses.

TRAVAIL À FAIRE

1. Présenter le traitement comptable applicable à la nouvelle solution informatique de gestion prévisionnelle.
2. Déterminer le coût de production de la solution informatique en apportant toute justification.
3. Enregistrer les écritures relatives à la solution informatique pour les exercices N, N+1 et N+2.

20 Min

APPLICATION 10**: SOLUTION INFORMATIQUE DÉVELOPPÉE PARTIELLEMENT PAR L'ENTREPRISE

L'entreprise GOMIS, grossiste alimentaire, a développé partiellement une solution informatique logicielle de gestion des stocks.

Pour cela, elle a tout d'abord signé, le 01/07/N un contrat de prestation de services avec l'entreprise LOGSTOCK portant sur un accès continu à une solution informatique standard de gestion des stocks. Ce contrat permet à l'entreprise GOMIS d'accéder, de manière continue et pendant 4 ans, aux ressources indispensables au fonctionnement de cette solution informatique standard hébergée sur la plateforme externe LOGSTOCK. Les redevances sont payées le 1er juillet de chaque année, pour un montant de 2000 € HT.

Par la suite, à partir de la solution informatique acquise, l'entreprise GOMIS développe ses propres fonctionnalités pour répondre à ses besoins spécifiques (prise en compte des dates de péremption des denrées alimentaires par exemple).

Les coûts engagés ont été les suivants.

- Coûts d'étude de faisabilité du projet: 1 200 €
- Rédaction du cahier des charges: 500 €
- Coûts de développement: 2450 €
- Coûts de paramétrage: 750 €
- Frais généraux et administratifs: 800 €
- Coût de migration (simple transfert de données de l'ancien au nouveau logiciel): 200 €

Toutes ces charges ont été normalement comptabilisées.

Les travaux ont commencé le 02/07/N. La solution informatique logicielle est en état d'utilisation et mise en service le 01/10/N. Les conditions requises pour l'activation des coûts de développement sont remplies.

Le directeur comptable considère que la durée d'utilisation de cette solution informatique est de 4 ans. L'entreprise GOMIS arrête son exercice au 31/12. Il sera fait abstraction de la fiscalité.

TRAVAIL À FAIRE

1. Présenter le traitement comptable applicable à la solution informatique de gestion des stocks. Les conditions d'activation spécifiques aux solutions informatiques ne sont pas attendues.
2. Enregistrer toutes les écritures nécessaires sur l'exercice N.

APPLICATION 11★★ : DÉTERMINATION DE LA VALEUR D'ENTRÉE DANS LE CAS D'UNE PRODUCTION CONJOINTE

20 Min

Vous effectuez votre stage de DCG au cabinet YB de Rouen.

Votre maître de stage vous confie deux problèmes d'évaluation de stock :

➢ M. Ardouin est brocanteur à Fécamp en Seine-Maritime. À la demande du propriétaire il débarrasse une villa à Étretat pour un prix global de 6000 €, le 8 novembre N. Une évaluation indique les valeurs vénales suivantes :
- bibliothèque : 7500 € ;
- bureau : 3500 € ;
- fauteuil : 500 € ;
- tableau signé du XIXe siècle : 1500 € ;
- vitrine : 2000 €.

La vitrine et le fauteuil sont vendus au cours du mois de décembre N.

➢ La société CHIMIE 3300, fabrique un produit référencé ZX 79. Au cours du processus de fabrication un produit résiduel référencé W 15 est obtenu et revendu sans marge bénéficiaire.

Au cours du mois de décembre N la société a produit 140 tonnes de ZX 79 et 40 litres de W 15. On vous communique par ailleurs les informations suivantes :

ÉLÉMENTS DU COÛT DE PRODUCTION TOTAL	W 15
Prix de vente : 840 € la tonne. Matières consommées : 47800 €. Main-d'œuvre directe : 32000 €. Charges indirectes de production incorporables : 20000 €.	Prix de vente : 50 € le litre. Frais de distribution 10 % du prix de vente.

Les stocks au 31/12/N sont de 25 tonnes de ZX 79 et 10 litres de W 15.

TRAVAIL À FAIRE

Procéder à l'évaluation des stocks au 31/12/N et enregistrer les écritures nécessaires.

APPLICATION 12★ : IMMOBILISATIONS EN DEVISES

10 Min

Le 15/01/N, une entreprise acquiert un matériel industriel dont le prix est de 100000 $ USD. Cette acquisition est payable à 60 jours.

➢ Cours de la devise : au 15/01/N : 1 euro = 1,2 USD ;
au 15/03/N : 1 euro = 1,1 USD.

TRAVAIL À FAIRE

Présenter les écritures nécessaires.

APPLICATION 13**: ACQUISITION D'UN ACTIF AU MOYEN DE REDEVANCES ANNUELLES

30 Min

La société ENC a acquis un fonds commercial afin de conquérir de nouvelles parts de marché.

Le contrat stipule un versement immédiat de 120000 € TTC – TVA à 20 %, le 01/04/N. Des redevances annuelles fixes d'un montant de 5 % du CAHT généré par ce fonds commercial seront ensuite réglées pendant 5 ans, la première le 01/04/N+1.

La société ENC estime que le CA HT supplémentaire se monte mensuellement à 400000 €. Par mesure de simplification on considère que le chiffre d'affaires sera stable [...] sur les 5 ans à venir (ne pas actualiser les redevances). On considère que l'éventuel complément de redevances versées constitue une création d'éléments incorporels en interne.

Rappel : la TVA déductible sur les redevances est déductible au paiement.

TRAVAIL À FAIRE

1. Déterminer les parties fixes et variables du coût du fonds commercial.
2. Présenter les écritures de l'exercice N.
3. Présenter l'écriture du 01/04/N+1 sachant que le CA HT supplémentaire généré a été de 4000000 €.
4. Juste avant le paiement de la dernière redevance, le compte 404 présente un solde créditeur de 27000 €. Le CA HT généré pour cette dernière année d'exploitation s'élève à 3600000 €. Présenter l'écriture nécessaire.
5. Reprendre la question 4 en considérant cette fois-ci que le complément de redevances versées constitue un élément non pris en compte lors de la détermination du prix à l'origine.
6. Quel serait le traitement comptable de la question 4 si le solde du compte 404 avait été créditeur de 246000 € avant la dernière redevance ?

MINI-CAS DE SYNTHÈSE 1

Compétences attendues : le candidat doit non seulement pouvoir exposer les règles comptables du PCG relatives aux savoirs associés au thème mais aussi enregistrer les écritures comptables en découlant dans un contexte professionnel. Le candidat doit pouvoir justifier et analyser la pertinence des choix comptables retenus dans un contexte professionnel.

SOCIÉTÉ BATIRENOV***

60 Min

IMMOBILISATION SINISTRÉE - PRODUCTION D'UNE IMMOBILISATION

La société anonyme BATIRENOV est spécialisée dans la construction d'immeubles. Dans la nuit du 30 avril N, elle a subi une inondation qui a fragilisé les fondations d'un entrepôt, le rendant inutilisable. Il a été décidé d'entreprendre la construction d'un nouveau local sur un terrain moins exposé. L'exercice comptable coïncide avec l'année civile et le taux de TVA est de 20 %.

La SA BATIRENOV considère que cette inondation n'est pas un évènement majeur et inhabituel étant donné le caractère fréquent des inondations dans cette zone et le fait que la SA BATIRENOV possède de nombreux entrepôts.

À l'aide des informations que vous trouverez dans le document suivant, il vous est demandé de :

MISSIONS

1 ***Concernant l'entrepôt sinistré, présenter les écritures comptabilisées au cours de l'exercice N :***
- ***au 30 avril N ;***
- ***fin juillet N ;***
- ***à la clôture de l'exercice N.***

2 ***Concernant le nouveau bâtiment et son financement :***
- ***indiquer quels sont les éléments qui composent le coût de production d'un bien ou d'un service selon le plan comptable général ;***
- ***calculer le coût de production du nouvel entrepôt au 31 décembre N et début juillet N+1 ;***
- ***présenter les écritures relatives au nouvel entrepôt et à l'emprunt :***
  a. constatées au cours de l'exercice N,
  b. constatées au cours de l'exercice N+1.

Document Informations sur le bâtiment sinistré et sur le nouveau bâtiment de BATIRENOV

- ***Relatives au bâtiment sinistré :***

La valeur d'origine de l'entrepôt sinistré est de 900 000 € hors taxes. Il est amorti linéairement sur une durée de 20 ans depuis le 1er novembre N-6.
À la suite du sinistre du 30 avril N, cette construction est totalement détruite. Cependant, il est possible de récupérer divers éléments (tuiles, charpente…). Ces biens, dont la valeur globale est estimée à 150 000 €, pourront être intégrés dans des constructions que l'entreprise réalise pour ses clients. La récupération est achevée à la fin du mois de juillet N.
En fin d'exercice comptable, le 31 décembre N, la valeur des éléments non encore utilisés s'élève à 45 000 €.
Il est acquis, à la clôture de l'exercice N, que la société recevra de sa compagnie d'assurances une indemnité de 200 000 €.

➔

→

• ***Relatives au PCG:***

Art. 212-8.

La valeur résiduelle des éléments récupérés à la suite de la mise hors service des immobilisations est comptabilisée dans un compte spécial d'immobilisations lorsqu'ils sont destinés à être récupérés pour de nouvelles installations ou dans un compte spécial de stocks s'ils sont destinés à être vendus.

Art. 943 (extrait).

Le compte 36 « Stocks provenant d'immobilisations » peut enregistrer en cours d'exercice les entrées en stocks d'éléments démontés ou récupérés sur des immobilisations corporelles. Il est débité par le crédit du compte 21 « Immobilisations corporelles ». En fin d'exercice, le compte 36 est soldé par le débit du compte 603 « Variation des stocks (approvisionnements et marchandises) ». Si des éléments de stocks visés ci-dessus subsistent à cette date, ils sont inscrits au débit des comptes appropriés de la classe 3 par le crédit du compte 603.

• ***Relatives au nouveau bâtiment:***

- *Les travaux de construction du nouveau bâtiment ont commencé dès le début du mois d'octobre N. L'entrepôt est achevé et mis en service début juillet N+1. Il sera amorti dans les mêmes conditions que le bâtiment auquel il se substitue.*
- *La comptabilité de gestion fournit les informations suivantes relatives à la nouvelle construction:*

ÉLÉMENTS	EXERCICE N	EXERCICE N+1
Consommations de matières	250000	150000
Charges de main-d'œuvre directe	170000	330000
dont droits à congés payés	20000	35000
Charges indirectes de production [1]	80000	120000
dont:		
- amortissements pour dépréciation	30000	50000
- amortissements dérogatoires........................	10000	20000
Charges d'administration générale [2]	5000	10000

[1] charges fixes
[2] frais du siège social

- *Pour financer ces travaux, l'entreprise a emprunté le 30 septembre N, au taux de 8 %, une somme de 400 000 €. Le capital et les intérêts seront remboursés fin N+1. Pour ce type d'emprunt, la banque utilise la méthode des intérêts simples. Les charges financières seront incluses dans le coût de production dans les conditions prévues par le plan comptable général.*
- *Au cours des exercices N et N+1, l'entreprise utilise 80 % de ses capacités de productions.*

MINI-CAS DE SYNTHÈSE 2

SOCIÉTÉ CÉDRIC***

40 Min

La société CÉDRIC achète et produit des solutions informatiques de jeux qu'elle revend ou vend après mise sur support numérisé.

Vous trouverez, en document, des informations concernant les solutions informatiques à usage commercial de la société CÉDRIC.

Les solutions informatiques de jeux ayant une durée de vie courte, la société CÉDRIC décide de les amortir sur deux ans, car au-delà, la solution informatique cessera de répondre au besoin de la clientèle.

Sur le plan fiscal, la société CÉDRIC souhaite mettre en application les dispositions du code général des impôts en matière de déduction immédiate du coût de production des logiciels.

MISSIONS

1 **Évaluer le coût d'entrée de la solution informatique RÔLE PLUS.**

2 **Rappeler l'écriture passée au journal de CÉDRIC le 1er octobre N, concernant la solution informatique RÔLE PLUS.**

3 **Présenter les écritures au journal de la société CÉDRIC à l'inventaire le 31 décembre N+2 concernant les solutions informatiques RÔLE PLUS, CREDO et PLUTON.**

Document

Informations concernant les solutions informatiques à usage commercial de la société CÉDRIC :

• solution informatique RÔLE PLUS.

Le 1er octobre N, la société CÉDRIC a acquis une solution informatique de jeux auprès d'une société étrangère qui a imaginé ce jeu. La société CÉDRIC a acquis le droit de commercialisation de ce produit sur le territoire français. Elle se charge de la traduction en français de ce jeu, ainsi que de sa reproduction en plusieurs exemplaires.

Les conditions d'acquisition de cette solution informatique sont les suivantes :

- *acompte de 2 000 devises versé le 15 mai N lors de la commande de la solution informatique (à cette date, une devise vaut 3 €) ;*
- *versement initial, à la livraison le 01/10/N, de 8 000 devises (au 1er octobre N, une devise vaut 3,50 €) ;*
- *4 redevances semestrielles d'un montant égal à 40 % du chiffre d'affaires hors taxes réalisé sur les ventes en euros de ce jeu sur le territoire français.*

Les redevances sont à verser aux dates suivantes : (N.B. Arrondir le montant des redevances au millier inférieur)

- *15 juillet N+1 ;*
- *15 décembre N+1 ;*
- *15 juillet N+2 ;*
- *15 décembre N+2.*

Le 1er octobre N, lors de l'acquisition, l'entreprise CÉDRIC a estimé que le chiffre d'affaires prévisionnel concernant les ventes de ce jeu pour le premier semestre d'exploitation était de 150 000 €. Au cours des semestres suivants, les ventes baisseraient de 20 % par semestre.

Les redevances effectivement versées à la société étrangère ont été de :

- *58 000 € le 15 juillet N+1 ;*
- *52 000 € le 15 décembre N+1 ;*
- *47 000 € le 15 juillet N+2 ;*
- *25 000 € le 15 décembre N+2.*

En N+2, pour le paiement des redevances, le comptable de la société CÉDRIC a débité le compte 404 « Fournisseurs d'immobilisations », par le crédit du compte 512 « Banque ». En N+1, les écritures ont été correctement enregistrées.

• Solution informatique CREDO

Une banque, la CREDO, a acquis auprès de la société CÉDRIC le 08/07/N une solution informatique standard de présentation. Le 01/11/N+2, la banque CREDO demande à la société CÉDRIC une évolution fonctionnelle de la solution informatique initiale en raison du développement de ses activités bancaires. Cette évolution sera facturée pour la somme de 15 000 €. Le coût pour la société est estimé à 10 000 €. Au 31/12/N+2 le coût des dépenses consacrées à cette solution informatique est estimé à 7 000 €.

• Solution informatique PLUTON

La société CÉDRIC a commencé en N+1 l'élaboration d'une solution informatique de jeu PLUTON. Au 31/12/N+1, cette solution informatique n'était pas achevée et elle figurait en immobilisations en cours pour la somme de 20 000 €. L'élaboration de cette solution informatique a été abandonnée en N+2, car la société CÉDRIC pense que la solution informatique n'a plus aucune chance de réussite commerciale.

CHAPITRE 7 : LES OPÉRATIONS DE LOCATION-FINANCEMENT

COMPÉTENCES ATTENDUES

- **Exposer et appliquer** les règles d'inscription à l'actif, d'évaluation et d'enregistrement des immobilisations corporelles et incorporelles.
- **Évaluer et comptabiliser** les opérations portant sur les immobilisations corporelles et incorporelles à l'entrée et postérieurement à leur entrée.
- **Analyser** les conséquences d'un choix de comptabilisation, notamment sur la présentation des comptes annuels, dans une situation donnée.
- **Présenter** les informations à fournir en annexe.

FICHE RESSOURCES

1 - Approche différente des opérations de location-financement entre les règles du PCG et les normes IFRS

Définition : le contrat de crédit-bail ou leasing est une opération de location de biens mobiliers ou immobiliers assortie d'une promesse de vente du bien au locataire à l'issue de la période de location moyennant un prix convenu à l'avance tenant compte pour partie au moins des versements effectués à titre de loyers.

La divergence de traitement entre le PCG et les normes IFRS se justifie par l'application du principe comptable de ***prééminence de la réalité économique sur la forme juridique ou l'apparence*** en norme IFRS.

APPROCHE JURIDIQUE

Les comptes sociaux français (PCG) privilégient l'aspect patrimonial. Le bien n'est pas la propriété du locataire et n'est donc pas inscrit à son bilan.

Dans les comptes individuels, un crédit-bail doit être enregistré en ***charges*** pendant la période locative (art. 212-5 PCG).

APPROCHE ÉCONOMIQUE

En normes IFRS, un bien pris en crédit-bail fournit des avantages économiques au même titre qu'un actif dont on a la propriété. À ce titre, il est inscrit à l'actif du bilan. Ainsi, selon la norme IFRS 16, un contrat de location-financement entre au bilan du locataire à la fois comme actif et dette. Lors du paiement des redevances, la dette diminue.

De même, dans les comptes consolidés, le règlement ANC 2020-01 rend obligatoire l'activation des contrats de crédit-bail et assimilés.

FICHE RESSOURCES

2 - Comptabilisation pendant la période de location

I. Comptabilisation des loyers de crédit-bail

6122 ou		Redevances de crédit-bail mobilier	X	
6125		Redevances de crédit-bail immobilier	X	
44566		TVA déductible sur biens et services *	X	
2751		Dépôts versés **	X	
	401 ou	Fournisseurs de biens et services		X
	512	Banques		X

* Dans la mesure où elle est récupérable.

** Dans l'hypothèse où un loyer à titre de garantie est réclamé par la société de crédit-bail, le compte **2751 « Dépôts versés »** est débité (sans TVA : les dépôts de garantie n'étant pas assujettis).

II. Régularisations à la clôture de l'exercice

À la clôture de l'exercice, le loyer étant une charge périodique, le plus souvent payée d'avance, une charge constatée d'avance devra être constatée (ou une charge à payer pour les loyers payés à terme échu).

Présentation développée de l'annexe relative aux contrats de crédit-bail

Postes du bilan	VO	Redevances		Amortissements		Redevances restant à payer			Prix d'achat résiduel
		Cumulées(1)	De l'exercice(2)	Cumuls(3)	De l'exercice	À – d'un an(4)	À + d'1 an et à – de 5 ans(5)	À + de 5 ans	

(1) Redevances déjà versées au cours des exercices précédents.

(2) Redevances versées au cours de l'exercice.

(3) Dotations théoriques déjà pratiquées à l'ouverture de l'exercice.

(4) Échéances de l'exercice à venir.

(5) Échéances des 4 années suivantes.

Selon la catégorie d'entreprise à laquelle l'entité appartient, les éléments de l'annexe peuvent être différents (voir chapitre 16).

Le règlement ANC n° 2022-06 prévoit de renseigner les informations relatives aux engagements pris en matière de crédit-bail dans le tableau suivant :

Lignes à développer par catégorie d'immobilisations	Valeur à la signature du contrat	Coût d'entrée de l'actif	Dotations aux amortissements théoriques		Valeur nette
			De l'exercice	Cumulées	
Nature de l'immobilisation […]					
TOTAL					

	Redevances payées		Redevances restant à payer			Prix d'achat résiduel
	De l'exercice	Cumulées	À moins d'un an	De un à cinq ans	À plus de cinq ans	
Nature de l'immobilisation […]						
TOTAL						

3 - Les contrats de crédit-bail à la fin de la période de location

→ Si le locataire ne lève pas l'option, la location est finie, le bien doit être restitué à la société de crédit-bail. Il n'y a plus rien à enregistrer chez le locataire hormis la restitution du dépôt de garantie éventuel.

→ Si l'option est levée, le bien est acquis d'occasion, moyennant le paiement du prix résiduel ou prix de levée d'option. La TVA est due au taux normal pour les biens autres que des bâtiments (voir TVA immobilière). Le bien entre au bilan et devient alors amortissable sur sa durée prévisionnelle d'utilisation.

4 - Les spécificités du crédit-bail immobilier

I. Acquisition de l'ensemble immobilier à la suite de la levée de l'option d'achat

➔ **PRIX D'ACHAT de l'ensemble immobilier :** le prix d'achat est égal au prix de levée d'option. Il faut ventiler ce prix entre terrain et construction. Le prix de levée d'option est présumé porter prioritairement sur le terrain (actif non amortissable) puis sur la construction. Cette construction est amortie linéairement sur la durée prévisionnelle d'utilisation de la construction.

➔ **PRIX D'ACQUISITION FISCAL de l'ensemble immobilier :** la somme réintégrée s'analyse fiscalement comme un élément du coût d'acquisition du bien acquis. Le prix de revient fiscal est égal à :

Prix de levée d'option + Réintégration (ou loyers non déductibles)

II. Amortissement de l'immeuble postérieurement à la levée de l'option d'achat

➔ **SUR LE PLAN COMPTABLE :** amortissement de la valeur d'entrée sur la période prévisionnelle d'utilisation de l'immeuble estimée lors de la levée de l'option.

➔ **SUR LE PLAN FISCAL :** amortissement sur la durée prévisionnelle d'utilisation calculé sur le prix de revient fiscal.

Amortissements fiscaux autorisés > Amortissements pour dépréciation de la construction ➞ Amortissement dérogatoire pour la différence.

Dotation au compte [145] = Réintégration/Durée prévisionnelle d'utilisation de la construction.

Ces amortissements dérogatoires restent au bilan aussi longtemps que la construction est utilisée. Ils ne seront soldés que lors de la cession du bien.

III. Régime fiscal

Pourquoi calculer une réintégration à la fin de la période de location ?

La durée d'un contrat immobilier bien que longue (10 ans, 15 ans ou plus) est souvent inférieure à la durée d'amortissement fiscal du bien acquis. Les entreprises qui louent en crédit-bail sont avantagées par rapport aux propriétaires :

Loyers du crédit-bail > Dotations aux amortissements

C'est pourquoi l'administration fiscale, pour assurer une neutralité entre propriétaires et locataires en crédit-bail, va imposer à l'IS ou à l'IR, lors de la levée d'option, l'avantage dû à la récupération trop rapide des loyers de crédit-bail immobilier.

Réintégration = VNC de l'ensemble immobilier (1) – Prix de levée d'option

(1) *Valeur nette comptable (VNC) = valeur d'origine de l'ensemble immobilier (terrain + construction) – amortissements de la construction que le locataire aurait pu pratiquer s'il avait été propriétaire. Cette VNC est au moins égale à la valeur d'origine du terrain.*

Conséquence comptable du dispositif fiscal : la provision pour impôt

S'il est probable que le locataire lèvera l'option, il est possible de constater une provision pour impôt pour anticiper la forte charge d'IS ou d'IR de l'année d'achat de l'immobilisation. La charge future d'impôt est étalée sur la durée du contrat de location.

Dotation au compte [155] (2) = Réintégration future x 25 % x 1/Nombre d'années de location

(2) *Cas d'une société passible de l'IS.*

Il s'agit d'une dotation exceptionnelle [6875] et du crédit de [155] Provision pour impôt.

Règlement ANC n° 2022-06 – Plan des comptes
Selon l'article 1121-1, le plan de comptes est commun au système de base et au système abrégé.
La provision pour impôt inscrite dans le compte 155 selon le règlement n° 2014-03 relatif au Plan comptable général sera classée dans le compte 1523 – Provisions pour impôts.

APPLICATIONS

CONTRÔLE DE CONNAISSANCES

QUIZ EN VERSION NUMÉRIQUE

https://eqrco.de/a/nN2AvP

APPLICATION 1*: CRÉDIT-BAIL MOBILIER

15 Min

Le 1er octobre N, la société ZODIAC signe un contrat de crédit-bail mobilier d'une durée de 5 ans pour financer un matériel industriel d'une valeur de 300 000 € HT. Le dépôt de garantie versé à la souscription est fixé à 50 000 €. La redevance annuelle payable en début de période s'élève à 80 000 € HT. Le prix de la levée de l'option en fin de contrat est fixé à 55 200 € HT. La durée d'utilisation du bien est de 8 ans.

Le fournisseur accorde le 12 novembre une réduction commerciale exceptionnelle de 24 000 € HT par chèque bancaire.

TVA au taux de 20 %.

TRAVAIL À FAIRE

1. Enregistrer les écritures de l'exercice N.
2. Enregistrer la levée de l'option au 1er octobre N+5.
3. Enregistrer les écritures d'inventaire au 31/12/N+5.

Document Réductions commerciales reçues du fournisseur après la conclusion du contrat

Les redevances ont été fixées en fonction du prix d'achat initial. Cette valeur d'origine fixée dans le contrat ne peut pas être modifiée. Les réductions constituent donc un produit courant qui doit faire l'objet d'un étalement sur la durée du contrat par l'intermédiaire du compte 487 « Produits constatés d'avance ». Le rattachement annuel aux produits est enregistré au crédit du compte 791 « Transfert de charges d'exploitation » et permet de compenser les suppléments de loyers.

Le **règlement n° 2022-06 du 4 novembre 2022** modifiant le règlement ANC n° 2014-03 du 5 juin 2014 relatif au plan comptable général supprime la technique du transfert de charges.
Les réductions constituent donc un produit courant qui doit faire l'objet d'un étalement sur la durée du contrat par l'intermédiaire du compte 487 « Produits constatés d'avance ». Le rattachement annuel aux produits est enregistré au crédit du 708 « Produits des activités annexes » et permet de compenser les suppléments de loyers.

APPLICATION 2*: CRÉDIT-BAIL IMMOBILIER

20 Min

Le 1er janvier N, la société anonyme CARLOS a signé un contrat de crédit-bail immobilier dont le détail vous est donné dans le document.

TRAVAIL À FAIRE

1. La société anonyme CARLOS lèvera sûrement l'option d'achat en fin de contrat, et elle a décidé (facultativement) d'étaler a priori la charge d'impôt liée à la réintégration qu'elle aura alors à faire. Déterminer cette réintégration fiscale, le montant de la provision pour IS et la dotation annuelle.
2. Passer les écritures relatives à l'année N.
3. Passer les écritures de levée d'option au 31 décembre N+14.
4. Passer les écritures du 31 décembre N+15, sachant que la société anonyme CARLOS estime à dix ans la durée de consommation des avantages économiques de la construction, à la levée de l'option.
5. La société anonyme CARLOS revend cette immobilisation le 31 décembre N+17, pour 880 000 €. Passer les écritures de cession.

Document Contrat de crédit-bail immobilier de la société CARLOS

La société CARLOS dont l'exercice comptable coïncide avec l'année civile a signé un contrat de crédit-bail immobilier le 1er janvier N. Ce contrat a pris effet immédiatement.

Les conditions du contrat sont les suivantes:
Valeur terrain HT: 500 000 €
Valeur construction HT: 2 500 000 €
Durée du contrat: 15 ans.
Durée normale d'amortissement du bien: 25 ans.
Loyer annuel payable à terme échu, le 31 décembre de chaque année: 350 000 € hors taxes.
Prix de levée de l'option: 600 000 € payés par chèque le 31/12/N+14.
La société a décidé d'enregistrer une provision pour IS au taux de 25 % par mesure de simplification.

APPLICATION 3**: CRÉDIT-BAIL MOBILIER – PRÉSENTATION DE L'ANNEXE

20 Min

La SA MÉLIBOIS souscrit, le 01/06/N, un contrat de crédit-bail mobilier. Ce contrat porte sur une machine-outil et le bien est immédiatement mis à sa disposition par la société de crédit-bail. Les caractéristiques de ce contrat sont les suivantes:

- Valeur du bien: 96 000 € HT – durée de consommation des avantages économiques: 10 ans.
- Paiement de 20 redevances trimestrielles de 6 000 € HT chacune. Première redevance le 01/06/N puis tous les trois mois, le 1er jour du mois de l'échéance. Versement d'un dépôt de 2 000 € à la signature du contrat.

Levée de l'option d'achat possible le 01/06/N+5, pour 9 600 € HT.

Le 1er juin N+5, la société MÉLIBOIS lève l'option d'achat de la machine-outil suivant les clauses du contrat. La machine-outil fait l'objet d'un amortissement, après son rachat, sur une durée de 5 ans.

Fin juin N+7, la société MÉLIBOIS revend la machine-outil acquise en N+5, en fin de contrat de crédit-bail, à une autre entreprise pour un prix HT de 25 000 €.

N.B. Retenir un taux de TVA de 20 %.

TRAVAIL À FAIRE

1. Enregistrer les écritures liées à ce contrat au journal de la SA MÉLIBOIS pour l'exercice N.
2. Compléter l'annexe détaillée au 31/12/N+2, date de clôture de l'exercice de la société MÉLIBOIS (Document).
3. Enregistrer, au 1er juin N+5, dans les livres de la société MÉLIBOIS, la levée de l'option sur ce contrat.
4. Au 30 juin N+7, comptabiliser les opérations relatives à la cession de la machine-outil, au journal de la société MÉLIBOIS.

Document Annexe détaillée relative au crédit-bail de la société MÉLIBOIS au 31/12/N+2

Poste du bilan	Valeur d'origine	Redevances		Amortissements		Redevances restant à payer			Prix d'achat résiduel
		Cumulées	De l'exercice	Cumuls	De l'exercice	Moins d'1 an	Plus d'1 an et moins de 5 ans	Plus de 5 ans	

APPLICATION 4**: CRÉDIT-BAIL IMMOBILIER

30 Min

La société DORÉMON a signé un contrat de crédit-bail immobilier relatif à un terrain et un bâtiment qui va servir de magasin. Les caractéristiques de ce contrat sont précisées dans le document 1.

TRAVAIL À FAIRE

À l'aide du document 1 :

1. Enregistrer les écritures relatives au règlement des redevances de l'exercice N.
2. Enregistrer l'écriture nécessaire à la clôture des comptes au 31/12/N.
3. Indiquer et expliquer brièvement le principe comptable à l'origine de l'écriture enregistrée dans la question 2.
4. Compléter l'annexe détaillée au 31/12/N, date de clôture de l'exercice de la société DORÉMON (Document 2).
5. Présenter l'écriture nécessaire lors de la levée de l'option.
6. Présenter les écritures au 31/12/N+10.

Document 1 Contrat de crédit-bail immobilier de la société DORÉMON

Début du contrat : 1er février N

- *Valeur d'origine de l'ensemble immobilier : 260 000 € (dont terrain : 20 000 €)*
- *Durée du contrat : 10 ans.*

Durée normale d'utilisation du bien : 20 ans.

Redevance semestrielle payable d'avance, le 1er février et le 1er août : 18 000 € HT.

Prix de levée de l'option : 92 000 €

Document 2 Annexe détaillée relative au crédit-bail de la société DORÉMON au 31/12/N

Poste du bilan	Valeur d'origine	Redevances		Amortissements		Redevances restant à payer			Prix d'achat résiduel
		Cumulées	De l'exercice	Cumuls	De l'exercice	Moins d'1 an	Plus d'1 an et moins de 5 ans	Plus de 5 ans	

MINI-CAS DE SYNTHÈSE

Compétences attendues :

L'étude des opérations de location-financement porte sur les points suivants :

- **divergences de traitements entre les règles du PCG et les normes IFRS et justification de ces positions ;**
- **traitement comptable applicable aux crédits-bails mobiliers et immobiliers dans les comptes individuels, de la mise en place du contrat jusqu'à la levée de l'option ;**
- **informations à fournir dans l'annexe des comptes individuels.**

SOCIÉTÉ PERCEVAL ★★★

40 Min

La société PERCEVAL a décidé de financer son développement en utilisant la location financement. Elle a notamment signé en N deux contrats de crédit-bail : le premier pour financer son siège social, le second pour financer un véhicule de tourisme. Le directeur financier vous demande de réaliser les missions suivantes dans le cadre de ce dossier.

MISSIONS

1 ***Indiquer en quoi la redevance de crédit-bail est une charge selon le Plan Comptable Général.***

2 ***Préciser quel principe comptable en normes IFRS (International Financial Reporting Standards) permet d'inscrire au bilan les biens pris en crédit-bail ? Définir ce principe.***

3 ***Déterminer la réintégration fiscale qui interviendra à la levée de l'option sur le contrat de crédit-bail immobilier et l'IS correspondant.***

4 ***Enregistrer les écritures de l'exercice N pour ces deux contrats.***

5 ***Présenter l'annexe des comptes annuels sur le crédit-bail au 31/12/N+1 (document 3 à compléter).***

6 ***Enregistrer les écritures de levée d'option sur ces deux contrats.***

7 ***Enregistrer les écritures d'inventaire au 31/12/N+12 sur le contrat de crédit-bail immobilier.***

Document 1 Informations sur le contrat de crédit-bail immobilier

	ENSEMBLE IMMOBILIER
Date de début du contrat	01/07/N
Valeur brute du bien	3 000 000 € dont 600 000 € pour le terrain
Durée d'usage	24 ans
Mode d'amortissement	Linéaire
Nombre d'échéances	12
Type d'échéance	Annuelle la première réglée le 01/07/N
Mode de règlement	Virement bancaire
Montant de l'échéance	Loyer annuel de 200 000 € HT
Dates d'échéance	le 1er juillet de chaque année
Date de levée d'option	01/07/N+12
Valeur de levée d'option	800 000 € HT
Durée d'amortissement évaluée à la date de levée de l'option et mode d'amortissement	10 ans Mode linéaire
Fiscalité	- La société a décidé de ne pas enregistrer de provision pour IS. - Ces biens immobiliers ne sont pas assujettis à la TVA.

N.B. Le taux d'IS est de 25 %.

Document 2 Informations sur le contrat de crédit-bail du véhicule de tourisme

	VÉHICULE DE TOURISME
Date de début du contrat	01/03/N
Valeur brute du bien	20 000 € HT
Durée d'utilisation	5 ans
Mode d'amortissement	Linéaire
Nombre d'échéances	48
Type d'échéance	Mensuelle à terme échu
Mode de règlement	Virement bancaire
Montant de l'échéance	500 € HT
Dates d'échéance	Le 1er du mois suivant
Date de levée d'option	01/03/N+4
Valeur de levée d'option	3 000 € HT
Fiscalité	TVA non déductible

Document 3 Annexe détaillée relative aux deux contrats de crédit-bail de la société PERCEVAL au 31/12/N+1

Poste du bilan	Valeur d'origine	Redevances		Amortissements		Redevances restant à payer			Prix d'achat résiduel
		Cumulées	De l'exercice	Cumuls	De l'exercice	Moins d'1 an	Plus d'1 an et moins de 5 ans	Plus de 5 ans	

CHAPITRE 8 : LES SUBVENTIONS D'INVESTISSEMENT

COMPÉTENCES ATTENDUES

- **Exposer et appliquer** les traitements comptables relatifs au rattachement des charges et des produits.
- **Évaluer et comptabiliser** les opérations citées et plus particulièrement celles se déroulant sur plusieurs exercices.
- **Analyser** les conséquences de l'option choisie, notamment sur la présentation des comptes annuels, et proposer éventuellement un choix, dans une situation donnée.
- **Présenter** les informations à fournir en annexe.

FICHE RESSOURCES

1 - Définition et principes

- Une **subvention** est une aide financière, c'est-à-dire une somme d'argent qui est allouée, à titre définitif, par une institution publique ou privée dans le cadre d'un projet. Elle n'est pas destinée à être remboursée. Les bénéficiaires des subventions peuvent être des associations à but non lucratif ou autre, des entreprises de droit privé ou de droit public, des exploitations agricoles ou encore des lieux de spectacles comme les théâtres et les cinémas indépendants, des collectivités locales, etc.

I. Les clauses

Le contrat peut soumettre la subvention à deux types de clauses.

1. Condition résolutoire

La subvention n'est accordée que sous réserve de remplir certaines conditions. À défaut, l'entreprise devra reverser les sommes reçues. Par exemple, en cas d'annulation du projet financé.

La subvention est acquise (et constatée en produits) dès la signature de l'accord (et non seulement lors de son encaissement).

2. Condition suspensive

La subvention n'est accordée que lorsque l'entreprise aura satisfait à certaines conditions spécifiques.

L'entreprise ne pourra enregistrer la subvention tant que ces conditions ne seront pas réalisées. Par exemple, la présentation des factures acquittées. Dans ce cas, les avances reçues au titre de la subvention future doivent être comptabilisées dans le compte « 4419 État - Avances sur subventions ».

II. Le traitement comptable des subventions d'investissement

Principe

Ces aides sont accordées dans le but de permettre à l'entreprise de financer l'acquisition ou la production d'immobilisations (dans ce cas, ce sont des subventions d'équipement) ou des activités à long terme (par exemple activité de recherche-développement).

Exemples : *prime de développement régional, prime régionale à la création d'entreprises, prime d'aménagement du territoire, subvention allouée par les agences de bassin pour la création d'installations antipollution.*

FICHE RESSOURCES

2 - Comptabilisation

I. Obtention et comptabilisation

Cette subvention à recevoir peut être au choix de l'entreprise :

→ soit enregistrée immédiatement en produit au crédit du compte

« 77 Produits Exceptionnels »,

> **Le règlement ANC n° 2022-06, d'application obligatoire, au plus tard, aux exercices ouverts à compter du 1er janvier 2025,** prévoit le reclassement de certains produits exceptionnels en produits d'exploitation. Les subventions d'investissement enregistrées immédiatement ne passeront plus par un compte 77 « Produits exceptionnels » mais par un compte 74 « Subventions ».

→ soit étalée et enregistrée dans les capitaux propres au crédit du compte

« 13 Subventions d'investissement »

ou « 131 Subventions d'équipement »,

si elle est destinée à acquérir ou produire une immobilisation,

ou « 138 Autres subventions d'investissement »

si elle est destinée à financer des activités à long terme.

Dans cette deuxième hypothèse, l'exemple suivant illustre la procédure de comptabilisation.

***Exemple :** dans le cadre d'une prime de développement régional, l'entreprise industrielle SOMARIS a obtenu le 15 février N une subvention au taux de 25 % destinée à financer l'acquisition d'un matériel d'une valeur de 50 000 € HT (taux de TVA 20 %) amortissable en linéaire sur 5 ans.*

Cette subvention est reçue le 30 avril N et le matériel a été acquis le 1er avril N.

L'entreprise SOMARIS cède ce matériel le 02/01/N+5 pour un prix de 8 000 € HT (taux de TVA 20 %).

1. Obtention de la subvention

			Débit	Crédit
		15/02/N		
441		État - Subventions à recevoir	12 500	
	131	Subventions d'équipement		12 500
		Notification de l'obtention du financement du matériel (50 000 x 25 %)		

2. Achat de l'investissement

			Débit	Crédit
		01/04/N		
2154		Matériel industriel	50 000	
44562		État - TVA déductible sur immobilisations	10 000	
	404	Fournisseurs d'immobilisations		60 000
		Facture n°…		

3. Encaissement de la subvention

			Débit	Crédit
		30/04/N		
512		Banques	12 500	
	441	État - Subventions à recevoir		12 500
		Virement bancaire		

II. Reprise de la subvention

1. Bien non amortissable

La reprise de la subvention est déterminée en fonction de la durée d'inaliénabilité, prévue par le contrat, de cette immobilisation. En l'absence de cette clause, la fraction rapportée de la subvention est de 1/10e.

2. Bien amortissable

→ Si la subvention est **totale**, la reprise correspond à la dotation aux amortissements.

→ Si la subvention est **partielle**, elle doit être rapportée au compte de résultat d'un montant proportionnel à la dotation aux amortissements fiscalement déductible de l'immobilisation financée (soit la dotation aux amortissements économiques plus la dotation aux amortissements dérogatoires).

→ Si la subvention finance une **immobilisation décomposée**, elle doit être affectée aux différents composants, de façon proportionnelle.

La subvention sera reprise sur la même durée et au même rythme que les amortissements constatés.

Exemple (suite) : dans notre exemple, le bien est amortissable et financé partiellement par une subvention. L'entreprise comptabilisera la dotation aux amortissements et la reprise de subvention de la manière suivante :

		31/12/N		
68112		Dotations aux amortissements des immobilisations corporelles	7 500	
	28154	Amortissements du matériel industriel		7 500
		50 000 x 1/5 x 9/12		
		31/12/N		
139		Subventions d'investissement inscrites au compte de résultat	1 875	
	777 (1)	Quote-part des subventions d'investissement virée au résultat de l'exercice		1 875
		50 000 x 25 % x 1/5 x 9/12 ou 7 500 x 25 %		

(1) **Le règlement ANC n° 2022-06, d'application obligatoire, au plus tard, aux exercices ouverts à compter du 1er janvier 2025,** prévoit la suppression de certains comptes exceptionnels et leur remplacement par des comptes d'exploitation. Le compte 777 sera remplacé par le compte 747 « Quote-part des subventions d'investissement virée au résultat de l'exercice ».

3. Sort de la subvention lors de la cession du bien subventionné

Au moment de la cession, l'entreprise constatera le prix de cession du bien et la sortie de l'immobilisation de l'actif. Les comptes de subvention doivent être soldés et il faut rapporter le solde de la subvention au compte de résultat.

Exemple (suite) :

		02/01/N+5		
462		Créances sur cessions d'immobilisations	9 600	
	775 (2)	Produits des cessions d'éléments d'actif		8 000
	44571	État - TVA collectée		1 600
		Cession de l'immobilisation, facture n°…		
		02/01/N+5		
675 (2)		Valeurs comptables des éléments d'actif cédés	2 500	
28154		Amortissements du matériel industriel	47 500	
	2154	Matériel industriel		50 000
		Sortie d'actif - amortissements pratiqués [(10 000 x 4) + 7 500]		

(2) **Règlement ANC n° 2022-06 – Traitement des cessions d'actifs**
Le règlement ANC n° 2022-06, d'application obligatoire, au plus tard, aux exercices ouverts à compter du 1er janvier 2025, prévoit que, pour les cessions d'actifs, les plus ou moins-values de cession seront prises en compte dans le résultat courant, si elles ne sont pas liées à un événement majeur et inhabituel.
Les comptes 675 et 775 seront remplacés par les comptes 657 « Valeurs comptables des immobilisations incorporelles et corporelles cédées » et 757 « Produits des cessions d'immobilisations incorporelles et corporelles ».

		31/12/N+5		
139		Subventions d'investissement inscrites au compte de résultat	625	
	777 (1)	Quote-part des subventions d'investissement virée au résultat de l'exercice		625
		Solde de la subvention du matériel cédé (12 500 - (47 500 x 25 %)		
		31/12/N+5		
131		Subventions d'équipement	12 500	
	139	Subventions d'investissement inscrites au compte de résultat		12 500
		Capitaux propres : solde des comptes de subventions		

Remarque :
Lorsqu'un composant d'une immobilisation subventionnée sort du patrimoine de l'entreprise, la quote-part de subvention affectée à ce composant est totalement reprise (sauf si le composant est remplacé en cours de vie).

4. Place au Bilan des subventions d'investissement

C'est le montant **net de la subvention** (131 « Subventions d'équipement » diminué du compte 139 « Subventions d'investissement inscrite au compte de résultat ») qui figure au bilan, dans la rubrique « Capitaux propres ».

APPLICATIONS

CONTRÔLE DE CONNAISSANCES

QUIZ EN VERSION NUMÉRIQUE

https://eqrco.de/a/UBcMb1

APPLICATION 1*: SUBVENTION D'UN ENSEMBLE IMMOBILIER

10 Min

La SA ROMAN a acquis le 2 janvier N un ensemble immobilier d'une valeur de 800 000 € HT (taux de TVA 20 %). Cet ensemble se décompose ainsi : terrain pour 160 000 € et construction pour 640 000 €.

Elle a bénéficié d'une subvention d'équipement finançant à hauteur de 10 % cette acquisition hors taxes. Aucune clause d'inaliénabilité n'a été prévue au contrat.

L'amortissement en linéaire de la construction sur une durée de 25 ans correspond à la durée de consommation des avantages économiques attendus.

L'entreprise a décidé d'étaler la subvention perçue.

TRAVAIL À FAIRE

Comptabiliser cette acquisition en N et les écritures à la date d'inventaire. L'exercice comptable coïncide avec l'année civile.

APPLICATION 2**: SUBVENTION D'UNE IMMOBILISATION AMORTISSABLE

15 Min

L'entreprise ATLANI a acquis un matériel industriel le 1er juillet N pour un montant de 20 000 € HT (taux de TVA 20 %). Les frais supportés pour la mise en fonction s'élèvent à 1 500 € HT pour le transport et 500 € HT pour l'installation. Elle a bénéficié de la part des pouvoirs publics d'une subvention pour l'acquisition de ce matériel à hauteur de 40 %, soit 8 800 €, octroyée le 15 mai N et versée à l'entreprise le 1er septembre N.

L'utilisation du bien est déterminable. Les avantages économiques attendus sur les cinq exercices de N à N+4 sont mesurés par le nombre d'unités fabriquées, respectivement : 800, 3 000, 6 000, 9 000 et 1 200.

Fin N+4, il est prévu que le bien sera revendu au prix du marché, soit 1 000 € HT. Cette valeur est considérée comme significative.

L'entreprise a décidé de bénéficier de l'amortissement fiscal (amortissement dégressif sur 5 ans, coefficient : 1,75).

L'exercice comptable coïncide avec l'année civile.

Elle a également décidé d'étaler la subvention perçue.

TRAVAIL À FAIRE

1. Comptabiliser l'acquisition de ce matériel et les opérations concernant la subvention au cours de l'exercice N.
2. Comptabiliser les écritures d'inventaire au 31 décembre N.

APPLICATION 3**: CESSION D'UNE IMMOBILISATION SUBVENTIONNÉE

30 Min

L'entreprise LECTOUT a cédé le 31 mai N un immeuble. Celui-ci avait été acquis le 1er février N-5 pour une valeur de 120000 € HT ; cette acquisition avait été soumise à la TVA au taux de 20 %. L'immeuble a été normalement amorti, depuis son acquisition, en linéaire avec un taux de 4 %. Ce mode d'amortissement correspond à la durée de consommation des avantages économiques attendus.

Pour cette acquisition, l'entreprise avait bénéficié d'une subvention de 15000 € octroyée par un organisme agréé. Le comptable a rapporté chaque année au résultat cette subvention pour un montant égal à la dotation aux amortissements affecté du rapport : Subvention/Immobilisation.

L'entreprise a dû reverser un montant de TVA de 16800 €.

Cet immeuble a été cédé 137000 € et le comptable a enregistré uniquement l'écriture suivante le 31 mai N :

		31/05/N		
512		Banques	137000	
	775	Produits des cessions d'éléments d'actif		137000
		Cession d'un immeuble		

Règlement ANC n° 2022-06 – Traitement des cessions d'actifs
Le règlement ANC n° 2022-06, d'application obligatoire, au plus tard, aux exercices ouverts à compter du 1er janvier 2025, prévoit que, pour les cessions d'actifs, les plus ou moins-values de cession seront prises en compte dans le résultat courant, si elles ne sont pas liées à un événement majeur et inhabituel.
Les comptes 675 et 775 seront remplacés par les comptes 657 « Valeurs comptables des immobilisations incorporelles et corporelles cédées » et 757 « Produits des cessions d'immobilisations incorporelles et corporelles ».

TRAVAIL À FAIRE

Procéder aux régularisations comptables qui vous semblent nécessaires au 31 décembre N. L'exercice comptable coïncide avec l'année civile.

(D'après un sujet d'examen)

APPLICATION 4**: IMMOBILISATION DÉCOMPOSÉE ET SUBVENTION

30 Min

La société PIERRAL a acquis une machine industrielle et pour procéder à son installation, elle a fait appel à l'entreprise SERVI.

Cette installation a duré 6 mois du 1er avril N au 1er octobre N (date de facturation et de mise en service). Elle comprend :

- la partie motorisée (structure) : 630 000 € HT, durée d'utilisation 15 ans ;
- la roue polaire : 210 500 € HT, durée d'utilisation 10 ans ;
- le tapis roulant : 205 000 € HT, durée d'utilisation 5 ans.

Taux de TVA : 20 %

Le mode d'amortissement linéaire traduit le mieux le rythme de consommation des avantages attendus de l'utilisation de cette installation.

L'entreprise SERVI a accordé une remise globale de 55 500 € sur cette machine (36 000 € pour la partie motorisée, 12 500 € sur la roue polaire et 7 000 € sur le tapis roulant).

Le 5 octobre N, l'entreprise SERVI a dû intervenir pour réamorcer le tapis roulant qui s'était bloqué lors de son utilisation. Montant : 5 000 € HT (taux TVA 20 %).

La société PIERRAL a pu obtenir pour cette acquisition une subvention d'un montant de 200 000 € de la Région dont l'octroi lui a été notifié le 1er mars N.

L'encaissement s'est fait le 1er novembre N.

Cette subvention sera affectée proportionnellement au coût d'acquisition de chacun des éléments de l'immobilisation.

Cette immobilisation a été financée en partie par un emprunt contracté le 1er avril N. Son montant est de 400 000 €. Son taux d'intérêt est de 5 % et il est remboursable par annuités constantes.

Cet emprunt sera réparti de la façon suivante :

- 60 % pour le financement de la partie motorisée ;
- 20 % pour le financement de la roue polaire ;
- 20 % pour le financement du tapis roulant.

Au niveau fiscal, les durées d'usage et les modes d'amortissement suivants sont retenus pour l'installation :

Partie motorisée	15 ans	Linéaire
Roue polaire	10 ans	Linéaire
Tapis roulant	5 ans	Dégressif

TRAVAIL À FAIRE

1. Procéder aux enregistrements concernant la notification d'octroi de la subvention d'investissement au 1er mars N et l'emprunt au 1er avril N.
2. Calculer le coût d'acquisition de l'immobilisation sachant que l'entreprise a opté pour l'incorporation des coûts d'emprunt dans la valeur d'entrée des immobilisations.
3. Enregistrer les opérations liées à l'acquisition de l'immobilisation, à son utilisation et à l'encaissement de la subvention d'investissement.
4. Enregistrer les écritures au 31 décembre N concernant l'amortissement de cette machine ainsi que la reprise de la subvention. L'exercice comptable coïncide avec l'année civile.

(D'après un sujet d'examen)

MINI-CAS DE SYNTHÈSE

Compétences attendues: le candidat doit non seulement connaître les règles comptables du PCG relatives aux savoirs associés au thème mais aussi maîtriser les écritures comptables en découlant dans un contexte professionnel. Le candidat doit justifier et analyser la pertinence des choix comptables retenus dans un contexte professionnel.

SOCIÉTÉ ASF ★★★ 60 Min

La société chimique ASF a reçu l'autorisation administrative d'implanter une usine sur un site au nord d'une importante agglomération et de l'exploiter pendant une période de 20 ans. À l'issue de cette période, elle devra remettre le site en l'état.

Le coût de l'usine est de 10 000 000 €, payable à terme. Les frais d'acquisition (droits d'enregistrement…) sont inclus dans le coût d'acquisition. La mise en service a lieu le 1er janvier N. Le coût de restauration du site (déconstruction, dépollution des sols…) est estimé à 2 000 000 €. Le rythme de consommation des avantages économiques attendus est linéaire. Le coût de démantèlement est enregistré comme un composant distinct.

La construction est composée:

- *d'une toiture d'une valeur de 1 500 000 € et d'une durée d'utilisation de 15 ans;*
- *d'un revêtement extérieur d'un coût de 500 000 € et d'une durée d'utilisation de 5 ans;*
- *d'une structure d'une durée d'utilisation de 20 ans.*

La construction est financée pour partie par une subvention d'investissement de 2 000 000 € accordée début janvier N. La subvention est étalée dans le temps en suivant le rythme réel d'amortissement des différents composants.

Fin N+14, l'estimation des coûts de restauration du site est révisée. Les coûts de démantèlement sont estimés à 3 000 000 €.

MISSIONS

1 ***Procéder à l'enregistrement comptable de la construction au 1er janvier N.***

2 ***Le coût de démantèlement représente un composant et une obligation de remise en état:***
a) donner la définition d'un actif;
b) à l'aide du document, procéder à l'enregistrement comptable du coût de démantèlement au 1er janvier N.

3 ***Pour la construction, présenter sous forme d'un tableau au 31/12/N et par composant la dotation aux amortissements et la quote-part de subvention virée au résultat.***

4 ***Enregistrer les écritures d'inventaire au 31/12/N.***

5 ***Pour le composant « Démantèlement »:***
a) déterminer sa valeur nette comptable au 31/12/N+14 ;
b) enregistrer l'incidence du coût de variation du démantèlement au 31/12/N+14 ;
c) enregistrer l'amortissement au 31/12/N+15 du composant « Démantèlement ».

(D'après un sujet de l'Intec)

Document DOCUMENTATION - Provision pour démantèlement

Les coûts de démantèlement, ou de reconstitution de site, encourus dès la mise en exploitation d'une installation industrielle font l'objet d'un traitement spécifique.

COMPTABILISATION

Date de constatation du passif

L'obligation de constater un passif résulte de la loi, d'un règlement ou de l'engagement volontaire et affiché de l'entité.

Deux situations sont à distinguer selon que la dégradation relative à l'exploitation du site est ***immédiate ou progressive.***

- ***Dégradation immédiate :*** *dès la réalisation de l'installation, l'obligation existe et la sortie de ressources est inéluctable. Un passif doit donc être constaté avec pour contrepartie, non pas une charge, mais un actif qui donnera lieu à amortissement.*

  Les coûts de démantèlement, d'enlèvement et de remise en état de site seront incorporés dans les coûts d'acquisition ou de production des actifs sous-jacents.

  Exemple : citons l'obligation de démantèlement d'une plate-forme pétrolière ou d'une centrale nucléaire, l'obligation de décontamination, mais également l'obligation, pour les utilisateurs professionnels, de retraiter les déchets issus des équipements électriques et électroniques (DEEE) mis sur le marché avant le 13 août 2005.

- ***Dégradation progressive*** *(exploitation d'une carrière) : la sortie de ressources est liée à la dégradation du site au fur et à mesure de son exploitation. À la date de clôture, l'obligation n'entraîne pas de sortie probable de ressources pour la partie du site qui n'est pas exploitée, donc dégradée. En conséquence, un passif doit être constaté à hauteur du montant des travaux correspondant à la dégradation effective du site à la date de clôture de l'exercice. La contrepartie de ce passif est une charge (dotation aux provisions).*

Ne sera traité ici que le cas des dégradations immédiates.

Traitement comptable

Évaluation initiale

Provision et actif de contrepartie *– À la date de comptabilisation initiale, le coût d'acquisition de l'immobilisation comprend le coût de démantèlement, d'enlèvement et de restauration du site sur lequel elle est située, évalué dans les mêmes conditions que le passif dont il est la contrepartie.*

S'agissant de la provision, dont l'actif est la contrepartie, elle est évaluée pour le montant correspondant à la meilleure estimation de la sortie de ressources nécessaire à l'extinction de l'obligation, à savoir tous les coûts directement attribuables aux opérations de démantèlement, d'enlèvement et de remise en état de site proprement dites, qu'elles soient réalisées par l'entreprise elle-même ou par des prestataires externes, y compris les études préalables d'estimation, de faisabilité et de préparation.

Évaluation ultérieure

Amortissement *– Les coûts de démantèlement, d'enlèvement et de remise en état de site font l'objet, dans les comptes individuels, d'un plan d'amortissement propre tant pour la durée que pour le mode (PCG Art. 218-3).*

Par ailleurs, l'assemblée plénière du CNC du 27 octobre 2004 a précisé « que ces coûts feront l'objet d'un plan d'amortissement propre tant pour la durée (calquée sur la durée d'exploitation ou de production de l'actif) que pour son mode linéaire ». Toutefois, quand l'actif sous-jacent est amorti selon le mode des unités de production, ce dernier peut être retenu pour l'actif de démantèlement.

CHAPITRE 9 : LES ACTIFS FINANCIERS

COMPÉTENCES ATTENDUES

- **Identifier et caractériser** les différentes catégories d'actifs financiers.
- **Exposer et appliquer** les règles d'inscription à l'actif, d'évaluation et d'enregistrement des titres.
- **Évaluer et comptabiliser** les opérations portant sur les actifs financiers à l'entrée et postérieurement à leur entrée.
- **Analyser** les conséquences d'un choix de comptabilisation, notamment sur la présentation des comptes annuels, dans une situation donnée.
- **Présenter** les informations à fournir en annexe.

FICHE RESSOURCES

1 - Classification et méthodes d'évaluation à l'entrée dans le patrimoine

I. Typologie des actifs financiers

CLASSIFICATION AU BILAN	LIBELLÉ ET N° DE COMPTE	DÉFINITION ET RÈGLES COMPTABLES
Actif immobilisé	261 – Titres de participation	Titres dont la possession durable est estimée utile à l'activité de l'entité parce qu'elle permet d'assurer une certaine influence dans la société émettrice des titres ou d'en assurer le contrôle. Présomption de titres de participation : • titres acquis en tout ou en partie par offre publique d'achat (OPA) ou par offre publique d'échange (OPE) ; • détention du capital à partir de 10 % : – participation, lorsque détention du capital compris entre 10 % et 50 %, – filiale, lorsque détention du capital supérieure à 50 %.
	273 – Titres Immobilisés de l'Activité de Portefeuille (TIAP)	Investissement de tout ou partie des actifs dans un portefeuille de titres pour en tirer, à plus ou moins longue échéance, une rentabilité satisfaisante. La rentabilité peut résulter soit des revenus attachés aux titres, soit de leur prise de valeur. Le détenteur des titres n'intervient pas dans la gestion.
	271 – Autres titres immobilisés : actions 272 – Autres titres immobilisés : obligations	Titres dont la détention n'est pas jugée utile à l'activité de l'entité mais dont on ne peut pas envisager la cession à court terme. Il s'agit de titres dont la détention est subie plutôt que voulue. ***Exemples :*** *détention pour des raisons juridiques (titres remis en nantissement pour garantir un emprunt) ou financières (parts d'assurances mutuelles ou de sociétés coopératives qui doivent être souscrites lors de l'adhésion).*
Actif circulant	50 – Valeurs mobilières de placement	Titres acquis en vue de réaliser un gain à brève échéance. Il s'agit de titres représentatifs de placements à court terme, notamment de placements d'excèdent de trésorerie ou de placements spéculatifs.

II. Évaluation et traitement comptable des actifs financiers à leur entrée dans le patrimoine

ÉVALUATION DES ACTIFS FINANCIERS : COÛT D'ENTRÉE

La règle comptable

À la date d'entrée dans le patrimoine de l'entité, le montant porté en comptabilité est évalué selon les règles générales d'évaluation applicables aux immobilisations.

La règle comptable concernant les frais s'applique aussi aux titres de placement. Selon la méthode comptable de référence, les frais d'acquisition sont inclus dans le coût d'acquisition des titres sauf si l'entreprise choisit de les inscrire en charges (6271 « Frais sur titres »). L'option est ***globale*** pour l'ensemble des titres immobilisés et de placement. L'inscription en charge permet de déduire fiscalement les frais d'acquisition.

RÉGIME FISCAL DES FRAIS D'ACQUISITION :

- **Pour les sociétés soumises à l'IS et pour les titres de participation :** à inclure dans la valeur d'entrée obligatoirement et déduction des frais sur 5 ans à compter de la date d'achat des titres par le biais de l'amortissement dérogatoire.
  - Si les frais sont incorporés au coût d'acquisition (en immobilisation) ➔ Déduction fiscale des frais sur 5 ans par le biais des amortissements dérogatoires calculés au prorata temporis depuis la date d'acquisition des titres.
  - Si les frais sont comptabilisés en charge ➔ Charge non déductible fiscalement nécessitant donc une réintégration extracomptable, puis déduction extracomptable sur 5 ans.
- **Pour les autres titres**, le traitement fiscal est identique au traitement comptable.

III. Cas particuliers

OPÉRATIONS	CARACTÉRISTIQUES	CONSÉQUENCES COMPTABLES
Souscription d'actions partiellement libérées	Apports en numéraire lors d'une constitution de société ou d'une augmentation de capital.	La valeur totale des titres (y compris prime d'émission) doit apparaître au débit du compte concerné. Le montant non libéré est inscrit au crédit du compte 269 « Versement restant à effectuer sur titres de participation non libérés » ou des comptes 279 « Versements restant à effectuer sur titres immobilisés non libérés » ou 509 « Versements restant à effectuer sur VMP non libérées ».
Titres acquis en utilisant des droits de souscription	Droits de souscription achetés.	Ils font partie du prix d'acquisition.
	Droits de souscription détachés d'actions en portefeuille.	• Soit les droits sont ajoutés au prix d'acquisition des actions nouvelles et retranchés de la valeur des actions anciennes. • Soit la valeur des actions nouvelles correspond à leur prix d'émission.
Attribution d'actions gratuites	Lors d'une augmentation de capital par incorporation de réserves.	Pas d'effet sur la valeur globale du portefeuille mais le prix unitaire de chaque titre va diminuer.
Acquisition d'obligations ouvrant droit à un intérêt annuel	La cotation des obligations est effectuée en pourcentage de la valeur nominale. • Soit « au pied du coupon » (c'est-à-dire hors intérêts courus). • Soit intérêts courus compris.	Acquisition d'obligations à la date d'émission de l'emprunt : – Le compte 2721 « Obligations » ou 506 « Obligations » est débité. Acquisition d'obligations postérieurement à la date d'émission de l'emprunt : – Le compte 2721 ou 506 est débité du montant de la valeur en capital. – Le compte 7621 « Revenus des titres immobilisés » ou 764 « Revenus des VMP » est débité du montant des intérêts courus. Il est possible aussi d'utiliser un compte de régularisation, afin d'enregistrer les intérêts courus au moment de l'acquisition des titres, et de l'extourner lors de l'encaissement des intérêts.
Acquisition de titres en devises	Le prix d'acquisition doit être évalué en euros sur la base du cours de la devise au jour de l'opération.	Si le prix effectivement payé est différent, on constate un gain ou une perte de change. Le régime fiscal est identique au régime comptable.

Exemple 1 : *le 15 juin, la SA RINO dont le capital avant augmentation était de 500 000 actions a procédé à l'émission de 100 000 actions nouvelles de numéraire. Les actions nouvelles de valeur nominale 200 €, émises à 280 €, ne sont libérées à la souscription que de la moitié du nominal plus la totalité de la prime d'émission. À l'occasion de cette émission, la société BALTUS souscrit 800 actions le 17 juin. Cette souscription correspond, pour la société BALTUS, à un investissement à long terme dont elle espère tirer une rentabilité satisfaisante. La société BALTUS, n'étant pas précédemment actionnaire de la SA RINO, acquiert le 15 juin, au prix unitaire de 4 €, les droits de souscription qui lui sont nécessaires pour souscrire les 800 actions. La société RINO procède à l'appel du 3e quart le 1er octobre, la société BALTUS se libère aussitôt.*

		15/06/N		
273		TIAP	16 000	
	512	Banques		16 000
		Banque		
		Souscription des DS : 800 x 5 DS (1 action nouvelle pour 5 anciennes) x 4 €		
		17/06/N		
273		TIAP	224 000	
	512	Banques (800 x (200/2 + 80))		144 000
	279	Versement restant à effectuer sur TIAP non libérés		80 000
		Souscription des actions		
		01/10/N		
279		Versement restant à effectuer sur TIAP non libérés (800 x 200/4)	40 000	
	512	Banques		40 000
		Versement du 3e quart		

Exemple 2 : *la société DUBREUIL acquiert le 1er septembre N 10 obligations ICARE de valeur nominale 1 000 €, au taux de 6 %. Le cours au pied du coupon est de 90 %. Le coupon est détaché chaque année le 1er juillet. Frais HT : 0,3 % du montant en capital, la société inscrit ces frais d'achat sur titres en charges.*

Écritures le 01/09/N, le 31/12/N, le 01/01/N+1 et le 01/07/N+1.

		01/09/N		
506		Obligations (1 000 x 90 % x 10)	9 000,00	
764		Revenus des VMP (1 000 x 6 % x 2/12 x 10)	100,00	
6271		Frais sur titres (0,3 % 9 000)	27,00	
44566		TVA déductible sur biens et services	5,40	
	512	Banques		9 132,40
		Acquisition de 10 obligations ICARE		
		31/12/N		
5088		Intérêts courus sur obligations	300,00	
	764	Revenus des VMP		300,00
		10 x 1 000 x 6 % x 6/12		

Les intérêts enregistrés : 300 - 100 = 200 correspondent à la période de détention des titres sur l'exercice N :
10 x 1 000 x 6 % x 4/12 = 200

		01/01/N+1		
764		Revenus des VMP	300,00	
	5088	Intérêts courus sur obligations		300,00
		Contre-passation de l'écriture d'inventaire		
		01/07/N+1		
512		Banque	600,00	
	764	Revenus des VMP		600,00
		Encaissement du coupon 10 x 1 000 x 6 %		

Revenu enregistré sur N+1 = 600 - 300 = 300 du 1/01/N+1 au 30/06/N+1 soit 10 x 1 000 x 6 % x 6/12

FICHE RESSOURCES

2 - L'évaluation des titres à la clôture de l'exercice

I. Méthodes d'évaluation à l'inventaire

TYPE	ÉVALUATION
Titres de participation	Les titres de participation cotés ou non, sont évalués à leur **valeur d'utilité**, c'est-à-dire la valeur que l'entité accepterait de décaisser pour l'obtenir si elle avait à l'acquérir. Sauf circonstances accidentelles, il s'agit de sa valeur d'usage, laquelle est fonction de l'utilité que la participation présente pour l'entreprise. → *Critères objectifs*: cours de Bourse, actif net, rentabilité… → *Éléments prévisionnels*: perspectives de rentabilité, de réalisation.
Titres immobilisés de l'activité de portefeuille (TIAP)	Les « TIAP » sont évalués à une valeur qui tient compte des perspectives d'évolution générale de la société dont les titres sont détenus, c'est-à-dire, dans la plupart des cas, la **valeur de marché**.
Autres titres immobilisés et valeurs mobilières de placement	La valeur actuelle de ces titres est déterminée à l'inventaire de la manière suivante: • *titres cotés*: **cours moyen du dernier mois de l'exercice**; (si les titres sont cotés uniquement hors de la zone euro, on retient le cours moyen étranger auquel on applique le cours du change à la date de clôture). • *titres non cotés*: **valeur probable de négociation**. Celle-ci est déterminée en retenant un ou plusieurs critères objectifs: valeur mathématique, valeur de rendement, ou prix de vente constaté lors de transactions similaires.

II. Méthode d'évaluation à la date d'arrêté des comptes

PRINCIPE		Une comparaison est effectuée par « ***catégories de titres de même nature conférant les mêmes droits*** » entre le montant comptabilisé à l'entrée dans le patrimoine et la valeur d'inventaire. **Cette comparaison peut faire apparaître des plus ou moins-values.**
DÉPRÉCIATION	Détermination de la dépréciation	Les moins-values affectent le résultat de l'exercice; elles doivent être comptabilisées sous forme d'une dépréciation. Aucune compensation n'est, en principe, pratiquée avec les plus-values des titres en hausse (il existe une exception prévue par le PCG en cas de baisse anormale et momentanée des cours).
	Comptabilisation	Les dépréciations seront constatées dans les comptes: 296 « Dépréciations des participations et créances rattachées à des participations » 297 « Dépréciations des autres immobilisations financières » 590 « Dépréciations des VMP »

Exemple:

Compte	Désignation des titres	Date d'achat	Nombre de titres	Prix d'acquisition	Valeur d'inventaire au 31/12/N
503	Actions X	08/01/N-1	600	120	130
	Actions X	25/06/N	1 000	170	130
	Actions Y	26/04/N	450	220	280
	Actions Z	15/09/N	300	810	600

➢ Dépréciation au 31/12/N:

- Actions X:
  - coût d'achat: (600 x 120) + (1 000 x 170) = 72 000 + 170 000 = 242 000
  - valeur d'inventaire: 1 600 x 130 = 208 000
  - moins-value globale: 242 000 – 208 000 = 34 000
- Action Y: plus-value = 450 (280 – 220) = 27 000
- Action Z: moins-value = 300 (810 – 600) = 63 000

➢ Dépréciation à enregistrer: 34 000 + 63 000 = 97 000

3 - Enregistrement des produits de portefeuille

Les revenus des titres constituent des produits financiers. Ce sont des dividendes lorsqu'ils proviennent de parts sociales ou d'actions et des coupons d'intérêts dans le cas des obligations et bons. C'est donc en principe dès la tenue de l'assemblée générale qui en décide la distribution que les dividendes à recevoir doivent être enregistrés en comptabilité.

Les comptes de produits financiers à utiliser dépendent de ceux dans lesquels sont inscrits les titres.

Titres inscrits en	Comptes de produits financiers à utiliser
261 - Titres de participation	761 - Produits de participation
271 - 272 Titres immobilisés 273 - TIAP	762 - Produits des autres immobilisations financières
50 - Valeurs mobilières de placement	764 - Revenus des VMP

<u>Cas des intérêts d'obligation</u>

Lorsque le versement des coupons est effectué dès l'échéance, il convient d'enregistrer l'opération dans le compte de trésorerie concerné. C'est la subdivision appropriée du compte 76 qui sert de contrepartie.

Si le versement n'a pas lieu, il convient cependant d'enregistrer le produit acquis. Il constitue une créance à rattacher au compte de titres concerné. C'est également le compte 76 qui enregistre le produit.

À l'inventaire, le principe d'indépendance des exercices conduit à rattacher aux produits de l'exercice en cours les intérêts courus puisqu'ils sont réputés être acquis au jour le jour. Lorsqu'ils sont soumis à un régime de retenue à la source, c'est pour leur montant net de retenue qu'ils doivent être enregistrés, dans les comptes 5088 ou 2768 « Intérêts courus » selon que les titres constituent des valeurs mobilières de placement ou des autres titres immobilisés. Les comptes 5088 ou 2768 feront l'objet d'une écriture de contre-passation à l'ouverture de l'exercice suivant.

4 - Méthodes d'évaluation à la sortie du patrimoine

I. Le prix de cession

La cession est à enregistrer lors du transfert de propriété des titres. Le prix à retenir est celui indiqué dans l'acte, sans diminution des frais de ventes. Le PCG a prévu le compte 6271 « Frais sur titres (achat, vente, garde) », pour enregistrer les frais de vente.

II. Valeur comptable des titres cédés

Pour l'ensemble des titres la valeur comptable est constituée par le coût d'entrée en ne tenant pas compte d'une éventuelle dépréciation.

Lorsque la cession porte sur une fraction d'un ensemble de titres de même nature et conférant les mêmes droits, le coût d'entrée de la fraction cédée est estimé : soit au **coût d'achat moyen pondéré (CUMP)**, ou au coût calculé selon la **méthode du premier entré - premier sorti (PEPS)**.

ATTENTION ! La règle fiscale n'est pas identique : la règle est la méthode du premier entré – premier sorti, sauf pour les titres de participation où l'administration fiscale laisse le choix entre le coût moyen pondéré et la méthode du premier entré – premier sorti.

FICHE RESSOURCES

III. Résultat sur cession

TYPE		SCHÉMAS COMPTABLES			
Titres de participation et autres titres immobilisés	Prix de cession Sortie de l'actif	462	Créances sur cessions d'immobilisations	X	
		775	Produits des cessions d'éléments d'actif		X
		675	Valeurs comptables des éléments d'actif cédés	X	
		2…	Immobilisations financières (261, 271 ou 272)		X
TIAP (seul le résultat de la cession est enregistré)	Prix de cession > Prix d'acquisition = Plus-value	462	Créances sur cessions d'immobilisations	X	
		775	Produits des cessions d'éléments d'actif		X
		775	Produits des cessions d'éléments d'actif	X	
		273	TIAP		X
	Prix de cession < Prix d'acquisition = Moins-value	462	Créances sur cessions d'immobilisations	X	
		675	Valeurs comptables des éléments d'actif cédés		X
		675	Valeurs comptables des éléments d'actif cédés	X	
		273	TIAP		X
Valeurs mobilières de placement (seul le résultat de la cession est enregistré)	Prix de cession > Prix d'acquisition = Plus-value	465	Créances sur cessions de VMP	X	
		767	Produits nets sur cessions de VMP		X
		767	Produits nets sur cessions de VMP	X	
		50…	Valeurs mobilières de placement		X
	Prix de cession < Prix d'acquisition = Moins-value	465	Créances sur cessions de VMP	X	
		667	Charges nettes sur cessions de VMP		X
		667	Charges nettes sur cessions de VMP	X	
		50…	Valeurs mobilières de placement		X
	Plus éventuellement reprise des dépréciations en contrepartie du compte 7866 « Reprises sur dépréciations des éléments financiers »				

La différence entre prix de cession et valeur comptable constitue le résultat de la cession (plus-value ou moins-value). Pour les cessions d'obligations : le résultat de cession est déterminé par comparaison entre les valeurs des titres évalués hors intérêts courus. Il convient donc d'enregistrer les intérêts réglés par l'acquéreur en produits financiers.

Règlement ANC n° 2022-06 : nouvelle définition du résultat exceptionnel

Les cessions d'actifs ne sont pas qualifiées d'évènements majeurs et inhabituels, ni d'éléments inscrits par nature en résultat exceptionnel. En conséquence, les cessions relatives aux immobilisations financières seront présentées dans le compte de résultat en résultat financier.

RÈGLEMENT ACTUEL	RÈGLEMENT ANC N° 2022-06
Charges financières 667 – Charges nettes sur cessions des VMP	***Charges financières*** 6673 – Charges nettes sur cessions des VMP
Produits financiers 767 – Produits nets sur cessions de VMP	***Produits financiers*** 7673 – Produits nets sur cessions de VMP
Charges exceptionnelles sur opérations en capital 6756 – Valeurs comptables d'immobilisations financières cédées	***Charges financières*** 6671 – Valeurs comptables d'immobilisations financières cédées 6672 – Charges nettes sur cessions de TIAP
Produits exceptionnels sur opérations en capital 7756 – Produits des cessions d'immobilisations financières	***Produits exceptionnels sur opérations en capital*** 7671 – Produits des cessions d'immobilisations financières 7672 – Produits nets sur cessions de TIAP

IV. Cession des droits de souscription et des droits d'attribution

Leur cession s'analyse en un démembrement de l'action ancienne. L'opération conduit donc à constater la sortie d'un élément d'actif fréquemment enregistré dans les immobilisations financières. Mais lors de l'acquisition du titre, objet de ce démembrement, aucune valeur n'a été attribuée à ce droit. Avant de procéder à l'enregistrement de l'opération, il convient donc de rechercher la valeur comptable que l'on peut attribuer à ce dernier.

La valeur comptable du droit cédé s'obtient en appliquant au prix d'achat de l'action le rapport existant, au jour de la négociation du droit, entre, d'une part, le prix de cession de ce droit et, d'autre part, le total formé par ce prix et la valeur de l'action ancienne ex-droit (c'est-à-dire avec droit détaché) :

$$\text{VNC du droit} = \text{prix d'achat de l'action} \times \frac{\text{prix de cession du droit}}{\text{valeur de l'action ancienne hors droit} + \text{prix de cession du droit}}$$

La valeur de l'action ancienne hors droit est la valeur de l'action après détachement du droit de souscription, donc après l'augmentation de capital.

Si les titres ne sont pas cotés, la valeur de l'action ancienne est déterminée par le prix d'émission de l'action nouvelle augmenté de la valeur des droits nécessaires à la souscription de cette action.

5 - Bons de souscription d'actions autonomes (BSA) et bons de souscription d'obligations autonomes (BSO)

DÉFINITION

Le terme ***bon autonome*** est employé pour qualifier un bon de souscription d'action ou d'obligation (BSA ou BSO) qui n'est lié à aucune valeur mobilière. Un bon autonome offre à son propriétaire le droit de souscrire une ou plusieurs actions ou obligations à un prix prédéterminé à l'avance le jour de leur attribution pendant une période déterminée, et ainsi d'entrer au capital social de la société ou d'augmenter sa participation.

Chez le souscripteur, ils sont enregistrés comme des valeurs mobilières de placement. Lorsqu'ils sont utilisés, ils viennent augmenter le coût d'entrée de l'action ou de l'obligation. S'ils ne sont pas utilisés, ils sont virés en charges financières lors de leur péremption.

Exemple : *le 01/07/N, la société TITAN émet 10000 BSA au prix de 25 € le bon. Ces bons permettront de souscrire le 01/04/N+1 à une augmentation de capital aux conditions suivantes :*

- *un bon de souscription donne le droit de souscrire à une action nouvelle ;*
- *le nominal de l'action sera de 100 € ;*
- *le prix d'émission de l'action sera de 180 €.*

Le 01/07/N, la société JOLIOT souscrit 400 BSA et la société LAZARE souscrit 200 BSA.

Le 01/04/N+1, 9500 bons sont exercés.

Le 01/04/N+1, la société JOLIOT utilise ses bons et la société LAZARE abandonne ses droits.

CHEZ JOLIOT

Compte	Libellé	Débit	Crédit
	01/07/N		
5082	BSA (400 x 25)	10000	
512	Banques		10000
	01/04/N+1		
503	Actions	82000	
5082	BSA		10000
512	Banques		72000
	400 x 180 + 10000		

CHEZ LAZARE

Compte	Libellé	Débit	Crédit
	01/07/N		
5082	BSA (200 x 25)	5000	
512	Banques		5000
	01/04/N+1		
668	Autres charges financières	5000	
5082	BSA		5000
	200 BSA périmés		

FICHE RESSOURCES

6 - Les actions propres

Selon le référentiel et le guide pédagogique, seuls les cas suivants sont étudiés :

- actifs financiers : cas de rachats par l'entité de ses propres actions et obligations ;
- passif externe : annulation par l'entité de ses propres obligations.

***Remarque :** les rachats d'actions propres sont traités dans le chapitre 12 - Les variations du capital, et les rachats d'obligations propres dans le chapitre 18 - Les emprunts obligataires.*

Lorsqu'une société rachète ses propres actions, celles-ci sont qualifiées d'actions propres. Il existe deux régimes principaux de rachat d'actions.

➢ Cas n° 1 : régime de rachat en vue de l'attribution aux salariés

Les actions rachetées sont inscrites au débit du compte 502 – Actions propres.

L'éventuel profit ou perte réalisé par cette opération sera enregistré :

– 6783 – Malis provenant du rachat par l'entreprise d'actions et d'obligations émises par elle-même ;
– 7783 – Bonis provenant du rachat par l'entreprise d'actions et d'obligations émises par elle-même.

Règlement ANC n° 2022-06 : nouvelle définition du résultat exceptionnel
Dans le nouveau plan des comptes, ces comptes de charges et produits exceptionnels sont présents en résultat financier, respectivement dans les comptes 6683 et 7683.

➢ Cas n° 2 : régime de rachat en vue d'une réduction de capital non motivée par des pertes

Les actions rachetées sont inscrites au débit du compte 277 – Actions propres ou parts propres. Si le prix de rachat est supérieur à la valeur nominale, la différence sera portée au compte 1068 ou 119 en cas d'absence de réserves distribuables.

***Remarque :** si l'affectation entre ces deux régimes n'est pas explicite, le compte 277 sera utilisé.*

Exemple :

Le 20 juillet N, la société MÉGA-PROD décide un plan d'attribution d'actions à ses salariés dans le cadre de la participation par le rachat de 60000 actions au cours de 48 €. L'attribution s'effectuera au cours de 50 €.

Solution :

Rachat de 60000 actions propres.

		20/07/N		
502		Actions propres (60000 x 48)	2880000	
	512	Banques		2880000
		Rachat des actions		
4246		Personnel, participation des salariés aux résultats de l'entreprise	3000000	
	502	Actions propres		**2880000**
	7783	*Bonis provenant du rachat par l'entreprise d'actions ou d'obligations émises par elle-même*		120000
		Reprise par les salariés		

APPLICATIONS

CONTRÔLE DE CONNAISSANCES

QUIZ EN VERSION NUMÉRIQUE

https://eqrco.de/a/qTu0zo

APPLICATION 1*: ACQUISITION D'ACTIONS

30 Min

La société anonyme JANUS a réalisé les opérations suivantes sur titres au cours de l'exercice N :

- le 8 janvier, achat de 18 000 actions ALPHA, représentant 15 % du capital de cette société, au cours unitaire de 100 €. La société JANUS a effectué cet investissement en raison de l'excellent rendement de ces actions mais n'envisage pas de s'immiscer dans la gestion de la société dont les activités sont très éloignées des siennes. Commission HT : 0,6 % du prix d'achat ; la société a opté pour l'inscription en charges de ses frais d'acquisition de titres ;
- le 17 mars, souscription de 2 000 actions émises à 100 € par la société PHILTEX lors de sa création ; ces actions doivent être libérées de moitié à la souscription. La société JANUS entend exercer un pouvoir de décision dans cette société. Le 30 juin, la société appelle le reste du capital ; la société JANUS s'exécute immédiatement ;
- le 8 juillet, acquisition de 1 000 actions OBAMA au cours de 112 $ (soit 77 200 €) ; règlement des titres le 15 juillet : 75 200 €. Ces actions sont acquises dans un but de placement de trésorerie à court terme ; l'avis de débit de la banque le 15 juillet fait état de frais bancaires : 60 € HT ;
- le 9 octobre, la société DISTRI procède à une augmentation de capital par émission de 10 000 actions nouvelles de numéraire au prix de 220 €, entièrement libérées ; il faut disposer de 4 droits de souscription pour souscrire une action nouvelle. La société JANUS possède en portefeuille 5 000 actions DISTRI acquises au prix de 204 € et désire souscrire à l'émission de 2 200 actions. Elle réussit à se procurer les DS qui lui manquent au prix unitaire de 40 € ;
- le 13 novembre, souscription de 250 parts du fonds commun de placement EUROFI à titre spéculatif au cours unitaire de 170 € ;
- le 20 décembre, souscription de 150 actions FINANCIA au cours de 110 €, afin de garantir un découvert bancaire autorisé par une convention signée ce jour avec la banque de l'entreprise.

TRAVAIL À FAIRE

1. Présenter dans un tableau le classement comptable des titres en donnant toutes les justifications nécessaires.
2. Présenter les calculs et les écritures nécessaires.
3. Indiquer comment peuvent être évalués les titres DISTRI après ces opérations.
4. Déterminer l'évolution du pourcentage de détention de titres DISTRI.

APPLICATION 2**: OPÉRATIONS SUR OBLIGATIONS

15 Min

La société BONHOURE a acheté en Bourse le 01/04/N 100 obligations PLATON de nominal 100 € et cotées 110 % au pied du coupon (obligations émises le 01/10/N-5). La société BONHOURE considère ces titres comme le placement d'un excédent de trésorerie.

Taux d'intérêt fixe de l'obligation : 5 % - Frais bancaires : 50 € HT (TVA : 10 €).

Les intérêts annuels ont été encaissés le 01/10/N.

Cours au 31/12/N : 112,5 %

TRAVAIL À FAIRE

1. Enregistrer les opérations de N en justifiant avec précision vos choix et vos calculs.
2. Enregistrer les opérations de clôture au 31/12/N.

APPLICATION 3*: ÉVALUATION DES TITRES À L'INVENTAIRE

15 Min

Le portefeuille de titres de la société Kiops se présente comme suit au 31 décembre N :

COMPTE	NATURE DES TITRES	NOMBRE DE TITRES	PRIX D'ACQUISITION	VALEUR D'INVENTAIRE AU 31/12/N-1	VALEUR D'INVENTAIRE AU 31/12/N
261	Actions X Actions X	12 000 4 000	155 178	À déterminer	À déterminer
272	OBSAA	200	990		970
503	Actions Y Actions Z Actions W	1 250 660 1 000	495 125 155	480	460 135 160
506	Obligations E	50	1 200	1 150	1 220
5081	BSAA	200	60		70

Renseignements complémentaires :

- les obligations à bons de souscription d'actions (OBSA) ainsi que les actions Z, W et BSAA ont été acquis durant l'année N ;
- il n'y a eu aucune cession durant l'année ;
- informations sur la valeur d'inventaire des actions X :

NATURE DES TITRES	VALEUR AU 31/12/N-1			VALEUR AU 31/12/N		
	Valeur d'usage	Cours boursier au 31/12	Cours moyen du mois de décembre	Valeur d'usage	Cours boursier au 31/12	Cours moyen du mois de décembre
Actions X	180	155	152	160	165	168

TRAVAIL À FAIRE

1. Retrouver le montant des dépréciations existant au 1er janvier N et calculer le montant des dépréciations à constituer au 31 décembre N.
2. Présenter les écritures d'inventaire concernant ces titres au 31/12/N.
3. Présenter l'extrait du bilan et du tableau des dépréciations pour les actions Y uniquement, au 31/12/N-1 et au 31/12/N.

APPLICATION 4**: TRAITEMENT DES FRAIS D'ACQUISITION

30 Min

La société anonyme THÉTIS acquiert 60 % des actions d'un de ses clients la société NOLANE qui possède un réseau de distribution pour un prix de 150 000 €, le 1er avril N. Les honoraires relatifs à cet achat s'élèvent à 6 000 € HT. Elle achète, par ailleurs, le même jour 500 actions WOLF dans un but spéculatif au prix unitaire de 220 €, commission : 1 800 € HT.

TRAVAIL À FAIRE

Enregistrer ces acquisitions successivement dans les deux hypothèses suivantes.

- Cas 1 - Les frais d'acquisition des titres sont enregistrés en charges.
- Cas 2 - Les frais d'acquisition des titres sont incorporés à leur coût d'achat.

APPLICATION 5**: CESSION DE TITRES

20 Min

La société PÉGASE a procédé aux cessions décrites ci-dessous durant l'exercice N.

- Cession, le 18 juin N, de 12 000 titres de participation dans la société GLOBUS au prix unitaire de 290 €, le portefeuille avait été constitué de la manière suivante :
  - → Le 15 octobre N-4 : .... 4 000 actions à 250 €
  - → Le 7 novembre N-3 : .... 3 000 actions à 280 €
  - → Le 23 juillet N-1 : .... 6 000 actions à 300 €
  - → Les sorties de titres de participation seront effectuées selon la méthode du coût moyen pondéré. La société PÉGASE avait constitué une dépréciation de 52 000 € sur ces titres à la fin de l'exercice N-1. À la fin de l'exercice N, la valeur unitaire de ces actions est de 276 €. La société détenait avant cette opération 75 % du capital de la société. Elle souhaite conserver durablement le reste des titres, en espérant que la rentabilité financière sera supérieure à 5 %.
- La société PÉGASE possède, en titres de participation, 10 000 actions JULIUS acquises pour 120 €. La société JULIUS a procédé à une augmentation de capital par distribution d'actions gratuites dans le rapport d'une action nouvelle pour 8 anciennes et, simultanément, souscription d'actions nouvelles au prix de 165 €, dans le rapport d'une action nouvelle pour 2 anciennes. La société PÉGASE décide, le 10 octobre, de vendre tous ses droits. Le DS est vendu 37,50 € et le DA 30 €.

TRAVAIL À FAIRE

1. Retrouver par le calcul la VNC du droit de souscription (16,22 €) et la VNC du droit d'attribution (13,33 €).
2. Présenter les calculs nécessaires, puis passer les écritures de cession et les écritures d'inventaire.
3. Déterminer la valeur du portefeuille de la société PÉGASE sur les actions JULIUS après cette opération.

APPLICATION 6**: BSA

10 Min

La SA MERCURE a procédé aux opérations suivantes sur des titres classés en VMP, au cours de l'exercice N :

→ 18/01 : acquisition de 500 BSA NAUTILUS au prix de 50 €. Ces bons confèrent le droit de souscrire une action de nominal 200 € aux prix de 475 €. Ce droit pourra être exercé du 1er avril N+1 au 30 avril N+1.

Toutes les actions sont libérées intégralement à l'émission.

TRAVAIL À FAIRE

1. Enregistrer les acquisitions des BSA.
2. Enregistrer les écritures nécessaires dans les deux cas suivants.
   - Cas 1 : la SA MERCURE souscrit les actions nouvelles le 20/4/N+1.
   - Cas 2 : la SA MERCURE abandonne ses droits.

APPLICATION 7**: OPÉRATIONS DIVERSES SUR LES TITRES

25 Min

La société HCR SA a pour activité principale la fourniture de produits pour les hôtels, cafés et restaurants. La société possède un portefeuille de valeurs mobilières de placement composé notamment d'actions de la société CARESTYLE et d'obligations ALUSSUISSE. Elle a réalisé au cours de l'année N un certain nombre d'opérations résumées dans les documents 1 et 2.

TRAVAIL À FAIRE

À l'aide des documents 1 et 2 :

1. Enregistrer l'acquisition des obligations ALUSSUISSE dans la comptabilité de HCR SA.
2. Rappeler la règle d'évaluation des VMP à l'inventaire.
3. Enregistrer les écritures de cession des droits de souscription.
4. Enregistrer les écritures de souscription des actions nouvelles.
5. Analyser les valeurs d'inventaire au 31/12/N et enregistrer les écritures nécessaires de régularisation.

Document 1 Extrait du portefeuille de valeurs mobilières de placement

TITRES	DATES D'ACHAT	QUANTITÉ	PRIX D'ACHAT UNITAIRE	VALEUR D'INVENTAIRE
....				
Actions CARESTYLE	2/05/N-3 01/06/N-1	200 600	150 200	160
Obligations ALUSSUISSE taux 4 % - valeur nominale 1 000 € émise le 01/04/N-1 - le coupon est réglé tous les ans à cette date d'échéance	01/07/N	100	90 % cours en Bourse au pied du coupon	105 %

Au 31/12/N-1 il existait une dépréciation de 5 000 € sur les actions CARESTYLE.

Document 2 Informations sur l'opération d'augmentation de capital de la société CARESTYLE

Le 27 avril N, la société CARESTYLE a décidé d'augmenter son capital par émission d'actions nouvelles de numéraire de 100 € de valeur nominale avec une prime d'émission de 80 € à raison d'une action nouvelle pour 4 anciennes, libérées du minimum légal. La société HCR SA a décidé de vendre la moitié de ses droits de souscription et d'utiliser le reste pour souscrire à cette augmentation de capital. La valeur comptable du droit de souscription est de 18 € et le prix de cession lors de la vente de ses droits le 30 avril N est de 22 €.

APPLICATION 8★★ : ACTIONS ET OBLIGATIONS PROPRES

20 Min

La SA CINÉ-LUMIÈRES, présente les capitaux propres suivants au 31/12/N avant les opérations prévues ci-dessous :

- capital de 550 000 € (valeur nominale : 50 €) ;
- prime d'émission : 150 000 € ;
- réserves : 380 000 €.

En N, la société a réalisé les opérations suivantes :

- réduction du capital de 50 000 €, le 1er juillet N en rachetant les actions nécessaires (prix d'achat unitaire des actions : 45 €) ;
- rachat le 10 septembre N de 400 obligations remboursables à 100 € au cours de 93 € ;
- plan d'attribution d'actions à ses salariés par le rachat sur le marché de 1 000 actions devant être attribuées au 31/12/N+1. Au terme de cette période d'acquisition, les salariés doivent être présents dans l'entreprise. Au cours de l'exercice N, la société achète 850 actions au cours de 52 €.

TRAVAIL À FAIRE

Procéder aux évaluations et enregistrements nécessaires sur l'exercice N.

APPLICATION 9★★ : SOUSCRIPTION D'OBLIGATIONS AVEC BONS DE SOUSCRIPTION (BSO)

15 Min

La société BALSTAR afin de lancer un programme d'investissements a besoin de mobiliser de nouvelles ressources de financement. Afin de les diversifier, elle décide de lancer sur le marché un emprunt obligataire, dont les caractéristiques sont présentées dans le document.

La SARL ALICANTE fait partie des fournisseurs de la société BALSTAR. Elle souhaite placer à court terme un excédent de trésorerie. Elle acquiert, le 30 juin N, 500 BSO, à leur prix d'émission. Le 1er janvier N+1, 450 bons sont utilisés pour souscrire à l'emprunt obligataire émis par BALSTAR.

TRAVAIL À FAIRE

À l'aide du document ci-dessous :

Enregistrer chez ALICANTE toutes les écritures nécessaires au 30 juin N, au 1er janvier N+1 et à la clôture de l'exercice N+1, relatives aux obligations émises, aux BSO utilisés et aux BSO périmés.

Document Caractéristiques de l'emprunt obligataire émis par la SA BALSTAR

Afin de bénéficier plus rapidement d'une partie des ressources dont elle a besoin, la SA BALSTAR a émis, le 30 juin N, 15 000 bons de souscription obligations (BSO), qui permettront de souscrire à l'emprunt obligataire lancé le 1er janvier N+1.

Ces bons ont été émis à un prix unitaire de 2 € et deux bons détenus donnent droit à la souscription d'une obligation émise au 1er janvier N+1. À cette date, il apparaît que 10 000 bons émis ont été utilisés pour souscrire à l'emprunt obligataire.

Le 1er janvier N+1, la société procède donc à l'émission de l'emprunt obligataire, à hauteur des BSO utilisés. Les caractéristiques des obligations émises sont les suivantes :

Valeur nominale d'une obligation : 100 €
Émission au pair Prix de remboursement : 105 %
Date d'émission et de versement des fonds : 1er janvier N+1
Taux nominal : 3 % Les intérêts sont payés à la date anniversaire de l'obligation, chaque 1er janvier
Remboursement in fine

APPLICATION 10***: OPÉRATIONS SUR TITRES

30 Min

La société MÉTALUS construit, entre autres, des ensembles métalliques pour équiper les zones portuaires professionnelles et de loisir : pontons flottants, passerelles, garde-fous. Son exercice comptable coïncide avec l'année civile.

Cette société possède en portefeuille des VMP constituées par des actions de deux sociétés. Au 1/01/N, ce portefeuille se présente de la façon suivante :

→ société ALPHA (société cotée) : 300 actions acquises le 1/09/N-2 au prix unitaire de 2 040 €.

On vous communique les renseignements suivants relatifs à des événements survenus au cours de l'année N dans ces deux sociétés :

→ société ALPHA : une augmentation de capital par incorporation de réserves et distribution d'actions gratuites a été réalisée en date du 15/09/N, à raison d'une action nouvelle pour 8 anciennes. La société MÉTALUS a décidé d'utiliser tous les droits lui permettant d'obtenir un nombre entier d'actions et de céder les autres. La cession a été réalisée en date du 10/09 à un prix de 240 € pour chaque droit. La VNC du droit d'attribution est de 220 €. Le cours moyen du mois de décembre N-1 a été de 1 780 € et le cours moyen au 31/12/N a été de 1 800 € ;

→ la société MÉTALUS a par ailleurs acquis le 30 avril N, à des fins d'emploi de trésorerie, 20 obligations SOLEIL, au cours de 98 %, coupon couru 5,25 %. La valeur nominale de l'obligation s'élève à 500 € et le taux est de 9 % ; le coupon est détaché le premier octobre de chaque année. Le cours moyen de décembre est de 95 %. La société MÉTALUS a revendu les obligations le 1er juin N+1 pour 9 700 €.

TRAVAIL À FAIRE

Enregistrer au journal de la société MÉTALUS :

- toutes les écritures relatives aux actions ALPHA sur l'exercice N ;
- toutes les écritures relatives aux obligations SOLEIL sur les exercices N et N+1 en prenant soin de justifier le taux des intérêts courus à l'acquisition.

MINI-CAS DE SYNTHÈSE

Compétences attendues: le candidat doit non seulement connaître les règles comptables du PCG relatives aux savoirs associés au thème mais aussi maîtriser les écritures comptables en découlant, dans un contexte professionnel. Il doit justifier et analyser la pertinence des choix comptables retenus dans un contexte professionnel. Il doit également connaître les informations à fournir en annexe et comprendre leur importance en complément de la lecture du bilan et du compte de résultat.

SOCIÉTÉ GISTOUR ★★★ 40 Min

La SA GISTOUR a réalisé divers investissements et placements financiers. Elle détient en portefeuille les titres suivants:

DATE D'ACHAT	TITRES	NOMINAL	PRIX/COURS D'ACHAT	QUANTITÉ	VALEUR AU 31/12/N-1	VALEUR AU 31/12/N
N-2	Obligations HÉLIOS 12 % émises le 01/11/N-5	1000 €	98 %	100	99 %	-
N-2	Obligations ICARE 9 % émises le 01/06/N-3	2000 €	100 %	20	94 %	104 %
N-1	OPCVM - SICAV HERMÉS		500 €	50	650 €	620 €
N-6	Actions SA VÉNUS	200 €	370 €	4000	704 €	720 €
N-1	Actions SA VÉNUS	200 €	430 €	1000		
N-4	Actions SA ATHÉNA	500 €	700 €	300	1510 €	900 €
N-1	Actions SA ATHÉNA	500 €	950 €	400		

Le capital de la société VÉNUS est composé de 8000 actions et le capital de la SA ATHÉNA comporte 20000 actions.

Les obligations ICARE et HÉLIOS ont été acquises afin de réaliser un placement de trésorerie à court terme. Les intérêts courus HÉLIOS au 31/12/N-1 sont de 2 % et les intérêts courus ICARE au 31/12/N-1 sont de 5,25 %. L'acquisition des actions ATHÉNA constitue un investissement financier afin d'en retirer une rentabilité à long terme. L'achat des OPCVM a pour objectif la réalisation d'un gain financier le plus rapide possible.

Durant l'exercice N, la SA GISTOUR a réalisé les opérations sur titres suivants:

- *28 février N: cession de 100 obligations HÉLIOS au cours de 105 %. Coupon couru à la cession: 4 %. Frais bancaires 200 € HT (TVA normale);*
- *15 avril N: cession de 20 OPCVM SICAV HERMÉS au prix unitaire de 700 €;*
- *18 mai N: cession de 400 actions SA ATHÉNA au cours de 1400 €;*
- *19 juin N: réception d'actions gratuites de la SA VÉNUS à raison de 1 gratuite pour 10 anciennes;*
- *22 octobre N: cession de 1000 actions de la SA VÉNUS au prix unitaire de 750 €;*
- *8 novembre N: l'AGE de la SA ATHÉNA a décidé une augmentation de capital par souscription d'actions nouvelles totalement libérées émises au prix de 1200 € à raison de 1 action à souscrire pour 2 anciennes. La SA GISTOUR a décidé de souscrire: elle vendra autant de droits de souscription que nécessaire pour souscrire sans amputer sa trésorerie. Le DS ATHÉNA se vend 120 €. La VNC du droit de souscription cédé est arrondi à 73 €;*
- *Toutes les sorties de titres sont effectuées selon la méthode du premier entré – premier sorti (PEPS). Arrondir tous les calculs unitaires au centime d'euro le plus proche.*

MISSIONS

1 ***Indiquer en le justifiant le classement comptable des titres de la société GISTOUR.***

2 ***Retrouver par le calcul les 2 taux d'intérêts courus de clôture pour les obligations : 2 % et 5,25 % et celui de la cession des obligations HÉLIOS : 4 %.***

3 ***Enregistrer toutes les écritures nécessaires sur l'exercice N dans l'ordre chronologique en justifiant toutes les méthodes et tous les calculs.***

4 ***Le portefeuille de titres est-il déprécié fin N ? Chiffrer votre réponse et enregistrer les éventuelles écritures nécessaires.***

(D'après un sujet de l'Intec)

CHAPITRE 10 : LES STOCKS

COMPÉTENCES ATTENDUES

- **Exposer** et appliquer les règles d'inscription à l'actif, d'évaluation et d'enregistrement des stocks.
- **Évaluer** et comptabiliser les opérations portant sur les stocks à l'entrée et postérieurement à leur entrée.
- **Analyser** les conséquences d'un choix de comptabilisation notamment sur la présentation des comptes annuels, dans une situation donnée.
- **Présenter** les informations à fournir en annexe.

FICHE RESSOURCES

1 - *Évaluation à l'entrée dans le patrimoine*

Selon le PCG, à la date d'inscription des stocks et des productions en cours dans les comptes de l'entreprise, le montant brut porté en comptabilité est égal à tous les coûts encourus pour amener le stock à l'endroit et dans l'état où il se trouve. Les coûts d'acquisition et de production étant déterminés selon les règles générales d'évaluation, celles-ci sont identiques à celles déjà exposées pour déterminer la valeur d'entrée des immobilisations.

Quelques précisions sont cependant nécessaires compte tenu de la spécificité des biens stockés et sont résumées ci-dessous.

I. Détermination du coût d'achat : règles générales

Principe : le coût d'acquisition d'un stock est constitué de son prix d'achat, y compris les droits de douane et taxes non récupérables après déduction des remises, rabais commerciaux et escomptes de règlement.

FRAIS ACCESSOIRES D'ACHAT	À INCLURE DANS LE COÛT	À EXCLURE DU COÛT
Frais de transport, commissions et frais de transit	X	
Frais internes de manutention et de déchargement	X	
Frais administratifs généraux		X
Frais administratifs des coûts des structures dédiées	X	
Frais de la fonction approvisionnement		X
Frais de distribution		X
Frais ultérieurs de stockage		X

FICHE RESSOURCES

II. Détermination du coût de production : règles générales

Principe : le coût de production est égal au coût d'acquisition des matières consommées augmenté des autres coûts engagés au cours des opérations de production, c'est-à-dire des charges directes et indirectes (fixes et variables) qui peuvent être raisonnablement rattachées à la production du bien ou du service.

CHARGES	À INCLURE DANS LE COÛT	À EXCLURE DU COÛT
Frais de recherche		X
Charges financières de production		X
Charges financières de stockage		X
Coût administratif des structures dédiées	X	
Frais d'administration générale (siège social) et autres frais administratifs non dédiés		X
Amortissement d'exploitation	X	
Amortissements dérogatoires		X
Pertes et gaspillages normaux et nécessaires à la production tels que des déchets ou des chutes (certains pouvant même parfois être valorisés et revendus)	X	
Sous-activité		X
Coût de stockage		X

III. Détermination du coût d'entrée : dispositions particulières

Coût d'emprunt (charges financières) [1]	RAPPEL : le PCG dispose que les coûts d'emprunt peuvent être inclus dans le coût de l'actif lorsqu'ils concernent la période de production de cet actif, jusqu'à la date d'acquisition ou de réception définitive. Les coûts d'emprunt qui sont directement attribuables à l'acquisition, ou à la période de construction ou de production d'un actif éligible, sont incorporés dans le coût de cet actif lorsqu'il est probable qu'ils généreront des avantages économiques futurs pour l'entité et qu'ils peuvent être évalués de façon fiable.
Pertes et gaspillages	Les montants anormaux, exceptionnels, de déchets de fabrication, de main d'œuvre et autres coûts de production (consommables, énergie…) sont exclus du coût de production.
Frais de développement	Les frais de développement engagés sur commande spécifique sont inclus dans le coût de production.
Sous-activité	La quote-part de charges de structure correspondant à la sous-activité est exclue du coût de production. En revanche, en suractivité, le coût réel est à retenir (pas d'imputation rationnelle dans ce cas).
Coût de stockage	Ils sont à inclure dans le coût de production s'ils sont nécessaires au processus de production dans le cadre d'un stockage intermédiaire avant une nouvelle étape de fabrication.
Redevances rémunérant un brevet, un savoir-faire, ou une marque	Elles font partie du coût de production, même si le fait générateur de leur paiement est constitué par la vente ultérieure des produits auxquels elles se rapportent. En conséquence, ces dernières sont à inscrire en charges à payer à la clôture de l'exercice.
Stock acquis en devises	Plusieurs méthodes existent : • stock évalué au cours d'achat (valorisation au taux moyen pondéré des taux d'entrée en stock). À défaut et si l'évaluation du résultat n'est pas sensiblement modifiée, on peut utiliser une des méthodes suivantes : • stock évalué au cours du jour de clôture ; • stock évalué au cours d'achat pour la partie payée et au cours de clôture pour la partie non payée ; • stock évalué au cours de paiement pour la partie payée et au cours de clôture pour la partie non payée.

[1] **Si des charges financières sont incorporées au coût de production, il est nécessaire de passer l'écriture suivante afin de ne pas fausser le calcul des SIG :**

608	Frais accessoires	X	
669	Charges d'intérêts*		X

** Voir l'encadré « Règlement ANC n° 2022-06 – Traitement des coûts d'emprunts rattachés à des actifs » du chapitre 3, page 38.*

IV. Cas particuliers des biens acquis ou produits pour un coût global

Lorsque les actifs sont acquis conjointement ou produits de façon conjointe et indissociable, pour un coût global d'acquisition ou de production, le coût d'entrée de chacun des actifs est ventilé à proportion de la valeur attribuable à chacun d'eux.

Il s'agit de produits liés ou de la fabrication d'un produit principal et de produits secondaires (sous-produits ou produits résiduels).

À défaut de pouvoir attribuer une valeur individualisée à chacun d'eux, le coût du produit secondaire, dont la valeur marchande est inférieure au produit principal, peut être évalué par référence à un prix du marché ou forfaitairement s'il n'en existe pas. Son évaluation peut aussi se faire par l'aval, c'est-à-dire en retranchant à sa valeur marchande la marge qui lui est appliquée ainsi que les coûts éventuels de distribution.

La valeur du produit principal s'établira alors par différence entre le coût d'entrée global et le coût attribué au produit résiduel.

Coût de production du produit secondaire = Prix de vente du PS – Marge forfaitaire ou nulle – Coûts spécifiques au PS (transformation, distribution)

Coût de production du produit principal = Ensemble des coûts de P – Coût de production du SP

Exemple : *coût de production global de 10 000 produits principaux P et de 1 000 sous-produits SP : 120 000 €.*

- *Prix de vente des 1 000 SP : 20 000 € ; taux de marque (% de marge bénéficiaire sur le prix de vente) : 10 %.*
- *Frais de distribution du SP : 1 000 €.*

→ *Coût de production des 1 000 SP : 20 000 – (10 % x 20 000) – 1 000 = 17 000 €.*

→ *Coût de production des 10 000 P : 120 000 – 17 000 = 103 000 €.*

2 - Évaluation à la sortie du patrimoine

Détermination du coût de sortie

ÉLÉMENTS STOCKÉS	MÉTHODES
Articles ou catégories individualisables de choses de genre ou articles matériellement identifiés et affectés à des projets spécifiques (corps certains).	Détermination du coût article par article (coût réel).
Articles interchangeables non identifiés unitairement.	Deux méthodes de valorisation des stocks sont admises par le PCG : • la méthode du premier entré – premier sorti (PEPS) ; • la méthode du coût moyen pondéré (CMP). Même si le choix de méthode est libre, une entité doit utiliser la même méthode pour tous les stocks ayant une nature et un usage similaires. Pour des stocks de nature ou d'usage différents, différentes méthodes peuvent être utilisées. Concernant le CMP, il est calculé après chaque entrée ou sur une période n'excédant pas la durée moyenne de stockage. Pour cela, il faut procéder aux étapes suivantes : 1. Calcul d'un stock moyen = (Stock initial + Stock final) / 2 2. Coefficient de rotation du stock = Consommation de l'année / Stock moyen 3. Durée moyenne de stockage (en mois) = 12 / coefficient de rotation du stock Le calcul du CMP se limitera sur les derniers mouvements en fonction de la durée moyenne de stockage. Par exemple, si la durée moyenne de stockage est de 3 mois et que l'entreprise clôture ses comptes au 31/12/N, le CMP sera calculé sur les mouvements s'étalant du 01/10/N au 31/12/N.

3 - Évaluation à l'inventaire et à l'arrêté des comptes

À l'inventaire, les stocks et productions en cours sont évalués à la valeur actuelle, unité par unité ou catégorie par catégorie. L'unité d'inventaire est la plus petite partie qui peut être inventoriée sous chaque article. La valeur actuelle est la plus élevée de sa valeur vénale ou de sa valeur d'usage.

1 - Principe général

Il convient de comparer distinctement le coût d'entrée et la valeur actuelle de chaque élément de stocks et de productions en cours. C'est la plus petite de ces deux valeurs qui est retenue. S'il s'agit de la valeur actuelle, le coût d'entrée est maintenu, mais il lui est appliqué une dépréciation. Le prix du marché et les perspectives de vente sont à prendre en considération pour juger des éventuelles dépréciations des stocks. Dans le cas contraire, la valeur brute est maintenue et aucune plus-value n'est constatée.

2 - Cas particuliers d'évaluation à l'inventaire

2.1 - Les contrats de vente ferme

À la date de clôture de l'exercice, la valeur d'entrée est toujours retenue pour les stocks et les productions en cours qui ont fait l'objet d'un contrat de vente ferme dont l'exécution interviendra ultérieurement dès lors que le prix de vente stipulé couvre à la fois cette valeur et la totalité des frais restant à supporter pour la bonne exécution du contrat. Il en va de même pour les approvisionnements entrant dans la fabrication de ces produits en cours, si le prix fixé dans le contrat de vente ferme permet de couvrir le coût des approvisionnements, les frais de fabrication et les frais restant à supporter, et si ces approvisionnements sont nettement individualisés.

2.2 - Cas exceptionnels

Dans les cas exceptionnels où, à la date de clôture de l'exercice, il n'est pas possible de déterminer le coût d'acquisition ou de production par application des règles générales d'évaluation, les stocks sont évalués au coût d'acquisition ou de production de biens équivalents constaté ou estimé à la date la plus proche de l'acquisition ou de la production desdits biens.

Si la méthode précédente n'est pas praticable, les biens en stocks sont évalués à leur valeur d'inventaire à la date de clôture de l'exercice.

Si les méthodes précédentes entraînent des contraintes excessives pour la gestion de l'entité, les biens en stocks sont évalués en pratiquant la méthode du prix de détail (prix de vente après avoir subi un abattement correspondant à la marge pratiquée par l'entreprise et aux frais de commercialisation).

4 - L'inventaire physique

I. Obligations légales en matière d'inventaire

Le Plan comptable général précise dans ses dispositions sur la tenue des livres obligatoires :

Toute entreprise contrôle par inventaire, au moins une fois tous les douze mois, l'existence (quantité) et la valeur des éléments d'actif et de passif de son patrimoine. L'article R.123-177 du Code de commerce indique : « l'inventaire est le contrôle annuel de l'existence et de la valeur de tous les éléments d'actif et de passif à la date de clôture ».

- Inventaire physique : il s'agit de l'inventaire extra-comptable qui consiste à procéder au recensement matériel des existants. Dans le cas d'un inventaire permanent, il permet d'apprécier sa validité. Sinon, il se confond avec l'inventaire intermittent.
- Inventaire tournant : c'est l'inventaire physique limité à une partie seulement des stocks. Il n'est possible qu'en cas d'inventaire permanent et permet d'étaler l'inventaire physique sur l'exercice. Chaque élément stocké doit être recensé au moins une fois au cours de l'exercice.

II. L'inventaire comptable

1 - L'Inventaire comptable permanent :

Organisation des comptes de stock, qui par l'enregistrement des mouvements permet de connaître de façon constante, en cours d'exercice, les existants chiffrés en quantité et valeur.

Il convient donc pour chaque entrée de débiter les comptes de stocks par le crédit du compte de variations de stock correspondant et, pour chaque sortie, de créditer le compte de stock par le débit du compte de variations de stocks.

2 - L'Inventaire intermittent

Ce type d'inventaire est en vigueur dans les entreprises qui ne disposent pas d'une organisation permettant un suivi permanent des existants en stock. La connaissance des actifs nécessite, en conséquence, un dénombrement généralement effectué en fin d'exercice.

5 - Schéma comptable

Les stocks sont enregistrés dans les comptes de la classe 3

COMPTES DE STOCKS	COMPTES DE CHARGES OU PRODUITS CORRESPONDANTS
31 – Matières premières 32 – Autres approvisionnements 37 – Stocks de marchandises	601 – Achats stockés – Matières premières 602 – Achats stockés – Autres approvisionnements 607 – Achats de marchandises
33 – En-cours de production de biens 34 – En-cours de production de services 35 – Stocks de produits	701 – Ventes de produits finis 706 – Prestations de services

À la fin de l'exercice, les stocks, tels qu'ils ont été valorisés à la date de clôture, figurent à l'actif du bilan. Au niveau du compte de résultat, un accroissement entre le stock de début d'exercice et celui de fin d'exercice entraîne une hausse du résultat et une diminution des stocks, une baisse du résultat.

L'augmentation ou la diminution du résultat sera constatée par des comptes de variation des stocks, rattachés soit aux charges, soit aux produits, de manière à déterminer au débit du compte de résultat les achats consommés et au crédit du compte de résultat la production de l'exercice.

Deux écritures d'inventaire vont constater :

→ l'annulation du stock de début d'exercice par le débit du compte de variation des stocks et le crédit du compte de stock ;

→ la création du stock de fin d'exercice par le débit du compte de stock et le crédit du compte de variation des stocks.

Le compte de variation des stocks concernant les achats est le compte « 603 Variation des stocks » ou un sous-compte correspondant à la catégorie d'achats.

COMPTES DE STOCKS	COMPTES DE VARIATION DES STOCKS CORRESPONDANTS
31 – Matières premières	6031 – Variation des stocks de matières premières
32 – Autres approvisionnements	6032 – Variation des stocks des autres approvisionnements
37 – Stocks de marchandises	6037 – Variation des stocks de marchandises

Le compte de variation des stocks concernant les en-cours et les produits finis est le compte « 713 – Variation des stocks » ou un sous-compte correspondant à la catégorie du stock.

COMPTES DE STOCKS	COMPTES DE CHARGES OU PRODUITS CORRESPONDANTS
33 – En-cours de production de biens	7133 – Variation des en-cours de production de biens
34 – En-cours de production de services	7134 – Variation des en-cours de production de services
35 – Stocks de produits	7135 – Variation des stocks de produits

Exemple : *une entreprise a évalué ses stocks aux montants suivants lors de ses inventaires :*

STOCKS	AU 1er JANVIER N	AU 31 DÉCEMBRE N
Matières premières	32 000	40 000
Produits finis	46 000	57 000

		31/12/N		
6031		Variation des stocks de matières premières	32 000,00	
	31	Matières premières		32 000,00
		Élimination du stock initial de matières premières		
31		Matières premières	40 000,00	
	6031	Variation des stocks de matières premières		40 000,00
		Création du stock final de matières premières		
7135		Variation des stocks de produits	46 000,00	
	355	Produits finis		46 000,00
		Élimination du stock initial de produits finis		
355		Produits finis	57 000,00	
	7135	Variation des stocks de produits		57 000,00
		Création du stock final de produits finis		

6 - Les quotas de CO_2 (règlement de l'ANC n° 2012-03)

I. Présentation

La directive de 2003 sur les quotas d'émission de gaz à effet de serre a été modifiée par les directives du Parlement européen et du Conseil n° 2004/101/CE du 27 octobre 2004, n° 2008/101/CE du 19 novembre 2008, n° 2008/29/CE du 23 avril 2009 et par le Règlement (CE) n° 219/2009 du Parlement européen et du Conseil, notamment afin de :

- réduire progressivement sur la durée du 3e plan d'allocation de quotas (du 01/01/2013 au 31/12/2020) la part des quotas alloués aux entreprises autorisées à émettre des gaz à effet de serre ;
- supprimer totalement à compter du 1er janvier 2013 l'allocation de quotas aux entreprises de production d'électricité ;
- instaurer à compter du 1er janvier 2013 un système de mise aux enchères des quotas non alloués, organisé de manière ouverte, transparente, harmonisée et non-discriminatoire.

Ces évolutions sont codifiées en droit français par l'ordonnance n° 2012-827 du 28 juin 2012 relative au système d'échange de quotas d'émission de gaz à effet de serre (période 2013-2020), modifiant le code de l'environnement à compter du 1er janvier 2013.

Les émissions de gaz à effet de serre se sont traduites sur la période 2013-2020 par un coût de production ou de services supplémentaire lié à l'obligation d'acquérir une part croissante ou la totalité des quotas auparavant alloués par l'État. La 4e période (2021-2030) a débuté le 1er janvier 2021. Les quotas de CO_2 délivrés à partir de cette date ne peuvent pas être utilisés pour éteindre une obligation antérieure.

II. Définition

Un quota d'émission de gaz à effet de serre au sens de la présente section est une unité de compte représentative de l'émission de l'équivalent d'une tonne de dioxyde de carbone.

Les quotas d'émission étant détenus :

- soit pour se conformer aux obligations relatives aux émissions de gaz à effet de serre prévues par le code de l'environnement ;
- soit pour être cédés ;

ils répondent à la définition comptable des actifs.

Les quotas d'émission étant un élément dont le coût d'acquisition est directement lié aux activités de production et de services émettrices de gaz à effet de serre, ils constituent une matière première de nature administrative et sont comptabilisés dans des comptes de stocks.

Ils sont sortis des stocks :

- lors de l'émission de gaz à effet de serre (ils sont alors consommés) ;
- et/ou en cas de cession.

Schéma de fonctionnement du système d'échange de quotas d'émission

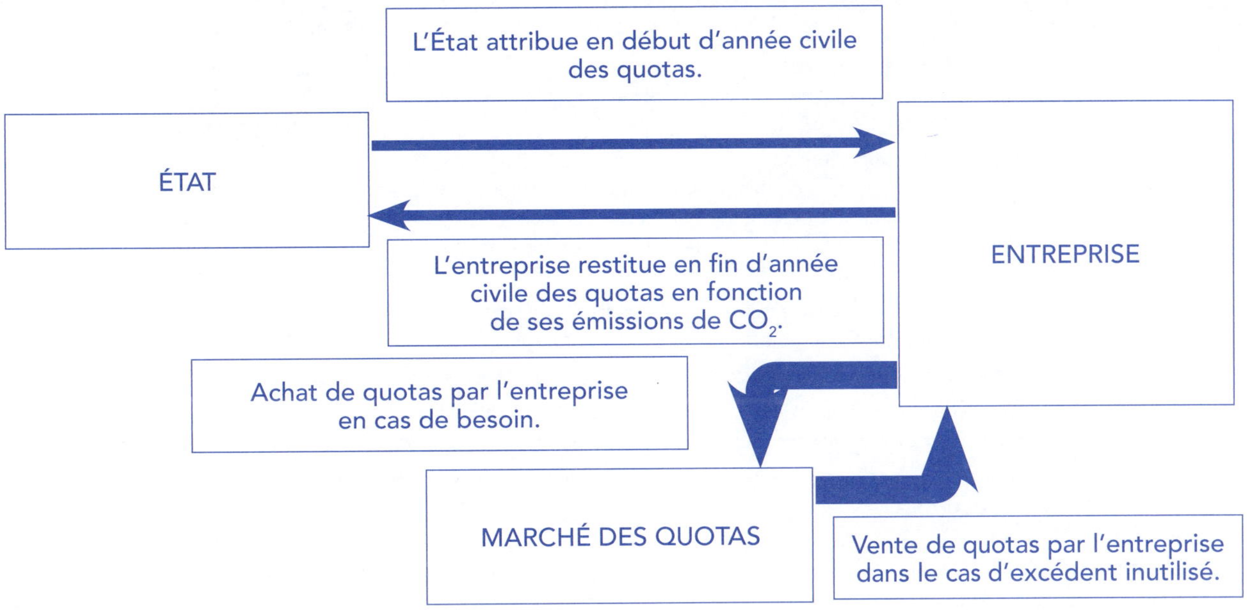

III. Les deux modèles économiques

Les entreprises peuvent acheter des quotas de CO_2 soit de manière imposée pour respecter leur obligation légale, soit en vue de réaliser des plus-values. Les deux modèles peuvent coexister au sein d'une même entreprise mais ils ne peuvent se compenser et font l'objet d'une information distincte.

COMPTABILISATION DES QUOTAS EN FONCTION DE LEUR UTILISATION		
	« MODÈLE PRODUCTION »	**« MODÈLE NÉGOCE »**
Achat	Imposé Lié à l'activité de production	Volontaire Distinct de l'activité de production
Finalité de l'achat	Remplir les obligations liées aux émissions	Réaliser des plus-values
Effet de l'achat	Fige le coût de production Assure la conformité	Ne fige pas le coût de production Dégage une marge
Restitution des quotas à l'État	Preuve de la conformité aux obligations liées aux émissions	

(D'après ANC, note de présentation du règlement 2012-03)

IV. Modalités comptables

	« MODÈLE PRODUCTION »	**« MODÈLE NÉGOCE »**
Comptabilisation d'un passif	Les émissions de gaz à effet de serre font naître une obligation de restitution de quotas d'émission à l'État (obligation légale). Cette obligation constitue un passif lorsqu'elle se traduit par une obligation d'achat de quotas. L'obligation de restituer les quotas d'émission à l'État pour justifier du respect des obligations n'est pas par elle-même constitutive d'un passif. Le passif est comptabilisé au compte 449 « Quotas d'émission à acquérir ». Le montant comptabilisé au compte 449 correspond au coût des quotas qu'il est nécessaire d'acquérir au titre des émissions de gaz à effet de serre réalisées. Le passif est éteint par l'achat des quotas.	

➔

FICHE RESSOURCES

→	« MODÈLE PRODUCTION »	« MODÈLE NÉGOCE »
Comptabilisation des quotas d'émission en stocks	**Coût d'entrée** **1. Quotas d'émission acquis** Les quotas d'émission acquis sont enregistrés au coût d'acquisition selon les règles générales du PCG. **2. Quotas d'émission alloués** Les quotas d'émission alloués par l'État sont attribués chaque année en fonction d'un volume d'émissions de gaz à effet de serre autorisé et en contrepartie de l'obligation de restituer les quotas correspondant aux émissions de cette même année. Ils sont enregistrés en stocks pour une valeur nulle. Il convient donc d'en opérer un suivi extra-comptable. Les quotas d'émission sont des articles interchangeables dont les règles d'évaluation suivent les méthodes PEPS ou CUMP prévues par le PCG. Les quotas de CO_2 constituent un stock matières premières administratives.	**Coût d'entrée :** Les quotas d'émission acquis sont enregistrés au coût d'acquisition selon les règles générales du PCG.
Évaluation postérieurement à la date d'entrée	À la date de clôture de l'exercice, les quotas d'émission en stocks sont évalués conformément aux dispositions générales du PCG. Les quotas d'émission gérés selon le modèle économique « production » et les quotas d'émission gérés selon le modèle économique « négoce » font l'objet d'une évaluation distincte. Ainsi, une dépréciation sur la catégorie de stock « production » ne peut pas être compensée par des plus-value latentes sur le stock « négoce » et inversement.	
Sorties de stocks	Les quotas d'émission sont consommés par les émissions de gaz à effet de serre. Les quotas d'émission conservés postérieurement à l'émission de gaz à effet de serre pour être restitués à l'État ne répondent pas à la définition d'un actif. Les plus-values et moins-values de cession sont comptabilisées en résultat d'exploitation.	La détention des quotas d'émission n'étant pas liée à un processus de production générant des émissions de gaz à effet de serre, ils ne sont pas consommés par l'émission de gaz à effet de serre, même lorsqu'ils sont détenus par une entreprise soumise à cette réglementation. Les plus-values et moins-values de cession sont comptabilisées en résultat d'exploitation.
Conséquences à la clôture	Comptabilisation d'un actif (stocks) ou d'un passif. À la clôture : • un passif est comptabilisé si les émissions de gaz à effet de serre sont supérieures aux quotas d'émission détenus par l'entité. Il correspond au coût des quotas qu'il est nécessaire d'acquérir au titre des émissions de gaz à effet de serre réalisées ; • un actif (stocks) est comptabilisé si les émissions de gaz à effet de serre sont inférieures aux quotas d'émission détenus par l'entité. Il correspond aux quotas d'émission disponibles pour couvrir les émissions futures de gaz à effet de serre.	• Un actif (stocks) est normalement comptabilisé.
Comptabilisation de l'amende	L'amende prévue par le code de l'environnement est comptabilisée en charges.	
Suivi des quotas et des autres unités en comptabilité matière	Les quotas d'émission et les autres unités détenus par les entreprises soumises à la réglementation relative aux émissions de gaz à effet de serre font l'objet d'un suivi en comptabilité matière tenue hors bilan faisant apparaître les quantités détenues, en distinguant les unités gérées selon le modèle économique « production » et le cas échéant celles gérées selon le modèle économique « négoce » et en distinguant, au sein du modèle économique « production », celles destinées à couvrir les émissions de gaz à effet de serre réalisées de celles destinées à couvrir les émissions futures.	
Informations en annexe	Les entreprises doivent mentionner dans l'annexe de leurs comptes les informations suivantes : • la description du ou des modèles économiques retenus pour gérer et comptabiliser les quotas d'émission (modèle « Production », modèle « Négoce ») ; • l'estimation des émissions réalisées de gaz à effet de serre ; • les hypothèses prises en compte pour l'évaluation du passif « quotas d'émission à acquérir » ; • toute information pertinente sur la gestion du risque CO_2. Elles mentionnent en « engagements reçus », le nombre de quotas restant à recevoir de l'État au titre de la période pluriannuelle d'allocation de quotas en cours.	

APPLICATIONS

CONTRÔLE DE CONNAISSANCES 1

Répondre par « oui » ou par « non » aux affirmations ci-dessous en donnant toutes les explications nécessaires.

1. La méthode dernier entré - premier sorti est autorisée par le PCG.
2. Le Code de commerce impose un inventaire physique à la clôture des comptes.
3. La méthode PEPS est la méthode de référence pour l'évaluation des sorties de stock.
4. L'inventaire permanent en comptabilité financière est obligatoire.
5. Les frais administratifs sont toujours exclus de la valeur d'entrée des stocks.
6. En cas de suractivité le coût réel du stock sans imputation rationnelle est retenu.
7. Un accroissement du stock de marchandises entre l'ouverture et la clôture des comptes implique un compte de variation de stock négatif dans le compte de résultat.
8. Le prix du marché est à prendre en considération pour juger des éventuelles dépréciations des stocks.
9. Pour les articles ou catégories individualisables de choses, de genre ou articles matériellement identifiés, le coût moyen pondéré s'applique.
10. Les frais de distribution sont exclus du coût d'achat.

QUIZ EN VERSION NUMÉRIQUE

https://eqrco.de/a/6nTleg

CONTRÔLE DE CONNAISSANCES 2

La SA INFONOV est une société spécialisée dans la distribution de matériels informatiques et de logiciels. Elle a effectué ses premiers achats au cours du mois de février N. Elle souhaiterait mettre en place l'inventaire permanent en comptabilité générale.

1. Rappeler l'obligation légale en termes de périodicité d'inventaire physique.
2. Citer les deux méthodes d'inventaire des stocks applicables en comptabilité financière et donner les principales caractéristiques de chacune.
3. Indiquer les modalités de calcul du coût d'acquisition d'un stock en précisant les éléments à exclure.
4. Indiquer si le coût d'un emprunt contracté pour l'acquisition d'un stock peut être incorporé au coût d'entrée de ce stock. Justifier votre réponse.

APPLICATION 1**: ÉVALUATION DU STOCK ÉCRITURES AU JOURNAL

20 Min

Les laboratoires pharmaceutiques JOLIOT-LAMY fabriquent depuis le 01/12/N le produit Zodron issu de la recherche d'un laboratoire américain, le LS. USA. Le contrat signé entre les parties pour l'utilisation du brevet précise le versement d'une redevance de 3 % du chiffre d'affaires généré (aucune écriture concernant ce contrat n'a été comptabilisée au 31/12/N). Les redevances futures n'ayant pas pu être déterminées avec une fiabilité suffisante par le comptable au début du contrat, le droit d'utilisation du brevet n'a pas été enregistré en immobilisation.

Au cours du cycle de production du Zodron, un sous-produit nommé « F-45 » est obtenu. Ce sous-produit est vendu aux clients habituels du laboratoire avec une marge de 20 % du prix de vente (taux de marque). On peut estimer les frais de distribution à 15 % du coût de revient du sous-produit.

Le prix de vente du Zodron a été fixé à 25 € HT la boîte et le prix de vente du sous-produit à 18 € HT le litre. L'activité du mois de décembre a représenté 90 % de l'activité normale.

Les charges relatives à la production de décembre du Zodron (20 000 boîtes) et du « F-45 » (3 800 litres) sont les suivantes :

- → Prix d'achat des matières premières utilisées : 48 600
- → Droit de douane sur matières : 6 500
- → TVA déductible sur achats : 9 039,60
- → Frais de transport : 7 450
- → Charges directes variables de production : 81 550
- → Charges indirectes variables de production : 16 200
- → Charges directes de structure de production : 78 700
- → Quote-part de frais de gestion générale : 29 100
- → Frais de stockage du produit fini de décembre N : 8 250

TRAVAIL À FAIRE

1. Déterminer la valeur du stock du Zodron et du F-45 au 31/12/N.
2. Enregistrer l'écriture nécessaire.

APPLICATION 2 **: ÉVALUATION D'UN STOCK DE MATIÈRES PREMIÈRES - MÉTHODES DE SORTIE DE STOCK - ÉCRITURES AU JOURNAL

15 Min

Parmi les stocks de matières premières des laboratoires pharmaceutiques JOLIOT-LAMY figure un excipient : le GL 218. Au 31/12/N-1 le stock était de 238 800 € pour 1 200 kg. Ce stock était évalué au 30/11/N à 200 000 € pour 1 400 kg. La durée moyenne de stockage est d'un mois.

Les dépenses réalisées pour l'achat de 1 600 kg en décembre sont les suivantes :

- → Prix d'achat brut : 200 000
- → Rabais .... 10 %
- → Droits de douane : 18 000
- → Frais de transport : 33 000
- → Frais de déchargement : 19 000
- → Charges administratives générales : 5 000

Au 31/12/N il reste 1 800 kg de GL 218. Le cours de cette matière première est de 142 €/kg. Les frais éventuels de distribution sont évalués à 1 % du prix de vente.

TRAVAIL À FAIRE

1. Déterminer la valeur d'entrée de l'achat des 1 600 kg du mois de décembre.
2. Déterminer la valeur du stock de GL 218 selon la méthode du CMP.
3. Déterminer la valeur du stock de GL 218 selon la méthode PEPS. On supposera que la valeur d'entrée du stock en novembre était de 143 €/kg.
4. Enregistrer les écritures nécessaires au 31/12/N, sachant que la société JOLIOT-LAMY a opté pour la méthode du coût moyen pondéré.

APPLICATION 3 ★ : INVENTAIRE PERMANENT

15 Min

La société CARLIER commercialise des consommables d'imprimantes et de photocopieurs de grandes marques. Pour le mois de janvier N, les mouvements ont été les suivants pour la cartouche Lepton 470 :

01/01 : stock initial : ....500 cartouches pour 65 000 €
08/01 : livraison à la société ENC : ....300 cartouches
15/01 : achats de cartouches Lepton 470 : ....2 000 cartouches pour 270 000 € HT
23/01 : livraison à la société OPTIMALE : ....450 cartouches

Le prix de vente de la cartouche Lepton 470 est de : ....155 € HT (TVA à 20 %)

La société CARLIER utilise l'inventaire permanent en comptabilité financière et valorise ses sorties selon la méthode premier entré - premier sorti (PEPS).

TRAVAIL À FAIRE

1. Indiquer comment est repris le stock initial.
2. Présenter les écritures nécessaires.

APPLICATION 4★★ : ÉVALUATION À LA CLÔTURE DES COMPTES - PRÉSENTATION DU BILAN

15 Min

La société MÉTALUS fabrique des pièces métalliques en acier inoxydable pour l'industrie automobile. Le comptable vous communique divers problèmes non encore résolus :

1. Un stock de pièces CD 241 dont le coût de production est de 8 640 € est appelé à être vendu à un ferrailleur : on compte récupérer 50 % du coût de production, les frais de vente sont évalués à 200 €.
2. Un stock de pièces AB 456 dont le coût de production est de 10 000 € et dont les frais prévisionnels de vente sont de 800 € est estimé à 9 400 €. Cependant un contrat de vente ferme à l'exportation permet de céder ces pièces pour un prix de 11 000 €.
3. On dispose des éléments suivants (extraits de la comptabilité analytique) pour déterminer la valeur d'entrée en stock des pièces XL 802 pour le mois de décembre qui figure toujours en stock à la clôture des comptes :
   → coût d'achat des matières premières utilisées : 127 000
   → charges directes de production : 103 000
   → charges indirectes de production (charges de structure) : 213 000

   Dans les charges indirectes sont compris des amortissements du matériel : 52 000 €, des amortissements dérogatoires : 26 000 € et des frais généraux administratifs du siège social : 58 000 €. Le centre de production a travaillé en novembre à 90 % de sa capacité normale.

   Le prix du marché s'est établi à 350 000 € au 31/12/N.
4. Le coût de production des articles UW 300 est de 200 000 €. Les frais de distribution non encore engagés à la clôture de l'exercice s'élèvent à 50 000 €. Le prix du marché à la clôture est de : 220 000 €.

TRAVAIL À FAIRE

1. Déterminer le coût de production des entrées en stock pour chaque type de pièces et l'éventuelle dépréciation.
2. Présenter les écritures au 31/12/N à la clôture des comptes.
3. Présenter l'extrait du bilan concernant le stock de produits finis.

APPLICATION 5★★ : INVENTAIRE PERMANENT

20 Min

La société BIOVITAL est spécialisée dans la fabrication de crèmes de beauté. Les produits sont obtenus à l'aide d'une crème, achetée à une société de production du groupe, à laquelle on ajoute des additifs qui en font l'originalité. Le comptable de cette entreprise vous communique des informations concernant la tenue de certains comptes de stock selon la méthode de l'inventaire permanent.

◆ **Stocks ouverts au 1er janvier N :**

31101 - Stock de Vétiver : 1 380,00
31102 - Stock d'Ylang-Ylang : 29 880,00
31201 - Stock de crème : 47 300,00
31301 - Stock de pots de verre 50 g : 13 140,00
33101 - En-cours de production de crème ANAÏS : 13 600,00
35501 - Stock de crème ANAÏS : 54 000,00

◆ **Les opérations de janvier N sont les suivantes (achèvement d'un cycle de fabrication) :**

02/01 : mise en fabrication par utilisation de :
- la totalité de l'en-cours
- 1 200 € de Vétiver
- 700 € de Ylang-Ylang
- 320 € de pots

03/01 : mise au rebut du reste de Vétiver.

04/01 : achèvement du cycle de fabrication des crèmes ANAÏS : 29 000 €.

09/01 : de l'essence d'Ylang-Ylang en provenance de Guadeloupe a été débarquée au Havre ; elle est en attente de dédouanement ; prix d'achat : 25 200 € HT. La déclaration d'importation du transitaire fait apparaître des droits de douane de 2 800 € et une TVA de 1 400 €.

11/01 : vente d'un lot de pots de crème (une farde) pour 37 800 € HT (livraison ce jour) ; coût de production du lot : 27 000 €.

14/01 : les opérations de dédouanement terminées, l'Ylang-Ylang est transféré dans les entrepôts.

29/01 : achat de Vétiver en vue d'un nouveau cycle de production : 13 800 € HT.

N.B. Taux de TVA sur les essences (Vétiver et Ylang-Ylang) : 5 % ; taux de TVA sur les pots vides, la crème et les produits finis : 20 %.

TRAVAIL À FAIRE

Présenter toutes les écritures nécessaires au journal de la société BIOVITAL.

APPLICATION 6***: SOCIÉTÉ CYLEX

20 Min

La société CYLEX, créée en 1985, non cotée, figure aujourd'hui parmi les 10 premières entreprises françaises dans les domaines du verre, des fibres minérales vitreuses artificielles, de la céramique, des briques, des réfractaires, des gemmes synthétiques, et des fibres optiques.

M. Bonhoure, directeur comptable et financier du groupe, s'interroge sur le nouveau mécanisme européen d'échange de quotas de CO_2 mis en place en France à compter du 1er janvier 2013.

Document 1 Autorité des normes comptables note de présentation - règlement n° 2012-03 du 4 octobre 2012

Relatif à la comptabilisation des quotas d'émission de gaz à effet de serre et unités assimilées (extrait)

Les entités soumises à la réglementation relative aux émissions de gaz à effet de serre doivent, à l'issue de chacune des années civiles de la période d'affectation, restituer à l'État sous peine de sanctions un nombre de quotas égal au total des émissions de gaz à effet de serre (article L. 229-7 du Code de l'environnement).

Les émissions de gaz à effet de serre font naître une obligation de restitution de quotas à l'État [...].

Par elle-même, l'obligation de restituer les certificats à l'État pour justifier du respect des obligations n'est pas constitutive d'un passif [...].

Document 2 Opérations réalisées en N

- *Stock initial de quotas de CO_2 au 01/01/N: 1 000 à 60 €.*
- *Achats au comptant de quotas de CO_2:*
  - *08/03/N: 1 200 au prix unitaire de 62 €;*
  - *15/09/N: 1 600 au prix unitaire de 64 €.*
- *Vente de 800 quotas de CO_2 au prix de 65 € le 05/11/N.*
- *Cours au 31/12/N: 70 €.*
- *Les sorties de quotas de CO_2 sont évaluées selon la méthode du premier entré – premier sorti.*

TRAVAIL À FAIRE

(À l'aide du document 1):

1. Rappeler la définition d'un passif.
2. Dans quel cas et pourquoi, les entreprises soumises à la réglementation relative aux émissions de gaz à effet de serre doivent-elles comptabiliser un passif?
3. Justifier pourquoi les quotas d'émission de CO_2 doivent être enregistrés en stock.
4. À l'aide du document 2, enregistrer toutes les écritures nécessaires sur l'exercice N au journal de la société CYLEX, dans les deux hypothèses suivantes:

   H1: les émissions cumulées de CO_2 en N ont été de 2700;

   H2: les émissions cumulées de CO_2 en N ont été de 3200.

Compétences attendues : le candidat doit non seulement connaître les règles comptables du PCG relatives aux savoirs associés au thème mais aussi maîtriser les écritures comptables en découlant dans un contexte professionnel : il doit être capable de justifier et d'analyser la pertinence des choix comptables retenus dans un contexte professionnel. Le candidat doit connaître les informations à fournir en annexe et comprendre leur importance en complément de la lecture du bilan et du compte de résultat. Le contexte professionnel peut porter à la fois sur des cas d'inventaire intermittent et permanent.

MINI-CAS DE SYNTHÈSE 1

SOCIÉTÉ DURALUMIN ★★★ 1 h

La société DURALUMIN produit en petites et moyennes séries des pièces en aluminium qu'elle usine sur machines à commandes numériques. La production de la pièce YB 802 a commencé le 01/01/N. Au moment de l'inventaire, vous constatez les faits suivants :

❶ *Il reste en stock 1 200 pièces YB 802 évaluées 30 100 € par le comptable. La durée moyenne de stockage pour cet article est de 3 mois et l'entreprise utilise généralement la méthode du coût moyen pondéré. Le stock était de 500 articles le 1er octobre N évalués à 27,92 € pièce. Les dépenses relatives à la production du quatrième trimestre peuvent être ainsi déterminées (pour 6 100 pièces) :*

- *→ prix d'achat des matières premières utilisées : 72 000*
- *→ droit de douane sur matières : 7 200*
- *→ TVA déductible sur ces achats : 14 112*
- *→ frais de transport des matières : 3 440*
- *→ frais administratifs des structures dédiées : 1 080*
- *→ frais directs de production : 49 320*
- *→ frais indirects de production : 31 200*
- *→ quote-part de charges fixes de production correspondant à la sous-activité de la période : 8 800*
- *→ frais de recherche lié au produit (quote-part) : 7 600*
- *→ coût des capitaux empruntés pour financer la production et concernant la période de fabrication : 4 800*
- *→ quote-part de frais de gestion générale : 5 000*

N.B. La société n'utilise aucune option spécifique prévue par le PCG pour valoriser ses stocks.

MISSIONS

1 Après avoir vérifié l'évaluation du stock de pièces YB 802 au 31/12/N, présenter l'écriture nécessaire.

❷ *Les mouvements suivants ont affecté la matière première principale : les lingots d'aluminium de 10 kg, au cours de l'exercice :*

DATES	OPÉRATIONS	QUANTITÉS	COÛT UNITAIRE
01/01	Stock initial	200	40
07/05	sortie pour utilisation	- 40	
12/06	achat	20	50
04/07	sortie pour utilisation	- 40	
20/09	achat	200	60
18/10	sortie pour utilisation	- 280	
05/11	achat	360	80
15/12	sortie pour utilisation	- 260	

2 Valoriser le stock final dans les cas suivants : arrondir le CUMP au centime.

a) Dans l'hypothèse où l'entreprise pratique un inventaire permanent et utilise la méthode du coût moyen pondéré, donner, à l'aide du tableau ci-dessous, la formule de calcul du CMP au 12/06/N.

DATES	OPÉRATIONS	MOUVEMENTS			STOCKS		
		Quantités	Coût unitaire	Montant	Quantités	Coût unitaire	Montant
01/01/N	Stock initial	...	...	...	200	40,00	8000,00
07/05/N	Stock pour l'utilisation	– 40	40,00	– 1600,00	160	40,00	6400,00
12/06/N	Achat	20	50,00	1000,00	180	41,11	7400,00
24/07/N	Sortie pour l'utilisation	– 40	41,11	– 1644,44	140	41,11	5755,56
20/09/N	Achat	200	60,00	12000,00	340	52,22	17755,56
18/10/N	Sortie pour l'utilisation	– 280	52,22	– 14622,22	60	52,22	3133,33
05/11/N	Achat	350	80,00	28000,00	410	75,93	31133,33
15/12/N	Sortie pour l'utilisation	– 260	75,93	– 19743,09	150	75,93	11390,24

b) Dans l'hypothèse où l'entreprise ne pratique pas d'inventaire permanent et utilise la méthode du coût moyen pondéré, valoriser le stock final. La durée moyenne de stockage est de 3,5 mois.

c) Dans l'hypothèse où l'entreprise pratique un inventaire permanent avec la méthode du « premier entré - premier sorti », valoriser le stock final.

❷ *Évaluation des en-cours de production*

Sur contrat spécifique, la société DURALUMIN fabrique des moules qui sont ensuite adaptés sur des machines-outils. Chaque pièce fait l'objet d'un contrat particulier, et les opérations de production de l'étude à la mise au point définitive ont une durée relativement longue.

En N, l'entreprise applique la méthode de l'achèvement. Elle doit donc constater des travaux en cours à la clôture de l'exercice. Selon le PCG, la valeur d'inventaire retenue est la valeur actuelle. Les charges indirectes doivent être incorporées au coût de production des travaux en cours. Chaque entreprise doit déterminer la nature et l'importance des charges indirectes incorporables. Ainsi, la quote-part de formation des ouvriers, le salaire du personnel qui établit les fiches de paie des ouvriers, l'amortissement des grues utilisées sur le chantier, les charges financières ont été notamment incorporés dans le coût de production par l'entreprise DURALUMIN. L'entreprise arrête ses comptes le 20 mai N+1. Une facture de sous-traitant correspondant à des travaux exécutés en N n'a pas été incorporée dans le coût des encours car elle n'a été reçue qu'en avril N+1.

On vous communique les informations suivantes sur le contrat MÉTALUS:

- *chiffre d'affaires définitif: 100000 €;*
- *coûts des travaux engagés:*
  - *en N: 35000 €,*
  - *en N+1: 60000 €,*
  - *en N+2: 15000,00 € ;*
- *coûts total prévisionnel des travaux:*
  - *au 31/12/N: 78000 €,*
  - *au 31/12/N+1: 110000 €.*

3 Définir la valeur actuelle.

4 Des travaux en cours constituent-ils un actif? Argumenter en définissant un actif.

5 Si l'entreprise est en situation de sous-activité, cette sous-activité doit-elle être prise en compte pour l'évaluation des travaux en cours? Quelle est son incidence sur le résultat?

6 Le niveau d'incorporation de charges indirectes dans la méthode de valorisation des stocks retenue doit respecter un principe. Lequel?

7 La facture du sous-traitant doit-elle être incorporée au coût de production des en-cours au 31/12/N? Justifier votre réponse.

8 Énumérer les conditions d'incorporation des frais financiers dans le coût de production des travaux en cours. La décision d'incorporation des frais financiers est-elle spécifique à chaque contrat?

9 Comptabiliser les éventuelles écritures d'inventaire au 31/12/N.

10 Déterminer le résultat N du contrat MÉTALUS. Quel est le principe comptable appliqué?

MINI-CAS DE SYNTHÈSE 2

LES QUOTAS DE CO_2 : SOCIÉTÉ INDUSTRIELLE PÉTROLUS ★★★ 40 Min

La société industrielle PÉTROLUS est une société qui effectue des opérations de raffinage de produits pétroliers. La société doit détenir des quotas d'émission de CO_2 pour se conformer aux obligations relatives aux émissions de gaz à effet de serre. Elle procède à l'achat de quotas pour couvrir ses besoins liés aux émissions de gaz à effet de serre. Elle effectue occasionnellement des ventes de quotas afin d'optimiser ses coûts de production. Ses stocks de quotas sont valorisés selon la méthode PEPS.

MISSIONS

À l'aide des informations présentées en document, répondre aux questions suivantes :

1 ***Cette entreprise est-elle concernée par les dispositions relatives aux quotas de gaz à effet de serre ?***

2 ***Que représente un quota de gaz à effet de serre ?***

3 ***Est-il possible d'intervenir sur le marché des quotas s'il ne s'agit pas de se conformer aux obligations relatives aux émissions de gaz à effet de serre ?***

4 ***Comment convient-il de définir les quotas sur le plan comptable ?***

5 ***Selon quel modèle économique la société PÉTROLUS doit-elle gérer les quotas de CO_2 ?***

6 ***Comptabiliser les entrées de quotas du 1er semestre.***

7 ***Quel constat peut-on faire à la fin du 1er semestre ? Quelles en sont les conséquences comptables ?***

8 ***Enregistrer les opérations du second semestre.***

9 ***Quel constat peut-on faire à la fin du 2e semestre ? Quelles en sont les conséquences comptables ?***

10 ***Comment le passif constaté au 31/12/N sera-t-il soldé ?***

11 ***Comptabilisation dans le cadre du modèle « Négoce » :
On suppose que la société PÉTROLUS effectue des opérations de négoce sur les quotas. Comment sont enregistrées ces opérations ?***

12 ***Que se passe-t-il si, à la clôture de l'exercice, la société PÉTROLUS constate que les quotas ont une valeur sur le marché inférieure à leur valeur comptable ? Aurait-elle procédé de la même manière dans le cadre précédent (production) ?***

Document Éléments d'information au titre de l'exercice N

	NOMBRE DE QUOTAS	VALEUR EN €
Cours du quota :		
30/06/N		65
31/12/N		75,50
Transactions de l'exercice :		
01/01/N : attribution gratuite par l'État	150	0
31/03/N : achat de 1 000 quotas à 62 €	1 000	62 000
30/11/N : achat de 1 400 quotas à 65 €	1 400	91 000
15/12/N : vente occasionnelle de 75 quotas à 72,50 €		
Émissions de gaz effectives de l'exercice :		
Nombre de tonnes de CO_2 émises au bout de 6 mois	950	
Nombre de tonnes de CO_2 émises au bout de 12 mois	2 700	

La société établit des comptes semestriels et les stocks sont valorisés selon la méthode PEPS.

La société PÉTROLUS effectue une clôture semestrielle afin de présenter un compte de résultat au 30 juin N.

CHAPITRE 15 : LES PASSIFS EXTERNES

COMPÉTENCES ATTENDUES

- **Caractériser** les différentes catégories de passif.
- **Exposer et appliquer** les conditions d'inscription au passif.
- **Évaluer et comptabiliser** les opérations portant sur certains passifs à leur entrée et postérieurement à leur entrée.
- **Analyser** les conséquences d'un choix de comptabilisation, notamment sur la présentation des comptes annuels, dans une situation donnée.
- **Présenter** les informations à fournir en annexe.

- **Savoirs associés :** définition, catégories de passifs externes et conditions d'inscription : provisions, dettes, charges à payer, passifs éventuels.
  Cas particuliers de provisions :
  - provisions pour retraites et obligations similaires ; provisions pour restructuration ;
  - limitation de la provision pour perte de change, coûts de démantèlement, d'enlèvement et de remise en état de site ; provisions pour gros entretien ou grandes révisions.

FICHE RESSOURCES

1 - Définitions et analyse

DÉFINITION PCG	ANALYSE
➢ Définition générale d'un passif Un passif est un élément du patrimoine ayant une valeur économique négative pour l'entité, c'est-à-dire une obligation (1) de l'entité à l'égard d'un tiers, (2) dont il est probable ou certain qu'elle provoquera une sortie de ressources (3) au bénéfice de ce tiers, sans contrepartie au moins équivalente attendue de celui-ci (4). L'ensemble de ces éléments est dénommé passif externe.	(1) Cette obligation peut être d'ordre légal, réglementaire ou contractuel. Elle peut également découler des pratiques passées de l'entité, de sa politique affichée ou d'engagements publics suffisamment explicites qui ont créé une attente légitime des tiers concernés sur le fait qu'elle assumera certaines responsabilités. (2) Le tiers peut être une personne physique ou morale, déterminable ou non. (3) L'estimation du passif correspond au montant de la sortie de ressources que l'entité doit supporter pour éteindre son obligation envers le tiers. (4) La contrepartie éventuelle est constituée des avantages économiques que l'entité attend du tiers envers lequel elle a une obligation.

FICHE RESSOURCES

2 - Classification des passifs et définitions

- **Une dette :** une dette est un passif certain dont l'échéance et le montant sont fixés de façon précise.
- **Une provision pour risques et charges :** une provision pour risques et charges est un passif dont l'échéance ou le montant n'est pas fixée de façon précise.
- **Une charge à payer :** les charges à payer sont des passifs certains dont il est parfois nécessaire d'estimer le montant ou l'échéance avec une incertitude bien moindre que pour les provisions. Elles sont rattachées aux dettes.

3 - Conditions

- **Pour comptabiliser un passif, il est donc nécessaire qu'à la date de clôture des comptes, l'entité ait une obligation juridique ou implicite envers un tiers connu ou non.**
  L'obligation doit exister à la clôture et non à la date d'établissement des comptes. Par exemple, un plan de licenciement annoncé le 15 janvier N+1 crée une obligation à partir du 15 janvier N+1. L'obligation n'existe pas au 31/12/N et donc il n'est pas possible d'enregistrer un passif. L'obligation peut être légale, contractuelle mais aussi implicite et résulter de pratiques courantes de l'entité, par exemple la prolongation de la garantie accordée aux clients sur ses produits au-delà de l'obligation contractuelle ou la pratique courante de remettre en état les sites de production à la fin de leur exploitation.
- **Cette obligation doit se traduire par une sortie de ressources probable (provision) ou certaine (dette) au profit de ce tiers.** Si la sortie de ressources n'est qu'éventuelle, le passif n'existe pas, mais elle peut être probable (provision).
- **Cette sortie de ressources ne doit générer au profit de l'entité aucune contrepartie au moins équivalente attendue de ce tiers après la clôture des comptes.**
  Le fait que l'entité trouve un intérêt à la sortie de ressources n'implique pas qu'il y aura une contrepartie à la sortie de ressources.
- **À la date d'établissement des comptes (date postérieure à la date de clôture), il doit être possible d'estimer de manière fiable la sortie de ressources probable ou certaine.**
  Lorsqu'il est impossible de valoriser avec fiabilité une obligation qui existe effectivement au 31/12/N, il n'est pas possible de constater un passif. Les événements postérieurs à la clôture des comptes n'interviennent pas pour déterminer si une obligation existe à la date de clôture, mais s'ils peuvent avoir un effet sur le montant des dépenses nécessaires à l'extinction de l'obligation, ils doivent être pris en compte dans l'estimation de la provision lorsqu'il existe des indications objectives que ces événements se produiront.

4 - Typologie des provisions pour risques et charges

PROVISIONS	NATURE DU RISQUE OU DE LA CHARGE À PROVISIONNER
PROVISIONS POUR RISQUES (COMPTE 151)	
Provisions pour litiges (compte 1511)	Risques pécuniaires (indemnités, dommages et intérêts, frais de procès) encourus par l'entreprise à propos des litiges dans lesquels elle est impliquée (avec un ou des tiers salariés, fournisseurs, clients…). Le montant de la provision est égal à la somme que l'entreprise risque de devoir payer à l'issue du litige.
Provisions pour garanties données aux clients (compte 1512)	Les dépenses susceptibles d'être engagées par l'entreprise du fait de la garantie jouant sur les biens vendus ou les travaux réalisés. L'évaluation de cette provision s'appuie généralement sur des statistiques reposant sur des données propres à l'entreprise.
Provisions pour amendes et pénalités (compte 1514)	Risque d'avoir à supporter la charge correspondant à des amendes et pénalités notamment lors d'un contrôle fiscal.
Provisions pour pertes de change (compte 1515) (Voir chapitre 17)	L'évaluation des créances et des dettes en monnaies étrangères peut dégager une perte latente en fin d'exercice. Le PCG prescrit de doter une provision, indépendamment de l'enregistrement de la perte latente dans le compte 476 Différence de conversion – Actif. L'obligation de constituer une provision souffre des exceptions, notamment quand le risque de change est couvert par un instrument financier approprié.

PROVISIONS POUR RISQUES (COMPTE 151)	
Provisions pour pensions et obligations similaires (compte 153) *(voir ANC n° 2022-06 en fin de chapitre)*	Provisions relatives aux charges que peuvent engendrer des obligations légales ou contractuelles conférant au personnel des droits à la retraite.
Provisions pour restructurations (compte 154) *(voir ANC n° 2022-06 en fin de chapitre)*	• Les coûts de restructuration constituent un passif s'ils résultent d'une obligation de l'entité vis-à-vis de tiers, ayant pour origine la décision prise par l'organe compétent, matérialisée avant la date de clôture par l'annonce de cette décision aux tiers concernés, et à condition que l'entité n'attende plus de contrepartie de ceux-ci. Les coûts d'une restructuration conditionnée par une opération financière telle qu'une cession d'activité ne peuvent être provisionnés tant que l'entité n'est pas engagée par un accord irrévocable. • Les pertes d'exploitation futures, ne répondant pas à la définition d'un passif ne sont pas provisionnées. • Une provision pour restructuration ne doit inclure que les dépenses nécessairement entraînées par celle-ci et qui ne sont pas liées aux activités futures. • Les profits résultant de la sortie attendue d'actifs ne doivent pas être pris en compte dans l'évaluation d'une provision. • Un remboursement attendu de la dépense nécessaire à l'extinction d'une obligation provisionnée ne minore pas le montant d'une provision ; il est comptabilisé distinctement à l'actif s'il est conforme aux dispositions relatives à la comptabilisation d'un actif.
Provisions pour impôts (compte 155) *(voir ANC n° 2022-06 en fin de chapitre)*	Provisions pour impôts qui correspondent à la charge probable d'impôts rattachable à l'exercice mais différée dans le temps et dont la prise en compte définitive dépend des résultats futurs.
PROVISIONS POUR CHARGES À RÉPARTIR SUR PLUSIEURS EXERCICES (COMPTE 157) ***Règlement ANC n° 2022-06 : ces comptes disparaissent et seront reclassés dans les provisions pour charges (152).***	
Provisions pour gros entretien et grandes révisions (compte 1572) *(voir ANC n° 2022-06 en fin de chapitre)*	Charges prévisibles, telles que les frais de grosses réparations, qui, étant donné leur nature et leur importance, ne sauraient logiquement être supportées par le seul exercice au cours duquel elles seront engagées. Les conditions suivantes doivent être respectées : • les charges sont importantes, ne représentent pas un caractère annuel et ne peuvent être assimilées à des frais courants d'entretien et de réparations ; • la dépense fait l'objet d'une programmation par l'entreprise et son estimation doit être obtenue avec suffisamment de précision.
AUTRES PROVISIONS POUR CHARGES (COMPTE 158) ***Règlement ANC n° 2022-06 : ces comptes disparaissent et seront reclassés dans les provisions pour charges (152).***	
Provisions pour remises en état (compte 1581) *(voir ANC n° 2022-06 en fin de chapitre)*	Dépenses futures qui auront pour seul effet de remettre en état (exploitation d'une carrière) un site dégradé, ou de financer le démantèlement futur d'une installation à risque (plateforme pétrolière, centrale nucléaire) si les conditions suivantes sont réunies : • les dépenses sont clairement identifiables ; • leur montant et le moment de leur réalisation sont prévus avec suffisamment de précision ; • la décision de les engager a été prise ; • ne pas correspondre à des dépenses courantes.

5 - Les engagements de retraite

Le départ à la retraite d'un salarié lui donne droit au versement :

- d'une retraite par les caisses de retraite auxquelles cotise l'employeur ;
- d'une indemnité légale de départ à la retraite par l'employeur ;
- éventuellement, d'une indemnité conventionnelle par l'employeur.

FICHE RESSOURCES

I. Contexte réglementaire

Cette indemnisation conventionnelle constitue un avantage supplémentaire accordé par l'employeur qui peut être une indemnité supérieure à l'indemnité minimale légale et versée en une fois au moment du départ à la retraite et/ou une pension versée jusqu'au décès du retraité, éventuellement assortie d'avantages particuliers (assurances maladie…).

Selon les règles françaises, les engagements de départ à la retraite doivent faire l'objet d'une mention dans l'annexe aux états financiers. Bien que non obligatoire, leur comptabilisation est encouragée.

En effet, selon l'article 324-1 du PCG, la constatation de provisions Indemnités de Départ à la Retraite (IDR) conduit à une meilleure information financière et constitue donc la ***méthode de référence***. Les sociétés appliquant cette méthode peuvent utiliser deux méthodes d'évaluation de l'IDR :

- la méthode 1 visant le maintien de l'application des dispositions de l'ancienne recommandation n° 2003-R.01 ;
- la méthode 2 permettant de se rapprocher au mieux des dispositions d'IAS 19*.

** Les engagements de départ à la retraite doivent être obligatoirement provisionnés dans les comptes consolidés établis en IFRS sur la base d'une évaluation selon la méthode actuarielle des unités de crédit projetées.*

II. Traitement comptable des engagements de retraite

Si l'entreprise opte pour la comptabilisation d'une provision, les engagements sont comptabilisés au compte de provision, ***153 – Provision pour pensions et obligations similaires.***

Comptabilisation pour la première fois de la provision

La comptabilisation pour la première fois de cette provision constitue un changement de méthode comptable (voir chapitre 25) dont l'application est rétrospective, d'où une imputation à l'ouverture de l'exercice dans un compte de report à nouveau. La provision est mise à jour à chaque arrêté des comptes par une dotation ou par une reprise.

Exemple : une entreprise mentionnait ses engagements de retraite dans l'annexe. Elle opte pour la comptabilisation d'une provision pour retraite à partir de l'exercice N. Il s'agit donc d'un changement de méthode.

- Engagements de retraite estimés au 31/12/N-1 204 000 €
- Engagements de retraite estimés au 31/12/N 213 000 €

Débit	Crédit	Libellé	Débit	Crédit
		01/01/N		
110 / 119		Report à nouveau	204 000	
	153*	Provisions pour pensions et obligations similaires		204 000
		Engagement au 31/12/N-1		
		31/12/N		
6815		Dotations aux provisions d'exploitation	9 000	
	153*	Provisions pour pensions et obligations similaires		9 000
		Ajustement de l'engagement au 31/12/N (213 000 – 204 000)		

Règlement ANC n° 2022-06 – Plan de comptes

Selon l'article 1121-1, le plan de comptes est commun au système de base et au système abrégé. Il identifie deux catégories de provisions inscrites au compte 15 : les provisions pour risques (151) et les provisions pour charges (152).

Ainsi les provisions inscrites dans les comptes 153 à 158 selon le règlement n° 2014-03 relatif au Plan comptable général seront reclassées dans le compte 152.

Extrait du plan des comptes :

CLASSE 1 : COMPTES DE CAPITAUX

[…]

15 Provisions
- 151 Provisions pour risques
  - 1511 Provisions pour litiges
  - 1512 Provisions pour garanties données aux clients
  - 1514 Provisions pour amendes et pénalités
  - 1515 Provisions pour pertes de change
  - 1516 Provisions pour pertes sur contrats
  - 1518 Autres provisions pour risques
- 152 Provisions pour charges
  - 1521 Provisions pour pensions et obligations similaires
  - 1522 Provisions pour restructurations
  - 1523 Provisions pour impôts
  - 1524 Provisions pour renouvellement des immobilisations - entreprises concessionnaires
  - 1525 Provisions pour gros entretien ou grandes révisions
  - 1526 Provisions pour remise en état
  - 1527 Autres provisions pour charges

[…]

APPLICATIONS

CONTRÔLE DE CONNAISSANCES

QUIZ EN VERSION NUMÉRIQUE

https://eqrco.de/a/euNrfv

APPLICATION 1★ : PASSIFS DIVERS

40 Min

Extrait du recueil des normes comptables françaises

https://eqrco.de/a/solLRD

La société AXINVEST a pour objet l'acquisition, l'exploitation, l'installation de tous actifs utiles à l'exploitation d'entreprises d'équipements thermiques et produits énergétiques. Elle clôture ses comptes au 31 décembre N et les établit à la date du 31 mars N+1. On vous communique les situations suivantes :

➔ 1. Conformément à une commande de la société, une machine destinée à la revente a été livrée le 28 décembre N.

➔ 2. La société a conclu, le 29 décembre N, avec la société PUBLILAND un contrat pour une campagne de publicité qui interviendra au courant du mois de février N+1.

➔ 3. Coûts de déménagement : la société a décidé de déménager un magasin pour des motifs économiques et financiers. Elle devra payer un dédit à son bailleur et des loyers pour les locaux inoccupés.

➔ 4. La société accorde une garantie d'un an à ses clients sur la vente de ses produits. On envisagera les trois cas suivants :
   - la garantie est légale ;
   - la garantie est contractuelle ;
   - la garantie résulte des pratiques commerciales courantes de la société.

➔ 5. La société a conclu avec un tiers un contrat de maintenance dont l'exécution s'étend sur plusieurs exercices. L'obligation est d'ordre contractuel et consiste à assurer la maintenance jusqu'au terme du contrat.

➔ 6. La société a signé avec un client un contrat d'ingénierie pour la mise au point d'un banc d'essai. L'exécution de ce contrat est prévue du 2 février N+1 au 1er mars N+2. La société vient d'évaluer le résultat sur ce contrat à un déficit de 80 000 €.

➔ 7. La société a accordé une caution à une de ses filiales, le 4 décembre N. Compte tenu de la défaillance de cette dernière, la caution devrait jouer.

➔ 8. Procès ou litige : un client a été livré avec deux mois de retard à la suite de l'interruption d'approvisionnement d'un fournisseur. On estime qu'il sera nécessaire de verser une indemnité au client afin de réparer le préjudice subi, ainsi que les coûts annexes du procès : honoraires d'avocats et d'experts, frais de procédure. La société va intenter un recours contre le fournisseur.

➔ 9. Remise en état d'un site : la société a depuis plusieurs années une politique de développement durable. Dès la réalisation d'installations techniques sur un site, elle s'engage à le remettre en état à la fin de l'exploitation.

➔ 10. Grosses réparations : la société réalise des programmes pluriannuels de grosses réparations. Deux types de programmes existent :
   - les dépenses qui ont pour objet de modifier des installations ou de remplacer tout ou partie des immobilisations existantes ;
   - les dépenses d'entretien qui ont pour seul but de vérifier le bon état de fonctionnement des installations (révisions pour motif de sécurité) et d'y apporter un entretien, sans prolonger leur durée de vie au-delà de celle prévue initialement.

11. Obligation de mise en conformité à de nouvelles normes : la société doit, du fait d'une loi, mettre en conformité ses machines ou installations avec de nouvelles normes (hygiène, sécurité, pollution).
    Si la société ne se conforme pas à la nouvelle norme et utilise un matériel non conforme, elle s'expose aux risques de condamnation à une forte amende prévue par le texte.
12. Restructuration : la société a décidé et annoncé avant la date de clôture des comptes un important plan de restructuration. Ce plan prévoit les éléments suivants :
    - indemnités au personnel pour cessation du contrat de travail ;
    - indemnités de rupture d'un contrat avec un fournisseur ;
    - dépenses de formation du personnel pour l'adaptation aux nouvelles fonctions ;
    - dépenses d'harmonisation des systèmes d'information ;
    - dépenses de marketing pour relancer l'image de marque de la société.

TRAVAIL À FAIRE

À l'aide du recueil des normes comptables françaises (version en vigueur au 01/01/2024), analyser les 12 situations présentées et indiquer si un passif apparaîtra à la clôture des comptes. Justifier votre réponse et indiquer selon quelles hypothèses et sous quelle forme (provisions, dettes, produits constatés d'avance) il sera éventuellement comptabilisé.

APPLICATION 2★ : INDEMNITÉS DE DÉPART À LA RETRAITE

15 Min

La société RINGARET a signé un accord d'entreprise déterminant pour tous les salariés une indemnité de départ à la retraite.

Au 31 décembre N, le montant global calculé des indemnités de départ à la retraite est égal à 32 000 €.

Le montant de l'engagement de retraite s'élevait à 29 600 € au 31 décembre N-1.

La société RINGARET a décidé de comptabiliser l'engagement de retraite pour la première fois en N (voir chapitre 25).

TRAVAIL À FAIRE

1. Enregistrer les écritures nécessaires au journal de la société.
2. Préciser les informations devant figurer dans l'annexe, relatives aux indemnités de départ à la retraite.

APPLICATION 3★ : PROVISION POUR RISQUES ET CHARGES

30 Min

Le directeur financier de la société PASSIDIA vous soumet le test suivant dans l'optique de vous recruter dans son service comme collaborateur.

TRAVAIL À FAIRE

1. Indiquer les conditions à respecter pour pouvoir enregistrer des provisions selon la définition générale d'un passif.
2. Analyser les dossiers (a) à (d) fournis en document, indiquer si une provision est possible et passer les écritures nécessaires au 31 décembre N.
3. Traiter les opérations suivantes.
    a) Préciser le traitement comptable des grosses réparations.
    b) À l'aide de l'exemple suivant, présenter les écritures pour N, dans l'hypothèse où l'entité enregistre une provision pour grosses réparations : achat d'une machine industrielle le 01/06/N pour 102 000 € HT plus TVA 20 400 €, durée de vie : 5 ans.
    Cet appareil fait l'objet d'une révision tous les trois ans estimée à 9 000 € HT et programmée à la fin de mai N+3.
    c) Calculer l'impact sur le résultat de N.
4. Reprendre la question précédente et indiquer la solution si la société décide de considérer dès l'origine la révision comme une composant distinct de l'immobilisation. Calculer l'impact sur le résultat de N.

(D'après sujet Intec)

Document

a) *La société est en litige avec un fournisseur pour livraison tardive des matières premières. La facture s'élève à 15 880 € TTC enregistrée en 401. L'affaire est portée devant le tribunal en juin N.*
À l'issue du litige, la société risque de devoir payer la facture, 5 000 € de dommages et intérêts et 3 000 € de frais de justice.

b) *Une directive européenne oblige l'entreprise à renforcer la sécurité dans l'usine d'ici fin N+2. Le coût des travaux est évalué à 5 millions d'euros.*

c) *Une usine a explosé le 15 décembre N provoquant un désastre écologique. La société va devoir dédommager les habitants. Pour l'instant, il est impossible d'évaluer le montant d'une manière précise.*

d) *Une restructuration est envisagée. Le plan social est évalué à 20 millions d'euros. La décision définitive sera prise en mars N+1.*

APPLICATION 4**: RISQUES ET SINISTRES

25 Min

La société anonyme AXEL-PHARMA est une entreprise de l'industrie pharmaceutique qui doit faire face à différents types de risques et sinistres. Dans le cadre des travaux d'inventaire, le dossier de cette société vous est communiqué.

TRAVAIL À FAIRE

1. Exposer de façon synthétique dans un tableau les différences entre les diverses catégories de passif (dettes, charges à payer, provisions pour risques et charges) en matière d'obligation, d'échéance et de montant.
2. Expliciter et effectuer les enregistrements d'inventaire nécessaires concernant les deux situations décrites en document :
   - restructuration ;
   - incendie.

Document Inventaire des risques et sinistres

Les enregistrements d'inventaire concernent les deux situations décrites ci-dessous :

- ***Restructuration***
  L'obsolescence d'une famille de médicaments conduit à l'arrêt d'un site de production et à l'ouverture d'un autre site plus performant. La décision a été prise en conseil d'administration et communiquée aux représentants du personnel en novembre N. D'après le plan de restructuration, les conséquences financières prévisibles sont les suivantes :
  - *les indemnités de licenciement d'une partie du personnel : 220 000 € ;*
  - *une perte sur le stock de produits réutilisables estimée à 15 000 € ;*
  - *les frais de déménagement de matériels réutilisables dans le nouveau site : 18 000 € ;*
  - *des actions de formation pour la réinsertion des personnels licenciés : 90 000 € et pour l'adaptation des personnels affectés à la nouvelle unité de production : 32 000 €.*
- ***Incendie :***
  Un incendie a ravagé début décembre N l'entrepôt de produits finis. Le stock de 40 000 € est perdu à 60 %. Le traitement comptable du stock de produits finis a été correctement effectué à la clôture de l'exercice.
  Selon les termes du contrat d'assurance du stock, l'indemnité couvrira de façon certaine 50 % de la perte subie et sera reçue dans un délai de 3 mois.
  Après réparation de l'entrepôt, un test de dépréciation permet d'évaluer à 100 000 € la valeur vénale de cette construction, qui a une valeur nette comptable de 150 000 € selon le plan d'amortissement pratiqué.

MINI-CAS DE SYNTHÈSE

Le candidat doit non seulement connaître les règles comptables du PCG relatives aux savoirs associés au thème mais aussi maîtriser les écritures comptables en découlant dans un contexte professionnel. Le candidat doit justifier et analyser la pertinence des choix comptables retenus dans un contexte professionnel. Le candidat doit connaître les informations à fournir en annexe et comprendre leur importance en complément de la lecture du bilan et du compte de résultat.

SOCIÉTÉ DES MATÉRIELS ÉLECTRIQUES DE VANNES (SMEV) ★★★ 30 Min

Vous êtes appelé(e) par les dirigeants de la SMEV, pour analyser et comptabiliser les provisions pour risques et charges à la fin des exercices (31 décembre N et N+1).

Vous avez relevé les informations suivantes:

➔ *1 - La SMEV s'est engagée contractuellement à reprendre les invendus des distributeurs qui écoulent ses produits. Sur la base de son expérience passée, en moyenne 1 % des produits vendus sont retournés à l'issue de la période contractuellement définie de six mois. Les ventes des années N et N+1 aux distributeurs sont fournies par le tableau ci-après:*

EXERCICES (TVA: 20 %)	N	N+1
Ventes premier semestre HT	1 300 000	1 380 000
Ventes premier semestre TTC	1 560 000	1 656 000
Ventes second semestre HT	1 510 000	1 600 000
Ventes second semestre TTC	1 812 000	1 920 000

➔ *2 - La SMEV est en procès avec des collectivités locales riveraines. La rivière proche de l'usine a été polluée début N-1. Les demandes des autorités locales devant le tribunal compétent s'élèvent à 500 000 €. Les avocats de la SMEV, rassurants en N-1 (aucune provision n'a été constatée fin N-1), considèrent que le risque de condamnation est devenu réel fin N. Une assurance contractée depuis plusieurs années devrait couvrir environ 60 % du montant réclamé par les riverains.*

➔ *3 - La SMEV a prévu à partir de N+1, et sur trois exercices, l'abandon de l'activité « travaux publics ». La décision de cet abandon et son plan détaillé ont été annoncés le 20 décembre N.*

Le coût de cet abandon est estimé à 180 000 € et s'analyse comme suit:

- *coût du licenciement du personnel non gardé: 102 000 €;*
- *coût de reconversion du personnel gardé: 40 000 €;*
- *dépenses d'harmonisation des systèmes d'information: 6 000 €;*
- *coût de déménagement des actifs qui ne seront plus utilisés et seront vendus: 8 000 €;*
- *coût de déménagement des actifs qui seront réutilisés dans d'autres activités: 20 000 €;*
- *plus-value sur les cessions d'actifs: 20 000 €;*
- *indemnités de rupture de contrat versées aux fournisseurs: 24 000 € (données chiffrées HT).*

➔ *4 - La société mentionnait jusqu'à présent ses engagements de retraite dans l'annexe. Elle opte pour la comptabilisation d'une provision pour retraite à partir de l'exercice N.*

- *Engagements de retraite estimés au 31/12/N-1: 96 000 €.*
- *Engagements de retraite estimés au 31/12/N: 108 000 €.*

➔ *5 - La SMEV a acheté le 01/04/N, un matériel industriel d'une valeur HT de 104 000 € dont la durée d'utilisation prévue est de 5 ans. Compte tenu des obligations de sécurité qui pèsent sur l'immobilisation, des travaux de révision doivent être entrepris au moins tous les trois ans. En raison de la durée d'utilisation, les travaux sont programmés début N+3 et leur coût est estimé à 24 000 €. Le programme de révision est renouvelé le 01/04/N+3 pour un montant de 25 000 € HT.*

MISSIONS

1 Analyser les situations 1 à 4 et présenter les écritures jugées nécessaires.

2 Pour la situation 5, présenter les écritures nécessaires au 01/04/N, au 31/12/N et au 01/04/N+3, dans les deux hypothèses suivantes:

- ***H1: la société utilise la méthode des composants pour les programmes de grandes révisions;***
- ***H2: la société enregistre une provision pour gros entretien et grandes révisions.***

CHAPITRE 16 : LES ENGAGEMENTS FINANCIERS ET PASSIFS ÉVENTUELS, LES OBLIGATIONS D'INFORMATION COMPTABLE ET LA PRÉSENTATION DE L'ANNEXE

COMPÉTENCES ATTENDUES

- **Caractériser** les différentes catégories de passif.
- **Exposer et appliquer** les conditions d'inscription au passif.
- **Évaluer et comptabiliser** les opérations portant sur certains passifs à leur entrée et postérieurement à leur entrée.
- **Analyser** les conséquences de l'option choisie, notamment sur la présentation des comptes annuels, et proposer éventuellement un choix, dans une situation donnée.
- **Présenter** les informations à fournir en annexe.

FICHE RESSOURCES

1 - Les engagements financiers

I. Utilité et principes

Il peut exister des opérations non encore réalisées ou non traduites en comptabilité mais qui ont une importance pour l'appréciation de la situation financière d'une entité. Il est donc nécessaire d'en faire mention dans l'annexe afin de donner la meilleure information possible.

Les comptes d'engagements enregistrent des droits et des obligations susceptibles de modifier le montant ou la consistance du patrimoine de l'entité. Les effets des droits et obligations sur le montant ou la consistance du patrimoine sont subordonnés à la réalisation de conditions ou d'opérations ultérieures (PCG – article 948-80).

Le patrimoine n'étant pas immédiatement affecté, les engagements ne peuvent pas faire l'objet d'un enregistrement dans les comptes de bilan et de résultat.

Un inventaire périodique des engagements est obligatoire. Il sera fait au moins une fois par an, à la clôture de l'exercice et figure obligatoirement dans l'annexe.

Par contre, l'usage des comptes d'engagement de la classe 8 est facultatif. Leur utilisation permet un suivi plus facile des engagements au cours de l'année et un rassemblement des données plus fiable en fin d'exercice.

FICHE RESSOURCES

II. Typologie des engagements

LES ENGAGEMENTS DE GARANTIE		LES ENGAGEMENTS RÉCIPROQUES
Engagement donné	**Engagement reçu**	
Les engagements de garantie donnés ont pour objet de garantir un créancier contre la défaillance éventuelle de son débiteur. Exemples : avals, cautions.	Les engagements de garantie reçus ont pour objet de garantir l'entité en cas d'insolvabilité d'un tiers ou en cas de mise en cause de la responsabilité d'un tiers. Exemple : garantie assurée par les précédents signataires d'un effet de commerce réendossé par l'entreprise.	Les engagements réciproques découlent des contrats que l'entreprise est appelée à souscrire. En effet, dans le contrat, les deux parties ont un engagement l'une envers l'autre. Ils concernent une obligation restant à exécuter et comportent toujours : - un engagement donné à un cocontractant ; - un engagement reçu du même cocontractant. Exemple : commande d'un client.
Les engagements de retraite s'ils ne sont pas provisionnés (voir chapitre 14).		

III. Évaluation des engagements

Elle résulte soit de la convention, soit du solde de l'engagement à la date du bilan. Dans l'hypothèse où l'engagement ne peut être évalué, une information littérale est portée en annexe sur la nature de l'engagement.

IV. Présentation des engagements

Les engagements hors bilan doivent être regroupés par catégories et ventilés en fonction des cocontractants. Cela peut prendre la forme d'un tableau (présentation libre) qui peut ressembler à ceci (source : Mémento comptable 2024) :

(CAS PARTICULIERS DU CRÉDIT-BAIL : voir chapitre 7)

Catégories d'engagements	Total	Dirigeants	Entités liées	Autres	Provisions
Engagements donnés - - -					
TOTAL…					
Engagements reçus - - -					
TOTAL…					
Engagements réciproques - - -					
TOTAL…					

2 - Les passifs éventuels

I. Définition

« Un passif éventuel est :

- soit une obligation potentielle de l'entité à l'égard d'un tiers résultant d'événements dont l'existence ne sera confirmée que par la survenance, ou non, d'un ou plusieurs événements futurs incertains qui ne sont pas totalement sous le contrôle de l'entité ;
- soit une obligation de l'entité à l'égard d'un tiers dont il n'est pas probable ou certain qu'elle provoquera une sortie de ressources sans contrepartie au moins équivalente attendue de celui-ci ». (PCG – article 321-6).

II. Informations en annexe

« Un passif éventuel n'est pas comptabilisé au bilan : il est mentionné en annexe ». (PCG – article 322-5). L'information à fournir pour chaque catégorie de passif éventuel à la date de clôture est la suivante :

- description de la nature des passifs éventuels ;
- estimation de leurs effets financiers ;
- indication des incertitudes relatives au montant ou à l'échéance de toute sortie de ressources ;
- et possibilité pour l'entité d'obtenir remboursement.

Cependant, si la probabilité de sortie de ressources est faible, ces informations ne sont pas données en annexe. (PCG – article 833-12/2).

3 - Comptabilisation des engagements sur un journal spécifique

I. Comptes à utiliser : les comptes de la classe 8

❶ Les engagements donnés sont enregistrés au crédit du compte
« 801 - Engagements donnés par l'entité » qui se subdivise en :
8011 - Avals, cautions, garanties,
8014 - Effets circulant sous l'endos de l'entité,
8016 - Redevances de crédit-bail restant à courir,
8018 - Autres engagements donnés.

❷ Les engagements reçus sont inscrits au débit du compte
« 802 - Engagements reçus par l'entité » qui se subdivise en :
8021 - Avals, cautions, garanties,
8024 - Créances escomptées non échues,
8026 - Engagements reçus pour utilisation de crédit-bail,
8028 - Autres engagements reçus.

II. Comptabilisation

Deux types de comptabilisation sont à retenir :

❶ Les engagements sans contrepartie nécessitent, pour respecter le système comptable de la « partie double », l'utilisation d'un compte réfléchi dont la seule fonction est d'équilibrer l'écriture :

« 809 - Contrepartie des engagements » qui se subdivise en deux comptes, selon que l'engagement est donné ou reçu : « 8091 - Contrepartie du 801 » et « 8092 - Contrepartie du 802 ».

❷ Les engagements réciproques, c'est-à-dire à la fois reçus et donnés ne nécessitent pas de compte réfléchi.

III. Schéma comptable

❶ Engagements donnés :

8091		Contrepartie du 801	X	
	801	Engagements donnés par l'entreprise		X

❷ Engagements reçus :

802		Engagements reçus par l'entreprise	X	
	8092	Contrepartie du 802		X

❸ Engagements réciproques (s'ils sont d'un même montant) :

802		Engagements reçus par l'entreprise	X	
	801	Engagements donnés par l'entreprise		X

FICHE RESSOURCES

4 - Les obligations d'information comptable

I. Principe

Le Code de commerce (article L123 -12) précise : « Toute personne physique ou morale ayant la qualité de commerçant doit procéder à l'enregistrement comptable des mouvements affectant le patrimoine de son entreprise. Ces mouvements sont enregistrés chronologiquement. Elle doit contrôler par inventaire, au moins une fois tous les douze mois, l'existence et la valeur des éléments actifs et passifs du patrimoine de l'entreprise. Elle doit établir des comptes annuels à la clôture de l'exercice au vu des enregistrements comptables et de l'inventaire. Ces comptes annuels comprennent le bilan, le compte de résultat et une annexe, qui forment un tout indissociable. »

L'annexe est donc un document comptable de synthèse au même titre que le bilan ou que le compte de résultat. Cependant, le principe d'importance relative doit guider son élaboration. Par ailleurs, il n'est pas possible d'exiger des petites entreprises les mêmes obligations que pour les grandes.

II. La présentation des comptes annuels simplifiés

1. Champ d'application des comptes annuels simplifiés

Les commerçants, personnes physiques ou morales, peuvent, dans des conditions fixées par un règlement de l'Autorité des normes comptables, adopter une présentation simplifiée de leurs comptes annuels lorsqu'ils ne dépassent pas, à la clôture de l'exercice, des chiffres fixés par décret pour deux des critères suivants : le total de leur bilan, le montant net de leur chiffre d'affaires ou le nombre moyen de salariés permanents employés au cours de l'exercice. Ils perdent cette faculté lorsque cette condition n'est pas remplie pendant deux exercices successifs. (c. com. art. L. 123-16).

Les décrets n° 2014-136 du 17 février 2014, modifié par le décret n° 2024-152 du 28 février 2024 et décret n° 2020-101 du 7 février 2020 ont eu pour effet de redéfinir les seuils de présentation des comptes annuels (bilan, compte de résultat et annexes).

Pour les exercices ouverts à compter de la date de publication de ces décrets, les commerçants, personnes physiques ou morales, doivent adopter une présentation minimale (ils peuvent sur option utiliser une présentation plus développée) de leurs comptes annuels lorsqu'ils ne dépassent pas, à la clôture de l'exercice, deux des trois critères de taille suivants pour chaque catégorie :

	BILAN ET COMPTE DE RÉSULTAT	ANNEXE
Micro-entreprises : – total bilan ≤ 450 000 € ; – total chiffre d'affaires net ≤ 900 000 € ; – salariés ≤ 10.	Simplifiés	Dispense
Petites entreprises : – total bilan ≤ 7,5 M€ ; – total chiffre d'affaires net ≤ 15 M€ ; – salariés ≤ 50.	Simplifiés	Simplifiée
Moyennes entreprises : – total bilan ≤ 25 M€ ; – total chiffre d'affaires net ≤ 50 M€ ; – salariés ≤ 250.	Compte de résultat : simplifié Bilan : de base	De base
Grandes entreprises dépassant deux des trois seuils suivants : – total bilan > 25 M€ ; – total chiffre d'affaires net > 50 M€ ; – salariés > 250.	De base	De base

Les entités autorisées à adopter une présentation simplifiée doivent établir leur bilan et compte de résultat en conformité avec le système abrégé. Les éléments composant les états abrégés sont définis par le Code de commerce.

2. Contenu simplifié des comptes

Le contenu des comptes annuels simplifiés est lié au régime fiscal : simplifié ou micro.

Pour le régime réel simplifié :

- les personnes morales ayant la qualité de commerçant placées sur option ou de plein droit sous le régime réel simplifié d'imposition, peuvent n'enregistrer les créances et les dettes qu'à la clôture de l'exercice ;
- les personnes physiques, placées sur option ou de plein droit sous le régime réel simplifié d'imposition, peuvent :
  - n'enregistrer les créances et les dettes qu'à la clôture de l'exercice et ne pas établir d'annexe,
  - inscrire au compte de résultat, en fonction de leur date de paiement, les charges dont la périodicité n'excède pas un an, à l'exclusion des achats,

– procéder à une évaluation simplifiée des stocks et des productions en cours, selon une méthode fixée par règlement de l'Autorité des normes comptables,

– déterminer :

1° la valeur d'inventaire des biens en stock en pratiquant sur le prix de vente de ces biens à la date du bilan un abattement correspondant à la marge pratiquée par l'entreprise sur chaque catégorie de biens ;

2° la valeur d'inventaire des travaux en cours en retenant le montant des acomptes réclamés avant facturation.

Pour le régime micro-BIC (qui ne s'applique qu'aux personnes physiques) :

- les personnes physiques bénéficiant du régime micro-entreprise fixé par le code général des impôts peuvent ne pas établir de comptes annuels. Elles tiennent un livre mentionnant chronologiquement le montant et l'origine des recettes qu'elles perçoivent au titre de leur activité professionnelle. Elles tiennent également, lorsque leur commerce principal est de vendre des marchandises, objets, fournitures et denrées à emporter ou à consommer sur place, ou de fournir le logement, un registre récapitulé par année, présentant le détail de leurs achats. Un décret fixe les conditions dans lesquelles ce livre et ce registre sont tenus ;
- il est possible de retenir comme date d'enregistrement des encaissements et des paiements la date d'opération figurant sur le relevé bancaire ;
- centralisation des écritures tous les trois mois.

5 - Présentation de l'annexe

I. Définition

L'annexe est un état comptable qui fait partie des comptes annuels dont l'objet est de compléter et de commenter l'information donnée par le bilan et le compte de résultat. L'annexe forme avec ces derniers un tout indissociable (article L123-12 du Code de commerce).

Le principe comptable qui conduit ou non à donner une information en annexe est le principe d'importance relative.

L'annexe comporte les informations dès lors qu'elles sont significatives.

II. Caractéristiques de l'annexe

C'est un état qui comporte les explications nécessaires pour une meilleure compréhension des autres documents de synthèse et complète pour autant que de besoin ou présente sous une autre forme les informations qu'ils contiennent.

Le principe de l'importance relative est le principe comptable qui doit régir le choix des informations à fournir dans l'annexe. Toute information qui, si elle n'est pas communiquée, est susceptible de modifier le jugement du lecteur de comptes doit être jugée significative.

L'annexe complète et commente l'information donnée par le bilan et le compte de résultat. Elle comporte toutes les informations d'importance significative en ce sens. Une inscription dans l'annexe ne peut pas se substituer à une inscription dans le bilan et le compte de résultat (Art. 112-4 du PCG).

III. Le contenu de l'annexe

L'annexe comporte toutes les informations d'importance significative sur la situation patrimoniale et financière et sur le résultat de l'entreprise. Les éléments chiffrés de l'annexe sont, sauf exception dûment justifiée, déterminés selon les mêmes principes et les mêmes méthodes que pour l'établissement du bilan et du compte de résultat.

Ils concernent l'ensemble des activités de l'entreprise quel que soit le lieu de leur exercice. Ils sont vérifiables par rapprochement avec des documents justificatifs.

Les éléments chiffrés qui figurent déjà au bilan ou au compte de résultat peuvent être omis dans l'annexe.

L'annexe met en évidence **tout fait pertinent**, c'est-à-dire susceptible d'avoir une influence sur le jugement que les destinataires de l'information peuvent porter sur le patrimoine, la situation financière et le résultat de l'entreprise ainsi que sur les décisions qu'ils peuvent être amenés à prendre (PCG art. 810-1).

Les éléments d'information chiffrés de l'annexe sont établis selon les mêmes principes et dans les mêmes conditions que ceux du bilan et du compte de résultat (PCG art. 810-6).

IV. Plan type de l'annexe

I – Principes comptables, méthodes d'évaluation, comparabilité des comptes, faits caractéristiques

- Référentiel, principes et méthodes d'évaluation (options, dérogations, exceptions)
- Comparabilité des comptes (changement de méthodes ou de modalités significatives)
- Faits caractéristiques

II – Notes relatives aux postes de bilan

- Actif immobilisé : immobilisations incorporelles, corporelles, financières en valeur brute, amortissements et dépréciation des immobilisations
- Stocks et en-cours
- Créances
- Valeurs mobilières de placement
- Capitaux propres
- Provisions pour risques et charges
- Emprunts et dettes
- Autres informations

III – Notes relatives au compte de résultat

- Chiffre d'affaires
- Charges et produits courants
- Charges et produits exceptionnels
- Résultat et impôts sur les bénéfices

IV – Autres informations

- Échéances des créances et des dettes
- Événements postérieurs à la clôture
- Engagements financiers donnés et reçus (hors bilan)
- Sociétés consolidantes, filiales, participations et entreprises liées
- Exposition aux risques du marché
- Effectifs
- Rémunération et engagements pris envers les dirigeants

6 - Contenu de l'annexe

L'annexe comporte toutes les informations d'importance significative sur la situation patrimoniale et financière et sur le résultat de l'entreprise.

I. Les informations portent notamment sur les points suivants

1° Les modes et méthodes d'évaluation appliqués aux divers postes du bilan et du compte de résultat.

2° Les méthodes utilisées pour le calcul des amortissements, des dépréciations et des provisions, leur montant par catégories en distinguant ceux qui ont été pratiqués pour l'application de la législation fiscale.

3° Les circonstances qui empêchent de comparer d'un exercice à l'autre certains postes du bilan et du compte de résultat, et les moyens qui permettent d'en assurer la comparaison.

4° Les mouvements ayant affecté les divers postes de l'actif immobilisé.

5° La nature, le montant et le traitement comptable des écarts de conversion en monnaie nationale d'éléments exprimés en monnaie étrangère.

6° Les méthodes utilisées, en cas de réévaluation, pour le calcul des valeurs retenues, la liste des postes concernés au bilan et au compte de résultat et les montants correspondants, le traitement fiscal de l'écart de réévaluation, les mouvements ayant affecté pendant l'exercice les postes de passif concernés.

7° Les créances et les dettes classées selon la durée restant à courir jusqu'à leur échéance en distinguant, d'une part, les créances à un an au plus et, d'autre part, les dettes à un an au plus, à plus d'un an et cinq ans au plus et à plus de cinq ans.

8° L'indication pour chacun des postes relatifs aux dettes de celles garanties par des sûretés réelles.

9° Le montant des engagements financiers classés par catégories, en distinguant ceux qui concernent les dirigeants, les filiales, les participations et les autres entreprises liées ; une entreprise est considérée comme liée à une autre lorsqu'elle est susceptible d'être incluse par intégration globale dans un même ensemble consolidable.

10° Informations sur les engagements pris en matière de crédit-bail.

11° Indication du montant des engagements de l'entreprise en matière de pension, de compléments de retraite, d'indemnités et d'allocations en raison du départ à la retraite ou avantages similaires des membres ou associés de son personnel et de ses mandataires sociaux.

12° Informations relatives aux quotas d'émission de gaz à effet de serre et instruments assimilés (description du ou des modèles économiques retenus, estimation des émissions réalisées de gaz à effet de serre...).

II. Les personnes morales mentionnent en outre dans l'annexe

1° La liste des filiales et participations, avec l'indication pour chacune d'elles de la part de capital détenue directement ou par prête-nom, du montant des capitaux propres et du résultat du dernier exercice clos; les titres d'une société émettrice représentant moins de 1 % du capital social d'une société détentrice peuvent être regroupés.

2° Le nombre et la valeur nominale des actions, parts sociales et autres titres composant le capital social, regroupés par catégorie selon les droits qu'ils confèrent, avec l'indication de ceux qui ont été créés ou remboursés pendant l'exercice.

3° Le montant des avances et des crédits alloués aux dirigeants sociaux avec l'indication des conditions consenties et des remboursements effectués pendant l'exercice.

4° La nature et l'objectif commercial des opérations non inscrites au bilan, à condition que les risques ou les avantages résultant de ces opérations soient significatifs et dans la mesure où la divulgation de ces risques ou avantages est nécessaire pour l'appréciation de la situation financière de la société. Les modalités d'élaboration de cette liste sont précisées par un règlement de l'Autorité des Normes Comptables (ANC 2010-02).

5° La liste des transactions significatives effectuées par la société avec des parties liées lorsque ces transactions n'ont pas été conclues aux conditions normales du marché; cette information n'est pas requise pour les transactions effectuées par la société avec les filiales qu'elle détient en totalité ou entre sociétés sœurs détenues en totalité par une même société mère. Les modalités d'élaboration de cette liste sont précisées par un règlement de l'Autorité des Normes Comptables (ANC 2010-02).

III. Les personnes morales ne pouvant adopter une présentation simplifiée de leurs comptes font également figurer dans l'annexe

1° Pour chaque poste du bilan concernant les éléments fongibles de l'actif circulant, l'indication de la différence entre l'évaluation figurant au bilan et celle qui résulterait des derniers prix du marché connus à la clôture des comptes.

2° Le montant des rémunérations allouées au titre de l'exercice aux membres des organes d'administration, de direction et de surveillance à raison de leurs fonctions: ces informations sont données de façon globale pour chaque catégorie; elles peuvent ne pas être fournies lorsqu'elles permettent d'identifier la situation d'un membre déterminé de ces organes.

3° Les obligations convertibles, échangeables en titres similaires avec l'indication par catégorie de leur nombre, de leur valeur nominale et des droits qu'ils confèrent.

4° La ventilation de l'impôt entre la partie imputable aux éléments exceptionnels du résultat et la partie imputable aux autres éléments, avec l'indication de la méthode utilisée.

5° La ventilation du montant net du chiffre d'affaires par secteur d'activité et par marché géographique; si certaines de ces indications sont omises en raison du préjudice grave qui pourrait résulter de leur divulgation, il est fait mention du caractère incomplet de cette information.

6° La ventilation par catégorie de l'effectif moyen, salarié d'une part et mis à disposition de l'entreprise pendant l'exercice d'autre part; l'effectif employé à temps partiel ou pour une durée inférieure à l'exercice est pris en compte en proportion du temps de travail effectif, par référence à la durée conventionnelle ou légale du travail.

7° L'indication des accroissements et des allégements de la dette future d'impôt provenant des décalages dans le temps entre le régime fiscal et le traitement comptable de produits ou de charges et, lorsqu'ils sont d'un montant exceptionnel, de ceux dont la réalisation est éventuelle.

8° L'indication du montant et du traitement comptable retenu pour les frais d'établissement.

9° Le montant, pour chaque commissaire aux comptes, des honoraires des commissaires aux comptes figurant au compte de résultat de l'exercice, en séparant les honoraires afférents à la certification des comptes de ceux afférents, le cas échéant, aux autres services.

10° Les parts bénéficiaires avec l'indication de leur nombre, de leur valeur et des droits qu'elles confèrent.

11° L'identité de toute société établissant des comptes consolidés dans lesquels les comptes annuels de la société concernée sont inclus suivant la méthode de l'intégration globale.

12° Les informations relatives aux quotas d'émission de gaz à effet de serre et instruments assimilés

APPLICATIONS

CONTRÔLE DE CONNAISSANCES

Répondre par « oui » ou par « non » aux affirmations ci-dessous en donnant toutes les explications nécessaires.

1. Les engagements modifient le patrimoine de l'entreprise.

2. Les engagements financiers sont obligatoirement comptabilisés dans les comptes de la classe 8.

3. La signature d'un contrat de crédit-bail fait naître un engagement donné.

4. L'information sur un passif éventuel est obligatoirement donnée en annexe.

5. Un passif éventuel peut se transformer ensuite en passif réel.

QUIZ EN VERSION NUMÉRIQUE

https://eqrco.de/a/pxwkEu

APPLICATION 1*: ANALYSE DES ENGAGEMENTS

15 Min

La SA BATILUX, est société mère d'un groupe du secteur du BTP. Sa filiale la SA PROMOGIR est en situation difficile. Afin de l'aider, la SA BATILUX lui a prêté 200 000 € le 10 juin N. Les dirigeants de BATILUX estiment que le prêt durera environ 5 ans, le temps que la situation financière de la SA PROMOGIR s'améliore.

La SA BATILUX a demandé à la SA BATIFINANCE, autre société du groupe de se porter caution pour la SA PROMOGIR. La SA BATILUX est informée de l'acceptation de la caution par la SA BATIFINANCE le 30 septembre N. Toutes les sociétés du groupe détiennent une participation dans la SA BATIFINANCE.

TRAVAIL À FAIRE

1. Comptabiliser au journal de la SA BATILUX le prêt consenti par la SA BATILUX.
2. Comptabiliser au journal de la SA PROMOGIR le prêt consenti par la SA BATILUX.
3. Préciser les conséquences sur les comptes annuels du cautionnement du prêt accordé par la SA BATILUX, dans les différentes sociétés.
4. Présenter le tableau de l'annexe chez PROMOGIR.
5. Enregistrer l'engagement dans les comptes de la classe 8 chez PROMOGIR.

APPLICATION 2*: PRÉSENTATION DES ENGAGEMENTS EN ANNEXE

15 Min

La SA TELLOS, est société mère d'un groupe du secteur du BTP. Les sociétés BATIMODE et BATIPLAST font, notamment, partie du groupe. Elle a constaté les engagements ci-après au 31/12/N :

- commandes de marchandises auprès de la SARL BATIMODE : 84 000 € ;
- effets escomptés non échus : 47 000 € ;
- aval accordé par le P.-D.G. de la société pour une couverture de 15 000 € ;
- caution pour un emprunt bancaire de 300 000 € contracté par une filiale du groupe : la SA BATIPLAST ;
- commandes d'immobilisations en cours : 59 000 € ;
- hypothèque accordée sur un immeuble en garantie d'un emprunt bancaire : 180 000 € ;
- les engagements de retraite au profit des salariés de la SA TELLOS sont évalués à 30 800 €. Ils ne sont pas provisionnés.

TRAVAIL À FAIRE

Présenter les tableaux de l'annexe.

MINI-CAS DE SYNTHÈSE

Compétences attendues: le candidat doit non seulement connaître les règles comptables du PCG relatives aux savoirs associés au thème mais aussi maîtriser les écritures comptables en découlant dans un contexte professionnel. Le candidat doit justifier et analyser la pertinence des choix comptables retenus dans un contexte professionnel. Le candidat doit connaître les informations à fournir en annexe et comprendre leur importance en complément de la lecture du bilan et du compte de résultat.

SOCIÉTÉ ZEN ★★★

25 Min

L'entreprise ZEN a effectué les opérations suivantes:

- *le 7 janvier, l'entreprise ZEN s'est portée caution pour un emprunt bancaire de 300000 € effectué par une de ses filiales;*
- *le 12 janvier, un emprunt de 800000 € est effectué auprès de la Banque du Nord; celle-ci a exigé une garantie par l'hypothèque d'un immeuble qui peut être estimé à 2100000 €;*
- *le 1er juillet, la société ZEN a signé le contrat de crédit-bail suivant:*

LOCAFI

LOCAFI
Groupe Crédit Des Entreprises
(GCDE)

Contrat de crédit bail n° 000002857-00

Entre les soussignés LOCAFI SA au capital de 10 millions €-
Siège social : 10 Bd HAUSSMANN 75008 PARIS
ci-après dénommé " Le bailleur" Et

SA ZEN
32, rue Legendre
75017 PARIS

Ci-après dénommé " Le locataire"
Il a été convenu et arrêté ce qui suit : Le bailleur donne location au locataire, le matériel désigné ci-dessous, conformément aux conditions générales et particulières, ci-après et au verso.

Le **01/07/N**

Désignation du bien financé:
1 Tour numérique réf : 8177-wx
Montant TTC : 84 000 €

Fournisseur : SARL MÉCASYSTÈME
8, rue Cardinet
75017 PARIS

Durée du contrat : 5 ans
Loyers- Terme : 20 trimestrialités, payées d'avance
Montant du loyer trimestriel TTC : 6000 €
Premier loyer : le 1er juillet N
Dépôt de garantie : 5 980 € à verser à la date de signature du contrat
Prix de levée de l'option d'achat : 5400 € TTC.

La durée de consommation des avantages économiques pour ce type de matériel est estimée à 7 ans.

- *Le 19 novembre, commande d'une machine-outil au fournisseur MECAMAXI pour un prix de 75000 € HT; la machine est livrée le 31 janvier, accompagnée de sa facture;*
- *le 1er décembre, remise à l'escompte d'effets de commerce à échéance du 1er mars, pour 52000 €; l'avis de la banque est reçu le 9 décembre; taux d'escompte: 5 %; frais: 25 € HT.*

MISSIONS

1 Comptabiliser au journal général les opérations indiquées ci-dessus.

2 Présenter les tableaux de l'annexe au 31/12/N.

3 Indiquer l'utilité de ces informations pour le lecteur des comptes.

CHAPITRE 17 : LES DETTES ET CRÉANCES EN MONNAIES ÉTRANGÈRES

COMPÉTENCES ATTENDUES

- **Évaluer et comptabiliser** les opérations portant sur certains passifs à leur entrée et postérieurement à leur entrée.
- **Analyser** les conséquences d'un choix de comptabilisation, notamment sur la présentation des comptes annuels, dans une situation donnée.
- **Présenter** les informations à fournir en annexe.

FICHE RESSOURCES

1 - Règles comptables générales

Le PCG, précise les règles d'évaluation des éléments actifs et passifs dont la valeur dépend des fluctuations des monnaies étrangères. On peut les résumer de la manière suivante.

1. Les créances et les dettes en monnaies étrangères sont converties et comptabilisées en euros sur la base du dernier cours du change (les cotations sont publiées au journal officiel).
2. Au cours de l'exercice, la comparaison entre la valeur d'origine comptabilisée et les règlements effectués entraîne la constatation d'une perte ou d'un gain de change.
3. Le résultat de change (gain ou perte réalisé) est enregistré en résultat d'exploitation ou en résultat financier, en fonction de la nature des opérations l'ayant généré :
   - le résultat de change sur les créances et les dettes commerciales est enregistré en résultat d'exploitation, dans les comptes 656 – Pertes de change sur créances et dettes commerciales et 756 – Gains de change sur créances et dettes commerciales ;
   - les opérations ayant un caractère financier (emprunt bancaire en devises, liquidités en devises…) apparaissent en résultat financier, dans les comptes 666 – Pertes de change financières – et 766 – Gains de change financiers.
4. À la clôture de l'exercice, lorsque l'application du cours à l'inventaire a pour effet de modifier les montants en euros précédemment comptabilisés, les différences de conversion sont comptabilisées dans les comptes transitoires :
   - 476-Différence de conversion - Actif s'il s'agit d'une perte latente ;
   - 477-Différence de conversion - Passif s'il s'agit d'un gain de change latent.
5. Les pertes ou gains latents compensés par une couverture de change sont inscrits distinctement au bilan sous ces comptes transitoires.
6. Les gains latents, en application du code de commerce, ne participent pas à la formation du résultat.
7. Les pertes latentes font l'objet d'une provision pour risque : compte 1515-Provision pour perte de change.

Exemple d'application des règles générales

La société ETHAN a facturé le 11 décembre N à la société WORLD de Dallas 10000 dollars de marchandises au cours de 0,7298 € payable à 30 jours. Elle a également facturé le 1er novembre N à la société PHILADELPHIA 5000 dollars de marchandises au cours de 0,7515 €. Ces marchandises ne seront payables qu'en avril N+1.

Le cours du dollar au 31 décembre N est de 0,7404 €.

1. Vente à la société WORLD de Dallas: écriture d'inventaire

		31/12/N		
411		Client WORLD	106,00	
	477	Différence de conversion - passif		106,00
		Gain latent = 10000 (0,7404 – 0,7298) = 106		

2. Vente à la société PHILADELPHIA: écritures d'inventaire

		31/12/N		
476		Différence de conversion - passif	55,55	
	411	Client PHILADELPHIA		55,55
		Perte latente = 5000 (0,7515 – 0,7404) = 55,55		
		31/12/N		
6815		Dotations aux provisions d'exploitation	55,55	
	1515	Provision pour perte de change		55,55
		Perte latente		

2 - Les deux ajustements obligatoires de la provision pour perte de change pour obtenir l'image fidèle

(Art 420-6 al. 1 et 2 du PCG)

AJUSTEMENTS OBLIGATOIRES	COUVERTURE DE CHANGE	INSTRUMENT DE COUVERTURE
RÈGLE DU PCG	Lorsque l'opération traitée en devises est assortie par l'entreprise d'une opération symétrique destinée à couvrir les conséquences de la fluctuation du change, la provision n'est constituée qu'à concurrence du risque de change non couvert. Une opération de couverture consiste à mettre en relation un élément couvert et un instrument de couverture dans l'objectif de réduire le risque d'impact défavorable de l'exposition couverte sur le résultat, les flux ou les capitaux propres de l'entité. Les expositions qui peuvent être couvertes concernent les risques de marché (notamment taux, change, matières premières).	Lorsqu'une opération en devises sur laquelle est constatée une perte latente est qualifiée d'instrument de couverture, celle-ci ne donne lieu à aucune provision. L'instrument de couverture peut être un instrument ou une proportion d'instrument financier à terme ferme ou optionnel ou une combinaison d'instruments à termes fermes ou optionnels quel que soit leur sous-jacent. Les autres actifs et passifs financiers peuvent être qualifiés d'instruments de couverture contre le risque de change ou contre d'autres risques lorsque leur exposition au risque couvert compense l'exposition de l'élément couvert.

3 - L'ajustement prévu pour améliorer l'information financière

(Art 420-6 al. 3 du PCG)

LA POSITION GLOBALE DE CHANGE
Lorsque pour des opérations dont les termes sont suffisamment voisins, les pertes et les gains latents peuvent être considérés comme concourant à une position globale de change, le montant de la dotation **peut être limité** à l'excédent des pertes sur les gains. Il est précisé que : - la position doit être déterminée devise par devise ; - les opérations de couverture et les éléments couverts sont exclus de cette position ; - l'échéance des éléments inclus dans la position doit être comprise dans le même exercice comptable ; - ne doivent être inclus dans la position que des éléments réalisables (notamment des créances, dettes, instruments financiers à terme) ; - la position est utilisée uniquement pour la détermination de la provision.

4 - Règles spécifiques

1. DISPONIBILITÉS : les liquidités en devises existant à la clôture des comptes sont converties en euros sur la base du dernier cours du change. Les écarts de conversion sont intégrés au résultat de l'exercice (comptes 666 ou 766).

Art. 420-7 du PCG - **Les liquidités ou exigibilités immédiates en devises existant à la clôture de l'exercice sont converties en monnaie nationale sur la base du dernier cours de change au comptant. Les écarts de conversion constatés sont comptabilisés dans le résultat de l'exercice.**

2. RÈGLEMENTS À TERME DE DEVISES : il s'agit d'une opération de couverture qui permet de connaître les montants définitifs des créances et des dettes à l'avance en déterminant le cours de la devise à l'échéance. Ces contrats transforment les créances et dettes en devises en créances et dettes libellées en euros.

Couverture d'une créance en devise → Vente à terme de la même devise

Couverture d'une dette en devise → Achat à terme de la même devise

Après avoir enregistré normalement la dette ou la créance à la date de l'opération, au moment de la réalisation de l'opération de couverture, la dette ou la créance est convertie au taux de couverture.

Le gain ou la perte entre le montant initial et le montant converti au taux de couverture est comptabilisé en résultat de change (comptes 666 et 766). À la clôture de l'exercice aucun écart de conversion n'est constaté, puisque le résultat de change est définitif et déjà saisi dans le résultat.

3. CAS PARTICULIER DES AVANCES ET ACOMPTES VERSÉS : le cours utilisé lors de leur enregistrement étant définitif, il n'existe pas de risque de change à l'inventaire. En conséquence, ils n'ont pas à être évalué au cours du jour de la clôture de l'exercice.

4. CRÉANCES DOUTEUSES LIBELLÉES EN MONNAIES ÉTRANGÈRES : le montant de la créance jugée irrécouvrable étant déjà provisionné, il semble logique de limiter la conversion et donc la provision pour perte de change à la partie saine de la créance.

5. ANNEXE : la méthode retenue doit être indiquée dans l'annexe, de même que la nature, le montant et le traitement comptable des écarts de conversion. Les règles relatives aux changements de méthode s'appliquent.

APPLICATIONS

CONTRÔLE DE CONNAISSANCES

QUIZ EN VERSION NUMÉRIQUE

https://eqrco.de/a/3xk74J

APPLICATION 1**: LES AJUSTEMENTS DE LA PROVISION POUR PERTE DE CHANGE

15 Min

La société DURALUSTYLE a prêté à sa filiale de Los Angeles une somme de 90000 dollars US au cours de 1,2USD pour 1 € en mars N, remboursable en N+1. Elle a pour se couvrir emprunté 75000 dollars à la Banque de New York au même cours et remboursables à la même date.

Un certain nombre d'opérations dans la même devise, avec des clients et fournisseurs effectuées en décembre N et qui doivent se régler en février N+1 font ressortir un ensemble de gains latents (sur clients) de 2100 € et un ensemble de pertes latentes (sur fournisseurs) de 3500 €.

Par ailleurs la société a effectué un prêt à une autre de ses filiales américaines qui éprouve des difficultés de trésorerie pour un montant de 115000 dollars US en juin N, au cours de 1,15 USD. Elle a emprunté la même somme le même jour à titre d'instrument de couverture.

Le cours au 31 décembre N est de 1,25 USD pour 1 €.

TRAVAIL À FAIRE

En justifiant votre réponse, comptabiliser à la date du 31 décembre dans les livres de la société DURALUSTYLE, les écarts de conversion et provisions sur dettes et créances en dollars américains. La société souhaite utiliser la totalité des ajustements de provision pour perte de change prévues par le PCG.

APPLICATION 2**: OPÉRATIONS À TERME SUR DEVISES ET LIQUIDITÉS EN MONNAIES ÉTRANGÈRES

15 Min

La société Z a vendu le 18/11/N des marchandises à un client polonais pour un montant de 120000 PLN (devise étrangère hors zone euro) payable le 15/02/N+1. Les taux de change sont les suivants :

- au 18/11/N : 1 € = 3,75 PLN ;
- au 16/12/N : 1 € = 3,90 PLN ;
- au 31/12/N : 1 € = 3,35 PLN ;
- au 15/02/N+1 : 1€ = 3,30 PLN.

Au 16/12/N, elle décide de se couvrir par une vente à terme de 120000 PLN au cours de 1 euro = 4 PLN à échéance du 15/02/N+1.

En outre, au 31/12/N elle possède en caisse 2000 $, soit 1400 € (cours au 31/12/N : 1 € = 1,428 $). Au moment de l'acquisition de ces devises le cours était de 1 € = 1,25 $.

TRAVAIL À FAIRE

Présenter les écritures nécessaires.

APPLICATION 3**: SOCIÉTÉ ALPHA

20 Min

On communique les informations suivantes concernant la société ALPHA.

1) À la clôture de l'exercice N, les balances des comptes clients et fournisseurs présentaient les informations suivantes sur des créances et dettes consécutives à des opérations intervenues au cours de l'exercice :

Compte	Libellé	Date de facture	Montant en devises	Montant en euros à la facturation	Taux de conversion au 31/12/N 1 € =	Échéance	Montant en euros à l'échéance
411	Client DUTREUIL	15/11/N	40000 CHF (francs suisses)	24700 €	1,6 CHF	01/03/N+1	25500 €
401	Fournisseur MAC-ARTHUR	01/11/N	60000 $	48400 €	1,20 $	01/03/N+1	53000 €

2) Le 01/03/N+1, le règlement de ces factures a été effectué et correctement enregistré dans les comptes de tiers concernés.

3) À la clôture de l'exercice N+1, les différentes créances et dettes en devises sont les suivantes :

Compte	Libellé	Date de facture	Montant en devises	Montant en euros à la facturation	Taux de conversion au 31/12/N+1 1 € =	Échéance	Montant en euros à l'échéance
411	Client LINDT	20/11/N+1	25000 CHF	15325 €	1,6 CHF	Mars N+2	15700 €
411	Client IRVING	20/11/N+1	17600 $	15800 €	1,10 $	Fév. N+2	16100 €
401	Fournisseur SOULIER	30/11/N+1	70400 CHF	42800 €	1,6 CHF	Mars N+2	43000 €
416*	Client MONTDOR	30/10/N+1	27000 CAD (dollars canadiens)	15400 €	1,8 CAD	/	/

** La créance sur le client MONTDOR est une créance douteuse jugée irrécouvrable à hauteur de 80 % de son montant.*

TRAVAIL À FAIRE

1. Présenter les écritures enregistrées à la date du 31/12/N.
2. Présenter les écritures enregistrées en N+1 au titre des créances et dettes en devises nées au cours de l'exercice N.
3. Enregistrer la dépréciation sur la créance MONTDOR.
4. Présenter les écritures enregistrées au 31/12/N+1, au titre des opérations en devises en cours à cette date. La société ALPHA utilise les dérogations prévues par le PCG.

MINI CAS DE SYNTHÈSE 1

Compétences attendues: pour la provision pour pertes de change, sont étudiés le calcul et la comptabilisation des écarts de conversion à la clôture et le cas échéant, le calcul et la comptabilisation de la provision pour pertes de change et sa reprise. Le candidat doit connaître les cas de limitation de la provision pour perte de change. L'étude comptable porte sur le cas où l'entité se couvre par une opération inverse dans la même devise et à la même échéance, et le cas de la position globale de change. Engagements financiers et passifs financiers. L'étude porte sur la comptabilisation hors-bilan des engagements financiers et passifs éventuels et leur présentation dans l'annexe. Les montants sont donnés au candidat.

SOCIÉTÉ BLAISE ***

1h 15

Vous effectuez votre stage de DCG auprès du cabinet d'expertise comptable ALLIANCE. Le chef de mission du cabinet vous confie le dossier de la société BLAISE pour une analyse des opérations en devises et l'enregistrement d'écritures de régularisations. Trois missions vous sont confiées sur ce dossier.

La société anonyme BLAISE est une entreprise industrielle spécialisée dans la fabrication d'instruments et matériels de précision. L'entreprise clôture ses comptes le 31 décembre de chaque année et est assujettie à la TVA au taux normal sur l'ensemble de ses opérations.

La société a décidé d'ouvrir à la date du 31 décembre N un journal spécifique pour enregistrer les engagements hors bilan.

Votre travail porte sur le dossier des disponibilités, créances et dettes en devises.

Les disponibilités, créances et dettes en devises sont toujours inscrites dans les comptes au cours du jour de l'opération.

Pour l'arrêté des comptes de chaque exercice, les méthodes d'évaluation suivantes sont systématiquement appliquées:

- *dans le cas où une opération de couverture de change fixe le cours de la devise à l'échéance, la créance ou la dette en monnaie étrangère concernée doit être définitivement évaluée en euros, à concurrence du montant de la couverture de change;*
- *conformément aux dispositions dérogatoires prévues dans le Plan comptable général, les pertes latentes de change ne sont pas intégralement provisionnées dans le cas où il existe une couverture de change ou une position globale de change d'une devise;*
- *les différences de conversion sont enregistrées dans les comptes à quatre chiffres prévus dans le Plan Comptable Général.*

L'évaluation des disponibilités, créances et dettes en devises, pour l'arrêté des comptes de l'exercice N, n'a pas encore été effectuée.

À la date du 31 décembre N, le solde créditeur du compte 1515 « Provisions pour pertes de change », d'un montant de 14 000 €, correspond à la dotation enregistrée à la clôture de l'exercice précédent.

À la date du 31 décembre N avant régularisations, le solde débiteur du compte 5314 « Caisse en devises » est égal à 4 750 €, soit un montant en devises de 5 000 $ achetés le 19 décembre N.

L'état des créances et des dettes en devises, au 31 décembre N, se présente ainsi:

	Numéro de compte	Date de facture	Montant en devises	Montant enregistré en euros	Date d'échéance
Clients:					
PETER	411120	02/11/N	775 000 £	910 000	31/01/N+1
FUJI	411390	19/12/N	6 150 000 JPY	62 200	28/02/N+1
Client créditeur:					
ERWAN	419180	(1)		3 750	
Fournisseurs:					
WASSERMAN.................	401103	25/11/N	250 000 $	212 500	31/01/N+1
HARRISSON	401106	15/11/N	700 000 £	756 000	31/01/N+1
KOMI	401110	08/12/N	8 000 000 JPY	72 000	28/02/N+1

(1) Le 15 décembre N, la société BLAISE a signé avec la société ERWAN un contrat de livraison de produits pour un montant en devises de 10 000 £. L'avance en devises relative à ce contrat, d'un montant de 3 000 £, a été encaissée à la date du 20 décembre N. La livraison est intervenue comme prévu à la date du 10 janvier N+1 et la facture a été établie à la même date.

➢ *Le 25 novembre N, la société BLAISE a effectué une opération de couverture de change, à concurrence de la moitié de sa dette envers la société WASSERMAN, en achetant à terme 125 000 $ au cours de 0,82 €. L'échéance de cette opération est fixée au 31 janvier N+1. L'opération de couverture de change n'a pas été comptabilisée.*

➢ *Au 31 décembre N, les cours des devises sont les suivants :*

- *$ = 0,90 €*
- *£ = 1,20 €*
- *100 JPY = 0,80 €*

➢ *Extrait du Plan comptable de l'entreprise BLAISE :*

411 120 - Client PETER
411 390 - Client FUJI
401 103 - Fournisseur WASSERMAN
401 110 - Fournisseur KOMI
401 106 - Fournisseur HARRISSON
4761 - DCA- Diminution des créances
4762 - DCA - Augmentation des dettes
4772 - DCP - Diminution des dettes
4771 - DCP - Augmentation des créances
4768 - DCA - Différence compensée par couverture de change
4778 - DCP - Différence compensée par couv. de change
5314 - Caisse en devises
801810 - Autres engagements donnés (devises à payer)
801820 - Autres engagements donnés (produits à livrer)
802810 - Autres engagements reçus (devises à recevoir)
802820 - Autres engagements reçus (Produits à encaisser)

MISSIONS

1 Déterminer le montant global de la provision pour pertes de change à constituer à la date du 31 décembre N, en prenant soin d'expliquer précisément votre raisonnement.

2 Présenter les écritures de régularisation nécessaires, à la date du 31 décembre N.

3 Présenter les écritures à enregistrer sur le journal spécifique des engagements hors bilan, à la date du 31 décembre N.

MINI CAS DE SYNTHÈSE 2

SOCIÉTÉ SFRM ***

40 Min

Leader mondial sur le marché des matériels agricoles, la société SFRM effectue de nombreuses opérations à l'international, dont certaines vous sont restituées en document. Elle s'interroge sur l'ampleur des choix comptables qui s'offrent à elle en la matière par rapport aux différents référentiels comptables dans l'optique d'une introduction sur les marchés financiers. On vous confie quatre misions à réaliser à l'aide du document.

MISSIONS

1 ***Un membre de l'IASB a conclu un article de la Revue Française de Comptabilité (n° 414, novembre 2008) en écrivant : « Seule une normalisation indépendante et internationale, non assujettie à une région particulière du monde, peut garder l'objectivité nécessaire ; l'organisme existe : je l'ai rencontré ».***
Expliciter le sigle IASB, indiquer quel est le rôle de cet organisme ? En quoi cet organisme répond-il aux critères de normalisation indépendante et internationale ?

2 ***Les normes internationales IAS-IFRS offrent peu d'options comptables. Préciser quelle en est la raison ? En est-il de même dans le Plan comptable général ?***

3 ***Quel(s) principe(s) comptable(s) peut (peuvent) être remis en cause par l'utilisation de ces options ? Pourquoi ?***

4 ***Enregistrer pour les exercices N-1 et N les écritures nécessaires relatives aux éléments cités dans le document concernant les opérations 1 et 2 (en faisant abstraction des intérêts sur emprunt).***

Document

Informations concernant les opérations en devises :

Opération 1 : *le 1er décembre N-1 est réalisée une vente de matériels spécifiques au client JEFFERSON (Colombia, États-Unis) pour une valeur HT de 40 000 $. La facture est libellée en dollars américains. Le règlement doit être effectué par le client en totalité le 18 janvier N.*

Le 20 décembre N-1, le directeur comptable prévoit des variations importantes du cours du dollar et décide de se couvrir en empruntant 30 000 $ au taux de 3 % auprès d'une banque américaine, remboursable le 18 janvier N.

Il sera fait abstraction des intérêts sur l'emprunt.

Cours du dollar américain (1 US$ = x€)

Au 01/12/N-1 : 0,85

Au 20/12/N-1 : 0,76

Au 31/12/N-1 : 0,70

Cours moyen : décembre N-1 : 0,74

Au 18/01/N : 0,75

Cours moyen janvier N : 0,72

Lecture : au 1er décembre N, 1 US$ vaut 0,85 €.

Opération 2 : *la société SFRM réalise des transactions commerciales avec sa filiale anglaise BROWN. Elle lui a vendu des matériels pour 150 000 £ le 1er novembre N-1. La date de règlement est le 28 février N. Début décembre N-1, la société se couvre en vendant à terme des devises pour 100 000 £ au cours ferme de 7,50 € (1 £ = 7,50 €) et à échéance du 28 février N. Les cours ont évolué comme suit : 1 £ = 8 € au 1er novembre N-1, 1 £ = 7 € au 31 décembre N-1 et 1 £ = 6,80 € au 28 février N. La société SFRM souhaite limiter ses provisions pour risque de change.*

CHAPITRE 18 : LES EMPRUNTS OBLIGATAIRES

COMPÉTENCES ATTENDUES

- **Caractériser** les différentes catégories de passif.
- **Exposer et appliquer** les conditions d'inscription au passif.
- **Évaluer et comptabiliser** les opérations portant sur certains passifs à leur entrée et postérieurement à leur entrée.
- **Analyser** les conséquences de l'option choisie, notamment sur la présentation des comptes annuels, et proposer éventuellement un choix, dans une situation donnée.
- **Présenter** les informations à fournir en annexe.

- **Savoirs associés :** Emprunts obligataires, dans leur forme ordinaire, non convertibles, avec ou sans prime de remboursement :
  – émission, service de l'emprunt, régularisations d'inventaire ;
  – émission de bons de souscription d'obligations ;
  – annulation par l'entité de ses propres obligations.

FICHE RESSOURCES

1 - Les emprunts indivis

Il s'agit d'un emprunt avec un prêteur unique, ou un nombre limité de partenaires financiers.

L'emprunt indivis n'est pas au programme de l'UE 10 mais un rappel de son fonctionnement peut être utile avant d'aborder l'emprunt obligataire.

Rappel

https://eqrco.de/a/yxrV3j

Si l'entreprise souhaite multiplier les prêteurs, elle doit recourir à l'emprunt obligataire.

FICHE RESSOURCES

2 - Les emprunts obligataires classiques

I. Définitions

Une **obligation** est un titre négociable qui confère à son détenteur un droit de créance. Pour une même émission d'obligations, les droits sont les mêmes pour tous les détenteurs.

Un **emprunt obligataire** correspond à une somme divisée en un très grand nombre de micro-emprunts appelés obligations. Leurs détenteurs sont appelés obligataires.

II. Caractéristiques

Un emprunt obligataire se caractérise par :

Valeur nominale V	Somme constituant la base du calcul des intérêts versés à l'obligataire. Aussi appelée le pair de l'obligation.
Prix d'émission PE	Somme demandée à l'obligataire lors de la souscription, pouvant être inférieure à la valeur nominale. Souvent exprimé en % de V.
Prix de remboursement PR	Somme que l'emprunteur s'engage à rembourser à l'obligataire à l'échéance, pouvant être supérieure à la valeur nominale. Lorsque l'obligation est remboursée à la valeur nominale, on dit que le remboursement se fait au pair. Souvent exprimé en % de V.
Prime de remboursement PM = PR – PE	Différence entre PR et PE. Certaines obligations présentent une PM très élevée mais ne donnent pas droit à intérêt (obligations à coupon zéro).
Taux d'intérêt nominal i	Rémunération de l'obligataire, calculée sur la valeur nominale de l'obligation (V).
Coupon d'une obligation C = V x i	Le coupon d'une obligation (C) se calcule en multipliant la valeur nominale de l'obligation par le taux d'intérêt (V x i). Seules les obligations dites « vivantes » ont le droit au coupon. Les obligations « vivantes » représentent les obligations non remboursées au cours des périodes précédentes. Parfois, il n'existe qu'un coupon unique, payable en même temps que le remboursement.
Durée de l'emprunt n	Remboursement en une seule fois à l'échéance convenue ou possibilité de procéder à un amortissement.

III. Le mode d'amortissement de l'emprunt obligataire

Exemple : *une société envisage le lancement d'un emprunt obligataire à la date du 01/07/N, aux conditions suivantes : 200 000 obligations de 100 € de valeur nominale émises à 90 € et remboursées à 120 €. La durée de remboursement prévue serait de 5 ans. Taux d'intérêt nominal : 8 %.*

On envisagera les trois modalités courantes d'amortissement des emprunts-obligations :

1 - Remboursement par amortissement « in fine » (remboursement en totalité à l'échéance)

La très grande majorité des emprunts obligataires se remboursent *in fine* (notamment les obligations à taux zéro et à forte prime de remboursement), au terme d'une période se situant entre 5 et 15 ans. Comme le montant de l'emprunt reste fixe, la charge d'intérêt est la même. Dans cette hypothèse, les quatre premières annuités sont constantes et ne comprennent que le paiement des coupons pour l'ensemble des obligations.

On a donc A1 = A2 = A3 = A4 = 200 000 x 100 x 8 % = 1 600 000 €.

La dernière annuité comprend le versement des coupons de la période et l'amortissement de la totalité des obligations. On a donc : A5 = 1 600 000 (coupons de la 5e période) + 200 000 x 120 (amortissement de la totalité des obligations) = **25 600 000 €.**

Périodes	Dettes en début de période		Intérêts de la période (1) x C	Amortissement		Annuités
	Nombre d'obligations vivantes (1)	Montant (1) x PR		Nombre d'obligations amorties	Montant	
1	200000	24000000	1600000	-	-	1600000
2	200000	24000000	1600000	-	-	1600000
3	200000	24000000	1600000	-	-	1600000
4	200000	24000000	1600000	-	-	1600000
5	200000	24000000	1600000	200000	24000000	25600000
					24000000	

2 - Remboursement par amortissement constant (chaque année, remboursement du même nombre d'obligations).

Ce nombre se détermine en divisant le nombre d'obligations par la durée de l'emprunt.

Soit 200000/5 = 40000. Le coupon C s'élève à 100 x 8 % = 8 € et l'amortissement annuel à 40000 x 120 = 4800000 €.

Périodes	Dettes en début de période		Intérêts de la période (1) x C	Amortissement		Annuités
	Nombre d'obligations vivantes (1)	Montant (1) x PR		Nombre d'obligations amorties	Montant	
1	200000	24000000	1600000	40000	4800000	6400000
2	160000	19200000	1280000	40000	4800000	6080000
3	120000	14400000	960000	40000	4800000	5760000
4	80000	9600000	640000	40000	4800000	5440000
5	40000	4800000	320000	40000	4800000	5120000
					24000000	

Remarque : *chaque année on rembourse 40000 obligations, il y a donc 40000 x 8 = 320000 € d'intérêt en moins à payer. Il en résulte que les annuités sont en progression arithmétique décroissante de raison – 320000.*

3 - Remboursement par annuité constante

Ce remboursement consiste à décaisser chaque année la même somme, composée du capital remboursé et des intérêts décroissants au fil des années. Il permet alors de bénéficier d'une déductibilité plus grande des intérêts les premières années.

Le calcul de l'annuité suit le même principe que pour les emprunts indivis qui, pour rappel, se calcule comme suit :

$$A = R^* \frac{i}{1-(1+i)^{-n}} \quad R\text{: Montant de l'emprunt à rembourser}$$

Néanmoins, pour un emprunt obligataire, l'annuité ne peut être que « sensiblement constante » (du fait du nombre entier des obligations à rembourser). Seuls les emprunts indivis peuvent être amortis en annuités « réellement constantes ».

Ce mode d'amortissement nécessite donc un calcul financier préalable :

- dans le cas d'un remboursement au pair (quel que soit le prix d'émission), l'annuité théorique constante (A) est égale à :

$$A = N \times V \times \frac{i}{1-(1+i)^{-n}} \quad N\text{: nombre d'obligations émises}$$

- dans le cas d'un remboursement supérieur à la valeur nominale, l'annuité théorique constante sera calculée par la formule :

$$A = N \times PR \times \frac{i'}{1-(1+i')^{-n}} \quad \text{avec } i' = \frac{V \times i}{PR} = \frac{C}{PR}$$

Puisque R > V, il faut utiliser i' qui est le taux d'intérêt effectif.

Dans notre exemple nous avons :

$$A = 200000 \times 120 \times \frac{8/120}{1-(1+8/120)^{-5}} \quad \text{avec } i' = \frac{100 \times 0{,}08}{120} = \frac{8}{120}$$

A = 5 801 230,29

Le nombre théorique obtenu est en général arrondi (à la dizaine ou la centaine d'obligations) afin de rembourser des séries complètes d'obligations.

On distinguera le calcul de la première annuité du calcul des annuités suivantes :

– Calcul du premier amortissement théorique :

On a : 1er amortissement théorique = annuité théorique – intérêts de la 1re période

1er amortissement théorique = 5 801 230,29 – (200 000 x 100 x 8 %) = 4 201 230,29 €

Ceci correspond à un nombre d'obligations égal à 4 201 230,29/120 = 35 010,25242 obligations.

On peut donc convenir d'arrondir ce nombre à l'entier le plus proche. On amortira donc réellement 35 010 obligations à la fin de la première période. Le premier amortissement réel sera donc de 35 010 x 120 = 4 201 200 et la première annuité réelle sera d'un montant de 4 201 200 + (200 000 x 100 x 0,08) = 5 801 200.

– Calcul des amortissements suivants :

Étant donné que les annuités sont constantes, le nombre d'obligations amorties suit une progression géométrique de raison (1 + i'). On peut donc déterminer les amortissements successifs en utilisant cette particularité.

On obtiendra ainsi le nombre théorique d'obligations amorties à chaque période que l'on pourra ensuite arrondir à l'entier le plus proche pour obtenir le nombre réel. Ainsi :

$A2 = A1\,(1 + i') = 35\,010{,}25242 \times (1 + 8/120) = 37\,344{,}269$ arrondis à 37 344.

$A3 = A2\,(1 + i')^2 = 35\,010{,}25242 \times (1 + 8/120)^2 = 39\,833{,}887$ arrondis à 39 834.

Et ainsi de suite… Cette formule permet de calculer A1 le premier terme de la suite, et par extension n'importe quel terme de cette suite : $Ap = A1 * (1 + i')^{p-1}$ avec Ap le nombre d'obligations amorties à l'échéance P.

Soit N est le nombre d'obligations vivantes en début d'emprunt. N est égal à :

$N = A1 + A2 + A3 + \ldots + An = A1 + A1*(1 + i') + A1*(1 + i')^2 + \ldots + A1*(1 + i')^{n-1}$

Ou encore $N = A1 * \dfrac{1 - (1 + i')^n}{- i'}$

Dans le cas de l'exemple précédent : $N = 35010 * \dfrac{1 - (1 + 8/120)^5}{- 8/120} = 200000$

Soit N1 le nombre d'obligations vivantes après 1 échéance remboursée

N1 = N – A1

Pour les suivantes, il suffit de soustraire le nombre d'obligations amorties au total restant à chaque échéance.

N3 = N – (A1 + A2 + A3)

$N5 = N - A1 * \dfrac{1 - (1 + i')^n}{- i}$

Ces formules permettent de calculer et reconstruire n'importe quelle ligne du tableau d'amortissement sans avoir à le construire entièrement.

Attention ! On prendra soin, dans ces calculs, de partir du nombre théorique d'obligations amorties à la fin de la première période en conservant toute la précision et de n'arrondir les résultats qu'à la fin de tous les calculs. Le dernier amortissement doit être déterminé par différence afin de retrouver un nombre d'obligations amorties égal au nombre d'obligations émises à l'origine.

Périodes	Dettes en début de période		Intérêts de la période	Amortissement			Annuités réelles (A) + (B)
	Nombre d'obligations (1)	Montant (1) x PR	(A) = (1) x C	Nombre d'obligations amorties		Montant (B) = (2) x PR	
				Théorique	Réel (2)		
1	200 000	24 000 000	1 600 000	35 010,25	35 010	4 201 200	5 801 200
2	164 990	19 798 800	1 319 920	37 344,27	37 344	4 481 280	5 801 200
3	127 646	15 317 520	1 021 168	39 833,89	39 834	4 780 080	5 801 248
4	87 812	10 537 440	702 496	42 489,48	42 489	5 098 680	5 801 176
5	45 323	5 438 760	362 584	-	45 323	5 438 760	5 801 344
			5 006 168		200 000	24 000 000	

On peut remarquer que les annuités ne sont qu'approximativement constantes. Ceci provient du fait que le nombre d'obligations réellement amorties a été arrondi à l'euro le plus proche.

IV. Comptabilisation des emprunts obligataires

1 - Comptabilisation à l'émission

Exemple : *on reprend l'exemple précédent, en supposant que les frais d'émission s'élèvent à 180 000 € HT et que l'ensemble des titres est souscrit à l'émission.*

		À l'émission :		
4731		Obligations à la souche (à placer)	24 000 000	
	163	Autres emprunts obligataires (Nb oblig. * PR)		24 000 000
		À la souscription :		
4673		Obligataires, compte de souscription (Nb oblig. * PE)	18 000 000	
169		Primes de remboursement (Nb oblig. * (PR – PE))	6 000 000	
	4731	Obligations à la souche (à placer)		24 000 000
		À la libération :		
512		Banques	18 000 000	
	4673	Obligataires, compte de souscription		18 000 000
		Les frais :		
627		Services bancaires	180 000	
44566		État, TVA déductible sur ABS	36 000	
	512	Banques		216 000

2 - Comptabilisation à l'inventaire

Exemple : *on suppose que l'émission a eu lieu le 01/07/N.*

- **Intérêts courus non échus**

		31/12/N		
661		Charges d'intérêts	800 000	
	16683	Intérêts courus non échus sur emprunts obligataires		800 000
		1 600 000 x 6/12		

- **Amortissement des primes de remboursement**

L'amortissement de la prime de remboursement se pratique par la technique dite de « l'amortissement direct » ; il n'y a pas de compte amortissement des primes de remboursement, il suffit de créditer directement le compte 169 Primes de remboursement.

Au bilan, le poste « prime de remboursement » apparaît donc pour le montant net (Brut – Cumul des amortissements).

Le Code de commerce précise que les primes de remboursement afférentes à la fraction des emprunts remboursés ne peuvent en aucun cas être maintenues au bilan.

Il existe deux techniques pour amortir les primes sur la durée de l'emprunt :

- sur la durée de l'emprunt en linéaire (les textes ne précisent pas si la première annuité est calculée *prorata temporis*) ;
- sur la durée de l'emprunt au prorata des intérêts courus :

  Lorsque l'entreprise décide d'amortir les primes de remboursement sur la durée de l'emprunt au prorata des intérêts courus, elle doit effectuer les calculs suivants :

  1° - présenter la totalité du tableau d'amortissement de l'emprunt,

  2° - cumuler les intérêts sur la durée totale de l'emprunt,

  3° - répartir le cumul des intérêts par exercice social (et non par échéance),

  4° - calculer la dotation aux amortissements de la prime de remboursement à rattacher à chaque exercice social ; cette dotation est égale à la prime de remboursement totale multipliée par les intérêts se rattachant à l'exercice social et divisée par le cumul des intérêts.

Exemple : *→ Hypothèse 1 : les primes de remboursement sont amorties par fractions égales sur la durée de l'emprunt.*
→ Hypothèse 2 : les primes de remboursement sont amorties au prorata des intérêts courus.

- Hypothèse 1 :

		31/12/N		
6861		Dot. aux amort. des primes de remboursement	1 200 000	
	169	Primes de remboursement		1 200 000
		6 000 000/5		

- Hypothèse 2 :

		31/12/N		
6861		Dot. aux amort. des primes de remboursement	958 817	
	169	Primes de remboursement		958 817
		6 000 000 x 1 600 000 x (6/12)/5 006 168		

Les primes de remboursement supérieures à 10 % du prix d'émission

Pour les **emprunts émis depuis le 01/01/1993**, lorsque les primes de remboursement excèdent 10 % du prix d'émission, l'entreprise doit pratiquer un amortissement de la prime de remboursement en faisant référence à un calcul actuariel. C'est le cas des obligations à coupon zéro ou des obligations à fortes primes (supérieure à 10 %) et faibles coupons (taux d'intérêt inférieur au taux du marché).

Pour ce type d'emprunts, il est indispensable d'avoir le taux actuariel de l'emprunt qui permet de déterminer les charges financières qui doivent se rattacher à chaque période.

Exemple : une société émet 10 000 obligations à coupon zéro le 1er janvier N pour une valeur nominale de 20 €. Elles sont remboursables pour une valeur de 22,05 € à échéance de deux ans.

Calcul du taux actuariel : $20 \times (1 + i)^2 = 22,05 => i = 5\ \%$.

Au 31 décembre N, la société comptabilisera des charges d'intérêts pour 10 000 x 20 x 5 % = 10 000 €.

Au 31 décembre N +1, on tiendra compte des intérêts composés : (200 000 + 10 000) x 5 % = 10 500 €.

Total des intérêts : 20 500 €

Prime de remboursement : 2,05 x 10 000 = 20 500 €

La prime amortie chaque année est égale à sa fraction courue au cours de l'exercice, déterminée de manière actuarielle selon la méthode des intérêts composés.

- **Traitement comptable des frais d'émission des emprunts obligataires**
  - → supportés intégralement par l'exercice d'émission ;
  - → les entreprises qui émettent des emprunts peuvent, sur option valable pour deux ans, décider d'étaler les frais d'émission sur la durée de l'emprunt. Cet étalement se fait par le transfert des frais dans le compte de charge à répartir (**481 - Frais d'émission d'emprunts**) puis par son amortissement sur la durée de l'emprunt. L'option pour l'étalement est générale, c'est-à-dire valable pour tous les emprunts obligataires émis, en vertu du principe de permanence des méthodes. Pour les emprunts émis à compter du 30/12/1994 :
    - – l'amortissement des frais d'émission des emprunts obligataires se fait comptablement sur une durée maximale égale à la durée de l'emprunt. Aucun prorata n'est fiscalement admis. Les méthodes d'amortissement pouvant être utilisées sont :
      - l'amortissement par fractions égales sur la durée de l'emprunt,
      - l'amortissement au prorata de la rémunération courue. On entend par rémunération courue pour chaque exercice les intérêts et primes de remboursement fiscalement admises ;
    - – l'amortissement des frais d'émission se pratique par la technique dite de « l'amortissement direct » ; il n'y a pas de compte amortissement des frais d'émission d'emprunts, il suffit de créditer directement le compte 481 « Frais d'émission d'emprunts ».

Au bilan le poste « Charge à répartir » (frais d'émission) apparaît donc pour le montant net (Brut – Cumul des amortissements).

Exemple : *la société décide d'étaler les frais d'émission sur la durée de l'emprunt, par parts égales.*

			Débit	Crédit
		31/12/N		
481		Frais d'émission des emprunts	180 000	
	791	Transferts de charges d'exploitation*		180 000
		Transfert des frais au bilan		
		31/12/N		
6812		Dotation aux amortissements des charges à répartir sur plusieurs exercices	36 000	
	481	Frais d'émission des emprunts		36 000
		180 000/5		

*** Remarque :** Le règlement ANC n° 2022-06, d'application obligatoire à compter des exercices ouverts au 1er janvier 2025, prévoit la suppression de la technique du transfert de charges et son remplacement par une affectation directe dans le compte de charges concerné. En l'espèce, le compte de charge 6272 – Commissions et frais sur émission d'emprunts (ou un autre sous-compte) – sera crédité pour le montant à étaler.

3 - Comptabilisation du service de l'emprunt

À l'échéance, il faut payer aux obligataires les coupons de la période et rembourser le nombre d'obligations qui arrivent à échéance. Soit, dans notre exemple, à la première échéance au 01/07/N+1, en supposant que l'emprunt est remboursé par annuités sensiblement constantes :

			Débit	Crédit
		01/07/N+1		
6611		Intérêts des emprunts et dettes	1 600 000	
163		Autres emprunts obligataires	4 201 200	
	4676*	Obligataires, coupons à payer		1 600 000
	4674*	Obligataires, obligations échues à rembourser		4 201 200
		Paiement 1re annuité		

* *Remarque : le PCG ne précise pas les comptes à utiliser, Il est donc possible d'utiliser d'autres comptes (compte d'attente : 474 ou des sous-comptes du compte d'emprunt 16 : 168).*

4 - Rachat des obligations

Amortissement par rachat en bourse : le rachat de ses propres obligations est possible si une telle clause figure dans le contrat obligataire.

Intérêt financier	Caractéristiques	Conséquences comptables
Cours des obligations < Prix de remboursement de l'obligation	Le taux d'intérêt augmente : • la société émettrice rachète ses obligations ; • l'obligataire vend ses obligations car il a la possibilité de placer sa trésorerie à un taux d'intérêt supérieur.	1 - Rachat 505 Obligations émises par la société et rachetées par elle — Débit : Rachat 512 Banques — Crédit : Rachat 2 - Constatation du produit 163 Autres emprunts obligataires — Débit : NxPR 505 Obligations émises par la société et rachetées par elle — Crédit : Rachat 7783 Bonis provenant du rachat… — Crédit : #
Cours des obligations > Prix de remboursement de l'obligation	Le taux d'intérêt baisse : • la société émettrice rachète ses obligations à un prix élevé mais diminue le coût de son financement ; • l'obligataire vend ses obligations car il réalise une plus-value.	1 - Rachat 505 Obligations émises par la société et rachetées par elle — Débit : Rachat 512 Banques — Crédit : Rachat 2 - Constatation de la charge 163 Autres emprunts obligataires — Débit : NxPR 6783 Malis provenant du rachat — Débit : # 505 Obligations émises par la société et rachetées par elle — Crédit : Rachat

Remarque: en aucun cas il ne doit subsister à l'actif du bilan la prime de remboursement afférant à des obligations amorties. Si des obligations ont été annulées, il convient d'amortir la part de la prime de remboursement correspondant.

3 - Les bons de souscription d'obligations autonomes (BSO)

Ces titres donnent le droit à l'investisseur de souscrire à des obligations dans des conditions établies lors du contrat d'émission. Chez l'émetteur, les BSO autonomes sont enregistrés comme des produits constatés d'avance qui se rattacheront au résultat de l'entreprise lorsque celle-ci offrira un intérêt « attractif » aux obligations émises dans un second temps. Lorsqu'ils sont utilisés, aucune écriture n'est enregistrée mais le produit constaté d'avance sera rapporté au compte de produits financiers, en parallèle avec les frais financiers de l'emprunt obligataire émis (sur la durée de l'emprunt). Les bons non utilisés sont immédiatement repris en « produits financiers divers » et sont donc imposables lors de leur péremption.

Exemple: *une société émet 10000 BSO à 20 €; chaque bon donne le droit de souscrire à une obligation d'un emprunt obligataire émis ultérieurement, au prix de 95 € (valeur nominale: 100 €):*

À l'émission:

512		Banques	200000	
	487	Produits constatés d'avance		200000

L'émission ultérieure d'obligations se comptabilise normalement.

Les BSO utilisés qui avaient été initialement comptabilisés en produits constatés d'avance seront repris en produits financiers sur la durée de vie du nouvel emprunt obligataire.

Les BSO non utilisés qui avaient été initialement comptabilisés en produits constatés d'avance sont immédiatement repris en produits financiers et donc imposables immédiatement.

Exemple: *8500 bons ont exercé leur droit.*

- À l'émission du nouvel emprunt obligataire sur 8 ans par hypothèse:

512		Banques (8500 x 95)	807500	
169		Primes de remboursement	42500	
	163	Autres emprunts obligataires (8500 x 100)		850000

- Pour les 1500 BSO non utilisés:

487		Produits constatés d'avance	30000	
	7682	Produits financiers divers		30000
		20 x 1500		

- Pour les BSO utilisés, à l'inventaire (ne pas oublier d'appliquer la règle du *prorata temporis* si nécessaire):

487		Produits constatés d'avance	21250	
	7682	Produits financiers divers		21250
		(8500 x 20)/8		

APPLICATIONS

CONTRÔLE DE CONNAISSANCES

Répondre par « oui » ou par « non » aux affirmations ci-dessous en donnant toutes les explications nécessaires.

1. Le prix d'émission d'une obligation doit être inférieur ou égal à la valeur nominale.

2. La prime de remboursement est égale à la différence entre le prix de remboursement et la valeur nominale.

3. Les primes de remboursement afférentes à la fraction des emprunts remboursés ne peuvent en aucun cas être maintenues au bilan.

4. Au bilan, le poste « prime de remboursement » apparaît pour le montant net.

5. Le compte 163 – emprunt obligataire, enregistre toujours le prix de remboursement.

6. La méthode de référence d'enregistrement des frais d'émission est la comptabilisation en charges sur l'exercice de l'émission.

7. Amortissement par rachat en bourse : le rachat de ses propres obligations est possible si une telle clause figure dans le contrat obligataire.

8. La valeur des BSO est toujours enregistrée en produits constatés d'avance lors de leur émission.

QUIZ EN VERSION NUMÉRIQUE

https://eqrco.de/a/XZFfV0

APPLICATION 1★★: EMPRUNT OBLIGATAIRE - CAS SIMPLE

25 Min

La société hydroélectrique de TOUZAC émet un emprunt obligataire le 01/04/N, remboursable le 31/03 de chaque année. 15000 titres sont émis au prix de 97 €. La valeur nominale est de 100 € et le prix de remboursement de 105 €. Le taux d'intérêt est de 9,45 % l'an.
L'emprunt est remboursable en 5 ans par annuités sensiblement constantes. Lors de l'émission, les frais d'émission se sont élevés à 12000 € hors taxe (TVA au taux normal de 20 %). Ils ont été prélevés par la banque HSBC en date du 28/04/N. Les obligataires règlent le 28/04/N. L'amortissement de la prime de remboursement et des frais d'émission est réalisé sur la durée de l'emprunt, selon le mode linéaire par parts égales.
Calculatrice autorisée.

TRAVAIL À FAIRE

1. Enregistrer l'émission de l'emprunt.
2. Présenter le tableau d'amortissement de l'emprunt.
3. Présenter les écritures à l'inventaire N (l'exercice coïncide avec l'année civile) et à l'ouverture de l'exercice N+1.
4. Présenter les écritures à l'échéance du 01/04/N+1 et le règlement aux obligataires le 18/04/N+1.
5. Présenter les écritures d'inventaire au 31/12/N+1.
6. Présenter les écritures à l'échéance du 01/04/N+2.

APPLICATION 2★★: EMPRUNT OBLIGATAIRE - AMORTISSEMENT DES PRIMES AU PRORATA DES INTÉRÊTS COURUS

30 Min

La société anonyme BONHOURE émet un emprunt obligataire le 01/10/N de 50000 obligations de 2000 € de valeur nominale, émises à 1980 € et remboursables à leur valeur nominale. Le taux d'intérêt est de 9 %. La durée de l'emprunt est de 8 ans. L'emprunt est remboursable par annuités sensiblement constantes, à compter du 01/10/N+1. Les primes de remboursement sont amorties au prorata des intérêts courus.
Calculatrice autorisée.

TRAVAIL À FAIRE

1. Présenter le tableau d'amortissement de l'emprunt indiquant les échéances, les obligations vivantes, le coupon et les obligations à rembourser.
2. Présenter les écritures de N et N+1.
3. La SA BONHOURE a procédé courant septembre N+2 au rachat en bourse de 1800 obligations pour un prix total de 3510000 €. Enregistrer dans la comptabilité de la société BONHOURE :
   - l'opération de rachat en bourse ;
   - le service de l'emprunt au 01/10/N+2.

APPLICATION 3**: EMPRUNT OBLIGATAIRE : ÉMISSION, SERVICE DE L'EMPRUNT ET ÉCRITURES D'INVENTAIRE

40 Min

La société GABRIELLE émet un emprunt obligataire pour financer une partie de son programme d'investissement.

TRAVAIL À FAIRE

À l'aide du document :

1. Enregistrer les écritures d'émission de l'emprunt et des frais d'émission au 1er juin N.
2. Poser le calcul permettant d'obtenir la 1re dotation pour l'amortissement de la prime de remboursement (5833 €).
3. Quelle autre technique l'entreprise GABRIELLE aurait-elle pu choisir pour l'amortissement de la prime de remboursement ?
4. Enregistrer les écritures d'inventaire du 31 décembre N.
5. Enregistrer les écritures du 1er janvier au 31 mai N+1.

Document Emprunt obligataire émis par la société GABRIELLE

La société GABRIELLE émet son emprunt obligataire le 1er juin N.

- *80000 obligations de 30 € de valeur nominale.*
- *Prix d'émission : 29 € ; taux d'intérêt annuel 5 % (date de jouissance le 31 mai de chaque année).*
- *Durée de l'emprunt : 8 ans.*
- *Remboursement au pair in fine le 31 mai N+8.*

Les frais d'émission de l'emprunt (40000 € HT, TVA au taux de 20 %) sont amortis sur 4 ans sans prorata temporis.
La prime de remboursement est amortie au prorata des intérêts courus. Le montant de la 1re dotation est égal à 5833 €.

Tableau d'amortissement de l'emprunt

ÉCHÉANCES	NOMBRE D'OBLIGATIONS VIVANTES	INTÉRÊTS	NOMBRE D'OBLIGATIONS AMORTIES	ANNUITÉS
31/05/N+1	80000	120000		120000
31/05/N+2	80000	120000		120000
31/05/N+3	80000	120000		120000
31/05/N+4	80000	120000		120000
31/05/N+5	80000	120000		120000
31/05/N+6	80000	120000		120000
31/05/N+7	80000	120000		120000
31/05/N+8	80000	120000	80000	2480000
	TOTAUX	**960000**	**80000**	**3320000**

APPLICATION 4**: EMPRUNT OBLIGATAIRE AVEC BONS DE SOUSCRIPTION

40 Min

La SA BALSTAR, pour lancer un programme d'investissements, a besoin de mobiliser de nouvelles ressources de financement. Afin de les diversifier, elle décide de lancer sur le marché un emprunt obligataire, dont les caractéristiques sont présentées dans le document.

TRAVAIL À FAIRE

À l'aide du document :

1. Rédiger une note de synthèse présentant le traitement à appliquer aux BSO dans les comptes de la société émettrice BALSTAR, lors de leur émission puis lors de l'émission de l'emprunt.
2. Présenter l'écriture qui a été enregistrée par BALSTAR au 30 juin N.
3. Enregistrer dans la comptabilité de la SA BALSTAR les écritures d'émission de l'emprunt et d'annulation des BSO non utilisés.
4. Enregistrer chez BALSTAR toutes les écritures nécessaires à la clôture de l'exercice N+1, relatives aux obligations émises et aux BSO utilisés.

Document Caractéristiques de l'emprunt obligataire émis par la SA BALSTAR

Afin de bénéficier plus rapidement d'une partie des ressources dont elle a besoin, la SA BALSTAR a émis, le 30 juin N, 15 000 bons de souscription obligations (BSO), qui permettront de souscrire à l'emprunt obligataire lancé le 1er janvier N+1.

Ces bons ont été émis à un prix unitaire de 2 € et deux bons détenus donnent droit à la souscription d'une obligation émise au 1er janvier N+1.

À cette date, il apparaît que 10 000 bons émis ont été utilisés pour souscrire à l'emprunt obligataire. La reprise du produit des BSO utilisés se fait en linéaire, sur la durée de l'emprunt.

Le 1er janvier N+1, la société procède donc à l'émission de l'emprunt obligataire, à hauteur des BSO utilisés. Les caractéristiques des obligations émises sont les suivantes :

Valeur nominale d'une obligation : 100 €
Émission au pair Prix de remboursement : 105 %
Date d'émission et de versement des fonds : 1er janvier N+1
Durée de l'emprunt : 10 ans
Taux nominal : 4 % Les intérêts sont payés à la date anniversaire de l'obligation, chaque 1er janvier
Remboursement in fine

Pour cette émission, la société BALSTAR a supporté des frais d'émission de 8 000 € HT. Ils ont été payés lors du versement des fonds. Elle a décidé d'inscrire ces frais à l'actif et de les amortir sur la durée de l'emprunt, en linéaire, par fractions égales. La société a également retenu un amortissement linéaire, par fractions égales, pour la prime de remboursement de l'emprunt.

MINI-CAS DE SYNTHÈSE 1

Compétences attendues: les emprunts obligataires sont traités dans leur forme ordinaire (non convertibles) avec ou sans prime de remboursement. Lorsque cela est nécessaire, les tableaux d'amortissement des emprunts sont fournis. Pour l'amortissement de la prime de remboursement, sont étudiés l'amortissement linéaire ou au prorata des intérêts courus.

SOCIÉTÉ ALEXI **

45 Min

La SA ALEXI émet un emprunt obligataire le 1er mars N de 1 000 000 € nominal (valeur nominale de 100 €) au taux de 10 %. Les intérêts sont payés à terme échu sur 10 ans. Il est émis à un prix de souscription de 80 € et à un prix de remboursement de 120 €. Il est remboursable chaque année en fin de période par tirage au sort d'un nombre entier constant d'obligations. Les frais d'émission sont de 20 000 € HT (TVA à 20 %). La société clôture ses comptes le 31 décembre de chaque année. L'aspect fiscal sera négligé. Les frais d'émission et les primes de remboursement sont amortis selon le mode linéaire sur la durée de l'emprunt.

MISSIONS

1 ***Présenter le plan de remboursement de l'emprunt obligataire sur 2 ans.***

2 ***Enregistrer les écritures relatives à l'emprunt en N et N+1.***

3 ***Présenter les écritures chez l'acquéreur de 1 000 obligations le 1er juillet N au prix unitaire de 90 € coupon attaché, revendus le 1er juillet N+1 pour une valeur unitaire de 110 €, intérêts compris. L'acquéreur est une société dont l'exercice comptable coïncide avec l'année civile (utiliser le compte de régularisation 5088).***

MINI-CAS DE SYNTHÈSE 2

SOCIÉTÉ AUDITOR ***

45 Min

Le cabinet d'expertise comptable AUDITOR vous confie les deux dossiers suivants:

DOSSIER 1: SOCIÉTÉ FIDAL

La société FIDAL dont l'exercice comptable coïncide avec l'année civile émet le 1er octobre N un emprunt obligataire réunissant les conditions suivantes:

- *émission de 5 000 obligations;*
- *valeur d'émission: 1 000 €;*
- *valeur nominale: 1 000 €;*
- *remboursement in fine au prix de 1 050 € le 1er octobre N+8;*
- *coupon d'intérêt annuel: 60 €;*
- *date de jouissance: 1er octobre N;*
- *le 10 octobre N, les 5 000 obligations sont souscrites;*
- *les frais d'émission de l'emprunt s'élèvent à 60 000 € TTC (dont TVA 10 000 €);*
- *les primes de remboursement sont amorties par fractions égales sur la durée de l'emprunt.*

Lors de l'émission, la SA PERFORMIA souscrit 700 obligations FIDAL. L'investissement représente un placement financier à moyen terme.

MISSION

Présenter les écritures au journal de la société FIDAL au titre de l'exercice N et au titre du mois d'octobre N+1.

La société FIDAL n'a pas extourné les intérêts courus au 01/01/N+1.

DOSSIER 2 : SOCIÉTÉ AXEINVEST

Au titre de l'exercice en cours, la SA AXEINVEST, dont le capital social est de 10 000 000 € (100 000 actions de valeur nominale 100 €), société inscrite à la bourse des valeurs du second marché, a réalisé les opérations financières mentionnées ci-après.

Opération n° 1

- **Le 30 juin N : paiement des dividendes en actions**

  Sur proposition du conseil d'administration, l'assemblée générale qui s'est réunie le 30 juin N a approuvé le paiement des dividendes en actions pour un montant de 500 000 € ; étant précisé que le prix d'émission de l'action a été fixé à 250 €. Le résultat de l'exercice N-1 d'un montant de 634 200 € devra, au préalable, faire l'objet d'une dotation à la réserve légale ainsi que d'une dotation au compte réserves facultatives pour un montant de 100 000 €, le solde non distribué étant affecté au poste « Report à nouveau ».

  Avant affectation du résultat, le montant des capitaux propres au 31 décembre N-1 était de 18 352 200 €.

La dotation à la réserve légale est de 5 % du résultat de l'exercice.

Opération n° 2

- **1er août N : augmentation de capital par compensation de créance**

  Après avoir pris lecture des rapports du conseil d'administration et du commissaire aux comptes, l'assemblée générale a approuvé, en faveur d'un de ses sous-traitants, la conversion en actions de sa créance d'un montant de 390 000 €.

  Le prix fixé pour cette opération de conversion est de 260 € par action.

Opération n° 3

- **31 octobre N : augmentation de capital par conversions d'obligations**

  Conformément au contrat d'emprunt convertible en actions, il est prévu au 31 octobre N, date d'échéance de cet emprunt, la conversion en action des 2 000 obligations de valeur nominale de 1 000 €, montant égal à la valeur de remboursement. Les obligataires ont accepté les bases de calcul de la conversion en action, à savoir 4 actions pour une obligation alors que le cours de bourse de l'action, à cette date, était égal à 255 €.

MISSIONS

1 **Présenter les écritures de distribution du résultat et de paiement des dividendes en actions.**

2 **Présenter l'écriture d'augmentation de capital par conversion de la créance du sous-traitant.**

3 **Après avoir expliqué la motivation des obligataires qui a conduit à réaliser cette opération, présenter l'écriture d'augmentation de capital.**

4 **Déterminer le montant du capital social et des capitaux propres à l'issue de ces trois augmentations de capital.**

PARTIE 4 : CHARGES ET PRODUITS

CHAPITRE 19 : L'ABONNEMENT DES CHARGES ET DES PRODUITS

COMPÉTENCES ATTENDUES

- **Exposer et appliquer** les traitements comptables relatifs au rattachement des charges et des produits.
- **Évaluer et comptabiliser** les opérations citées et plus particulièrement celles se déroulant sur plusieurs exercices.
- **Analyser** les conséquences d'un choix de comptabilisation, notamment sur la présentation des comptes annuels, dans une situation donnée.
- **Présenter** les informations à fournir en annexe.

FICHE RESSOURCES

1 - Présentation de la technique de l'abonnement

I. La technique de l'abonnement

En vertu du **principe d'indépendance des exercices**, les charges et produits doivent être rattachés à l'exercice qui les concerne. Pour appliquer ce principe, on utilise des comptes de régularisation. Certains rattachements sont obligatoires (charges à payer, produits à recevoir, charges et produits constatés d'avance), d'autres sont facultatifs (abonnement des charges et produits, contrats à long terme).

L'abonnement des charges est une méthode de comptabilisation qui sert à créer des situations intermédiaires. Ces situations sont de véritables arrêtés des comptes et leur périodicité peut être mensuelle, trimestrielle ou semestrielle. Ainsi, l'entreprise n'est pas obligée d'attendre la facture qui peut être annuelle et peut comptabiliser tous les mois, trimestres ou semestres la fraction correspondante dans un compte de répartition.

II. Intérêts et limites de la technique de l'abonnement

Intérêts	• L'abonnement des charges et produits facilite le calcul des coûts périodiques. • Cette technique a également un impact sur les résultats des différentes périodes comptables intermédiaires. Ainsi elle permet de comparer le résultat de chaque période à échéance régulière. C'est un outil de gestion. • Les résultats périodiques obtenus permettent de donner une image fidèle de la situation financière de l'entreprise.
Limites	• La technique de l'abonnement n'est applicable qu'aux seuls produits et charges dont le montant peut être fixé d'avance avec une précision suffisante. • L'obtention d'un résultat comptable périodique fiable implique d'enregistrer des écritures d'inventaire complémentaires afin de respecter les principes comptables généraux.

III. Charges et produits pouvant être abonnés

Ce sont des charges et des produits dont les montants sont connus d'avance, pratiquement fixes et indépendants du niveau d'activité de l'entité comptable. Ce type de charges est appelé charges de structure. Ces charges et ces produits sont très souvent payables ou encaissables de façon répétitive trimestriellement ou semestriellement.

EXEMPLES DE CHARGES	EXEMPLES DE PRODUITS
• Primes d'assurance • Loyers et charges locatives • Redevances de crédit-bail • Documentation • Honoraires • Impôts et taxes • Intérêts des emprunts • Dotations aux amortissements…	• Redevances pour concession de brevets • Locations perçues • Intérêts perçus sur prêts…

2 - La comptabilisation de l'abonnement

I. Principes communs aux charges et produits abonnés

Selon l'article 944-48 du PCG, une entreprise peut décider de répartir par fractions égales entre les périodes comptables de l'exercice, les charges et produits dont le montant peut être connu ou fixé d'avance avec une précision suffisante. Il s'agit du système d'abonnement où les comptes d'abonnement (488) remplacent les comptes de charges et de produits.

Abonnement de la charge ou du produit : montant prévisible réparti par fractions égales entre les périodes comptables

Crédit : 4886 – Compte de répartition périodique des charges

Débit : 4887 – Compte de répartition périodique des produits

Au cours de l'exercice : adaptation de la répartition au montant réel

La répartition est modifiée, s'il y a lieu, en plus ou en moins, de manière que le total des sommes inscrites au débit/crédit des comptes des classes 6 et 7 soit égal, en fin d'exercice, au montant réel de la charge/du produit.

En fin d'exercice : solde des comptes

Les comptes 4886 et 4887 sont soldés à la fin de l'exercice.

II. L'abonnement des charges

Exemple : *la SA GESSE pratique un abonnement mensuel de ses charges périodiques ; elle a prévu en début d'exercice un montant de prime d'assurance annuelle de 60 000 € ; cette prime payée le 16 juin s'est élevée à 65 600 €.*

Les écritures seront les suivantes :

		01 à 05		
616		Primes d'assurance	5 000	
	4886	Compte de répartition des charges		5 000
		60 000/12		
		16/06/N		
4886		Compte de répartition périodique des charges	65 600	
	512	Banques		65 600
		Paiement de la prime d'assurance		
		06 à 12		
616		Primes d'assurance	5 800	
	4886	Compte de répartition périodique des charges		5 800
		(65 600 - 5 x 5 000)/7		

Dans l'hypothèse où la charge réelle est différente de la prévision, le compte 4886 doit être soldé à la fin de l'exercice par le compte de charge intéressé.

	4886 – Compte de répartition (débit)	4886 – Compte de répartition (crédit)	512 – Banques (débit)	512 – Banques (crédit)	6… – Charge (débit)	6… – Charge (crédit)
Abonnement mensuel (5 x 5 000)		25 000			25 000	
Paiement de la charge	65 600			65 600		
Régularisation abonnement (7 x 5 800)		40 600			40 600	

Soldé

III. L'abonnement des produits

Exemple :

La société AZOU a donné en location un immeuble non affecté aux activités professionnelles aux conditions suivantes :

- loyer annuel de référence : 120 000 € ;
- paiement à terme échu le 1er avril de chaque année, selon l'indice en vigueur ce jour-là ;
- indexation du loyer sur un indice ;
- indice au 1er avril N : 101,50 (indice de référence : 100).

La SA AZOU pratique un abonnement mensuel de ses produits périodiques.

Les écritures seront les suivantes :

- Chaque mois de janvier à mars

		fin de mois		
4887		Compte de répartition périodique des produits	10 000	
	752	Revenus des immeubles non affect. aux activ. prof.		10 000
		120 000/12		

- Au 01/04 : règlement reçu du loyer indexé

Le loyer à recevoir s'élève à 120000 € majoré de 1,5 %, soit 120000 x 1,015 = 121800.

		01/04/N		
512		Banque	121800	
	4887	Compte de répartition périodique des produits		121800
		120000 x 1,015		

- Nouvel abonnement sur les 9 derniers mois d'avril à décembre :

Il reste 9 mois d'abonnement. Le produit déjà enregistré au 30 mars est de 10000 x 3 = 30000.

Le nouvel abonnement sera donc de : [121800 – (10000 x 3)]/9 = 10200

		30/04/N		
4887		Compte de répartition périodique des produits	10200	
	752	Revenus des immeubles non affect. aux activ. prof.		10200

- En fin d'exercice, le compte de répartition périodique se présente ainsi :

4887 - COMPTE DE RÉPARTITION PÉRIODIQUE DES PRODUITS			
DÉBITS	**MONTANTS**	**CRÉDITS**	**MONTANTS**
Abonnement de janvier à mars (10000 x 3)	30000		
Abonnement d'avril à décembre (10200 x 9)	91800	Encaissement du loyer (01/04)	121800
Total débit	121800	Total crédit	121800
		Compte soldé	**0**

	4887– Compte de répartition (débit)	4887– Compte de répartition (crédit)	512 – Banque (débit)	512 – Banque (crédit)	7… – Produit (débit)	7… – Produit (crédit)
Abonnement mensuel (3 x 10000)	30000					30000
Encaissement du produit		121800	121800			
Régularisation abonnement (9 x 10200)	91800					91800

Soldé (4887)

APPLICATIONS

CONTRÔLE DE CONNAISSANCES

Répondre par « oui » ou par « non » aux affirmations ci-dessous en donnant toutes les explications nécessaires.

1. Les charges abonnées ont généralement le caractère d'une charge opérationnelle variable en fonction de l'activité de l'entreprise.

2. Il n'est pas possible d'abonner les dotations aux amortissements.

3. L'objectif de l'abonnement des charges et des produits est la détermination d'un résultat périodique.

4. L'abonnement périodique d'une charge s'enregistre en débitant le compte de charge et en créditant le compte 4886.

5. Le compte 488 doit être soldé en fin d'exercice.

6. La comptabilisation par abonnement est obligatoire pour les grandes entreprises qui procèdent au reporting.

7. Une prime d'assurance est une charge susceptible d'être abonnée.

QUIZ EN VERSION NUMÉRIQUE

https://eqrco.de/a/v1tADf

APPLICATION 1★ : ABONNEMENT D'UNE CHARGE

10 Min

La SARL DOMI a souscrit le 1er septembre N-2 un contrat de crédit-bail immobilier qui prévoit le versement d'une redevance annuelle de 15 000 €, payable à terme échu, le 1er septembre de chaque année.

Elle utilise un système d'abonnement, afin de procéder à l'établissement d'un compte de résultat mensuel. L'exercice comptable de l'entreprise coïncide avec l'année civile.

TRAVAIL À FAIRE

Présenter les écritures nécessaires de l'année N (on fera abstraction de la TVA).

APPLICATION 2★ : ABONNEMENT D'UN PRODUIT

10 Min

L'entreprise ÉVRARD a déposé un brevet et perçoit depuis deux ans une redevance annuelle à terme échu de 8 400 €, le 15 avril de chaque année.

Elle utilise un système d'abonnement, afin de procéder à l'établissement d'un compte de résultat mensuel. L'exercice comptable de l'entreprise coïncide avec l'année civile.

TRAVAIL À FAIRE

Présenter les écritures nécessaires de l'année N (on fera abstraction de la TVA).

APPLICATION 3★★ : ABONNEMENT D'UNE CHARGE

15 Min

La société ÉTHAN prévoit de verser un loyer annuel de 36 000 € en quatre termes trimestriels de 9 000 €. Elle prévoit de répartir cette charge par le système de l'abonnement mensuel. En fin d'exercice, la société constate que la charge réelle a été de 37 440 € en raison d'une augmentation du loyer intervenue le 1er octobre. L'exercice comptable coïncide avec l'année civile.

TRAVAIL À FAIRE

1. Pourquoi cette charge peut faire l'objet d'un abonnement ?
2. Présenter les écritures nécessaires au cours de l'année N.
3. Présenter le compte de répartition périodique en fin d'exercice N.
4. Passer l'écriture de régularisation à l'inventaire.

APPLICATION 4★★ : ABONNEMENT D'UNE CHARGE

15 Min

La société BACEL a conclu un contrat de maintenance pour un matériel industriel et prévoit de répartir cette charge par le système de l'abonnement mensuel. Le contrat prévoit le versement d'un montant trimestriel de 4 500 € HT à terme échu et révisable. Le 1er juillet la charge trimestrielle est portée à 4 800 € HT. L'opération est soumise à TVA au taux normal de 20 %.

TRAVAIL À FAIRE

1. Présenter les écritures nécessaires de l'année N.
2. Présenter le compte de répartition périodique en fin d'exercice N.

APPLICATION 5★★ : ABONNEMENT CHARGES ET PRODUITS

20 Min

La société MARLON est spécialisée dans la fabrication d'articles de jardinage. Les dirigeants de la société souhaitent réaliser des situations trimestrielles. Afin de présenter des documents aussi précis que possible, la société MARLON a décidé de procéder à l'abonnement mensuel des charges et des produits périodiques, qui jusqu'à présent étaient enregistrés en comptabilité uniquement au moment de la réception de la pièce justificative.

Ils vous communiquent les informations suivantes sur certaines charges et produits périodiques :

- Contribution économique territoriale :
  - estimation au 01/01/N : 145 200 € ;
  - versement d'un acompte le 16/06/N (calculé sur la taxe de l'année N-1) : 70 000 € ;
  - versement du solde le 15/12/N : 80 000 €.
- Primes d'assurance :
  - estimation au 01/01/N de la prime annuelle : 15 600 €, payable le 1er septembre N ;
  - en raison d'un sinistre la compagnie d'assurances a révisé ses tarifs, et le coût a été de 16 200 €.
- Location d'un local dont la société MARLON est propriétaire :
  - loyer annuel : 25 200 €, payable, à terme échu le 1er juillet de chaque année ;
  - le loyer de base est révisé chaque année en fonction d'un indice. Au 1er juillet N, la hausse appliquée est de 5 %.

TRAVAIL À FAIRE

Présenter les écritures nécessaires de l'année N, en procédant, après les échéances, à une révision de l'abonnement mensuel.

MINI-CAS DE SYNTHÈSE

Compétences attendues : le candidat doit non seulement connaître les règles comptables du PCG relatives aux savoirs associés au thème, mais aussi maîtriser les écritures comptables en découlant dans un contexte professionnel. Le candidat doit justifier et analyser la pertinence des choix comptables retenus dans un contexte professionnel. Le candidat doit comprendre l'importance des informations en annexe en complément de la lecture du bilan et du compte de résultat.

SOCIÉTÉ YPRÉMIUM ***

30 Min

La société YPRÉMIUM engage des frais importants en assurance, en location d'engins de chantier et de camions et en électricité pour faire tourner ses machines de tri et de concassage. Elle perçoit également des loyers concernant la mise à disposition de containers dans plusieurs déchetteries pour collecter les remblais et déchets des artisans. M. Peltre, ayant entendu parler de la méthode de l'abonnement des charges et des produits, souhaiterait que vous la mettiez en œuvre dans sa comptabilité. De plus, son entreprise étant en croissance constante depuis plusieurs années, il s'interroge sur la possibilité d'embaucher un comptable supplémentaire ou bien de faire appel à un expert-comptable auquel il pourrait confier une partie de sa comptabilité.

MISSIONS

À l'aide du document :

1 ***Rappeler quelles sont les responsabilités qui incombent à un comptable salarié.***

2 ***Expliquer les recommandations d'ordre général prévues par le code de déontologie de l'Ordre des Experts-Comptables (OEC) afin que l'expert-comptable exerce sa profession avec compétence, conscience professionnelle et indépendance d'esprit.***

3 ***Expliquer la méthode comptable de l'abonnement des charges et des produits. Préciser quel est son intérêt pour l'entreprise.***

4 ***Enregistrer les écritures concernant l'abonnement des charges et des produits pour les mois de septembre et de décembre N.***

5 ***Procéder aux régularisations comptables nécessaires au 31 décembre N.***

Document

Charges et produits abonnés : *M. Peltre souhaite enregistrer mensuellement les charges et les produits abonnés.*

Il vous donne deux exemples d'opérations ayant eu lieu en N pour l'entreprise YPREMIUM :

- ***opération 1 :*** *le 1er septembre N : paiement par chèque bancaire du loyer d'un engin de chantier du site de Brest pour le trimestre à venir : 6 000 € HT, le paiement pour le trimestre suivant intervenant le 1er décembre N.*

  À partir du 1er décembre N, le montant de la location trimestrielle de l'engin de chantier est passé à 6 600 € HT ;
- ***opération 2 :*** *le 1er septembre N, encaissement des loyers semestriels (début septembre N à fin février N+1) des containers mis à disposition dans les déchetteries : 60 000 € HT.*

(D'après sujet DCG 2008)

CHAPITRE 20 : LES ÉVÈNEMENTS POSTÉRIEURS À LA CLÔTURE

COMPÉTENCES ATTENDUES

- **Exposer et appliquer** les traitements comptables relatifs au rattachement des charges et des produits.
- **Évaluer et comptabiliser** les opérations citées et plus particulièrement celles se déroulant sur plusieurs exercices.
- **Analyser** les conséquences d'un choix de comptabilisation, notamment sur la présentation des comptes annuels, dans une situation donnée.
- **Présenter** les informations à fournir en annexe.

FICHE RESSOURCES

1 - Une application du principe de prudence

I. Principe : risques et pertes (PCG 513-4)

« Le résultat tient compte des passifs qui ont pris naissance au cours de l'exercice ou d'un exercice antérieur même s'ils sont connus entre la date de clôture de l'exercice et celle de l'établissement des comptes annuels ».

II. Détermination du résultat et évènements postérieurs à la clôture

En ce qui concerne les produits probables à la clôture d'un exercice, rendus certains par des événements survenus entre la date de clôture et la date d'arrêté des comptes, ne peuvent être constatés à la clôture de l'exercice. La date d'établissement des documents de synthèse est arrêtée par les organes dirigeants légalement responsables dans les limites fixées par les dispositions légales.

En ce qui concerne les entreprises sous forme de sociétés, les actionnaires continuent de bénéficier du droit à une juste information sur les événements significatifs qui pourraient survenir entre la date d'établissement des comptes annuels et celle de la tenue de l'assemblée générale.

FICHE RESSOURCES

2 - Les évènements postérieurs à la clôture des comptes

Le Plan Comptable Général distingue deux cas selon que l'évènement a ou non un lien direct et prépondérant avec une situation existant à la clôture.

I. Événement ayant un lien direct et prépondérant avec une situation existant à la clôture de l'exercice

Il s'agit d'événements qui constituent un élément complémentaire d'appréciation de la valeur de l'actif ou du passif de l'entreprise tels qu'ils existaient à la date de clôture de l'exercice.

Ces événements qui se produisent après la date de clôture de l'exercice procurent des informations permettant de mieux calculer les estimations de sommes relatives aux conditions existant à la clôture de l'exercice (IAS 10). Il doit exister un lien de causalité direct et prépondérant entre l'évènement considéré et les circonstances antérieures à la clôture des comptes.

Exemples :

- *faits ou information sur l'existence ou le montant d'un risque ;*
- *expertises, évaluations, cessions amenant à dégager une valeur inférieure à celle constatée en comptabilité ;*
- *éléments d'évaluation de titres, tels que perspective de réalisation ou de rentabilité récente, modification de conjoncture ;*
- *information conduisant à modifier la dépréciation des en-cours ;*
- *révélation de la situation compromise d'un client rendant la créance douteuse ;*
- *jugement intervenu ;*
- *dans les contrats à long terme, hausse importante du coût des matières premières entraînant une perte potentielle ;*
- *modification de redressement faisant suite à un contrôle fiscal…*

Les comptes annuels doivent être ajustés en fonction de ces événements postérieurs à la clôture.

Si les risques et les pertes ne sont pas mesurables à cette dernière date (absence de valeur de référence ou d'éléments de comparaison, délais), les comptes de l'exercice clos ne sont pas ajustés mais une information est donnée dans l'annexe.

II. Événements n'ayant aucun lien direct et prépondérant avec une situation existant à la clôture de l'exercice

Exemples :

- *sinistre intervenu après la date de clôture ;*
- *événements exceptionnels ou accidentels sortant du cadre de l'exploitation normale ;*
- *décisions importantes de gestion ;*
- *émission de titres, prises de participation, souscriptions ;*
- *fusion, scission, apport partiel d'actif ;*
- *fluctuation de change ;*
- *litiges ou procès dont la cause est postérieure à l'exercice ;*
- *contrôle fiscal après la clôture de l'exercice ;*
- *mesures d'expropriation…*

Ces événements n'ont aucune incidence sur le bilan et le compte de résultat. Les incidences sur l'annexe varient selon deux types de situation.

1. La continuité de l'exploitation est remise en cause

Dans l'hypothèse où un événement n'ayant aucun lien direct prépondérant avec une situation existant à la clôture de l'exercice survient entre la date de clôture et la date d'établissement des comptes, selon le PCG une information est à donner dans l'annexe si cet événement est susceptible, par son influence sur le patrimoine et la situation financière, de remettre en cause la continuité de l'exploitation.

2. La continuité de l'exploitation n'est pas remise en cause

Si l'événement a des incidences financières significatives et si leur connaissance est nécessaire à la bonne information concernant l'activité et la situation financière de l'entreprise, il importe d'en faire mention dans l'annexe ainsi que dans le rapport de gestion.

APPLICATIONS

CONTRÔLE DE CONNAISSANCES

QUIZ EN VERSION NUMÉRIQUE

https://eqrco.de/a/VP80oR

APPLICATION**: LES ÉVÈNEMENTS POSTÉRIEURS À LA CLÔTURE DES COMPTES

40 Min

Les services comptables de la société anonyme LES COUVERTURES DE L'ALLIER ont établi, en date du 31 décembre, les comptes annuels relatifs à l'exercice N. Le conseil d'administration qui doit se réunir le 15 avril N+1 a pour ordre du jour : « arrêté des comptes de l'exercice N ». Cependant, M. Bonhoure, directeur comptable de la société, est préoccupé par des événements importants survenus entre le 31 décembre N, date de clôture de l'exercice, et la réunion du conseil prévue au 15 avril N+1. Les événements qui posent problème à M. Bonhoure sont les suivants.

1. Le 3 mars N+1, la société a reçu une notification de rectification fiscale faisant suite à une vérification de comptabilité effectuée sur place, du 22 décembre N au 13 février N+1. Le montant du redressement fiscal correspond à un supplément d'IS de 23 500 € au titre de l'année N-1, pour diverses erreurs dans la détermination du résultat fiscal. La société conteste le montant de ce redressement fiscal.
2. En février N+1, un salarié a été condamné pour détournement de marchandises stockées. Ces détournements ont été effectués à son seul profit. Il a été immédiatement licencié pour faute grave, sans indemnité. Les vols ont commencé durant l'exercice N et sont estimés globalement à 10 000 €.
3. Un important client connaît une situation très difficile ; une créance de 120 000 € datant du mois de juin N n'est toujours pas encaissée et M. Bonhoure, lors de ses écritures d'inventaire passées au 31/12/N, a constitué une dépréciation de 60 % du montant après avis du service du contentieux. Le règlement du client, pour solde de tous comptes, a eu lieu le 15 mars N+1 pour un montant de 21 600 €.
4. Un sinistre est survenu début mars N+1 dans l'un des ateliers de la société situé à Moulins, entraînant des dommages estimés à 200 000 €. Ces dommages ne seront que partiellement couverts par l'assurance car les contrats n'avaient pas été révisés depuis de nombreuses années. La SA LES COUVERTURES DE L'ALLIER va subir une importante baisse de son chiffre d'affaires du fait du ralentissement de la production consécutif à ce sinistre.
5. La SA LES COUVERTURES DE L'ALLIER détient une participation de 450 000 € dans la société DURALUMIN qui lui fournit l'aluminium et le zinc nécessaire pour ses productions. Les états financiers de cette société sont parvenus au mois de février et font apparaître une importante baisse du résultat pour l'exercice clos le 31 décembre N. Cette baisse entraîne une remise en cause significative des perspectives de rentabilité de la société. Les prévisions de chiffre d'affaires sont aussi revues à la baisse sur les cinq ans qui suivent. On peut estimer la baisse de valeur des titres à 20 %.
6. Un accident est survenu au cours d'un chantier de couverture sur un lotissement. Une estimation provisoire au 15 décembre N a conduit à provisionner une somme de 40 000 € de dommages et intérêts. Un rapport d'expertise daté du 2 février N+1 indique un préjudice de 65 000 €.

TRAVAIL À FAIRE

Pour chacun des six événements, procéder à son analyse et dire s'il est, ou non, rattachable à l'exercice N. Indiquer les incidences comptables de votre analyse et passer les écritures nécessaires.

MINI-CAS DE SYNTHÈSE

Compétences attendues : le candidat doit non seulement connaître les règles comptables du PCG relatives aux savoirs associés au thème, mais aussi maîtriser les écritures comptables en découlant dans un contexte professionnel. Le candidat doit justifier et analyser la pertinence des choix comptables retenus dans un contexte professionnel. Le candidat doit comprendre l'importance des informations en annexe en complément de la lecture du bilan et du compte de résultat.

45 Min

DOSSIER JUPITER ★★★

Vous venez d'être embauché(e) par le cabinet ABC, qui vous confie à titre de test, un dossier qui n'a pas encore été clôturé. Toutes les opérations assujetties à la TVA sont soumises au taux normal de 20 %.

Le dossier confié concerne la société anonyme JUPITER qui s'interroge sur trois de ces opérations nécessitant d'éventuelles régularisations au 31/12/N. Elle arrêtera ses comptes N le 15 avril N+1, lors d'une séance de son conseil d'administration en présence de son commissaire aux comptes.

MISSIONS

À l'aide des documents 1 et 2 :

1 ***La société JUPITER a nommé un commissaire aux comptes mais elle se demande si elle était tenue de le faire ?***

2 ***Préparer une note de synthèse dans laquelle vous définirez ce qu'est un évènement postérieur à la clôture des comptes et rappeler les règles comptables à appliquer aux évènements postérieurs à la clôture des comptes.***

3 ***Analyser les trois opérations communiquées dans les documents au regard des règles comptables à appliquer aux évènements postérieurs à la clôture des comptes.***

4 ***Enregistrer le ou les écritures de régularisation jugées nécessaires au 31/12/N en justifiant.***

Document 1 Éléménts d'information sur la société JUPITER au 31/12/N

- *Capital : 100 000 €*
- *Chiffre d'affaires : 10 500 000 €*
- *Total bilan : 4 800 000 €*
- *Nombre de salariés : 76*

Document 2 Évènements postérieurs à la clôture des comptes

1. *Une créance d'un montant de 12 000 € TTC inscrite au bilan au 31/12/N était dépréciée à hauteur de 60 %. Le 10/02/N+1, ce client est en liquidation et l'entreprise n'a aucune chance de récupérer une partie de cette créance.*
2. *Un salarié a déposé plainte devant le tribunal le 01/03/N+1 concernant sa rémunération de janvier N+1. L'entreprise pense être condamnée à payer 30 000 € pendant l'année N+1.*
3. *La provision pour engagement de retraite au 31/12/N se monte à 200 000 €. Après vérification par un stagiaire le 02/02/N+1, il s'avère que le calcul du taux d'actualisation était erroné. L'engagement calculé sur de nouvelles bases se monte à 180 000 €.*

CHAPITRE 21 : LES CONTRATS À LONG TERME

COMPÉTENCES ATTENDUES

- **Exposer et appliquer** les traitements comptables relatifs au rattachement des charges et des produits.
- **Évaluer et comptabiliser** les opérations citées et plus particulièrement celles se déroulant sur plusieurs exercices.
- **Analyser** les conséquences d'un choix de comptabilisation, notamment sur la présentation des comptes annuels, dans une situation donnée.
- **Présenter** les informations à fournir en annexe.

PRÉREQUIS DU RÉFÉRENTIEL UE9

4.1 Opérations d'inventaire :

- Expliquer la finalité et les enjeux des opérations d'inventaire.
- Établir l'articulation entre les principes comptables et les opérations d'inventaire.
- Évaluer et comptabiliser les différentes opérations d'inventaire.

Les règles actuelles de comptabilisation des contrats à long terme résultent du règlement CRC 99-08 intégré dans le PCG (Règlement ANC N° 2014-03 du 5 juin 2014). Elles sont inspirées de la norme IAS 11 relative aux contrats de construction.

CAS DÉCOUVERTE

Les contrats à long terme : application à la construction navale

Les chantiers navals de LORIENT clôturent chaque année leur exercice comptable au 31 décembre. À la clôture de l'exercice N, deux navires démarrés au cours de l'année sont encore en chantier : le « **Viktor** » et le « **Dénicheur** ».

Le « **Viktor** », catamaran géant hydrojet d'une capacité de 600 passagers et de 40 véhicules, est destiné aux traversées rapides Fort-de-France – Pointe-à-Pitre via Basse-Terre. Le prix de vente peut être révisé en fonction de l'indice du coût de la main-d'oeuvre. Le directeur comptable souhaite envisager l'hypothèse suivante : le chiffre d'affaires et le résultat sont dégagés à l'achèvement (le contrat est à l'exportation).

Les chantiers navals de LORIENT possèdent un autre navire commencé au cours de l'année N encore en chantier au 31 décembre N : le « **Dénicheur** », vedette monocoque rapide destinée à effectuer des traversées à la vitesse de 35 noeuds entre la Martinique et la Guadeloupe. Le prix de vente peut être révisé en fonction de l'indice du coût de la main-d'oeuvre. Le chiffre d'affaires et le résultat sont dégagés à l'achèvement.

Vous êtes engagé(e) par les chantiers de LORIENT afin d'analyser les deux méthodes de comptabilisation des contrats à long terme et leurs incidences sur le compte de résultat.

Pour cela, vous disposez des informations en **documents 1** et **2**.

Document 1 Informations sur le contrat « Viktor » (en K€)

Durée du contrat : 3 ans			
INFORMATIONS AU	31/12/N	31/12/N+1	N+2 (Dénouement du contrat)
Prix de vente prévisionnel Prix de vente définitif	2 100	2 260	– 2 260
Coût de production engagé à la clôture de l'exercice	280	1 008	–
Coût total prévisionnel de revient Coût de revient définitif	1 400	1 440	 1 700

Document 2 Informations sur le contrat « Dénicheur » (en K€)

Durée du contrat : 3 ans			
INFORMATIONS AU	31/12/N	31/12/N+1	N+2 (Dénouement du contrat)
Prix de vente prévisionnel Prix de vente définitif	1 250	1 250	– 1 460
Coût de production déjà engagé	280	1 008	–
Coût total prévisionnel de revient Coût de revient définitif	1 400	1 440	 1 700

Quelle que soit la méthode de comptabilisation appliquée, il faut dans un premier temps déterminer un résultat prévisionnel à terminaison pour chaque projet.

Mission

1. Vérifier que les projets remplissent les conditions de définition d'un contrat à long terme selon le PCG.
2. Déterminer, pour chaque projet, le résultat prévisionnel à terminaison.
3. Enregistrer les opérations relatives au contrat à long terme Viktor, en appliquant la méthode à l'achèvement, sur les exercices N, N+1 et N+2.
4. Après avoir calculé le degré d'avancement du projet, enregistrer les opérations relatives au contrat à long terme Dénicheur, en appliquant la méthode à l'achèvement, sur les exercices N, N+1 et N+2.
5. Après avoir calculé le degré d'avancement du projet, enregistrer les opérations relatives au contrat à long terme Viktor, en appliquant la méthode à l'avancement, sur les exercices N, N+1 et N+2.
6. Après avoir calculé le degré d'avancement du projet, enregistrer les opérations relatives au contrat à long terme Dénicheur, en appliquant la méthode à l'avancement, sur les exercices N, N+1 et N+2.
7. Pour le contrat Viktor, montrer l'incidence du traitement comptable sur le compte de résultat des différents exercices dans le cadre des deux méthodes de comptabilisation.
8. Pour le contrat Dénicheur, montrer l'incidence du traitement comptable sur le compte de résultat des différents exercices dans le cadre des deux méthodes de comptabilisation.

Corrigé
Cas découverte
https://eqrco.de/a/XI1i5O

FICHE RESSOURCES

1 - Définition et champ d'application

CAS DÉCOUVERTE Question 1

DÉFINITION (art. 622-1 du PCG)	CARACTÉRISTIQUES	SECTEURS CONCERNÉS
Un contrat à long terme est un contrat d'une durée généralement longue, spécifiquement négocié dans le cadre d'un projet unique portant sur la construction, la réalisation ou, le cas échéant, la participation en qualité de sous-traitant à la réalisation, d'un bien, d'un service ou d'un ensemble de biens ou services fréquemment complexes, dont l'exécution s'étend sur au moins deux périodes comptables ou exercices.	Un tel contrat présente simultanément les caractéristiques suivantes : ➢ il est d'une durée généralement longue : son exécution s'étend sur au moins deux exercices ; ➢ il est spécifiquement négocié ; ➢ il porte sur la construction ou la réalisation d'un bien, ou d'un service, ou d'un ensemble de biens et services fréquemment complexes ; ➢ il prévoit que le droit de l'entreprise à percevoir les revenus contractuels est fonction de la conformité au contrat du travail exécuté.	Selon le Conseil National de la Comptabilité, la notion de contrat à long terme est fréquemment utilisée dans les secteurs du bâtiment, des travaux publics, de l'ingénierie notamment en informatique, de l'électronique civile et militaire, de l'industrie aéronautique et spatiale et de la construction navale. Relèvent également des contrats à long terme les marchés dits clés en main, mais les productions en série sont exclues.

Notion de négociation spécifique : « La notion de négociation spécifique résulte du contrat dont l'objet définit le travail à réaliser sur la base de spécifications et de caractéristiques uniques requises par l'acheteur ou, au moins, substantiellement adaptées aux besoins de ce dernier. »

« Cette définition exclut la vente de biens en série et la vente de biens assortie de choix d'options dans le cadre d'une gamme à partir d'un modèle de base ». « La vente en l'état futur d'achèvement, régie par l'article 1601-3 du Code civil, est un contrat à long terme. »

2 - Méthode de comptabilisation

La constatation des produits et des charges relatifs aux contrats à long terme s'effectue :

- selon la **méthode à l'avancement**

ou

- selon la **méthode à l'achèvement**

Les enjeux

Est-il préférable :

- d'être très prudent, d'avoir une vision très juridique et ne constater aucun chiffre d'affaires ni aucun résultat tant que le contrat n'est pas livré ;
- ou, d'avoir une vision plus économique et peut être un peu plus risquée et comptabiliser au fur et à mesure de l'avancement des travaux une partie du chiffre d'affaires et une partie du bénéfice ?

A. La méthode à l'achèvement	B. La méthode à l'avancement	C. Le choix d'une méthode comptable
Cette méthode prend sa source dans le Code de commerce (art. L. 123-21) et illustre l'application du principe de prudence : « seuls les bénéfices réalisés à la date de clôture d'un exercice peuvent être inscrits dans les comptes annuels ». Elle consiste à ne comptabiliser le chiffre d'affaires et le résultat qu'au terme de l'opération. En cours d'opération, que ce soit des prestations de service ou des productions de biens, les travaux en cours sont constatés à la clôture de l'exercice à hauteur des charges qui ont été enregistrées. Si le résultat est une perte, celle-ci est provisionnée dès qu'elle est connue (voir partie 3.B).	Cette méthode permet une meilleure application du principe d'autonomie ou d'indépendance des exercices. L'article L 123.21 du Code de commerce précise : « Peut être inscrit après inventaire le bénéfice réalisé sur une opération partiellement exécutée et acceptée par le cocontractant lorsque sa réalisation est certaine et qu'il est possible, au moyen de documents comptables prévisionnels, d'évaluer avec une sécurité suffisante le bénéfice global de l'opération ». Dans cette méthode, à l'inverse de la précédente, le chiffre d'affaires et le résultat sont comptabilisés au fur et à mesure de l'avancement des contrats.	La méthode de comptabilisation retenue pour les contrats à long terme doit être appliquée à l'ensemble des contrats. Elle doit être précisée dans l'annexe. Le principe de permanence des méthodes s'applique. En cas de changement de méthodes, des règles spécifiques s'appliquent (voir chapitre 25).

FICHE RESSOURCES

CONTRAT À LONG TERME

MÉTHODE À L'ACHÈVEMENT	MÉTHODE À L'AVANCEMENT
PRISE EN COMPTE DES PRODUITS EN FIN DE CONTRAT, C'EST-À-DIRE LORS DE LA LIVRAISON DU BIEN OU DE L'ACHÈVEMENT DE LA PRESTATION	PRISE EN COMPTE DES PRODUITS AU FUR ET À MESURE DE L'EXÉCUTION DU CONTRAT (si évaluation fiable du résultat)
Vision juridique Principe de prudence privilégié	Vision économique Principe d'autonomie des exercices privilégiés

3 - *La méthode à l'achèvement*

CAS DÉCOUVERTE Question 2

Cette méthode peut s'appliquer à un contrat à long terme que le résultat prévisionnel de celui-ci soit bénéficiaire ou déficitaire. Cependant, le schéma comptable sera différent selon le résultat prévu : bénéfice ou perte. On doit donc déterminer en premier lieu le résultat prévu à terminaison ou marge prévisionnelle sur coût de revient du contrat. La marge est la différence entre le prix de vente prévu ou chiffre d'affaires prévisionnel et un coût. Le coût de revient est égal au total des coûts imputables au contrat.

A. La marge sur coût de revient est bénéficiaire

Quel que soit le degré de sécurité de la détermination de ce résultat bénéficiaire prévisionnel le schéma comptable est le même :

- à l'arrêté des comptes : l'entreprise enregistre le stock final qui est valorisé au coût de production ;
- au cours des exercices suivants : l'entreprise enregistre le stock final et annule le stock initial.

En conséquence, aucun chiffre d'affaires et aucun résultat ne sont comptabilisés ;

- au dénouement de l'opération : le chiffre d'affaires est comptabilisé en totalité au moment de la facturation et le stock initial est repris ce qui conduit à enregistrer la totalité du résultat réalisé sur le contrat.

CAS DÉCOUVERTE Question 3

B. La marge sur coût de revient est déficitaire

À l'arrêté des comptes, l'entreprise enregistre le stock final qui est valorisé au coût de production.

La marge prévue étant déficitaire, il faut comptabiliser en totalité la perte prévue en application du principe de prudence. En l'absence d'indications sur les modalités d'application de cette règle, la perte probable est comptabilisée par le biais d'une dépréciation de stock et pour le complément par une provision pour risque :

- dépréciation du stock (compte 39) : **marge sur coût de revient négative x degré d'avancement ;**
- provision pour risque (compte 1516 - Provisions pour pertes sur contrats) : **elle est déterminée par différence entre la perte probable totale et la dépréciation du stock.**

Le degré d'avancement peut se mesurer de deux façons différentes au choix de l'entreprise dès lors que la mesure peut être considérée comme fiable :

- le rapport entre les coûts des travaux et services exécutés à la date de clôture et le total prévisionnel des coûts d'exécution du contrat (mesure monétaire) :

  Degré d'avancement =

$$\frac{\text{Coût engagé à la date de clôture}}{\text{Coût de revient total prévisionnel}}$$

- les mesures physiques ou études permettant d'évaluer le volume des travaux ou services exécutés (mesure quantitative). Par exemple, le nombre d'heures de main-d'œuvre directe consommées sur le total des heures prévues.

CAS DÉCOUVERTE Question 4

Position fiscale : la dépréciation des stocks est déductible sauf quote-part liée aux frais de distribution, alors que la provision pour perte ne l'est pas. Elle doit être réintégrée extra-comptablement, car elle correspond à un manque à gagner futur.

Cas particuliers

En présence de plusieurs hypothèses de calcul, la perte provisionnée est la plus probable d'entre elles où à défaut la plus faible. Dans ce dernier cas, l'annexe décrit le risque additionnel mesuré par rapport à l'hypothèse de perte la plus faible.

Enregistrement au cours des exercices suivants

L'entreprise enregistre le stock final, annule le stock initial et réajuste les dépréciations et provisions en fonction de l'évolution du contrat.

Enregistrement au dénouement de l'opération

Le chiffre d'affaires est enregistré normalement, le stock initial est repris et la dépréciation et provision sont annulées.

4 - La méthode à l'avancement

Cette méthode peut s'appliquer, que la marge prévue soit bénéficiaire ou déficitaire. L'article L. 123-21 du Code de commerce impose quatre conditions pour l'application de cette méthode :

- l'existence d'un inventaire ;
- la réalisation certaine du contrat ;
- l'acceptation du cocontractant ;
- l'établissement de documents comptables prévisionnels.

Pour la mise en œuvre de cette méthode, on doit distinguer selon que l'entreprise a (cas n° 1) ou non (cas n° 2) la capacité à estimer de façon fiable le résultat à terminaison. La capacité à estimer de façon fiable le résultat à terminaison repose sur les trois critères suivants (art. 622-5 du PCG) :

- la possibilité d'identifier clairement les produits du contrat (existence d'éléments contractuels précisant les droits et obligations des parties, le prix, ainsi que les modalités de règlement) ;
- la possibilité d'identifier clairement le montant total des coûts imputables au contrat (encourus et restant à encourir) ;
- l'existence d'outils de gestion, de comptabilité analytique et de contrôle interne permettant de valider le pourcentage d'avancement et de réviser, au fur et à mesure de l'avancement, les estimations de charges, de produits et de résultat.

Cas n° 1 : le résultat est déterminé avec une sécurité suffisante

Le résultat à terminaison correspond comme dans la méthode à l'achèvement à la marge prévisionnelle sur coût de revient :

Marge sur coût de revient prévisionnelle (résultat à terminaison)

=

Prix de vente prévu – coût de revient prévu

CAS DÉCOUVERTE Question 5

a) 1re hypothèse : le résultat prévu à terminaison est bénéficiaire :

- À l'arrêté des comptes : l'entreprise enregistre le chiffre d'affaires en fonction de l'estimation du degré d'avancement. Le chiffre d'affaires comptabilisé à l'avancement est donc égal à :

Prix de vente prévu x degré d'avancement

$$\text{Degré d'avancement} = \frac{\text{Coût engagé à la date de clôture}}{\text{Coût de revient total prévisionnel}}$$

Dans l'hypothèse où une facture intermédiaire ou partielle a été adressée au client et enregistrée, il convient de déduire le montant facturé du chiffre d'affaires à l'avancement pour ne pas enregistrer deux fois cette partie de chiffre d'affaires.

Le chiffre d'affaires à l'avancement se comptabilise comme une facture à établir à la date de clôture.

Le chiffre d'affaires étant enregistré à l'avancement, à l'arrêté des comptes, il n'y a donc pas à enregistrer de stocks d'en-cours de biens ou de services.

- Au cours des exercices suivants, le chiffre d'affaires est réajusté en fonction de l'évolution du contrat.
- Au dénouement de l'opération, la facture est enregistrée normalement et le chiffre d'affaires qui a été enregistré à l'avancement est contre-passé.

FICHE RESSOURCES

CAS DÉCOUVERTE Question 6

b) 2e hypothèse : le résultat prévu à terminaison est déficitaire.

- à l'arrêté des comptes, comme précédemment, l'entreprise enregistre le chiffre d'affaires en fonction de l'estimation du degré d'avancement.

Cependant, le contrat étant déficitaire, le chiffre d'affaires enregistré ne couvre pas la totalité des charges de l'exercice, une partie seulement de la perte est donc saisie dans le compte de résultat. Afin que la totalité de la perte soit enregistrée, il faut comptabiliser une provision dont le montant peut être déterminé de deux façons.

- 1re façon : par différence : perte totale prévue - [charges enregistrées - chiffre d'affaires à l'avancement] ;
- 2e façon : en multipliant la perte totale prévue par le degré d'avancement restant à effectuer.

Le degré d'avancement restant à effectuer étant égal à :

Charges restant à engager/Coût de revient prévisionnel

ou

$$\frac{\textbf{Unités de mesure physique restant à consommer}}{\textbf{Total des unités de mesure physique}}$$

La provision complémentaire sera comptabilisée en débitant un compte 6815 Dotations aux provisions d'exploitation et en créditant un compte 1516 – Provisions pour pertes sur contrats.

Le chiffre d'affaires étant enregistré à l'avancement, à l'arrêté des comptes, il n'y a pas à enregistrer de stocks d'encours de biens ou de services.

- Au cours des exercices suivants, le chiffre d'affaires et les provisions sont réajustés en fonction de l'évolution du contrat.
- Au dénouement de l'opération, la facture est enregistrée normalement, le chiffre d'affaires qui a été enregistré à l'avancement est contre-passé et les provisions sont reprises.

CAS DÉCOUVERTE Questions 7 et 8

Cas n° 2 : le résultat n'est pas déterminé avec une sécurité suffisante

a) Le résultat le plus probable à terminaison est bénéficiaire.

- À l'arrêté des comptes, comme précédemment, l'entreprise enregistre le chiffre d'affaires dans la limite des coûts engagés. Le schéma comptable est toujours le même (voir précédemment).

  Le chiffre d'affaires étant enregistré à l'avancement, à l'arrêté des comptes, il n'y a donc pas à enregistrer de stocks d'encours de biens ou de services (sauf exception).
- Au cours des exercices suivants, le chiffre d'affaires est réajusté en fonction de l'évolution du contrat sans qu'il puisse excéder les coûts engagés.
- Au dénouement de l'opération, le chiffre d'affaires est enregistré normalement, le chiffre d'affaires qui a été enregistré à l'avancement est contre-passé.

b) Le résultat le plus probable à terminaison est déficitaire.

- S'il est possible d'estimer la perte à terminaison de façon raisonnable, deux cas peuvent se présenter.

  1er cas. Plusieurs hypothèses existent, mais on peut déterminer la plus probable : la perte la plus probable doit être enregistrée en provision pour perte sur contrat ;

  2e cas. Plusieurs hypothèses existent et il n'est pas possible de déterminer l'hypothèse la plus probable : la perte la plus faible doit être enregistrée en provisions pour pertes sur contrats et une mention du risque additionnel doit être portée en annexe.
- S'il n'est pas possible d'estimer la perte à terminaison : aucune provision ne peut être constituée, mais une mention de l'existence et de la nature de l'incertitude doit être portée en annexe.

Synthèse

I. Méthode à l'achèvement

- À l'arrêté des comptes du 1er exercice : - Création du stock final d'en-cours
- À la clôture des exercices suivants : - Annulation du stock initial - Création du stock final
- Au dénouement du contrat : - Annulation du stock initial - Enregistrement de la facture

RÉSULTAT PRÉVU BÉNÉFICIAIRE ?

OUI → Pas d'autres écritures

NON →

À L'ARRÊTÉ DES COMPTES :

- DÉPRÉCIATION DU STOCK D'EN-COURS = MARGE NÉGATIVE SUR COÛT DE REVIENT X % D'AVANCEMENT
- PROVISION POUR RISQUE = PERTE TOTALE PRÉVUE – DÉPRÉCIATION DES EN-COURS

II. Méthode à l'avancement

Capacité à estimer le résultat à terminaison de façon fiable ?

OUI → **Résultat à terminaison bénéficiaire ?**

- OUI → **Résultat à l'avancement = Résultat à terminaison x % d'avancement**
- NON → **Constatation de la perte à terminaison sous déduction de la perte à l'avancement déjà constatée**

NON → **Résultat à terminaison le plus probable bénéficiaire ?**

- OUI → **Aucun profit dégagé**

  Produits limités au montant des charges
- NON → **Capacité à estimer la perte de façon raisonnable ?**
  - OUI → **Possibilité en présence de plusieurs hypothèses, de déterminer la plus probable ?**
    - OUI → **Provisionnement de la perte la plus probable**
    - NON → **Provisionnement de la perte la plus faible et mention du risque additionnel en annexe**
  - NON → **Aucune provision et mention en annexe de l'existence et de la nature de l'incertitude**

APPLICATIONS

CONTRÔLE DE CONNAISSANCES

QUIZ EN VERSION NUMÉRIQUE

https://eqrco.de/a/mTHhKU

APPLICATION 1★ : COMPARAISON DES DEUX MÉTHODES

10 Min

	MÉTHODE À L'ACHÈVEMENT	MÉTHODE À L'AVANCEMENT
Règle du Code de commerce		
Principe comptable mis en œuvre		
Définition art. 622-2 du PCG		

TRAVAIL À FAIRE

Présenter le tableau de synthèse ci-dessus.

APPLICATION 2★ : MÉTHODE À L'ACHÈVEMENT ET MÉTHODE À L'AVANCEMENT

20 Min

La société LOUXOR est un promoteur de la région toulousaine. Le délai moyen de ces programmes immobiliers est de l'ordre de 18 à 22 mois. On vous communique les informations concernant une nouvelle résidence « Les Floraisons » :

- coût total de production estimé par les services techniques de la société : 2 700 000
- coût de production engagé à la clôture des comptes de l'exercice N : 1 485 000
- prix de vente hors taxe prévu : 3 600 000

L'exercice comptable de la société correspond à l'année civile.

Le 18 novembre N+1, le prix prévu est facturé au client, le coût de production prévisionnel ayant été correctement prévu par les services techniques. Par ailleurs, la société a opté pour la TVA sur les débits.

TRAVAIL À FAIRE

1. Enregistrer toutes les écritures nécessaires sur les exercices N et N+1, en utilisant les méthodes à l'achèvement. Indiquer l'incidence sur le compte de résultat.
2. Effectuer les mêmes enregistrements en supposant que la société utilise la méthode à l'avancement. Indiquer l'incidence sur le compte de résultat de ces écritures.

APPLICATION 3**: MÉTHODE À L'AVANCEMENT - COMPARAISON DES DEUX MÉTHODES

25 Min

Vous venez d'être embauché(e) dans le cabinet d'expertise comptable AUDITOR. Afin de tester vos connaissances, le gérant du cabinet vous remet le dossier de la société YB spécialisée dans la construction immobilière et les travaux publics. L'exercice comptable coïncide avec l'année civile. Pour l'ensemble de ses contrats, l'entreprise est en mesure d'estimer de façon fiable le résultat à terminaison. En matière de TVA, l'entreprise a opté pour les débits.

TRAVAIL À FAIRE

1. À l'aide du document, procéder aux enregistrements correspondant à la méthode dite à l'avancement, au 31 décembre N et au 31 décembre N+1.
2. Rédiger une note précisant les différences existant entre les méthodes de comptabilisation des contrats à long terme qu'il est possible d'utiliser.
3. Si l'entité avait appliqué la méthode à l'achèvement en N, aurait-elle pu adopter la méthode à l'avancement en N+1 pour ces mêmes contrats ?

Document Données relatives aux deux contrats de la société YB

	Contrat MÉCATOR	Contrat ELECTOR
Dates de passation du contrat	03/11/N	02/07/N
Produits à terminaison	3800000 €	2250000 €
Charges à terminaison	3500000 €	2400000 €
Coût cumulé des travaux au 31/12/N	525000 €	800000 €
Coût cumulé des travaux au 31/12/N+1	1750000 €	1920000 €

APPLICATION 4***: MÉTHODE À L'ACHÈVEMENT ET MÉTHODE À L'AVANCEMENT

40 Min

La société INFONOV est une Entreprise de Services du Numérique (ESN), dont l'exercice comptable correspond à l'année civile. Elle a conclu le 01/01/N un contrat d'ingénierie informatique dont la durée est de 16 mois : ce contrat a été spécifiquement négocié et les caractéristiques techniques du logiciel ont été clairement définies.

Les informations sur ce contrat sont les suivantes (les données sont HT) :

- prix du contrat négocié : 1000000 €
- coût de production des prestations exécutées dans le cadre du contrat : 610000 €

À la clôture de l'exercice N, les éléments relatifs à ce contrat sont les suivants :

- coût de production des prestations exécutées et acceptées par le client : 414800 €
- une facture partielle relative aux travaux exécutés et acceptés par le client lui a été adressée : 600000 €
- les travaux exécutés représentent en volume, mesuré par le nombre d'heures de travail, 65 % du contrat global.

Par ailleurs, la société a opté pour la TVA sur les débits.

TRAVAIL À FAIRE

1. La société INFONOV applique la méthode à l'achèvement pour comptabiliser les produits et charges relatifs à ses contrats à long terme.
   1.1. *Sachant que les charges et produits ont été correctement comptabilisés au cours de l'exercice N, enregistrer les écritures nécessaires à la clôture de l'exercice N et jusqu'à l'échéance du contrat.*
   1.2. *Dans l'hypothèse où la société INFONOV anticipe une hausse des charges de personnel telle que le coût de production serait porté à 1 037 000 €, présenter les écritures à la clôture de l'exercice N.*
2. La société INFONOV souhaiterait simuler la méthode à l'avancement.
   2.1. *Indiquer le pourcentage d'avancement selon les deux méthodes prévues par le PCG.*
   2.2. *Enregistrer les écritures nécessaires à la clôture de l'exercice N et jusqu'au terme du contrat en retenant la mesure physique du pourcentage d'avancement.*
   2.3. *Quelles seraient les écritures à la clôture de l'exercice N, dans l'hypothèse suivante :*
   - *coût de production prévu du contrat : 1 100 000 €*
   - *prestations facturées en N : 700 000 €*
   - *coût de production comptabilisé en N correspondant aux travaux exécutés et acceptés par le client : 726 000 €*
   - *le pourcentage d'avancement retenu est le rapport entre les coûts des travaux et services exécutés à la date de clôture et le total prévisionnel des coûts d'exécution du contrat, tous les autres éléments étant identiques.*

APPLICATION 5★★ : MÉTHODE À L'AVANCEMENT – INCAPACITÉ D'ESTIMER DE FAÇON FIABLE LE RÉSULTAT À TERMINAISON

15 Min

La société RICHARD est une entreprise du secteur du bâtiment. Son exercice comptable s'achève le 31 décembre de chaque année. Elle a conclu le 01/07/N un contrat à long terme d'une durée de 30 mois. Bien que cette société espère la réalisation d'un bénéfice sur ce contrat, à terminaison elle n'est pas en mesure d'estimer de façon fiable ce profit car elle ne peut identifier clairement le montant total des produits et coûts de celui-ci.

Au 31/12/N, l'analyse de la comptabilité fait apparaître les éléments suivants relatifs à ce contrat :

- en produits figure le chiffre d'affaires facturé de 185 000 € HT ;
- en charges figurent :
  - charges de personnel : .... 180 000 €
  - frais administratifs du siège social : .... 4 000 €
  - location de matériels : .... 2 000 €
  - sous-traitance : .... 6 000 €

TRAVAIL À FAIRE

1. Enregistrer les écritures nécessaires à la clôture N.
2. Ces écritures seraient-elles identiques si la société RICHARD estimait que la situation à terminaison la plus probable soit une perte, dans les deux hypothèses suivantes :
   - hypothèse 1 : perte globale la plus probable sur le contrat = 13 000 € ;
   - hypothèse 2 : incapacité à estimer le montant de la perte probable sur le contrat.

APPLICATION 6★★ : MÉTHODE À L'AVANCEMENT – FACTURATION PARTIELLE

20 Min

La Société d'Aménagement des Sports de Plein Air (SASPA) a signé en avril N un contrat de conception et de réalisation d'un parcours de golf dix-huit trous avec la société SPORTOUR. Ce golf sera implanté sur un domaine de quarante-deux hectares, propriété de la société SPORTOUR, situé en France près de la frontière italienne dans les Alpes-Maritimes. Le bureau d'études de la SASPA est chargé de la conception du parcours sur la base d'un cahier des charges très précis (longueur et emplacement des trous, dénivelés…). La réalisation matérielle du parcours revient également à la SASPA : mise en forme du terrain, drainages, création de buttes de terre artificielles, tracé du parcours, création de plans d'eau, finition des surfaces de jeu… La date d'achèvement de l'ensemble est prévue pour l'automne N+2. Aucune écriture n'a été extournée au 1er janvier.

TRAVAIL À FAIRE

À l'aide du document :

1. Indiquer si le contrat signé avec la société SPORTOUR peut être qualifié de contrat à long terme. Justifier votre réponse.
2. Rappeler les critères sur lesquels repose la capacité d'une entité à estimer de façon fiable le résultat à terminaison dans le cadre des contrats à long terme.
3. Évaluer les informations nécessaires à la comptabilisation du contrat à long terme selon la méthode de l'avancement et enregistrer l'écriture qui a dû être passée au 31 décembre N et l'écriture à passer au 31 décembre N+1.

Document Informations chiffrées

Exercices	Coûts totaux prévisionnels [1]	Coûts engagés et acceptés par le client	Facturation partielle
N	800000	320000	Facture n° 786 du 12 novembre N : 200000 € HT
N+1	825000	[2] 577500	Facture n° 415 du 18 septembre N+1 : 100000 € HT

[1] Ces coûts prévisionnels sont estimés en fin d'exercice.
[2] Montants cumulés.

Le prix du contrat est ferme et a été fixé à 910000 € HT. Le résultat à terminaison est estimé avec une fiabilité suffisante.

APPLICATION 7**: MÉTHODE À L'ACHÈVEMENT CONTRAT DÉFICITAIRE

20 Min

La société TEIXERA est une société industrielle leader sur le marché de la technologie de haute précision. Cette société utilise la méthode à l'achèvement en ce qui concerne ses contrats à long terme. La société n'inclut jamais de charges financières dans le coût de production des produits qu'elle fabrique, qu'il s'agisse d'une production vendue ou d'une production immobilisée.

Le 12 novembre N, la société TEIXERA a signé avec la société BONHOURE un contrat de fourniture de matériels industriels de précision à livrer fin avril N+1. Le montant de ce contrat a été fixé au prix non révisable de 750000 € HT.

En ce qui concerne ce contrat, le chef comptable a reçu les données suivantes du service de la comptabilité de gestion :

	CHARGES ENGAGÉES EN N	CHARGES RESTANT À ENGAGER EN N+1
Charges de production[1] :		
• Charges directes	240000	150000
• Charges indirectes variables	182000	120000
• Charges indirectes fixes	100000	80000

(1) Charges d'exploitation hors frais de recherche et de développement et hors frais d'administration générale.

En N, le taux d'activité de la société TEIXERA a été de 85 % de sa capacité normale de production. Le taux d'activité devrait rester sensiblement le même pour N+1. La société TEIXERA a encaissé un acompte de 72000 € TTC le 15 décembre N.

La livraison et la facturation ont eu lieu comme prévu à la date du 28 avril N+1 (TVA à 20 %).

TRAVAIL À FAIRE

1. Calculer la valeur d'entrée de ce contrat en cours dans le patrimoine de l'entreprise à la date du 31 décembre N.
2. Calculer le montant de la perte probable à provisionner à la clôture de l'exercice N, et analyser ce montant en distinguant, s'il y a lieu, la dépréciation et la provision pour risque.
3. Présenter toutes les écritures relatives à ce contrat à enregistrer au journal en N et en N+1.

MINI-CAS DE SYNTHÈSE

Compétences attendues : le candidat doit non seulement connaître les règles comptables du PCG relatives aux savoirs associés au thème, mais aussi maîtriser les écritures comptables en découlant dans un contexte professionnel. Le candidat doit justifier et analyser la pertinence des choix comptables retenus dans un contexte professionnel. Le candidat doit comprendre l'importance des informations en annexe en complément de la lecture du bilan et du compte de résultat.

DOSSIER FERRALU ***

40 Min

La société FERRALU est une société spécialisée dans la production d'installations « clés en main ». Elle a conclu le 1er septembre N un contrat concernant l'installation d'une salle de spectacle (cinéma, concert…) avec la société RAPHAËL.

Document

Informations sur le contrat conclu entre la société FERRALU et la société RAPHAËL.

La durée de réalisation de l'infrastructure prévue est de 20 mois, soit une livraison prévue pour mai N+2. La société applique la méthode à l'avancement. Le pourcentage d'avancement est mesuré en volume (unités d'œuvre consommées).

Les données prévisionnelles sur le contrat (en milliers €) sont les suivantes :

	N	N+1
Prix de vente (renégocié en N)	4600	4830
Coût de revient total prévisionnel	4200	4880*
Unités d'œuvre totales consommées prévisionnelles	28000	30000

** Réestimé avec fiabilité, compte tenu des informations disponibles et de l'avancement du contrat.*

Les données réelles sur le contrat (en milliers d'euros) sont les suivantes :

	N	N+1	N+2	TOTAL
Produits contractuels (facturations intermédiaires)	0	1800	3030	4830
Coût des travaux exécutés pendant l'exercice**	1260	2146	1469	4875
Unités d'œuvre consommées pendant l'exercice	8400	12600	9000	30000

*** Ces travaux sont tous acceptés par le cocontractant.*

Ces coûts comprennent : des coûts directement imputables au contrat (main-d'œuvre, amortissements, sous-traitance…) ; des coûts indirects directement rattachables à ce contrat (assurance…).

MISSIONS

1 *Préciser les conditions d'utilisation de la méthode à l'avancement.*

2 *Présenter les écritures nécessaires à la clôture des exercices N et N+1 ainsi qu'en N+2 en application de la méthode à l'avancement. On tiendra compte d'une TVA au taux normal. Les charges engagées ont été correctement enregistrées ainsi que les facturations intermédiaires.*

3 *Analyser et commenter la répartition sur les trois exercices du résultat réalisé sur le contrat.*

CHAPITRE 22 : LES DISPOSITIFS ASSOCIANT LE PERSONNEL AUX PERFORMANCES DE L'ENTREPRISE

COMPÉTENCE ATTENDUE

- **Maîtriser** les régimes juridiques et les conséquences comptables des dispositifs associant le personnel aux performances de l'entreprise.

FICHE RESSOURCES

1 - Rappels juridiques sur la participation des salariés aux résultats de l'entreprise

Qu'est-ce que la participation ?	La participation des salariés aux résultats de l'entreprise est obligatoire dans les entreprises de plus de 50 salariés, elle permet d'attribuer, chaque année, aux salariés une somme d'argent liée aux bénéfices réalisés et qui est disponible, sauf exception, pendant un certain temps. Une réserve de participation est constituée par l'employeur. Les modalités de répartition entre les bénéficiaires sont prévues par un accord de participation ou par la loi.
Qui est concerné ?	• Entreprises concernées : il y a les entreprises employant au moins 50 salariés. À partir du 1er janvier 2020, par application de la loi du 19 mai 2019, dite loi PACTE (Plan d'Action pour la Croissance et la Transformation des Entreprises), le seuil de 50 salariés est atteint lorsqu'il est effectivement atteint ou dépassé pendant 5 années civiles consécutives. Dès lors, la participation devient obligatoire à compter du premier exercice comptable suivant ces 5 années civiles. Il est également possible d'avoir une participation pour les entreprises employant moins de 50 salariés ayant conclu un accord avec leur personnel. • Salariés bénéficiaires : ce sont les salariés sous CDI ou CDD ayant l'ancienneté imposée par l'accord. Le minimum requis ne peut pas être supérieur à 3 mois.
Comment la mettre en place ?	La mise en place de la participation doit se faire dans le cadre d'un accord collectif de travail soit entre le chef d'entreprise et les salariés, soit au sein du Comité Social et Économique (CSE), soit entre le chef d'entreprise et les syndicats représentatifs de salariés, ou encore par référendum du personnel. L'accord doit avoir des clauses obligatoires : – date de conclusion ; – prise d'effet ; – durée ; – formule de calcul de la Réserve Spéciale de Participation (RSP) ; – durée de blocage des fonds s'ils n'ont pas été versés immédiatement : 5 ou 8 ans en l'absence d'accord ; – modes de répartition de la réserve entre les bénéficiaires et plafonds ; – mode de gestion des droits des salariés.
Comment la calculer ?	Le calcul de la RSP se présente de la façon suivante : B = Bénéfice net fiscal ; C = Capitaux propres ; S = Masse salariale VA = Valeur ajoutée **RSP = ½ (B – (5 %* C)) * S/VA** Il est également possible d'utiliser une autre formule de calcul, du moment qu'elle est aussi avantageuse pour les salariés.

Remarque : depuis le 1er décembre 2023, et pendant une durée de 5 ans, un dispositif obligatoire de partage de valeur (signature d'un accord de participation ou d'intéressement, abondement, etc.) est expérimenté, pour les sociétés :

- dont l'effectif est compris entre 11 et 49 salariés ;
- et qui ont réalisé un bénéfice net fiscal d'au moins 1 % du chiffre d'affaires pendant 3 années consécutives.

L'obligation de mettre en place un dispositif de partage de valeur s'applique aux exercices ouverts après le 31 décembre 2024.

FICHE RESSOURCES

2 - Comptabilisation de la participation

1. À la clôture de l'exercice N

L'entreprise a une charge à payer au titre de la participation envers son personnel et envers les organismes sociaux (forfait social).

691		Participation des salariés aux résultats	**RSP**	
	4284	Dettes provisionnées pour participation des salariés		**RSP**
		Participation au titre de l'exercice N		
6451		Cotisations à l'Urssaf	FS	
	4386	Organismes sociaux, charges à payer		FS
		*Forfait social = 20 % de la participation**		

* Depuis le 1er janvier 2019, le forfait social est supprimé sur les primes de participation pour les entreprises qui ne sont pas tenues de mettre en place un accord de participation (entreprise et unité économique et sociale de moins de 50 salariés).

2. Lors de l'exercice suivant N+1

- ***Après l'Assemblée Générale***

Lorsque l'Assemblée Générale a approuvé les comptes, cette charge devient une dette effective et c'est à cette date que sont précomptées la CSG et la CRDS.

4284		Dettes provisionnées pour participation des salariés	RSP	
4386		Organismes sociaux, charges à payer	**FS**	
	4246	Participation des salariés (réserve spéciale)		**RSP nette**
	431	Sécurité sociale ((CSG + CRDS = 9,7 % RSP) + FS)		CSG+CRDS+FS
		Participation au titre de l'exercice N		

- ***En cours d'exercice***

Les écritures comptabilisées dépendront de l'affectation de la participation.

➢ **Versement immédiat aux salariés**

Les salariés peuvent demander le versement immédiat de tout ou partie des sommes qui leur sont attribuées au titre de la participation, dans un délai de 15 jours à compter de la date à laquelle il ont été informés de leurs droits.

➢ **Attribution d'actions par incorporation de la réserve spéciale de participation au capital**

4246		Participation des salariés (réserve spéciale)	**RSP nette**	
	101	Capital social		V.N
	1041	Prime d'émission		(PE-VN)
		Affectation Participation au titre de l'exercice N		

➢ **Attribution par rachat de titres**

502		Actions propres	Prix rachat	
	512	Banque		Prix rachat
		Règlement actions		

4246		Participation des salariés (réserve spéciale)	**RSP nette**	
*		*		
	502	Actions propres		Prix rachat
		Affectation Participation au titre de l'exercice N		

* La différence entre le prix de rachat et la valeur à retenir au titre de la participation est comptabilisée soit en « 6683 - Mali provenant du rachat par l'entité d'actions et obligations émises par elle-même », soit en « 7683 - Bonis provenant du rachat par l'entreprise d'actions et d'obligations émises par elle-même ».

FICHE RESSOURCES

Règlement ANC n° 2022-06
Le mali ou le boni provenant du rachat d'actions ou d'obligations propres n'est plus enregistré en résultat exceptionnel. Les comptes 6783 et 7783 sont remplacés par les comptes 6683 et 7683.

➢ **Versements à des organismes de placement**

4246		Participation des salariés (réserve spéciale)	**RSP nette**	
	512	Banque		**RSP nette**
		Affectation Participation au titre de l'exercice N		

➢ **Versements au plan d'épargne (PEE, PEI ou PERCO)**

4246		Participation des salariés (réserve spéciale)	**RSP nette**	
	4247	Personnel – PEE ou PEI ou PER		**RSP nette**
		Affectation Participation au titre de l'exercice N		

➢ **En cas d'absence d'accord de participation**

4246		Participation des salariés (réserve spéciale)	**RSP nette**	
	1661	Participation des salariés (comptes bloqués)		**RSP nette**
		Affectation Participation au titre de l'exercice N		

➢ **Reliquat éventuel, non attribué du fait du plafond pour chaque bénéficiaire, maintenu au compte 4246.**

Remarque : Création d'un fonds géré par l'entreprise
Depuis le 24 mai 2019, il n'est plus possible d'affecter la participation à un compte bloqué consacré par l'entreprise à des investissements. Toutefois, cette affectation reste possible :

- *en l'absence d'accord de participation ;*
- *pour les sociétés coopératives de production ;*
- *pour les entreprises qui affectaient la participation à un compte bloqué avant cette date. Dans ce dernier cas, ce mode d'affectation reste applicable pour la durée de l'accord (voir écritures ci-dessous).*

4246		Participation des salariés (réserve spéciale)	**RSP nette**	
	1662	Participation des salariés (Fonds de participation)		**RSP nette**
		Affectation Participation au titre de l'exercice N		

À la clôture de l'exercice

➢ **Comptabilisation des intérêts dûs** si la participation a été versée sur un compte bloqué, ceux-ci seront également bloqués.

661		Charges d'intérêts	Intérêts	
	16886	Intérêts courus sur Participation des salariés		Intérêts
		Participation x Taux d'intérêt x prorata		

Au cours de l'exercice suivant, ce compte 16886 est viré au compte « 1661 ou 1662 Participation des Salariés »

Lors de l'exercice où les fonds deviennent disponibles en N+4

➢ **Déblocage de la participation et des intérêts bloqués** (en général 3 mois après la clôture de l'exercice)

1662		Fonds de participation ou	RSP nette	
1661		Participation (comptes bloqués)		
	4248	Participation des salariés (comptes courants)		RSP nette

FICHE RESSOURCES

3 - Rappels juridiques/Intéressement et plan d'épargne entreprise

Définition de l'intéressement	**L'intéressement est une mesure qui vise à verser une prime annuelle aux salariés** d'une entreprise lorsque celle-ci atteint les objectifs qu'elle s'était fixés. Toutes les entreprises peuvent mettre en place un accord d'intéressement au profit de leurs salariés, quelle que soit la taille.
L'intéressement est-il obligatoire ?	L'intéressement des salariés au bénéfice de l'entreprise est une mesure facultative mais celles qui décideraient de mettre en place un tel dispositif devront le faire pour l'ensemble de leur effectif.
Calcul de la prime pour les salariés	L'intéressement peut être calculé sur : • le **résultat de l'entreprise**, selon des indicateurs financiers et comptables ; • ou la performance de l'entreprise, selon un objectif prédéfini de chiffre d'affaires ou d'amélioration de la productivité.
Versement de la prime d'intéressement aux salariés	Plusieurs formules de versement de la prime d'intéressement aux salariés sont possibles. L'entreprise peut opter pour le versement d'une somme identique à l'ensemble de son effectif ou évaluer le montant de la prime d'intéressement en fonction du **salaire nominal** et/ou du **temps de présence**. Le montant total de l'intéressement est fixé au maximum à **20 %** du total des salaires bruts versés.
Plans d'épargne d'entreprise	Ils sont au nombre de 3 : - **le Plan d'Épargne Entreprise (PEE) :** il est mis en place dans une entreprise ou un groupe d'entreprises. Les sommes versées au PEE sont bloquées pendant 5 ans. Il peut être constitué d'actions de l'entreprise, de fonds diversifiés, de fonds d'actionnariat salarié ; - **le Plan d'Épargne Interentreprises (PEI) :** les sommes sont également bloquées pendant 5 ans. Il est mis en place entre plusieurs entreprises selon différents critères : branche professionnelle, bassin d'emploi, ou entreprises prises individuellement. Il ne peut être constitué que des fonds diversifiés, à l'exclusion des actions des entreprises et des fonds d'actionnariat salarié ; - **le Plan d'Épargne pour la Retraite Collectif (PERCO) :** il est mis en place au sein d'une entreprise ou entre plusieurs entreprises selon le modèle du PEI. La loi PACTE du 22 mai 2019 a remplacé le PERCO en 3 Plans d'Épargne Retraite (PER) possibles : PER individuel, PER collectif et PER obligatoire. Ces nouveaux plans sont disponibles depuis le 1er octobre 2019 et l'ancien PERCO ne peut plus être mis en place depuis le 1er octobre 2020. Pour autant, les PERCO créés avant cette date sont toujours valables. Les sommes sont conservées jusqu'au départ à la retraite. Il ne peut être constitué que par des fonds diversifiés, à l'exclusion des actions des entreprises et des fonds d'actionnariat salarié. Ces plans sont alimentés par les versements volontaires des salariés ; il peut s'agir de leur participation, de leur prime d'intéressement, de versements en espèces ou à partir de prélèvement sur leurs salaires. **L'entreprise peut également, dans le cadre de l'abondement, décider de réaliser des versements complémentaires soumis à un plafond.**

Depuis le 1er janvier 2019, le forfait social est supprimé :

- sur les primes de participation, les abondements de l'employeur, les sommes versées sur les différents plans (PEE, PEI, PER) pour les entreprises qui ne sont pas tenues de mettre en place un accord de participation (moins de 50 salariés) ;
- sur les primes d'intéressement, pour les entreprises qui emploient moins de 250 salariés.

Dans les autres cas, le forfait social est de 20 %.

Au forfait social s'ajoutent la CSG et CRDS pour un total de 9,7 %.

4 - Comptabilisation de l'intéressement ou d'un PEE

I. L'intéressement

1. À la clôture de l'exercice N

Les droits des salariés au titre de l'intéressement sont comptabilisés en charges à payer.

		31/12/N		
6414		Rémunération du personnel – Indemnités et avantages divers	I	
	428	Personnel – Charges à payer		I
		Intéressement à verser aux salariés		

		31/12/N		
6451		Cotisations à l'Urssaf	FS	
	4386	Organismes sociaux, charges à payer		FS
		Forfait social = Intéressement x 20 %		

2. Au cours de l'exercice N + 1

- **Après l'approbation des comptes de l'exercice N**

		N + 1		
428		Rémunération du personnel – Intéressement	I	
4386		Organismes sociaux, charges à payer	FS	
	421	Personnel – Rémunérations dues (I - CSG/RDS)		IN
	431	Sécurité sociale (I x 9,7 %) + FS		CSG+CDRS+FS
		Intéressement net à verser aux salariés		

- **Au moment de l'affectation des fonds**
  - Si le salarié perçoit directement l'intéressement

		N+1		
421		Personnel – Rémunérations dues	IN	
	512	Banque		IN
		Versement intéressement net		

  - Si le salarié destine son intéressement au plan d'épargne d'entreprise

		N+1		
421		Personnel – Rémunérations dues	IN	
	4247	Personnel – plan d'épargne entreprise		IN
		Versement de l'intéressement net au plan d'épargne		

II. Le Plan d'Épargne Entreprise

La participation de l'entreprise est considérée comme étant une charge de personnel.
L'enregistrement comptable à la date du versement de l'**abondement** sera le suivant :

		N+1		
647		Autres charges sociales	A	
6451*		Cotisations à l'Urssaf	FS	
	4247	Personnel PEE (A – CSG/RDS)		AN
	431	Sécurité sociale (A x 9,7 %) + forfait social		CSG+CRDS+FS
		Abondement de l'entreprise		

* L'abondement est soumis au forfait social, sauf pour les entreprises de moins de 50 salariés.

APPLICATIONS

CONTRÔLE DE CONNAISSANCES

Répondre par « oui » ou par « non » aux affirmations ci-dessous en donnant toutes les explications nécessaires.

1. Toutes les entreprises sont assujetties à la participation quel que soit leur effectif.
2. La formule de calcul de la participation légale dépend de 4 critères : bénéfice net comptable, capitaux propres, salaires nets, valeur ajoutée.
3. Les entreprises qui signent un accord de participation dérogatoire ou qui adhèrent de façon volontaire à la participation bénéficient d'avantages fiscaux.
4. La réserve de participation se répartit entre chaque salarié sans respecter aucune condition.
5. Les droits des salariés sont immédiatement disponibles.
6. Il existe des cas de déblocage de la participation.
7. La réserve spéciale de participation ne peut être affectée qu'à la création d'un fonds géré par l'entreprise.
8. La participation versée aux salariés est complètement exonérée d'impôt sur le revenu.
9. La réserve spéciale de participation ne devient une dette effective envers les salariés qu'après l'approbation des comptes par l'Assemblée Générale.
10. L'intéressement ne peut concerner qu'une catégorie de salariés.
11. L'accord d'intéressement peut être basé sur les performances de l'entreprise.
12. Les plans d'épargne salariale peuvent être alimentés par l'intéressement et par des contributions additionnelles de l'entreprise.
13. La participation de l'entreprise au PEE est comptabilisée en charges de personnel.

QUIZ EN VERSION NUMÉRIQUE

https://eqrco.de/a/aSBxjs

APPLICATION 1★ : PARTICIPATION

25 Min

La SA AGECO occupe, depuis 5 ans, plus de 50 salariés. Elle a signé en N-1 un accord de participation entre l'entreprise et les salariés qui prévoit une application de la participation à partir de l'exercice N.

Les renseignements suivants permettant le calcul de la réserve spéciale de participation sont communiqués :

B = 122 507 €, C = 167 940 €, Rapport S/VA = 0,59.

Il est supposé que le forfait social net d'impôt a déjà été déduit de B.

Il a été calculé un montant de participation légale de 33 662 €.

La date d'approbation des comptes par l'AGO des actionnaires est fixée au 8 mai N+1. L'accord de participation prévoit la création d'un fonds de participation le 15 juin N+1. Les sommes versées porteront intérêt au taux de 4 % l'an sur 9 mois. L'exercice comptable est clos le 31 décembre.

Remarque : nous considérerons que l'accord de participation de la SA AGECO a été conclu avant le 24 mai 2019 et que sa durée n'est pas arrivée à échéance.

TRAVAIL À FAIRE

À partir de ces renseignements et sachant que l'accord dérogatoire majore de 50 % la participation légale, il vous est demandé de :

1. Justifier le montant de la Réserve Spéciale de Participation pour l'année N (calculs arrondis à l'unité).
2. La comptabiliser au 31 décembre N.
3. Comptabiliser les écritures concernant cette participation au cours de l'exercice N+1 et au 31 décembre N+1.
4. Comptabiliser le déblocage de la participation (ne pas tenir compte du montant des intérêts bloqués).

APPLICATION 2★ : INTÉRESSEMENT

10 Min

L'entreprise SAAB qui emploie 260 salariés a conclu un accord d'intéressement avec ses salariés. Au titre de l'exercice N, il est accordé 200 000 €. Ce montant est attribué en mai N+1 et affecté à un plan d'épargne entreprise. L'abondement de la société est de 150 000 € à cette date.

TRAVAIL À FAIRE

Comptabiliser cet intéressement à la clôture de l'exercice N (31 décembre) et son affectation au PEE ainsi que l'abondement de l'entreprise.

APPLICATION 3*: PARTICIPATION SIMPLE

10 Min

L'entreprise DUROY (50 salariés depuis plus de 5 ans) est assujettie à la participation des salariés. Le montant calculé selon la formule légale s'élève à 251 500 € à la fin de l'exercice N.

L'accord collectif conclu prévoit l'application de la formule légale et le blocage des fonds pendant 5 ans sur un compte géré par l'entreprise.

L'assemblée générale réunie le 10 mai N+1 a approuvé les comptes et le 10 juin N+1, les fonds ont été versés au Plan d'Épargne Entreprise.

TRAVAIL À FAIRE

Enregistrer les écritures comptables à la clôture de l'exercice N et au cours de l'exercice N+1 au titre de la participation N.

APPLICATION 4**: PARTICIPATION, ACCORDS DÉROGATOIRES

20 Min

La société VOIRIEPROD est assujettie légalement à la participation des salariés.

Le 2 mai N+1, l'assemblée générale a approuvé le montant de la participation calculée sur les données N.

TRAVAIL À FAIRE

À l'aide du document :

1. Justifier le montant de la participation des salariés aux résultats N à l'aide de la formule légale (calculs arrondis à l'unité).
2. Calculer la participation effective N.
3. Présenter l'enregistrement comptable des opérations du 31 décembre N relatives à la participation.
4. Calculer la réserve spéciale de participation nette de CSG et de CRDS et présenter l'écriture de participation consécutive à l'approbation par l'assemblée générale le 02 mai N+1.

Calculatrice autorisée.

Document Éléments nécessaires au calcul de la réserve spéciale de participation

1 – Valeur des éléments pour le calcul de la participation des salariés

Pour l'exercice N, les valeurs sont les suivantes :

B : Bénéfice net fiscal	*1 018 321*
C : Capitaux propres	*5 377 078*
S/VA : Salaires bruts/Valeur ajoutée	*0,394*

Il est supposé que le forfait social net d'impôt a déjà été déduit de B.
Il a été calculé un montant de participation légale de 147 645 €.
L'assemblée générale des actionnaires réunie le 2 mai N+1 a approuvé les comptes de N.

2 – Formule effective prévue dans l'accord de participation

Depuis N-12, selon des accords dérogatoires, la société utilise pour calculer la participation effective un coefficient de 1,2 qu'elle applique à la participation calculée avec la formule légale. La valeur ainsi obtenue est diminuée de la CSG et de la CRDS. Elle est ensuite répartie entre les salariés et bloquée pendant 5 ans.

APPLICATION 5★★★: MISE EN PLACE D'UN PLAN D'ÉPARGNE ENTREPRISE

20 Min

Les dirigeants et les actionnaires de la SA LOGECOM, qui compte plus de 50 salariés, souhaitent faire profiter les salariés de la croissance de la société. À cet effet, ils désirent mettre en place un plan d'épargne entreprise à partir de N.

Le lancement de cette opération soulève, toutefois, un certain nombre de problèmes techniques. Les dirigeants de l'entreprise font appel à vos services, afin que vous les conseilliez.

Ils vous posent quelques questions techniques auxquelles vous apporterez des réponses argumentées.

TRAVAIL À FAIRE

1. Tous les salariés doivent-ils participer au plan d'épargne entreprise ? L'entreprise peut-elle limiter ce plan à un collège de salariés ?
2. Préciser les conditions d'alimentation du plan.
3. Quelles sont les cotisations sociales et fiscales qui doivent être appliquées à l'abondement ?
4. Vous pensez qu'une démarche pédagogique facilitera la compréhension des explications que vous apporterez aux dirigeants. À partir de l'exemple simplifié suivant, détailler aux dirigeants l'enregistrement comptable des opérations relatives au plan d'épargne entreprise :

« Dans le cadre d'un plan d'épargne entreprise, un salarié décide de verser 250 € et de transférer sur le plan la totalité de la participation perçue sur les résultats de l'entreprise, soit 200 €. L'abondement s'élève à 125 €. Les frais de gestion sont évalués à 10 €. »

D'après un sujet d'examen

MINI-CAS DE SYNTHÈSE

PARTICIPATION DES SALARIÉS ★★

15 Min

La société anonyme NOVATIS a un effectif de 65 salariés. Au titre de l'exercice N, clos au 31 décembre N, la participation des salariés au résultat de l'entreprise s'élève à 15 000 €. La société NOVATIS a mis en place un accord dérogatoire de participation en N-5, fixant les sommes allouées aux salariés à 1,5 fois le montant du calcul légal.

L'assemblée générale ordinaire (AGO), statuant sur les comptes de l'exercice N, se tient au 1er juin N+1. Le montant fixé à 15 000 € est approuvé. Il est décidé d'attribuer aux salariés des actions propres de la société.

À cette fin, la société NOVATIS a acquis, sur le marché boursier, des actions propres.

Premier rachat effectué le 15 décembre N : 300 actions, acquises pour 30 € l'une.

Deuxième rachat effectué le 15 avril N+1 : 700 actions, acquises pour 16 000 €, valeur globale.

Au 31 décembre N, le cours de bourse (moyenne des 10 dernières cotations) était de 26 €.

La valeur nominale de l'action NOVATIS est de 15 €.

Les actions propres sont attribuées aux salariés au 15 juin N+1, au prix du marché, soit 20 €.

Il est signalé qu'aucune écriture relative à la participation des salariés n'a encore été passée courant N+1.

Enfin, il est précisé que la société NOVATIS gère son portefeuille d'actions propres selon la méthode du coût moyen pondéré.

MISSIONS

1 Au 31 décembre N, a été constatée l'écriture suivante :

691	Participation des salariés aux résultats	15 000	
4284	Dettes provisionnées pour participation des salariés		15 000
6451	Cotisations à l'Urssaf	3 000	
4386	Organismes sociaux, charges à payer		3 000

En respect de quel principe comptable ces écritures ont-elles été passées ?

2 Présenter l'écriture d'attribution des fonds de participation aux salariés au 1er juin N+1.

3 Présenter l'écriture d'attribution des actions propres aux salariés, au 15 juin N+1 (nombre arrondi par excès).

CHAPITRE 23 : L'IMPÔT SUR LES SOCIÉTÉS

COMPÉTENCE ATTENDUE

- **Maîtriser** les régimes juridiques et comptables de l'impôt sur les sociétés.

FICHE RESSOURCES

1 - Acomptes d'impôt sur les sociétés

Les acomptes d'impôt sur les sociétés sont obligatoires dans toutes les entreprises qui ont payé plus de 3 000 € d'IS au titre de l'exercice précédent.

Les acomptes d'IS sont en principe comptabilisés dans le compte 444 « État, impôt sur les bénéfices ».

Les acomptes d'impôt sur les sociétés ne sont pas tous calculés de la même manière. Selon qu'il s'agit du 1er acompte ou d'un autre, l'assiette de calcul ne sera pas la même. De plus, le 2e acompte permet de régulariser le premier acompte.

Comment comptabiliser l'acompte d'impôt sur les sociétés ?

444		État, impôt sur les bénéfices	X	
	512	Banque		X
		Acomptes payés le 15/3, 15/6, 15/9 et 15/12		

Comment calculer les acomptes d'IS ?

L'IS est payé au moyen de quatre acomptes en N et d'un solde éventuel en N+1.

Chaque acompte est égal à un quart du montant de l'IS calculé sur la base du bénéfice de l'exercice N-1 :

(Bénéfice N-1 x taux)/4

Ainsi, pour le taux réduit (voir partie 2), le taux de chaque acompte est de 3,75 %. Pour le taux normal, le taux de chaque acompte est de 6,25 %.

Le premier acompte diffère des suivants du fait que, lorsqu'il est dû, les résultats du dernier exercice clos ne sont pas encore connus. Ainsi, le premier acompte est calculé sur la base du bénéfice de l'exercice N-2 et une régularisation est à effectuer à l'échéance du deuxième acompte.

2 - Calcul et comptabilisation de l'impôt sur les sociétés

C'est la **liquidation de l'impôt sur les sociétés**. **L'impôt sur les sociétés est calculé à la clôture de l'exercice et les quatre acomptes déjà versés sont déduits**.

Pour calculer l'impôt sur les sociétés, il faut multiplier le résultat fiscal par le taux de l'IS ou les différents taux dans les PME communautaires qui bénéficient du taux réduit.

Pour le calcul de l'impôt, le bénéfice imposable est arrondi à l'euro le plus proche. La fraction d'euro égale à 0,50 est comptée pour 1.

Le taux normal de l'impôt sur les sociétés, en l'absence de dispositions particulières, est fixé conformément à l'article 219-I du CGI.

Le **taux normal** de l'impôt sur les sociétés a progressivement été abaissé depuis 2017. **Pour les exercices ouverts depuis le 1er janvier 2022, il est fixé à 25 %** pour toutes les entreprises, quel que soit le montant de leur chiffre d'affaires.

Le taux réduit est de 15 % dans la limite d'un bénéfice fiscal de 42 500 €. Cette limite s'applique pour l'imposition des résultats des exercices clos à compter du 31 décembre 2022.

L'**impôt sur les sociétés** est comptabilisé à la clôture de l'exercice dans un **compte « 695 : Impôt sur les bénéfices ». Le compte 695 enregistre l'impôt dû au titre de l'exercice. Les acomptes déjà versés ne sont pas déduits de ce compte de charges.**

3 - Remboursement d'impôts

I. Remboursement d'une créance de carry back ou report en arrière des déficits

Le **report en arrière des déficits** permet à une entreprise d'obtenir le remboursement d'une partie de l'impôt sur les sociétés qu'elle a payé au cours des exercices précédents. Ce remboursement est soumis à conditions. Au moment de la constatation de la créance, l'entreprise comptabilise sa créance au crédit du compte **699 « Produits - Report en arrière des déficits ».**

Le remboursement de la créance permet de solder le compte 444, pour la part qui correspond à la créance. L'utilisation du compte 444 « État, impôt sur les bénéfices » pour la créance de carry back permet un meilleur suivi de la créance.

II. Remboursement d'IS provenant des acomptes versés

À l'issue de l'écriture de liquidation d'IS, le compte 444 « État, impôt sur les bénéfices » présente un solde débiteur qui correspond à la différence entre l'IS réellement dû par la société et les acomptes qu'elle a versé. Le remboursement permet de diminuer ou de solder le compte débiteur 444 « État, impôt sur les bénéfices ».

III. Remboursement d'un crédit d'impôt

Les crédits d'impôt sont enregistrés au débit du compte 444. Ils viennent diminuer l'impôt sur les sociétés à payer ou faire ressortir la créance remboursable.

Le crédit d'impôt est enregistré au débit du compte 444, par le crédit du compte 695 (ou dans une sous-division du compte 699 si le crédit d'impôt n'est pas imputé immédiatement).

IV. Remboursement d'IS issu d'un contrôle fiscal

L'entreprise a été **contrôlée sur les trois derniers exercices** et le contrôle fiscal débouche sur un **remboursement d'impôt sur les sociétés.**

Si l'entreprise n'a pas comptabilisé la créance, le **compte 699** peut-être utilisé pour diminuer la dette d'IS de l'exercice.

APPLICATIONS

CONTRÔLE DE CONNAISSANCES

QUIZ EN VERSION NUMÉRIQUE

https://eqrco.de/a/IL3OBT

APPLICATION 1**: CALCUL ET COMPTABILISATION DES ACOMPTES D'IS ET DE L'IMPÔT SUR LES SOCIÉTÉS

30 Min

L'entreprise ALAPHILIPPE (PME communautaire), soumise à l'IS, présente les bénéfices fiscaux suivants:

Bénéfice fiscal N-2: 1 000 000 €

Bénéfice fiscal N-1: 1 200 000 €

Bénéfice fiscal N: 1 400 000 €

En N, l'entreprise ALAPHILIPPE bénéficie d'un crédit d'impôt apprentissage d'un montant de 20 000 €.

TRAVAIL À FAIRE

1. Calculer les acomptes versés en N (calculatrice autorisée).
2. Présenter l'écriture d'acompte du 15 mars N.
3. Calculer l'impôt dû en N.
4. Présenter l'écriture d'impôt de l'année N.
5. Enregistrer le crédit d'impôt apprentissage.
6. Présenter le compte en « T » du compte 444 « État, impôt sur les bénéfices ».

APPLICATION 2**: CARRY BACK

20 Min

La société BARDET soumise à l'impôt sur les sociétés, clôture son exercice comptable le 31 décembre de chaque année. Elle réalise en N un déficit fiscal de 48000 euros. La société BARDET souhaite reporter en arrière son déficit de N et la créance de carry back s'élève à 12000 €.

TRAVAIL À FAIRE

1. Justifier le traitement comptable de la créance d'impôt liée au déficit dans les comptes sociaux.
2. Indiquer les possibilités d'utilisations de la créance de carry back de 12000 €.
3. Indiquer le montant du solde du compte 444 au 31/12/N+1 si la société BARDET est redevable en N+1 d'un impôt de 24000 €.
4. Préciser si la créance de carry back peut être imputée sur d'autres dettes fiscales.

MINI-CAS DE SYNTHÈSE

PARTICIPATION, INTÉRESSEMENT, IMPÔT SUR LES BÉNÉFICES ***

20 Min

La société AUDIOVOX emploie 80 personnes au 31 décembre N. En N-6, cette entreprise a signé avec ses salariés, un accord dérogatoire de participation. Celui-ci prévoit la suppression du coefficient ½ dans la formule de calcul de la participation légale.

L'AGO des actionnaires du 15 juin N a approuvé la réserve spéciale de participation N-1 et a décidé de l'affecter le 10 juillet N à un fonds de participation de l'entreprise. Ces fonds seront bloqués pendant 5 ans.

Au cours de l'année N, un accord d'intéressement a été mis en place. Au titre de l'année N, il a été attribué aux salariés, un intéressement annuel de 10000 € calculé à partir de critères de performance fondés sur l'EBE. Le montant de cet intéressement sera versé aux salariés au cours du mois qui suit l'approbation des comptes de l'exercice.

MISSIONS

À l'aide du document:

1 Calculer la réserve spéciale de participation au titre de l'exercice N.

2 Comptabiliser la participation, l'intéressement pour l'exercice N.

3 Comptabiliser l'impôt sur les sociétés au 31 décembre N.

Document

Au 31 décembre N, on vous communique les renseignements suivants:

C = CAPITAUX PROPRES	1400000
S = SALAIRES BRUTS	1000000
VA = VALEUR AJOUTÉE	2000000
B = BÉNÉFICE NET	150000

Il est supposé que le forfait social net d'impôt a déjà été déduit de B. Au 31 décembre N-1, l'expression (B- 5 % C) S/VA est égale à 30000 €. Impôt sur les sociétés au titre de N: 80000 €.

CHAPITRE 24 : LES AIDES AUX ENTREPRISES : SUBVENTIONS, AIDES À L'EMPLOI, ET ABANDONS DE CRÉANCE

COMPÉTENCES ATTENDUES

- **Exposer et appliquer** les traitements comptables relatifs au rattachement des charges et des produits.
- **Évaluer et comptabiliser** les opérations citées et plus particulièrement celles se déroulant sur plusieurs exercices.
- **Analyser** les conséquences de l'option choisie, notamment sur la présentation des comptes annuels, et proposer éventuellement un choix, dans une situation donnée.
- **Présenter** les informations à fournir en annexe.

FICHE RESSOURCES

1 - Subventions

I. Définition

Une subvention est une aide financière, c'est-à-dire une somme d'argent, qui est allouée à titre définitif par une institution publique ou privée dans le cadre d'un projet. Elle n'est pas destinée à être remboursée. Les bénéficiaires des subventions peuvent être des associations à but non lucratif ou autre, des entreprises de droit privé ou de droit public, des exploitations agricoles ou encore des lieux de spectacles comme les théâtres et les cinémas indépendants, des collectivités locales, etc.

II. Nature et comptabilisation des subventions

Ces aides financières peuvent être accordées ou reçues par l'entreprise. À compter des exercices ouverts le 1er janvier 2025, le règlement ANC n° 2022-06 entre en vigueur et prévoit la comptabilisation des subventions en charges et produits d'exploitation. Avant cette date, l'ancienne comptabilisation en résultat exceptionnel est encore possible.

Par ailleurs, pour les subventions reçues, on distingue les aides à une activité (produit) des aides ciblées, destinées à un investissement (capitaux propres).

<table>
<tr><th></th><th>Subventions accordées par l'entreprise</th><th>Subventions reçues par l'entreprise et obtenues de l'État, des collectivités publiques ou de tiers</th></tr>
<tr><td rowspan="2">Subventions de soutien à l'activité ou subvention d'équilibre</td><td>Avant ANC n° 2022-06 :
• compte d'exploitation, de la nature de la charge, si l'aide consentie est récurrente ;
• compte 6715 « Subventions accordées » si elle présente un caractère exceptionnel.</td><td>Avant ANC n° 2022-06 :
• compte d'exploitation 741 « Subventions d'exploitation » si l'aide reçue est courante ;
• compte 7715 « Subventions d'équilibre » s'il s'agit d'une aide exceptionnelle pour compenser une perte.</td></tr>
<tr><td>Après ANC n° 2022-06 :
• les subventions accordées sont, en principe, considérées comme des charges d'exploitation. Le compte utilisé dépendra de la nature de l'aide consentie ;
• néanmoins, dans le cas où la subvention serait considérée comme un événement « majeur et inhabituel », le compte 678 « Autres charges exceptionnelles » pourra être utilisé.</td><td>Après ANC n° 2022-06 :
• l'ensemble des subventions reçues sont, en principe, considérées comme des produits d'exploitation :
– compte d'exploitation 741 « Subventions d'exploitation »,
– et compte 742 « Subventions d'équilibre » ;
• néanmoins, dans le cas où la subvention serait considérée comme un événement « majeur et inhabituel », le compte 778 « Autres produits exceptionnels » pourra être utilisé.</td></tr>
<tr><td>Subvention d'équipement</td><td></td><td>Subvention dédiée à une acquisition en particulier (voir chapitre 8).</td></tr>
</table>

Les exemples et applications qui vont suivre appliquent les règles du règlement ANC n° 2022-06.

III. Les subventions accordées

Leur objectif est de subvenir à certaines dépenses de tiers (par exemple des associations).

Ces subventions seront considérées comme des charges d'exploitation. Selon la nature de l'aide consentie, elles seront comptabilisées dans le compte de charges d'exploitation correspondant.

Exemple 1 :

La société MARTIN située en Lorraine a versé, le 14 mai N, une subvention de 6 000 € à l'entreprise NICOL située dans la même région qui a accepté d'embaucher 3 salariés. Ceux-ci avaient été licenciés par la société MARTIN.

		14/05/N		
648		Autres charges de personnel	6 000	
	512	Banque		6 000
		Virement bancaire		

Exemple 2 : *l'entreprise de travaux publics EUGÈNE a versé, le 14 mai, une subvention de 3 000 € à l'association qui est chargée d'aider les industriels de cette profession dans leurs efforts de reconversion.*

		14/05/N		
6281		Concours divers	3 000	
	512	Banque		3 000
		Virement bancaire		

IV. Les subventions reçues

1. Les subventions d'équilibre

Ce sont des aides financières dont bénéficie l'entreprise pour compenser, en tout ou partie, la perte globale qu'elle aurait constatée si cette subvention ne lui avait pas été accordée.

Elles doivent être distinguées de certaines aides spécifiques qui ont pour objet le remboursement, sur une base forfaitaire ou réelle, des dépenses effectivement supportées par l'entreprise.

Exemple:

La société BRESSE a reçu, le 01/12/N, une subvention de 30 000 € pour lui permettre de faire face à des charges importantes lors de son exercice. Grâce à cette aide, le résultat de son activité n'est pas déficitaire.

		01/12/N		
512		Banque	30 000	
	742	Subventions d'équilibre		30 000
		Virement bancaire		

2. Les autres subventions d'exploitation

Ce sont des subventions dont bénéficie l'entreprise pour lui permettre de compenser l'insuffisance de certains produits d'exploitation ou de faire face à certaines charges d'exploitation.

Il peut s'agir par exemple d'aides à l'emploi ou à la formation.

Plus actuellement, ces subventions peuvent prendre la forme d'aides d'urgence versées par l'État en période de crise:

- aides COVID-19, notamment pour la perte de chiffre d'affaires due aux confinements successifs;
- aides aux entreprises affectées par les conséquences économiques et financières de la guerre Russie/Ukraine, notamment pour le coût de l'énergie.

Exemple 1:

La société EXPANSION a reçu, dans le cadre du soutien individualisé au développement à l'export, le 20 octobre, une subvention de 7 500 € pour financer son projet d'implantation dans un pays de l'Est.

		20/10/N		
512		Banque	7 500	
	741	Subventions d'exploitation		7 500
		Virement bancaire		

Exemple 2:

La société de transport STIPO a reçu, le 10 février N, une subvention de la région alsacienne de 19 200 € pour l'aider à financer l'opération de découverte de la région en autobus. La société propose, en contrepartie, des tarifs très attractifs au public.

		10/02/N		
512		Banque	19 200	
	741	Subventions d'exploitation (19 200/1,20)		16 000
	44571	État - TVA collectée		3 200
		Virement bancaire		

L'opération est soumise à la TVA car elle constitue la contrepartie du service rendu. La subvention est également soumise à la TVA si elle correspond à un complément de prix.

Rappel: le contrat accordant la subvention peut comporter une clause résolutoire ou suspensive (voir chapitre 8).

2 - Les aides

Il s'agit d'aides à l'emploi et à la formation qui sont opérées par des remboursements de charges à l'entreprise.

Ces aides sont accordées dans le cadre des régimes suivants:

- insertion professionnelle des jeunes et demandeurs d'emploi (par exemple, indemnité compensatrice forfaitaire de soutien à l'effort de formation des apprentis);
- insertion professionnelle des handicapés (par exemple, aides à l'embauche des handicapés);
- gestion prévisionnelle de l'emploi (par exemple, contrat pour la mixité des emplois, pour l'égalité professionnelle...).

FICHE RESSOURCES

Une aide qui a un caractère forfaitaire tel que nous l'avons défini ci-dessus et qui n'est liée, ni par sa nature ni de par son montant, à des charges déterminées, s'analyse du point de vue comptable comme une subvention d'exploitation.

Exemple : *dans le cadre du plan France Relance, l'entreprise DODO perçoit de la part de l'État une aide à l'embauche de 4 000 €, suite à l'emploi d'une personne en situation de handicap en CDI.*

441		État – Subventions et aides à recevoir	4 000	
ou 512		Banques		
	741	Subventions d'exploitation		4 000

Lorsque ces charges ont un caractère déterminé, précis, l'entreprise qui a supporté ces charges de personnel doit comptabiliser les remboursements forfaitaires effectués par l'État de ces charges :

- dans un compte 791 « Transferts de charges d'exploitation » avant application du règlement ANC n° 2022-06 ;
- ou bien au crédit du compte de charge par nature.

> En effet, le **règlement ANC n° 2022-06** supprime la technique du transfert de charges (article 1er nouveau : « À l'article 512-1, les mots "les transferts de charges" sont supprimés »). Lorsque la charge n'a pas été inscrite directement dans le compte adéquat, le montant concerné est transféré en créditant le compte de charges utilisé initialement et en débitant le compte de charges approprié (PCG, nouvel art. 1221). Les remboursements reçus directement en compensation de charges de personnel sont enregistrés au crédit du compte 649 « Remboursements de charges de personnel » (PCG, nouvel art. 1221-64).

Exemple : *l'entreprise DODO perçoit de la part de son OPCO un remboursement partiel des frais de formation que ses salariés ont suivi le mois précédent. Le coût de la formation était de 10 000 € et le remboursement s'élève à 50 % de la somme.*

441		État – Subventions et aides à recevoir	5 000	
ou 512		Banques		
	649	Remboursements de charges de personnel		5 000

3 - Abandons de créances

I. Définition

C'est une aide ou un avantage accordé par une entreprise à une autre entreprise. Juridiquement, l'abandon de créance constitue une remise de dette qui libère le débiteur en entraînant l'extinction de la dette. Cet abandon de créance ne peut constituer une charge déductible sur le plan fiscal que si deux conditions sont remplies :

- l'abandon doit correspondre à un acte normal de gestion ;
- l'abandon doit comporter une contrepartie équivalente, qui ne se traduit pas par une augmentation de l'actif, pour l'entreprise qui l'accorde.

II. Les deux cas d'abandons de créances

Du fait de l'événement COVID-19, certains créanciers ont été amenés à accorder des abandons de créances à leur débiteur de manière plus fréquente. Il peut s'agir de créances d'exploitation ou de créances financières (par exemple, liées à des participations).

Abandon de créance à caractère commercial	Abandon de créance à caractère financier
Il s'agit d'un abandon de créance destiné à maintenir en activité l'entreprise aidée, afin d'assurer la poursuite de relations commerciales avantageuses pour l'entreprise qui accorde son aide. Il est justifié par certaines raisons : maintien des relations commerciales, maintien des débouchés, préservation des sources d'approvisionnement…	Il survient dans le cas où il n'y a pas de liens commerciaux entre les deux sociétés. Il est généralement consenti par une société mère à une filiale et concerne des créances : avances ou prêts qui ne sont pas commerciaux.

III. L'abandon de créance à caractère commercial

L'abandon de créance est soumis à la TVA au taux normal s'il peut être considéré :

- soit comme la rémunération d'un service rendu ;
- soit comme un complément de prix d'une opération taxable.

Si ces conditions n'existent pas, l'abandon de créance n'est pas soumis à la TVA. Il fait l'objet d'une facture établie par la société qui bénéficie de l'abandon.

Avant la crise de la COVID-19, les abandons de créances commerciales étaient généralement considérés comme des événements exceptionnels : charge exceptionnelle chez le créancier et produit exceptionnel chez le débiteur.

L'ANC a émis, entre 2020 et 2021, plusieurs recommandations sur le traitement comptable de ces abandons. Désormais, il est recommandé de classer cette charge en fonction de la nature de la dette annulée. Le résultat de cette annulation est à inscrire soit en exploitation, soit en financier (voir les abandons de créances financières en IV.), soit en exceptionnel. À ce titre, deux situations peuvent principalement se rencontrer.

En cas de l'annulation d'une créance d'exploitation, elle est comptabilisée :

- soit lorsque l'abandon de créance s'est matérialisé par l'émission d'une facture d'avoir : aux comptes 609, 619, ou 629 (selon le cas) « Rabais, remises et ristournes » chez le bénéficiaire et au compte 709 chez celui qui consent l'abandon ;
- soit lorsqu'il s'est matérialisé par une convention : au compte 75 « Autres produits de gestion courante » chez le bénéficiaire et au compte 65 « Autres charges de gestion courante » chez celui qui consent l'abandon.

Remarque : si l'entité comptabilise habituellement les abandons de créance de même nature en résultat exceptionnel, elle peut soit continuer à utiliser ce mode de comptabilisation, soit suivre la recommandation de l'ANC (de façon permanente pour l'avenir).

> À noter qu'avec l'entrée en vigueur du **règlement ANC n° 2022-06**, applicable aux exercices ouverts le 1er janvier 2025, le résultat exceptionnel a été redéfini pour ne contenir que des événements « majeurs et inhabituels ». Ainsi, tout élément qui relève de l'activité courante doit figurer en résultat d'exploitation. Cette appréciation reste une décision de gestion.

Cet abandon est comptabilisé ainsi dans chacune des deux sociétés :

Société qui consent l'abandon :				**Société qui bénéficie de l'abandon :**			
Hypothèse où l'abandon de créance est assujetti à la TVA : existence d'un lien direct entre le service rendu et sa contrepartie.							
6…	Compte de charge approprié selon le cas	X		401	Fournisseurs	X	
44566	État, TVA déductible	X		7…	Compte de produit approprié selon le cas		X
411	Clients		X	44571	État, TVA collectée		X
Hypothèse où l'abandon de créance n'est pas assujetti à la TVA : pas de lien direct entre le service rendu et sa contrepartie.							
1er cas : Abandon pour le montant TTC.							
6…	Compte de charge approprié selon le cas	TTC		401	Fournisseurs	TTC	
411	Clients		TTC	7…	Compte de produit approprié selon le cas		TTC
2e cas : Abandon pour le montant HT : l'entreprise bénéficiaire reste débitrice du montant de la TVA.							
6…	Compte de charge approprié selon le cas	HT		401	Fournisseurs	HT	
411	Clients		HT	7…	Compte de produit approprié selon le cas		HT

Remarques importantes :

1. Dans le cas où l'abandon de créance concernait une facture initiale de prestations de services, la TVA ne serait due qu'au moment de l'abandon (sauf option pour les débits) et l'abandon de créance serait analysé sur le plan comptable de la même manière.
2. Dans l'hypothèse où l'abandon n'est pas assujetti à la TVA, car il n'existe aucun lien direct avec un service à titre onéreux dont il serait la rémunération, il est considéré comme une subvention non passible de la TVA et à ce titre, il peut être également comptabilisé en **678 - Autres charges exceptionnelles (règlement ANC n° 2022-06).**

FICHE RESSOURCES

IV. Les abandons de créances à caractère financier

Comme pour les abandons de créances à caractère d'exploitation, l'ANC a recommandé, suite à la crise de la COVID-19, de comptabiliser les abandons de créances financières dans un compte de nature approprié, soit un compte de résultat financier :

- au compte 668 « Autres charges financières » chez celui qui consent l'abandon ;
- et au compte 768 « Autres produits financiers » chez le bénéficiaire.

Dans le cadre d'un abandon de créance financière entre une société mère et sa filiale, il est généralement utilisé chez la mère le compte 664 « Pertes sur créances liées à des participations ».

S'il peut être démontré que l'abandon n'est pas lié à l'exploitation courante de l'entreprise, on utilisera les comptes suivants :

- le compte 678 « Autres charges exceptionnelles » chez celui qui consent l'abandon ;
- et le compte 778 « Autres produits exceptionnels » chez le bénéficiaire.

Exemple :

La société SM détient 70 % du capital de F sa filiale. Les titres de participation ont été acquis 110 000 €.
Elle a une créance financière de 140 000 € sur F qu'elle décide d'abandonner en raison des difficultés financières de la société F.
La situation nette de F est négative, soit – 90 000 €. Les titres ont été dépréciés de 100 % en raison de la situation nette négative.

Quels sont les traitements comptables chez SM et F au 31/12/N ?

Traitements comptables

Société SM qui consent l'abandon

664[1]	Pertes sur créances liées à des participations	140 000	
267	Créances liées à des participations[2]		140 000
2961	Dépréc. des titres de participation	35 000	
7866	Reprise sur dép. élément financier		35 000

Situation nette après l'abandon :

- 90 000
+ 140 000
= + 50 000

Part de la société M. : 70 % de 50 000 = 35 000
Dépréciation : 110 000 - 35 000 = 75 000
Donc reprise : 110 000 - 75 000 = 35 000
Soit un montant égal à la valeur actuelle des titres au 31/12/N.

Société F qui bénéficie de l'abandon

171[2]	Dettes rattachées à des participations	140 000	
768	Autres produits financiers		140 000

[1] ou 678 – Autres charges exceptionnelles (règlement ANC n° 2022-06).
[2] ou 451 Groupe ou 455 Associés – Comptes courants

V. Cas particulier des abandons de créance avec clause de retour à meilleure fortune

Si l'abandon de créance est assorti d'une clause de retour à meilleure fortune, la société bénéficiaire de l'abandon est soumise à cette condition appelée clause résolutoire, c'est-à-dire que si ces moyens redeviennent suffisants, elle est obligée de rembourser les sommes abandonnées.

Cet abandon de créance fera l'objet d'un contrat indiquant les conditions résolutoires :

- quel est l'événement qui constitue le retour à meilleure fortune ;
- quelles sont les modalités de remboursement.

Les principes comptables sont identiques à ceux décrits ci-dessus. Cependant, l'entreprise bénéficiaire de l'abandon et soumise à cette clause devra en mentionner son existence dans ses engagements hors bilan en annexe.

L'entreprise qui a consenti l'abandon devra également respecter cette obligation.

Le retour à meilleure fortune a pour conséquence

- **chez la société bénéficiaire de l'abandon : le remboursement constitue une charge exceptionnelle ou financière ;**
- **chez la société qui a consenti l'abandon : le remboursement constitue un produit exceptionnel ou financier.**

APPLICATIONS

CONTRÔLE DE CONNAISSANCES

Répondre par «oui» ou par «non» aux affirmations ci-dessous en donnant toutes les explications nécessaires.

1. Les subventions reçues sont les subventions d'équipement et les subventions d'exploitation.

2. Une subvention reçue pour équilibrer le compte de résultat est comptabilisée en produit d'exploitation.

3. Un abandon de créance est à caractère commercial quand il n'existe pas de relations commerciales entre les deux entreprises concernées.

4. Un abandon de créance à caractère financier est consenti dans le cadre de relations financières.

5. Un abandon de créance à caractère commercial est toujours soumis à la TVA.

6. L'abandon de créance à caractère commercial constitue une charge exceptionnelle pour l'entreprise qui consent l'abandon et un produit exceptionnel pour l'entreprise bénéficiaire.

7. Dans l'hypothèse où les conditions ne sont pas remplies, une subvention accordée sous condition résolutoire doit être reversée.

8. Une subvention accordée sous condition résolutoire est toujours enregistrée en produit dès la signature de l'accord.

9. Une subvention accordée sous condition suspensive est toujours enregistrée en produit dès la signature de l'accord.

10. Une aide qui a un caractère forfaitaire et qui n'est liée, ni par sa nature ni de par son montant, à des charges déterminées s'analyse du point de vue comptable comme une subvention d'exploitation.

QUIZ EN VERSION NUMÉRIQUE

https://eqrco.de/a/XqSYlo

APPLICATION 1★ : SOCIÉTÉ SA2R

15 Min

La société SA2R a une créance de 144 000 € (TTC) (taux de TVA supposé 20 %) sur la SARL RÉCUPTOUT, client important de la région parisienne. RÉCUPTOUT, ayant des difficultés de paiement, a demandé à la SA2R d'abandonner cette créance. La SA2R, souhaitant conserver ce client pour des raisons stratégiques, décide d'accéder à la demande de RÉCUPTOUT et considère qu'il s'agit de la rémunération d'un service rendu. La société SA2R a donc émis un avoir pour la totalité de sa créance.

TRAVAIL À FAIRE

1. Qualifier cet abandon de créance en justifiant la qualification retenue.
2. Présenter l'enregistrement correspondant.

APPLICATION 2★ : SOCIÉTÉ ATLANTE

15 Min

La SA ATLANTE a consenti le 31 décembre N deux abandons de créances :

- abandon d'une créance de 100 000 € sur la SA PLUTON ;
- abandon d'une créance de 320 000 € sur la SA JUPITER.

La SA ATLANTE détient 60 % de la SA PLUTON. Les titres ont été acquis en N-5 au prix de 220 000 €. La SA JUPITER est une société cliente de la SA ATLANTE.

La situation nette négative de la SA PLUTON est de - 40 000 €. Les titres ont été dépréciés à 100 % en raison de cette situation nette négative.

La SA JUPITER est une entreprise qui exporte les produits de la SA ATLANTE. Elle connaît aujourd'hui des difficultés financières qui risquent de mettre en cause la continuité de son exploitation. C'est pourquoi les dirigeants de la SA ATLANTE ont décidé de lui consentir cet abandon de créance afin de maintenir plusieurs de leurs débouchés à l'exportation.
Les deux sociétés ont signé une convention matérialisant l'abandon de créance de la SA ATLANTE.

TRAVAIL À FAIRE

Enregistrer les écritures comptables au 31/12/N.

APPLICATION 3★★ : AIDES À L'EMPLOI ET À LA FORMATION

10 Min

La SOCIÉTÉ D'IMPRESSION PUBLICITAIRE (SIP) a bénéficié fin N de plusieurs aides à l'emploi.
Aucune somme n'a encore été versée par l'État, sur qui cette société a donc des créances.

Le 2 septembre, la SIP a embauché un jeune en contrat de professionnalisation. Cela lui permettra d'économiser pendant 12 mois 5 200 € de charges sociales.

Le 10 octobre, la formation d'un salarié, payée 8 400 € hors taxes par l'entreprise, a été prise en charge partiellement par l'État. L'aide de l'État s'élève à 2 500 €.

Début novembre, un salarié a été embauché. Un avis d'aide à l'emploi de 2 300 € est parvenu de la région le 20 novembre.

TRAVAIL À FAIRE

1. Ces trois embauches ont-elles toutes provoqué des écritures comptables ? Justifier votre réponse.
2. Présenter ces écritures comptables.

MINI-CAS DE SYNTHÈSE

Compétences attendues : le candidat doit non seulement connaître les règles comptables du PCG relatives aux savoirs associés au thème mais aussi maîtriser les écritures comptables en découlant dans un contexte professionnel. Le candidat doit justifier et analyser la pertinence des choix comptables retenus dans un contexte professionnel.

SOCIÉTÉ MK3 ★★★

30 Min

La société MK3 a une créance de 190 000 € sur sa filiale la société STUDIOS RÉUNIS. Les intérêts courus de 10 000 € ont été enregistrés au 31/12/N. Les deux sociétés n'entretiennent aucune relation commerciale.

La société MK3 détient une participation de 70 % sur la société STUDIOS RÉUNIS.

La société MK3 décide d'abonner sa créance sur sa filiale déficitaire depuis plusieurs années et connaissant d'importantes difficultés financières. Elle renonce à lui demander le remboursement. Les titres détenus sont enregistrés en titres de participation pour une valeur constatée à l'origine de la société de 600 000 €. Ces titres ont été dépréciés pour le même montant à 100 % en raison de la situation nette négative de la filiale.

MISSIONS

À l'aide du document :

1. ***Rappeler et définir les différents types d'abandon de créances.***
2. ***À la lecture de cet extrait de bilan, pourquoi la société MK3 a-t-elle déprécié les titres de sa filiale ?***
3. ***Déterminer le montant de la reprise de dépréciation à enregistrer au journal de la société MK3.***
4. ***Présenter les enregistrements comptables de l'abandon de créance chez la filiale et chez la société mère en faisant abstraction de toutes considérations fiscales.***
5. ***Rappeler la signification d'une clause de retour à meilleure fortune et ses conséquences sur les comptes annuels au 31/12/N.***
6. ***Si la situation financière de la filiale s'améliore significativement au 31/12/N+1, expliquer l'incidence sur les comptes de la filiale.***

Document

Extrait du bilan de la société STUDIOS RÉUNIS

ACTIF		PASSIF	
		Capital	1 000 000
Immobilisations	3 200 000	Réserves	100 000
Stocks	100 000	Résultat	- 240 000
Créances	790 000	Report à nouveau	- 960 000
Disponibilités	10 000	Dettes rattachées à des participations	200 000
		Dettes diverses	4 000 000
TOTAUX	**4 100 000**	TOTAUX	**4 100 000**

Extrait du bilan de la société MK3

ACTIF		PASSIF	
		Capital	4 000 000
Immobilisations	9 200 000	Réserves	6 000 000
Titres de participation	0	Résultat	650 000
Créances rattachées à des participations	200 000		
Actif circulant	3 600 000		
		Dettes diverses	2 350 000
TOTAUX	**13 000 000**	TOTAUX	**13 000 000**

- *Les titres ont été dépréciés à 100 %.*
- *La société n'a pas doté de dépréciation sur la créance en raison de sa décision de l'abandonner.*

CHAPITRE 25 : LES CHANGEMENTS COMPTABLES

COMPÉTENCES ATTENDUES

- **Analyser** les conséquences de l'option choisie, notamment sur la présentation des comptes annuels, et proposer éventuellement un choix, dans une situation donnée.
- **Présenter** les informations à fournir en annexe.

FICHE RESSOURCES

1 - Le principe de la permanence des méthodes

Le principe de permanence des méthodes qui permet d'assurer la comparabilité de l'information dans le temps s'applique à toute personne soumise à l'obligation de tenue de comptabilité. Le caractère fondamental de ce principe est affirmé par le Code de commerce [Article L. 123-17] et le plan comptable [Article 121-5]. Cependant, ces textes prévoient une dérogation au postulat de permanence des méthodes.

Article L.123-17 du Code de commerce :

Sauf dans des cas exceptionnels, afin de donner une image fidèle du patrimoine, de la situation financière et du résultat de l'entreprise et dans les conditions prévues par un règlement de l'Autorité des normes comptables, les méthodes comptables retenues et la structure du bilan et du compte de résultat ne peuvent être modifiées d'un exercice à l'autre. Si des modifications interviennent, elles sont décrites et justifiées dans l'annexe et signalées, le cas échéant, dans le rapport des commissaires aux comptes.

Article 121-5 du PCG :

La cohérence et la comparabilité des informations comptables au cours des périodes successives reposent sur la permanence des méthodes comptables et de la structure du bilan et du compte de résultat. Les méthodes comptables sont les principes, règles et pratiques spécifiques appliqués par une entité lors de l'établissement de ses comptes annuels.

Les termes « méthode comptable » s'appliquent :

- aux méthodes d'évaluation et de comptabilisation ;
- aux méthodes de présentation des comptes.

Les méthodes comptables peuvent être :

- explicites : elles résultent d'une disposition spécifique définie par l'Autorité des normes comptables ;
- ou implicites : en l'absence de texte, elles résultent d'une pratique conforme aux principes comptables d'établissement des comptes annuels.

L'adoption initiale d'une méthode comptable résulte d'une décision de l'entité qui n'a pas à être justifiée.

Une entité doit appliquer de manière cohérente et permanente une méthode comptable aux opérations et informations similaires.

FICHE RESSOURCES

2 - Typologie des changements comptables

Il convient de distinguer 3 types de changements comptables qui relèvent de conditions et de traitements différents :

CHANGEMENTS COMPTABLES

- Changements de méthodes comptables
- Changements d'estimation
- Corrections d'erreurs
- Changements d'options fiscales

Changements de méthodes comptables :

- Changement de méthode comptable *stricto sensu* :
  - adoption d'une méthode permettant une meilleure information financière ;
  - adoption d'une méthode de référence.
- Les changements de réglementation qui s'imposent à l'entité comptable.

3 - Définitions des changements comptables

Changements de méthodes comptables ***Exemple :*** adoption de la méthode de comptabilisation à l'avancement du chiffre d'affaires pour un contrat à long terme alors qu'auparavant la méthode à l'achèvement était utilisée.	Les changements de méthode comptable sont ceux qui concernent : • les méthodes et règles d'évaluation ; • les méthodes et règles de présentation des comptes. Il s'agit d'un choix entre plusieurs méthodes comptables conformes aux principes d'établissement des comptes annuels.
Changements d'estimation : ***Les estimations comptables sont le résultat de l'exercice du jugement et de la mise en œuvre d'hypothèses dans l'application d'une méthode comptable (art.122-4 du PCG).*** ***Exemple*** : modification du calcul du taux de dépréciation des créances douteuses en raison de nouvelles méthodes statistiques utilisant l'ancienneté des créances et leur taux d'irrécouvrabilité.	Les changements d'estimation résultent soit : • d'un changement de circonstances sur lesquelles l'estimation était fondée ; • de nouvelles informations ; • d'une meilleure expérience. Les changements d'estimation n'ont un effet que sur l'exercice en cours et les exercices futurs. L'incidence du changement sur l'exercice en cours est enregistrée dans les comptes de l'exercice. Les changements d'estimation peuvent avoir un effet sur les différentes lignes du bilan et du compte de résultat. Les changements d'estimations ne constituent pas des corrections d'erreur sauf si les estimations antérieures étaient fondées sur des données elles-mêmes manifestement erronées sur la base des informations disponibles à l'époque. À défaut de pouvoir qualifier clairement une modification de changement de méthode comptable ou de changement d'estimation, cette modification est assimilée à un changement d'estimation.
Corrections d'erreurs ***Exemple :*** correction d'une méthode comptable non admise qui a été retenue au cours d'un exercice précédent.	Les corrections d'erreurs résultent d'erreurs, d'omissions matérielles ou d'interprétations erronées. Constitue également une erreur l'adoption par l'entité d'une méthode comptable non admise.
Changements d'options fiscales ***Exemple :*** constatation ou reprise de provisions réglementées (provision pour hausse des prix, provision pour investissements…).	Le règlement ANC n° 2018-01 du 20 avril 2018, relatif aux changements comptables, a supprimé la notion de « changement d'option fiscale » qui prévoyait la possibilité de changer de méthode comptable pour des raisons fiscales. L'ANC considère notamment que les options fiscales ne sont pas soumises au principe de permanence des méthodes. Les conditions de leur changement sont définies par les textes qui les ont créées. Ainsi, **tout changement de comptabilisation pour des raisons fiscales n'est plus considéré comme un changement de méthode comptable.** Les modifications d'options fiscales ont pour but de permettre à l'entreprise d'optimiser les avantages accordés par les règles fiscales.

4 - Les différents changements de méthodes comptables

Changement de méthode comptable *stricto sensu* : l'adoption d'une méthode de référence.	Les bonnes options sont celles considérées par l'organisme normalisateur (l'ANC) comme des « méthodes de référence », c'est-à-dire conduisant à une meilleure information financière car répondant à la définition des actifs et des passifs. **Un changement de méthode dans le but d'adopter une méthode de référence n'a pas à être justifié.** **L'adoption d'une méthode comptable de référence est irréversible.**
Changement de méthode comptable *stricto sensu* : ce changement est autorisé uniquement s'il conduit à fournir une meilleure information financière. **Ce changement ne peut être justifié que par l'objectif d'image fidèle.**	Un changement de méthode comptable à l'initiative de l'entité n'est possible qu'à la double condition qu'il existe un choix entre plusieurs méthodes comptables conformes aux principes d'établissement des comptes annuels et que le changement de méthode conduise à fournir une meilleure information financière. Le choix peut résulter d'une option prévue par le plan comptable général ou de l'existence de plusieurs méthodes implicites pour traduire une même opération ou information. **La nouvelle méthode conduit à une meilleure information financière lorsqu'elle reflète de façon plus adaptée et plus pertinente la performance ou le patrimoine de l'entité au regard de son activité, sa situation et son environnement.** Dans un même contexte et pour une même opération ou information, une méthode qui a été considérée par l'entité comme fournissant une meilleure information financière ne peut être ultérieurement remise en cause.
Changement de réglementation.	Un changement de réglementation s'impose à l'entité et le changement comptable en résultant n'a pas à être justifié.

5 - Les méthodes de référence

CATÉGORIES COMPTABLES	MÉTHODE DE RÉFÉRENCE	AUTRE(S) MÉTHODE(S)
Frais de développement	Inscription à l'actif	Inscription en charges
Engagements à l'égard des membres du personnel actif et retraité	Constatation pour leur totalité en provision des engagements en matière de retraite et assimilés	Information dans l'annexe
Frais de constitution, de transformation, et de premier établissement	Inscription en charges	Inscription à l'actif
Le rattachement des droits de mutation, honoraires ou commissions et frais d'actes liés à l'acquisition d'un actif (immobilisations corporelles, incorporelles, titres immobilisés et titres de placement)	Inscription à l'actif dans le coût d'acquisition	Inscription en charges

6 - Comptabilisation des changements comptables

Les changements comptables peuvent être comptabilisés selon deux méthodes :

- rétrospective : comme si la méthode avait toujours été appliquée → on ajustera les capitaux propres pour affecter les exercices antérieurs ou bien une ligne séparée du compte de résultat ;
- prospective : le changement n'affecte que l'exercice en cours et le futur → on affectera uniquement le résultat.

FICHE RESSOURCES

TYPE DE CHANGEMENT COMPTABLE	MÉTHODE DE COMPTABILISATION
• **Changements de méthodes comptables**	• **Méthode rétrospective** Comptabilisation à l'ouverture de l'exercice, comme si la nouvelle méthode avait toujours été appliquée, après effet d'impôt, avec imputation en « report à nouveau » sauf si, en raison de l'application de règles fiscales, cette comptabilisation entraîne la perte d'un avantage fiscal. Dans ce dernier cas, imputation sur le résultat exceptionnel (hors du résultat courant). Le résultat de l'exercice du changement de méthode comptable n'est pas affecté par le changement sauf exception fiscale. Il n'affecte pas non plus la détermination du bénéfice distribuable antérieur à la comptabilisation de l'effet du changement.

Exemple : une entité comptable estime que l'évaluation de son stock de matières premières par la méthode du coût moyen pondéré (CMP) est mieux adaptée que la méthode du premier entré – premier sorti (PEPS). L'exercice N est le premier exercice d'application de la nouvelle méthode. Le taux d'IS est de 25 %. L'exercice est bénéficiaire.

Valeur du stock à l'ouverture de l'exercice N :

- selon la méthode PEPS (valeur figurant au bilan) .... 5 100 €
- selon la méthode du CMP (valeur recalculée) .... 6 000 €

Valeur du stock de clôture de l'exercice N (méthode CMP) ...... 5 700 €

1. Écriture de changement de méthode comptable à l'ouverture de l'exercice au 01/01/N :

Provision pour impôt : (6 000 – 5 100) 25 % = 225 €

Débit	Crédit	Libellé	Débit	Crédit
310		Stock de matières premières	900	
	155	Provision pour impôt		225 €
	110	Report à nouveau		675 €

2. Écritures à la clôture des comptes au 31/12/N :

Débit	Crédit	Libellé	Débit	Crédit
6031		Variations de stock de matières premières	6 000	
	310	Stock de matières premières		6 000
310		Stock de matières premières	5 700	
	6031	Variations de stock de matières premières		5 700
155		Provision pour impôt	225 €	
	787	Reprises sur provisions – charges exceptionnelles		225 €

Remarque : si l'exercice est déficitaire, la provision sans objet est annulée par le compte 110 report à nouveau.

TYPE DE CHANGEMENT COMPTABLE	MÉTHODE DE COMPTABILISATION
• **Changements d'estimation et de modalités d'application**	• **Méthode prospective** Les changements d'estimation n'ont un effet que sur l'exercice en cours et les exercices futurs. L'incidence du changement sur l'exercice en cours est enregistrée dans les comptes de l'exercice.

Exemple : un matériel industriel d'une valeur de 32 000 € a fait l'objet d'un plan d'amortissement en fonction de la prévision du nombre d'heures d'utilisation :

Années	N-2	N-1	N	N+1	N+2	Total
Heures prévues d'utilisation	1 000	5 000	3 000	3 000	4 000	16 000

En raison d'un changement de cadence le matériel est utilisé 7 000 heures en N.

1. Détermination de l'annuité d'amortissement prévu dans le plan initial et la nouvelle dépréciation économique de l'exercice N :

L'annuité d'amortissement prévu dans le plan initial est de : 32 000 x 3 000/16 000 = 6 000. L'usure réelle est maintenant estimée à 32 000 x 7 000/16 000 = 14 000. Il convient donc d'enregistrer au 31/12/N une dotation aux amortissements de 14 000. La valeur nette comptable du matériel sera nulle au 31/12/N+1.

2. Écriture à la clôture des comptes au 31/12/N :

		31/12/N		
68112		Dotations aux amortissements des immobilisations corporelles	14 000	
	28154	Amortissement du matériel industriel		14 000

TYPE DE CHANGEMENT COMPTABLE	MÉTHODE DE COMPTABILISATION
• **Correction d'erreurs**	• **Méthode rétrospective** Même si la comptabilisation des impacts sera en général identique au changement d'estimation, c'est-à-dire en résultat, le calcul sera prospectif pour les changements d'estimations et rétrospectif pour les corrections d'erreurs. Les corrections d'erreurs sont comptabilisées dans le résultat de l'exercice au cours duquel elles sont constatées sauf lorsqu'il s'agit de corriger une écriture ayant été directement imputée sur les capitaux propres. L'incidence des corrections d'erreurs significatives est présentée sur une ligne séparée du compte de résultat (ce qui n'est pas le cas pour le changement d'estimation), en résultat exceptionnel* (hors du résultat courant selon le PCG), le cas échéant, sur une ligne séparée du report à nouveau.

***Règlement ANC n° 2022-06 – Définition du résultat exceptionnel**
Le résultat exceptionnel comprend les corrections d'erreurs sauf lorsqu'il s'agit de corriger une écriture ayant été directement imputée sur les capitaux propres.

Exemple :

Au 31/12/N-1, la société ARIXO commet une erreur de valorisation de son stock, entraînant une surévaluation de celui-ci de 50 000 €. Le stock aurait normalement dû s'élever à 300 000 €. En N, elle constate cette erreur et la corrige en comptabilisant l'écriture suivante :

		01/01/N		
678		Autres charges exceptionnelles	50 000	
	37	Stocks de marchandises		50 000
		Correction d'erreur sur stocks		

TYPE DE CHANGEMENT COMPTABLE	MÉTHODE DE COMPTABILISATION
• **Changements d'options fiscales**	• *Ils ne constituent plus un changement de méthode comptable au sens du PCG.* Comptabilisation du changement correspondant à l'exercice en cours dans le résultat de l'exercice.

Exemple : on vous communique les informations suivantes sur un matériel industriel.

Valeur d'origine HT	: 30 000	Durée d'utilisation	: 4 ans
Date d'acquisition	: 01/07/N-2	Amortissement fiscal	: Dégressif
Date de mise en service	: 01/07/N-2	Amortissement économique	: Linéaire
Base amortissable	: 30 000		

ANNÉES	AMORTISSEMENT FISCAL	AMORTISSEMENT ÉCONOMIQUE	AMORT. DÉROGATOIRES	
			DOTATIONS	REPRISES
N-2	4 688	3 750	938	
N-1	7 910	7 500	410	
N	8 701	7 500	1 201	
N+1	8 701	7 500	1 201	
N+2		3 750		3 750
	30 000	**30 000**	**3 750**	**3 750**

Au 31/12/N, les résultats n'étant pas satisfaisants, l'entreprise décide d'abandonner sur le plan fiscal l'amortissement dégressif et de reprendre les amortissements dérogatoires antérieurement constatés.

Présenter les écritures nécessaires à la clôture des comptes au 31/12/N.

31/12/N

68112		Dotations aux amortissements des immobilisations corporelles	7 500,00	
	28154	Amortissement du matériel industriel		7 500,00
145		Amortissements dérogatoires (938 + 410)	1 348,00	
	78725	Reprises sur amortissements dérogatoires		1 348,00

7 - Informations à porter en annexe sur les changements comptables

Le PCG impose de donner une information en annexe, notamment pour assurer la comparabilité.

I. Informations sur les changements de méthodes comptables

1. Changement de réglementation

1- Mention de l'impact du changement de réglementation déterminé à l'ouverture en précisant les postes concernés.

2- Lorsqu'un changement de réglementation a été appliqué de manière rétrospective, présentation des principaux postes des exercices antérieurs présentés, retraités selon la nouvelle méthode.

3- Lorsqu'un changement de réglementation a été appliqué de façon prospective, indication de son impact sur les principaux postes concernés de l'exercice.

2. Changement de méthode comptable à l'initiative de l'entité

1- Mention et justification du changement de méthode comptable.

2- Mention de l'impact du changement de méthode déterminé à l'ouverture en précisant les postes concernés.

3- Lorsqu'un changement de méthode comptable a été appliqué de manière rétrospective, présentation des principaux postes des exercices antérieurs présentés, retraités selon la nouvelle méthode.

4- Lorsqu'un changement de méthode a été appliqué de façon prospective, indication des raisons de son application prospective et de son impact sur les principaux postes concernés de l'exercice.

3. Dans le cas d'un changement de méthode comptable à l'initiative de l'entité par le choix d'une méthode de référence

La mention suffit, aucune justification n'est nécessaire.

II. Informations sur les changements d'estimation

Mention et justification du changement d'estimation.

III. Informations sur les corrections d'erreurs

1- Mention de la nature de l'erreur corrigée.

2- Mention de l'impact de la correction d'erreur sur les comptes de l'exercice.

3- Présentation des principaux postes des exercices antérieurs, corrigés de l'erreur.

IV. Informations sur les changements d'options fiscales

Les changements d'options fiscales doivent faire l'objet d'une information en annexe qui indiquera toutes les informations nécessaires à la compréhension de ces changements.

APPLICATIONS

CONTRÔLE DE CONNAISSANCES

QUIZ EN VERSION NUMÉRIQUE

https://eqrco.de/a/JaFhhl

APPLICATION 1★ : CHANGEMENT COMPTABLE - ENGAGEMENTS DE RETRAITE

10 Min

La société anonyme ALCATRAZ jusqu'à présent se limitait à mentionner en annexe ses engagements de retraite. Devant l'augmentation de ses effectifs salariés, elle décide pour l'exercice N de procéder à la comptabilisation de ses engagements.

Le montant des engagements d'indemnités de départ à la retraite calculés pour l'ensemble des salariés sont les suivants :

- au 31/12/N-2 : 899 000 € ;
- au 31/12/N-1 : 952 000 € ;
- au 31/12/N : 986 000 €.

Pour l'administration fiscale, les provisions pour engagements de retraite ne sont pas déductibles.

TRAVAIL À FAIRE

1. Indiquer la nature de ce changement comptable.
2. La SA ALCATRAZ doit-elle justifier ce changement comptable ?
3. Passer les écritures de régularisation nécessaires sur l'exercice N.

APPLICATION 2★★ : CHANGEMENT DE MÉTHODE - CONTRAT À LONG TERME

15 Min

La société anonyme FLANDRIN est un promoteur spécialisé dans l'habitat de standing. Jusqu'au 31/12/N-1, la société a utilisé la méthode à l'achèvement. À partir de l'exercice N, elle décide d'utiliser la méthode à l'avancement au chiffre d'affaires, la nouvelle méthode reflète de façon plus adaptée et plus pertinente la performance de l'entité au regard de son activité, sa situation et son environnement.

Les éléments chiffrés concernant le chantier « Le parc des berges » à Épinay-sur-Seine sont les suivants :

Coût total de production estimé par le maître d'ouvrage	2 700 000 €
Coût de production engagé à la clôture de l'exercice N-1	1 080 000 €
Coût de production engagé à la clôture de l'exercice N	1 620 000 €
Prix de vente prévu	3 600 000 €

La société est bénéficiaire et le taux d'IS est de 25 %.

Le coût total prévisionnel a été correctement estimé par le maître d'ouvrage.

TRAVAIL À FAIRE

1. Indiquer la nature de ce changement comptable.
2. La SA FLANDRIN doit-elle justifier ce changement comptable ?
3. Enregistrer l'écriture de changement de méthode à l'ouverture de l'exercice N et à la clôture de l'exercice N.

APPLICATION 3*: CHANGEMENT DE MÉTHODE - MÉTHODE D'AMORTISSEMENT

10 Min

Au 31/12/N, la société DORMOY a mis en place un plan de restructuration. Ce plan concerne notamment un banc d'essai acquis le 01/07/N-1 pour une valeur de 200 000 € HT. Le plan d'amortissement initial de ce matériel a été présenté en retenant une durée d'utilisation de 8 ans. Cette décision a pour conséquence le passage à deux équipes du service de recherche et développement qui travaille sur des prototypes. De ce fait, la durée totale d'utilisation du banc d'essai doit être ramenée à 5 ans, au 01/01/N.

TRAVAIL À FAIRE

1. Indiquer la nature de ce changement comptable et son impact sur les comptes de l'entreprise.
2. Présenter l'écriture comptable nécessaire.

APPLICATION 4**: CHANGEMENT DE MÉTHODE D'ÉVALUATION D'UN STOCK

20 Min

Jusqu'à présent, les stocks de matières premières de la société SALIM étaient évalués selon la méthode du Premier entré – Premier sorti (PEPS) pour la présentation de ses comptes annuels.

Pour l'arrêté de comptes de l'exercice N, suite à une modification de sa politique d'approvisionnement, les stocks seront évalués selon la méthode du coût moyen pondéré sur une durée équivalente à la durée moyenne de stockage (CMP).

Valeur du stock au 31/12/N-2:
- selon la méthode PEPS (valeur figurant au bilan) .... 658 000 €
- selon la méthode du CMP (valeur recalculée) .... 709 000 €

Valeur du stock au 31/12/N-1:
- selon la méthode PEPS (valeur figurant au bilan) .... 536 000 €
- selon la méthode du CMP (valeur recalculée) .... 665 000 €

Valeur du stock de clôture de l'exercice N (méthode CMP) .... 792 000 €
L'exercice N serait le premier exercice d'application de la nouvelle méthode.

Les comptes annuels de l'exercice N-1 (en €) sont les suivants:

➢ Compte de résultat:

Produits d'exploitation	1 820 000
Achats de matières premières	778 000
Variations des stocks de matières premières	+ 122 000
Autres charges d'exploitation	480 000
Résultat d'exploitation	440 000
Impôts sur les bénéfices	146 000
Résultat net	294 000

➢ Bilan:

Actif immobilisé	1 600 000	Capitaux propres	1 975 000
Actif circulant	1 900 000	Provisions pour charges	25 000
		Dettes	1 500 000
Total	3 500 000	Total	3 500 000

TRAVAIL À FAIRE

1. Sous quelles conditions un changement de méthode est-il possible en ce qui concerne les stocks?
2. Enregistrer les écritures de régularisation nécessaires sur l'exercice N (taux d'IS à retenir: 25 %).
3. Indiquer les informations à mentionner en annexe.

MINI-CAS DE SYNTHÈSE

Compétences attendues :
- **exposer et appliquer les traitements comptables relatifs au rattachement des charges et des produits ;**
- **évaluer et comptabiliser les opérations citées et plus particulièrement celles se déroulant sur plusieurs exercices ;**
- **analyser les conséquences de l'option choisie, notamment sur la présentation des comptes annuels, et proposer éventuellement un choix, dans une situation donnée ;**
- **présenter les informations à fournir en annexe.**

GROUPE TITAN ★★★

45 Min

Le groupe TITAN a pris le contrôle de la société ULYSSE en mars N. La direction financière du groupe TITAN exige que toutes ses filiales adoptent des méthodes comptables homogènes afin de faciliter la consolidation des comptes du groupe. Or, il existe de nombreuses différences entre les méthodes comptables de TITAN et celles qui étaient jusqu'alors pratiquées par ULYSSE (document 1). La société doit adopter les méthodes du groupe dès l'exercice N.

Par ailleurs, la société TITAN a demandé à un expert-comptable de réaliser un audit contractuel de ULYSSE. Le rapport d'audit de l'expert-comptable mentionne certaines anomalies que le directeur comptable de la société ULYSSE doit corriger avant la fin de l'exercice N (document 2).

La société ULYSSE est bénéficiaire et le taux d'IS est de 25 %.

Madame Chiron, directrice financière, vous demande de préparer un dossier sur les changements comptables du groupe composé de plusieurs missions.

MISSIONS

À l'aide des informations dans les documents suivants, traiter les questions suivantes :

1 ***Madame Chiron vous demande de lui préciser la nature de la mission d'audit de l'expert-comptable.***

2 ***Définir précisément la nature des changements comptables induits par les différences et anomalies mentionnées dans les documents 1 et 2.***

3 ***Enregistrer dans la comptabilité de la société ULYSSE toutes les conséquences des changements comptables décidés, sur l'ensemble de l'exercice N, ainsi que toutes les écritures nécessaires pour traiter les informations contenues dans les documents 1 et 2.***

4 ***Indiquer les informations qui doivent être données dans l'annexe sur les changements comptables décidés chez ULYSSE.***

Document 1 Différences entre les pratiques comptables du groupe TITAN et de la société ULYSSE

• *ÉVALUATION DES STOCKS DE MATIÈRES PREMIÈRES:*

TITAN	ULYSSE
Méthode PEPS	Méthode CMP

L'état des stocks de ULYSSE évalués par l'une ou l'autre de ces deux méthodes est le suivant:

	PREMIER ENTRÉ-PREMIER SORTI	COÛT MOYEN PONDÉRÉ
Stock au 31/12/N-2	42000	46000
Stock au 31/12/N-1	53000	51500
Stock au 31/12/N	52000	49000

• *ENGAGEMENTS DE RETRAITE*

TITAN	ULYSSE
Constitution d'une provision	Seulement mentionnés dans l'annexe

Engagements de Ulysse:
- ***au 31/12/N-1: 80000***
- ***au 31/12/N: 84000***

• *CONTRATS À LONG TERME*

TITAN	ULYSSE
Méthode à l'avancement	Méthode à l'achèvement

Un seul contrat est en cours chez ULYSSE. Ses caractéristiques sont les suivantes:

- ***Début des travaux: février N-1***
- ***Fin des travaux prévue: avril N+1***
- ***Chiffre d'affaires HT prévu: 20000***

- ***Coût de production engagé:***
  - ***au 31/12/N-1: 9000***
  - ***au 31/12/N: 13500***

- ***Coût de production total prévisionnel: 15000***

Document 2 Extrait du rapport d'audit de ULYSSE par l'expert-comptable

• Amortissement d'une machine industrielle N°Z 221:
- ***valeur d'origine: 40000;***
- ***date d'acquisition: 01/07/N-2.***

ULYSSE a amorti cette machine sur 10 ans, cependant l'accélération des techniques a réduit sa durée d'utilisation résiduelle probable à 5 ans au 31/12/N-1.

• La société ULYSSE a engagé en N-1 18000 € et en N 22000 € de frais de développement comptabilisés en charges, sur un projet activé au 31/12/N-2. Ce projet présente toujours au 31/12/N de sérieuses chances de réussites techniques et de rentabilité commerciale. Aucune écriture n'a été comptabilisée en N-1 et en N visant à immobiliser ce coût supplémentaire. Durée d'amortissement: 5 ans.

• Une machine industrielle N° X 523 est fiscalement admissible à l'amortissement dégressif. Les normes du groupe TITAN imposent un amortissement comptable pour dépréciation linéaire, la société ULYSSE souhaite bénéficier de l'amortissement dégressif fiscal en N pour la première fois:
- ***amortissement linéaire au 31/12/N: 7000;***
- ***amortissement dégressif au 31/12/N: 13000.***

L'expert-comptable a noté que seul l'amortissement pour dépréciation a été comptabilisé.

PARTIE 5 : ENTITÉS SPÉCIFIQUES

CHAPITRE 26 : LES COLLECTIVITÉS TERRITORIALES

COMPÉTENCES ATTENDUES

- **Exposer** les spécificités propres aux collectivités territoriales.
- **Citer** les principales particularités comptables des collectivités territoriales.
- **Évaluer et comptabiliser** les principales opérations.

FICHE RESSOURCES

1 - La comptabilité des entités publiques - le cadre comptable

I. La nomenclature par nature

La classification des comptes se caractérise par le choix d'un mode de codification décimale et l'adoption de critères de classement des opérations dans les comptes ouverts à cet effet. Cette nomenclature est très proche de celle du PCG 1999.

Au 1er janvier 2024, l'instruction M57 remplace les instructions :

- M14 auparavant applicable aux communes ;
- M52 auparavant applicable aux départements ;
- et M71 auparavant applicable aux régions.

L'instruction M57 fournit deux listes détaillées des comptes budgétaires et non budgétaires :

- une pour les entités de 3500 habitants et plus : le plan de comptes développé ;
- et une pour les entités de moins de 3500 habitants : le plan de comptes abrégé.

Les entités de moins de 3500 habitants n'ont pas l'obligation de prévoir une présentation croisée par fonction qu'elles aient adoptée ou non la nomenclature abrégée.

Les services à caractère administratif des entités appliquent la nomenclature de l'entité de rattachement.

Toutefois, si pour des raisons particulières, des entités de moins de 3500 habitants souhaitent utiliser un plan de comptes détaillé, elles peuvent adopter la nomenclature applicable aux entités de 3500 habitants et plus par délibération. Dans cette hypothèse, le niveau de détail des comptes de ce plan devient obligatoire, comme il l'est pour les entités de 3500 habitants et plus.

FICHE RESSOURCES

II. La nomenclature par fonction

Depuis les lois de décentralisation de 1982, les communes ont en charge des missions multiples et hétérogènes.

Un classement par fonction des recettes et des dépenses selon les équipements ou les services intéressés permet de répondre aux besoins d'information d'ordre politique, économique ou statistique.

Un classement par fonction a ainsi été introduit pour répondre tant aux besoins des élus qu'à ceux de l'État.

En effet, pour les élus, la connaissance du montant des masses financières consacrées au fonctionnement des services de l'entité ou affectées aux différents équipements publics constitue un élément important pour déterminer les orientations et la réalisation de la politique de l'entité.

Parallèlement, l'État a notamment pour mission de recenser, à des fins statistiques, la répartition par fonction des dépenses réalisées par l'ensemble des administrations publiques, qu'elles soient ou non locales.

Aussi, la nomenclature fonctionnelle a-t-elle été conçue comme un instrument d'information destiné à faire apparaître, par activité, les dépenses et les recettes d'une entité. Contrairement à une approche de la comptabilité analytique, qui permet de dégager les coûts et les prix de revient de chaque service ou de chaque équipement, la nomenclature fonctionnelle permet uniquement de répartir, par secteur d'activité et par grande masse, les crédits ouverts au budget d'une entité.

1. Le champ d'application de la nomenclature fonctionnelle

Les entités de moins de 3500 habitants n'ont pas l'obligation de prévoir une présentation croisée par fonction qu'elles aient adoptée ou non la nomenclature abrégée.

Les entités ayant opté pour un vote par nature autres que les communes et les EPCI de moins de 3500 habitants ont donc l'obligation d'assortir leurs documents budgétaires d'une ventilation par fonction. Le vote de l'assemblée délibérante porte uniquement sur la présentation par nature du budget. La ventilation par fonction joue seulement un rôle d'information ; elle n'a donc aucune conséquence sur le contrôle des crédits budgétaires qui s'opère à partir des chapitres et articles par nature.

À l'inverse, les entités ayant opté pour un vote par fonction ont l'obligation d'assortir leurs documents budgétaires d'une ventilation par nature. Dans ce cas, la nomenclature fonctionnelle entre dans la définition des chapitres et articles budgétaires. Elle sert de base au contrôle de la consommation des crédits.

2. Principes généraux

La nomenclature fonctionnelle s'articule autour des principes suivants :

- une même fonction recense tout ce qui concerne une activité donnée, qu'elle soit réalisée directement par l'entité ou indirectement par des tiers, au travers de subventions ;
- de manière générale, au sein de chacune des fonctions 1 à 9 ou des sous-fonctions, la première des sous-fonctions ou rubriques se termine par 0, elle permet d'enregistrer tous les éléments communs à la fonction concernée.

Par exemple, la sous-fonction 10 « Services communs » regroupe les dépenses et les recettes afférentes à la fonction 1 « Sécurité » qui ne peuvent être réparties dans les sous-fonctions spécifiques ouvertes au sein de cette fonction 1.

3. Structure décimale de la codification fonctionnelle

Elle comporte trois niveaux :

- dix fonctions principales à un chiffre ;
- des sous-fonctions à deux chiffres ;
- des rubriques à trois chiffres.

Dix fonctions recouvrent les principaux secteurs des entités :

0	Services généraux
1	Sécurité
2	Enseignement, formation professionnelle et apprentissage
3	Culture, vie sociale, jeunesse, sports et loisirs
4	Santé et action sociale
5	Aménagement des territoires et habitat
6	Action économique
7	Environnement
8	Transports
9	Fonction en réserve

4. Critère de classement : la finalité de l'action envisagée

La ventilation des dépenses ou des recettes par fonction est établie selon la finalité de l'action envisagée.

C'est donc la destination de l'action qui doit être considérée comme étant le critère déterminant de classement.

Lorsqu'une dépense ou une recette concerne une fonction précise mais qu'aucune des sous-fonctions ou rubriques répertoriées dans cette fonction ne paraît satisfaisante, il convient :

- soit d'imputer cette recette ou cette dépense dans la rubrique « divers » de la fonction considérée, lorsqu'elle existe ;
- soit de faire « remonter » cette dépense ou cette recette dans la sous-fonction « services communs » de la fonction considérée (cf. commentaires précédents, « services communs »).

Lorsqu'une recette ou une dépense concerne plusieurs fonctions à la fois, il convient :

- soit de classer celle-ci dans la fonction pour laquelle le poste de dépenses ou de recettes est le plus important ;
- soit de faire « remonter » cette dépense ou cette recette dans la fonction 0 « services généraux » (même logique que la sous-fonction « service commun » dans chacune des fonctions).

La fonction 0 « Services généraux » joue un rôle particulier en raison de l'existence des deux sous-fonctions suivantes :

- la sous-fonction 01, « Opérations non ventilables » ;
- la sous-fonction 02, « Administration générale ».

La sous-fonction 01 regroupe toutes les dépenses et toutes les recettes qui ne peuvent être classées dans les fonctions 1 à 9. S'y retrouvent l'ensemble des mouvements relatifs à la dette, la plupart des recettes de fonctionnement, notamment les impôts, taxes et dotations ainsi que les amortissements ou les provisions.

La sous-fonction 02 rassemble, quant à elle, toutes les actions de réglementation ou d'administration réalisée par une commune.

2 - Le budget

I. Les principes budgétaires

Le budget est l'acte par lequel sont prévues et autorisées par l'assemblée délibérante les recettes et les dépenses d'un exercice.

Il se matérialise par des documents sur lesquels sont indiquées les recettes prévues et les dépenses autorisées pour la période considérée. Seules peuvent être engagées les dépenses qui y sont inscrites : le budget est un acte d'autorisation.

Les documents budgétaires prévisionnels comprennent :

- le budget primitif ;
- une ou plusieurs décisions modificatives, dont le budget supplémentaire ;
- éventuellement, un ou plusieurs budgets annexes.

Comme toute délibération, le budget est exécutoire sous deux conditions : sa transmission au représentant de l'État et sa publication.

L'exécution du budget est retracée dans le compte administratif. Ce document constitue l'arrêté des comptes à la clôture de l'exercice.

II. L'annualité budgétaire

1. La prévision

Le budget est voté chaque année pour un exercice budgétaire N qui s'étend du 1er janvier au 31 décembre N.

Il peut être adopté jusqu'au 15 avril de l'exercice N (ou jusqu'au 30 avril l'année du renouvellement de l'assemblée délibérante).

Des modifications permettant d'ajuster les crédits de la section de fonctionnement peuvent être apportées au budget par l'assemblée délibérante pour régler les dépenses engagées avant le 31 décembre et inscrire les crédits nécessaires à la réalisation des opérations d'ordre de chacune des deux sections du budget ou entre les deux sections, dans le délai de vingt et un jours suivant la fin de l'exercice N.

Les délibérations relatives à ces modifications budgétaires doivent être transmises au représentant de l'État au plus tard cinq jours après le délai limite visé ci-dessus, c'est-à-dire avant le 26 janvier de l'exercice N+1.

Les délibérations prises après le 21 janvier N+1 ou transmises postérieurement au 26 janvier N+1 n'ont, de par la loi, aucun effet juridique.

2. L'exécution

Le budget s'exécute du 1er janvier au 31 décembre (année civile). Toutefois, des dispositifs spécifiques permettent d'exécuter le budget avant son adoption et d'en poursuivre l'exécution sur l'exercice suivant.

L'article L.1612-1 du CGCT dispose que le maire ou le président de l'assemblée délibérante de l'entité est en droit, du 1er janvier de l'exercice jusqu'à l'adoption du budget, de mettre en recouvrement les recettes et d'engager, de liquider et de mandater les dépenses de la section de fonctionnement (hors autorisation d'engagement) dans la limite de celles inscrites au budget de l'année précédente.

Il est en droit de mandater les dépenses afférentes au remboursement en capital des annuités de la dette venant à échéance avant le vote du budget.

En outre, en l'absence d'adoption du budget avant le 15 avril (30 avril pour l'année du renouvellement des organes délibérants) ou jusqu'à l'adoption du budget, le maire ou le président de l'assemblée délibérante de l'entité peut engager, liquider et mandater les dépenses d'investissement (hors autorisation de programme), sous réserve de l'autorisation de l'entité précisant le montant et l'affectation des crédits, dans la limite du quart des crédits ouverts au budget de l'exercice précédent et à l'exception des crédits afférents au remboursement de la dette.

Pour les dépenses à caractère pluriannuel comprises dans une autorisation de programme ou dans une autorisation d'engagement, le maire ou le président de l'assemblée délibérante peut, jusqu'à l'adoption du budget ou jusqu'à son règlement, liquider et mandater les dépenses d'investissement et les dépenses de fonctionnement correspondant aux autorisations ouvertes au cours des exercices antérieurs, dans la limite d'un montant de crédits de paiement par chapitre, égal au tiers des autorisations ouvertes au cours de l'exercice précédent.

Les crédits correspondants sont inscrits au budget lors de son adoption ou de son règlement. Le comptable est en droit de payer les mandats et de recouvrer les titres de recettes émis dans les conditions ci-dessus.

Bien qu'il ne s'agisse que d'une simple faculté, il est possible de prolonger fictivement la journée comptable du 31 décembre jusqu'au dernier jour du mois de janvier de l'année suivante.

L'assemblée délibérante est alors autorisée à apporter des modifications au budget N par une décision modificative (DM) jusqu'au 21 janvier N+1 pour:

- ajuster les crédits intéressant la section de fonctionnement, afin de permettre l'émission des mandats correspondant à des services faits intervenus avant le 31 décembre N;
- inscrire les crédits nécessaires à la réalisation des opérations d'ordre de chacune des deux sections ou entre les deux sections.

Ces délibérations doivent être transmises au préfet dans les 5 jours suivant la date limite fixée à leur adoption, soit au plus tard le 26 janvier N+1. Les mandatements découlant des DM votées et transmises au cours de la journée complémentaire doivent être exécutés au plus tard le 31 janvier N+1.

Aucune modification n'est autorisée pour les opérations intéressant uniquement la section d'investissement.

Les crédits affectés aux dépenses de chaque exercice ne peuvent être employés à l'acquittement d'un autre exercice. Les dépenses engagées non mandatées à la clôture de l'exercice sont reportées au budget de l'exercice suivant. Elles peuvent être mandatées dans la limite des restes à réaliser de l'exercice précédent.

À cet effet, le maire ou le président de l'assemblée délibérante fait établir au 31 janvier de l'exercice l'état des dépenses qui, engagées avant le 31 décembre de l'année précédente dans la limite des crédits inscrits au budget, n'ont pas donné lieu à mandatement avant la clôture de l'exercice. Cet état vaut ouverture provisoire des crédits jusqu'à la reprise de ces derniers au budget.

Après le dépôt du projet de budget, les créances qui ne figuraient pas sur cet état ne peuvent être payées qu'au moyen de crédits nouveaux votés par l'assemblée délibérante.

III. Contenu et présentation du budget

Le budget de l'entité est l'acte par lequel l'assemblée délibérante prévoit et autorise les dépenses et les recettes de l'exercice.

Le budget comprend une partie destinée au vote des dépenses et des recettes de l'entité et une partie destinée à l'information de l'assemblée délibérante.

Les documents budgétaires prévisionnels comprennent:

- le budget primitif;
- le budget supplémentaire;
- éventuellement une ou plusieurs décisions modificatives.

Ces documents sont établis tant pour le budget principal que pour les budgets annexes.

1. Le budget primitif

Le budget est dit primitif dans la mesure où il peut connaître des ajustements tout au long de l'exercice. En effet, il peut être modifié par un budget supplémentaire et/ou des décisions modificatives. La partie destinée au vote de l'assemblée délibérante se décompose en une section d'investissement et une section de fonctionnement.

La section d'investissement retrace les dépenses et les recettes relatives à des opérations qui se traduisent par une modification de la consistance ou de la valeur du patrimoine de l'entité ou d'un tiers bénéficiant d'une subvention de l'entité.

La section de fonctionnement retrace les dépenses et les recettes nécessaires au fonctionnement courant des services l'entité et les dépenses d'intervention au profit de tiers.

Les règles budgétaires obligent la collectivité territoriale à voter un budget qui dégage un autofinancement brut, c'est-à-dire que l'excédent des recettes d'exploitation sur les dépenses d'exploitation doit couvrir un montant au moins égal au remboursement de la dette en capital figurant à la section d'investissement.

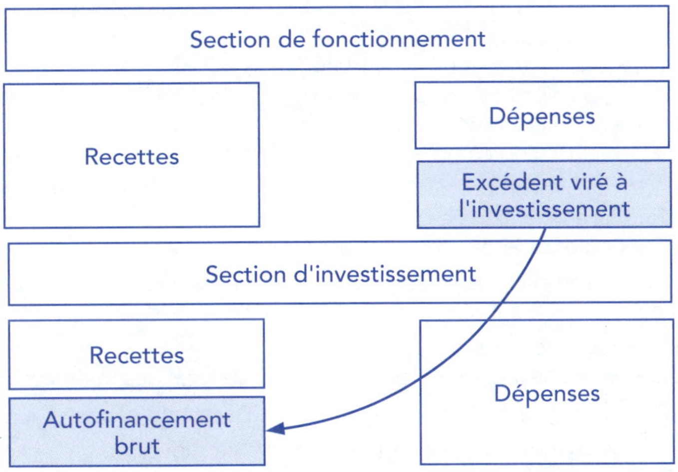

Excédent viré à l'investissement = Autofinancement brut

2. Les décisions modificatives

Les Décisions Modificatives (DM) correspondent à la modification des prévisions inscrites au budget. Elles peuvent être adoptées à tout moment, après le vote du budget primitif. Des impératifs juridiques, économiques et sociaux, difficiles à prévoir dans leurs conséquences financières, peuvent obliger l'entité à voter des dépenses nouvelles et les recettes correspondantes qui sont dégagées, soit par des ressources nouvelles, soit par des suppressions de crédits antérieurement votés. Ces votes interviennent dans le cadre de décisions modificatives; les documents qui les décrivent ne comprennent que les chapitres et articles modifiés.

Les décisions modificatives qui peuvent être votées en cours d'année résultent des virements de crédits nécessaires, de l'emploi de recettes non prévues au budget primitif ou de dépenses ou recettes nouvelles à y inscrire.

Le budget supplémentaire fait partie des décisions modificatives.

3. Le budget supplémentaire

Le Budget Supplémentaire (BS) est une décision modificative spécifique qui a pour objet de reprendre les résultats de l'exercice précédent et éventuellement de décrire des opérations nouvelles, si les résultats n'ont pas déjà fait l'objet d'une reprise anticipée au budget primitif.

Il ne peut être adopté qu'après le vote du compte administratif de l'exercice précédent dont il intègre les résultats.

Il comprend les reports provenant de l'exercice précédent, des ajustements de recettes et de dépenses du budget primitif du même exercice et, éventuellement, des dépenses et des recettes nouvelles.

3 - La tenue des comptabilités

Le principe de la séparation des fonctions entre l'ordonnateur (par exemple un maire) et le comptable implique que chacun d'eux doit tenir une comptabilité lui permettant de décrire et de contrôler les différentes phases des opérations relevant de sa responsabilité au niveau des dépenses et des recettes.

I. La comptabilité de l'ordonnateur

Aucun support papier ni informatique n'est préconisé pour la tenue de la comptabilité du président de l'assemblée délibérante ou maire de l'entité.

Quelles que soient les formes retenues pour sa tenue, celle-ci doit permettre de connaître en permanence:

- les crédits ouverts en dépenses et les prévisions de recettes;
- les crédits disponibles pour engagement;
- les crédits disponibles pour mandatement;
- les dépenses réalisées et les recettes réalisées;
- l'emploi fait des recettes grevées d'affectation spéciale.

Elle doit permettre également, en fin d'exercice, d'établir dans toutes ses parties le compte administratif. Par les renseignements qu'elle fournit à l'ordonnateur, la comptabilité administrative aide ce dernier à établir les budgets à venir.

Afin de parvenir à cet objectif, le président de l'assemblée délibérante ou maire de l'entité doit mettre en œuvre les éléments suivants :

- la comptabilité des dépenses engagées ;
- la comptabilisation des émissions de titres et de mandats ;
- la comptabilité des recettes grevées d'affectation spéciale ;
- la confection des états spéciaux de fin d'exercice ;
- l'établissement, le vote et le contrôle du compte administratif.

L'article 30 du décret n° 2012-1246 du 7 novembre 2012 dispose en effet que « L'engagement est l'acte juridique par lequel une personne morale mentionnée à l'article 1er crée ou constate à son encontre une obligation de laquelle il résultera une dépense. L'engagement respecte l'objet et les limites de l'autorisation budgétaire. »

La comptabilité du président de l'assemblée délibérante ou maire de l'entité doit permettre de déterminer les crédits disponibles en investissement comme en fonctionnement par différence entre :

- d'une part, le total des ouvertures de crédits ;
- d'autre part, le total des dépenses engagées non mandatées et le total des mandats émis.

En fin d'année, le total des dépenses engagées et non mandatées est constaté en restes à réaliser.

Les crédits affectés aux dépenses de chaque exercice ne peuvent être employés pour un exercice ultérieur si les dépenses n'ont pas été engagées. Les dépenses engagées non mandatées à la clôture de l'exercice N sont reportées au budget de l'exercice N+1. Elles peuvent être mandatées dans la limite des restes à réaliser de l'exercice N.

À cet effet, le maire ou le président de l'assemblée délibérante fait établir au 31 janvier décembre de l'exercice N+1 l'état des dépenses qui, engagées avant le 31 décembre de l'année N dans la limite des crédits inscrits au budget, n'ont pas donné lieu à mandatement avant la clôture de l'exercice N.

Cet état des restes à réaliser vaut ouverture provisoire des crédits jusqu'à la reprise de ces derniers au budget N+1.

Après le dépôt du projet de budget N+1, les dépenses qui ne figuraient pas sur cet état ne peuvent être payées qu'au moyen de crédits nouveaux votés par l'assemblée délibérante.

II. La comptabilité du comptable public

Les fonctions de comptable public sont exercées par un comptable direct du Trésor ayant la qualité de comptable principal.

Conformément aux dispositions de l'article 18 du décret n° 2012-1246 du 7 novembre 2012 relatif à la gestion budgétaire et comptable publique, les comptables publics sont seuls chargés :

- de la tenue de la comptabilité générale ;
- sous réserve des compétences de l'ordonnateur, de la tenue de la comptabilité budgétaire ;
- de la comptabilisation des valeurs inactives ;
- de la prise en charge des ordres de recouvrer et de payer qui leur sont remis par les ordonnateurs ;
- du recouvrement des ordres de recouvrer et des créances constatées par un contrat, un titre de propriété ou tout autre titre exécutoire ;
- de l'encaissement des droits au comptant et des recettes liées à l'exécution des ordres de recouvrer ;
- du paiement des dépenses, soit sur ordre émanant des ordonnateurs, soit au vu des titres présentés par les créanciers, soit de leur propre initiative ;
- de la suite à donner aux oppositions à paiement et autres significations ;
- de la garde et de la conservation des fonds et valeurs appartenant ou confiés aux personnes
- morales mentionnées à l'article 1er ;
- du maniement des fonds et des mouvements de comptes de disponibilités ;
- de la conservation des pièces justificatives des opérations transmises par les ordonnateurs et des documents de comptabilité.

Le comptable assignataire en tant que comptable public est, en outre, amené à opérer, un certain nombre de contrôles formels précisés par les articles 19 et 20 du décret n° 2012-1246 du 7 novembre 2012 précité avant de prendre en charge les titres et les mandats émis par l'ordonnateur.

Comme tout comptable principal, le comptable de l'entité doit rendre ses comptes au juge des comptes.

APPLICATIONS

CONTRÔLE DE CONNAISSANCES

Répondre par « oui » ou par « non » aux affirmations ci-dessous en donnant toutes les explications nécessaires.

1. La comptabilité publique doit satisfaire aux obligations de régularité, de prudence, de sincérité et de permanence des méthodes.

2. Le budget est l'acte par lequel sont prévues et autorisées par l'assemblée délibérante les recettes et les dépenses d'un exercice.

3. Seules peuvent être engagées les dépenses qui sont inscrites au budget : c'est un acte d'autorisation.

4. Les documents budgétaires prévisionnels ne comprennent pas les décisions modificatives.

5. Le budget peut être adopté jusqu'au 15 mai de l'année en cours.

6. Dans la codification fonctionnelle, c'est la destination de l'action qui est considérée comme étant le critère déterminant de classement.

7. L'exercice budgétaire commence le 1er janvier et se termine le 31/12.

8. Le document administratif constitue l'arrêté des comptes à la clôture de l'exercice.

9. La comptabilité publique est basée sur la séparation des fonctions entre l'ordonnateur et le comptable.

QUIZ EN VERSION NUMÉRIQUE

https://eqrco.de/a/oeOVW2

APPLICATION 1*: QUESTIONS

10 Min

TRAVAIL À FAIRE

Rattacher les éléments suivants à la section de fonctionnement ou à la section d'investissement d'une collectivité territoriale.

	SECTION FONCTIONNEMENT	SECTION INVESTISSEMENT
- L'entretien des écoles, de la voirie, etc.		
- Les subventions de fonctionnement de l'État		
- Les emprunts et leur remboursement		
- Les impôts locaux		
- Les constructions (écoles, bâtiments administratifs) et travaux divers		
- Les revenus du domaine de la collectivité		
- Les acquisitions foncières (terrains)		
- Les intérêts des emprunts		
- Les impôts indirects		
- Les dotations et subventions d'équipement de l'État		
- Les produits de l'exploitation		
- Les dotations aux amortissements et aux provisions		
- Les subventions accordées aux associations par la collectivité		

MINI-CAS DE SYNTHÈSE

Compétences attendues: à partir d'un contexte professionnel spécifique, le candidat doit pouvoir identifier les adaptations à apporter aux règles comptables du PCG et les comptabiliser. Lorsque cela est nécessaire, la comptabilisation de ces opérations se réalise à partir d'un extrait du plan de comptes applicable, fourni en annexe. L'analyse et le traitement de certaines opérations peut également s'opérer à partir d'extraits des règlements ou instructions applicables.

30 Min

OPÉRATIONS COMPTABLES DANS UNE RÉGION***

D'APRÈS DCG 2014

(modifié pour mise à jour de l'instruction applicable)

La société ALICAL est un équipementier automobile, spécialisé dans la conception et la production de pièces destinées aux systèmes d'admission d'air et de refroidissement des moteurs de voitures. Ces pièces sont conçues selon les besoins spécifiques des clients de la société.

Créée en 1967, ALICAL est une société anonyme, au capital social de 1 500 000 €, entièrement libéré et versé, qui emploie 400 salariés, répartis sur plusieurs sites de production et dont le siège social est situé à Golbey. Le site de Golbey regroupe un atelier de production, les services administratifs ainsi que le centre de recherche et développement de la société.

Dans le cadre de la modernisation de son outil de production, la SA ALICAL a bénéficié d'une subvention de la région Lorraine. Soucieuse de renforcer la compétitivité des entreprises et de développer le tissu économique local, la région a en effet mis en place plusieurs dispositifs d'aide aux entreprises. La région tient une comptabilité, conformément aux dispositions de l'instruction M57.

MISSIONS

À l'aide des documents 1, 2, 3 :

1 ***Répondre aux questions suivantes dans une courte note.***

a. Rappeler la définition du budget. Quelles sont les deux sections prévues dans les budgets des collectivités territoriales ?

b. Pourquoi peut-on dire que le budget est à la fois un outil de prévision et un outil d'autorisation ?

c. Préciser le nom et le rôle des personnes chargées de la tenue des comptes des collectivités territoriales.

d. Rappeler quelles sont les deux structures chargées du contrôle externe de la comptabilité des collectivités territoriales.

2 ***Enregistrer, dans la comptabilité de la région Lorraine, opération par opération, toutes les écritures nécessaires en N, y compris les écritures d'inventaire.***

Document 1 Opérations effectuées par la région Lorraine

Opération 1 : *le 30 juin N, la région verse à la SA ALICAL une subvention d'équipement d'un montant de 30 000 €, pour le financement d'une installation nouvelle, qui lui permettra de produire ses nouvelles pièces en thermoplastique. Le mandat de paiement a été transmis au préalable au comptable public, par l'ordonnateur. La région retient les durées maximales d'amortissement pour les subventions ; l'amortissement retenu est linéaire et se calcule prorata temporis sur une durée d'amortissement de 30 ans.*

Opération 2 : *le 1er octobre N, la région encaisse un loyer de 1 800 € pour la location d'un immeuble. Le loyer couvre le dernier trimestre N.*
Le titre de recette n'a été émis que le 10 octobre N.

Opération 3 : *le 30 novembre N, la région cède diverses installations de voirie pour un prix de 3 000 € (paiement comptant). Le titre de recette a été transmis au préalable au comptable public. Ces installations avaient été acquises en N-5 pour une valeur de 60 000 € et amorties, en date de cession, à hauteur de 55 000 € (y compris l'amortissement N, déjà enregistré).*

N.B. On négligera les aspects relatifs à la TVA.

Document 2 Extrait de l'instruction budgétaire et comptable M57

Compte 192 – Plus ou moins-values sur cessions d'immobilisations

Le compte 192 retrace les différences sur cessions d'immobilisations afin que le prix de cession soit affecté au financement de la section d'investissement […].

Ce compte est :
- *crédité du montant des plus-values de cessions par le débit du compte 6761 « Différences sur réalisations (positives) transférées en investissement » (opération d'ordre budgétaire) ;*
- *débité du montant des moins-values de cessions par le crédit du compte 7761 « Différences sur réalisations (négatives) reprises au compte de résultat » (opération d'ordre budgétaire).*

[…]

Compte 204 – Subventions d'équipement versées

Le compte 204 enregistre :
- *les subventions d'équipement versées aux organismes publics (compte 2041 subdivisé par type de bénéficiaire) ;*
- *les subventions versées à des personnes de droit privé (compte 2042) ;*
- *les subventions versées aux établissements publics locaux d'enseignement pour l'acquisition de biens meubles dont l'établissement sera propriétaire (compte 2043) ;*
- *les subventions d'équipement en nature (compte 2044) ;*
- *les subventions d'équipement versées aux tiers par une région autorité de gestion dans le cadre des fonds européens (compte 2045) ;*
- *les attributions de compensation d'investissement (compte 2046).*

Compte 28 – Amortissement des immobilisations

[…]

Les durées d'amortissement sont fixées pour chaque bien ou chaque catégorie de biens par l'assemblée délibérante, à l'exception :

[…]

- *des subventions d'équipement versées qui sont amorties sur une durée maximale de :*
  - *a. cinq ans lorsque la subvention finance des biens mobiliers, du matériel ou des études, auxquelles sont assimilées les aides consenties aux entreprises, non mentionnées aux b. et c. ;*
  - *b. trente ans lorsqu'elle finance des biens immobiliers ou des installations ;*
  - *c. quarante ans lorsqu'elle finance des projets d'infrastructures d'intérêt national (exemples : ligne TGV, logement social, réseaux très haut débit…).*

Compte 47 – Comptes transitoires ou d'attente

Les opérations qui ne peuvent être imputées de façon certaine ou définitive à un compte déterminé au moment où elles doivent être enregistrées, ou qui exigent une information complémentaire ou des formalités particulières, sont inscrites provisoirement au compte 47. Ce compte doit être apuré dès que possible, par imputation au compte définitif.
[…]

Compte 4713 – Recettes perçues avant émission des titres

Les subdivisions du compte 4713 sont crédités par le débit du compte au Trésor. Ces recettes sont portées sur le relevé P 503.

➔

➔

Compte 515 – Compte au Trésor

En application de l'article 26-3° de la Loi organique n° 2001-692 du 1er août 2001 relative aux lois de finances (LOLF), les fonds des collectivités territoriales et leurs établissements publics sont déposés au Trésor.
Tous les décaissements et encaissements, quel que soit leur mode, sont constatés au compte 515.

Compte 675 – Valeurs comptables des immobilisations cédées

Ce compte est débité de la valeur nette comptable des immobilisations cédées ou devenues sans valeur, à l'exception des valeurs mobilières de placement (cf. compte 667), par le crédit des comptes 20, 21, 23, 26 ou 27 sur lequel était enregistrée l'immobilisation cédée. Le prix de cession est inscrit au compte 775.

La différence entre le montant porté au compte 675 et le montant porté au compte 775 constitue « Différences sur réalisations d'immobilisations » (voir commentaires de ce compte et des comptes 6761 et 7761).

Le compte 675 est exclusivement mouvementé dans le cadre d'une opération d'ordre budgétaire.

[...]

Compte 775 – Produits des cessions d'immobilisations

Ces comptes sont crédités du prix des cessions d'actifs immobilisés figurant aux comptes 20, 21, 23, 26 et 27 par le débit du compte de tiers intéressé.

[...]

La différence entre le montant porté au compte 675 « Valeurs comptables des immobilisations cédées » et le montant porté au compte 775 constitue la plus ou moins-value de cession à transférer au débit ou au crédit du compte 192 « Plus ou moins-value sur cessions d'immobilisations ».

[...]

Document 3 Extrait du plan de comptes M57 – version développée

19 – NEUTRALISATIONS ET RÉGULARISATIONS D'OPÉRATIONS

- *192 – Plus ou moins-values sur cessions d'immobilisations*
- *193 – Autres neutralisations et régularisations d'opérations*
- *194 – Provisions pour risques et charges sur emprunts – Stock à la date de première application*
- *197 – Neutralisation des provisions et dépréciations*
- *198 – Neutralisation des amortissements*

20 – IMMOBILISATIONS INCORPORELLES

[...]

- *204 – Subventions d'équipement versées*
  - *2041 – Subventions d'équipement aux organismes publics*
  - *2042 – Subventions d'équipement aux personnes de droit privé*
  - *2043 – Subventions aux établissements scolaires publics pour leurs dépenses d'équipement*
  - *2044 – Subventions d'équipement en nature*
  - *2045 – Subventions d'équipement versées aux tiers (fonds européens)*
  - *2046 – Attributions de compensation d'investissement*

[...]

21 – IMMOBILISATIONS CORPORELLES

[...]

- *215 – Installations, matériel et outillage techniques*
  - *2152 – Installations de voirie*

[...]

28 - AMORTISSEMENTS DES IMMOBILISATIONS

- *280 – Amortissements des immobilisations incorporelles*
  - *[...]*
  - *28041 – Subventions d'équipement aux organismes publics*
  - *28042 – Subventions d'équipement aux personnes de droit privé*
  - *28043 – Subventions aux établissements scolaires publics pour leurs dépenses d'équipement*
  - *28044 – Subventions d'équipement en nature*

➔

➔

28045 – Subventions d'équipement versées aux tiers (fonds européens)
28046 – Attributions de compensation d'investissement
[…]
281 – Amortissements des immobilisations corporelles
[…]
28152 – Installations de voirie
[…]

47 - COMPTES TRANSITOIRES OU D'ATTENTE

[…]

471 – Recettes à classer ou à régulariser
4711 – Versements des régisseurs
4712 – Virements réimputés
4713 – Recettes perçues avant émission des titres
4714 – Recettes à réimputer
4715 – Recettes à ventiler (cartes - multiservices)
4717 – Recettes relevé Banque de France et DFT
4718 – Autres recettes à régulariser

[…]

51 – TRÉSOR, ÉTABLISSEMENTS FINANCIERS ET ASSIMILÉS

[…]

515 – Compte au Trésor

[…]

67 – CHARGES EXCEPTIONNELLES

[…]

675 – Valeurs comptables des immobilisations cédées
676 – Différences sur réalisations (positives) transférées en investissement
6761 – Différences sur réalisations (positives) transférées en investissement
6768 – Neutralisation des dépréciations et provisions

[…]

68 – DOTATIONS AUX AMORTISSEMENTS, AUX DEPRÉCIATIONS ET AUX PROVISIONS

[…]

681 – Dotations aux amortissements, aux dépréciations et aux provisions – Charges de fonctionnement
6811 – Dotations aux amortissements des immobilisations incorporelles et corporelles

[…]

75 – AUTRES PRODUITS DE GESTION COURANTE

[…]

752 – Revenus des immeubles

[…]

77 – PRODUITS EXCEPTIONNELS

[…]

775 – Produits des cessions d'immobilisations
776 – Différences sur réalisations (négatives) reprises au compte de résultat
7761 – Différences sur réalisations (négatives) reprises au compte de résultat
7768 – Neutralisation des amortissements, dépréciations et provisions

[…]

CHAPITRE 27 : LES ASSOCIATIONS

COMPÉTENCES ATTENDUES

- **Exposer** les spécificités propres aux associations.
- **Citer** les principales particularités comptables des associations.
- **Évaluer et comptabiliser** les principales opérations.

FICHE RESSOURCES

1 - Principes et obligations comptables

« L'association est la convention par laquelle deux ou plusieurs personnes mettent en commun d'une façon permanente, leurs connaissances ou leur activité dans un but autre que de partager des bénéfices » (article 1er de la loi du 1er juillet 1901). Une association entre des personnes peut exister sans aucune formalité ou déclaration. Cependant, pour avoir la personnalité juridique et lui permettre d'être reconnue des tiers, ses fondateurs doivent la déclarer à la préfecture et la publier au journal officiel.

I. Principes

Les associations ne sont pas légalement astreintes à la tenue d'une comptabilité. Cependant, la tenue d'une comptabilité peut être nécessaire pour assurer la bonne gestion de l'association ou peut être imposée par les statuts ou par des textes particuliers.

Il existe essentiellement cinq situations qui imposent la tenue d'une comptabilité :

1. Les statuts imposent une comptabilité.	La tenue d'une comptabilité est obligatoire si les statuts de l'association stipulent : « Le trésorier rend compte de sa gestion et soumet le bilan à l'approbation de l'assemblée ».
2. L'association exerce une activité économique.	L'association doit établir des comptes annuels si elle exerce une activité économique et dépasse deux des trois critères suivants : 50 salariés, 3,1 millions d'euros de chiffre d'affaires HT ou de ressources, 1,55 million d'euros pour le total de bilan.
3. L'association reçoit des subventions.	L'association doit établir des comptes annuels si elle reçoit une subvention supérieure à 153 000 €.
4. L'association émet des obligations.	L'association qui exerce, exclusivement ou non, une activité économique peut émettre des obligations. Elle doit alors établir des comptes annuels.
5. L'association est reconnue d'utilité publique ou agréée par une autorité publique.	La reconnaissance d'utilité publique est accordée si l'association tient une comptabilité. De même les conventions d'agrément imposent la tenue d'une comptabilité.

II. Commissariat aux comptes dans les associations

La nomination d'un commissaire aux comptes est obligatoire principalement dans les cas d'associations suivants (liste non exhaustive):

- les associations obligées de présenter des comptes annuels conformes au PCG (voir I);
- les associations reconnues d'utilité publique collectant des fonds pour le compte d'œuvres ou d'organismes d'intérêt général, sans notion de seuil;
- les associations ouvrant droit à un avantage fiscal au bénéfice des donateurs, percevant plus de 153000 euros de dons;
- les associations cultuelles sous certaines conditions spécifiques;
- les associations de surveillance de la qualité de l'air;
- les associations habilitées à faire certaines opérations de prêts;
- les fédérations sportives qui regroupent des associations sportives;
- les associations Plan d'épargne retraite populaire (PERP) sans condition de seuils;
- les organisations syndicales et professionnelles (OSP) dès lors que leurs ressources propres dépassent le seuil de 230000 euros à la clôture d'un exercice;
- les associations qui constituent un groupement politique;
- les associations dont les statuts imposent, en dehors de toute contrainte légale, un commissaire aux comptes afin de renforcer la crédibilité de ses comptes.

III. Modalités de tenue de la comptabilité par une association

Si l'association a l'obligation de tenir une comptabilité, elle doit appliquer la réglementation comptable des associations qui résulte de l'avis du CNC du 17 décembre 1998 sur le plan comptable des associations et du règlement n° 99-01 du 16 février 1999 du comité de la réglementation comptable relatif aux modalités d'établissement des comptes annuels des associations et fondations, qui a été abrogé et remplacé par le règlement ANC n° 2018-06 relatif aux comptes annuels des personnes morales de droit privé à but non lucratif. Si elle n'est pas soumise à l'obligation de tenir des comptes, l'association choisit elle-même les modalités de son organisation comptable. L'association n'a pas l'obligation de publier ses comptes ou de les communiquer à ses adhérents, mais elle doit respecter les règles figurant dans ses statuts.

Les associations qui n'ont pas l'obligation de tenir des comptes peuvent tenir une comptabilité de trésorerie en partie simple ou en partie double.

- **Comptabilité de trésorerie tenue en partie simple:** l'association comptabilise durant l'année ses encaissements et ses décaissements (comptabilité de trésorerie) sur un livre journal. Ces encaissements et ces décaissements sont simplement répartis selon les besoins d'information de l'association.
- **Comptabilité de trésorerie tenue en partie double:** l'association comptabilise durant l'année ses encaissements et ses décaissements (comptabilité de trésorerie) sur un livre journal. Ces encaissements et ces décaissements sont enregistrés en partie double selon un plan de comptes élaboré en fonction de ses besoins. La ventilation des recettes et des dépenses constitue la contrepartie des comptes de trésorerie.

2 - Nomenclature des comptes spécifiques pour les associations
(règlement ANC 2018-06 du 5 décembre 2018)

L'entité utilise le plan de comptes défini à l'article 932-1 du règlement ANC n° 2014-03 relatif au PCG sous réserve des comptes spécifiques ci-dessous. À noter que le règlement ANC 2022-06, applicable au 1er janvier 2025 prévoit des modifications dans le plan de comptes du PCG, notamment au niveau des comptes de résultat exceptionnel.

10 - Fonds propres et réserves

- 102 - Fonds propres sans droit de reprise
  - 1021 - Première situation nette établie
  - 1022 - Fonds statutaires (à subdiviser en fonction des statuts)
  - 1023 - Dotations non consomptibles
    - 10231 - Dotations non consomptibles initiales
    - 10232 - Dotations non consomptibles complémentaires
  - 1024 - Autres fonds propres sans droit de reprise
  - 1025 - Legs sans droit de reprise
- 103 - Fonds propres avec droit de reprise
  - 1032 - Fonds statutaires (à subdiviser en fonction des statuts)
  - 1034 - Autres fonds propres avec droit de reprise
- 105 - Écarts de réévaluation
  - 1051 - Écarts de réévaluation sur des biens sans droit de reprise
  - 1052 - Écarts de réévaluation sur des biens avec droit de reprise
- 106 - Réserves
  - 1068 - Réserves pour projet de l'entité

108 - Dotations consomptibles
1081 - Dotations consomptibles
1089 - Dotations consomptibles inscrites au compte de résultat

15 - Provisions

152 - Provisions pour charges sur legs ou donations

16 - Emprunts et dettes assimilées

163 - Autres emprunts obligataires
1631 - Titres associatifs et assimilés

19 - Fonds dédiés ou reportés

191 - Fonds reportés liés aux legs ou donations
1911 - Legs ou donations
1912 - Donations temporaires d'usufruit
194 - Fonds dédiés sur subventions d'exploitation
195 - Fonds dédiés sur contributions financières d'autres organismes
196 - Fonds dédiés sur ressources liées à la générosité du public

20 - Immobilisations incorporelles

204 - Donations temporaires d'usufruit

24 - Biens reçus par legs ou donations destinés à être cédés

27 - Autres immobilisations financières

2742 - Prêts aux partenaires

28 - Amortissements des immobilisations

280 - Amortissements des immobilisations incorporelles
2804 - Donations temporaires d'usufruit

29 - Dépréciations des immobilisations

294 - Dépréciations des biens reçus par legs ou donations destinés à être cédés

41 - Clients, adhérents, usagers et comptes rattachés

45 - Confédération, fédération, union, entités affiliées

455 - Partenaires - comptes courants

246 - Débiteurs et créditeurs divers

461 - Créances reçues par legs ou donations
466 - Dettes des legs ou donations
468 - Divers – charges à payer et produits à recevoir
4681 - Frais des bénévoles

62 - Autres services extérieurs

622 - Rémunérations d'intermédiaires et honoraires
6226 - Honoraires
62264 - Honoraires sur legs ou donations destinés à être cédés

65 - Autres charges de gestion courante

653 - Charges de la générosité du public
6531 - Autres charges sur legs ou donations
657 - Aides financières
6571 - Aides financières octroyées
6572 - Quotes-parts de générosité reversée

67 - Charges exceptionnelles

673 - Apports ou affectations en numéraire
675 - Valeurs comptables des éléments d'actifs cédés
6754 - Immobilisations reçues par legs ou donations

68 - Dotations aux amortissements, provisions et engagements

6816 - Dotations pour dépréciations des immobilisations incorporelles et corporelles
68164 - Dotations pour dépréciation d'actifs reçus par legs ou donations destinés à être cédés
689 - Reports en fonds dédiés
6891 - Reports en fonds reportés
6894 - Reports en fonds dédiés sur subventions d'exploitation
6895 - Reports en fonds dédiés sur contributions financières d'autres organismes
6896 - Reports en fonds dédiés sur ressources liées à la générosité du public

70 - Ventes de produits fabriqués, prestations de services, marchandises

706 - Ventes de prestations de services
7063 - Parrainages
707 - Ventes de marchandises
7073 - Ventes de dons en nature

73 - Concours publics

75 - Autres produits de gestion courante

753 - Versements des fondateurs ou consommation de la dotation
7531 - Versements des fondateurs
7532 - Quotes-parts de dotation consomptible virée au compte de résultat
754 - Ressources liées à la générosité du public
7541 - Dons manuels
75411 - Dons manuels
75412 - Abandons de frais par les bénévoles
7542 - Mécénats
7543 - Legs, donations et assurances-vie
75431 - Assurances-vie
75432 - Legs ou donations
75433 - Autres produits sur legs ou donations
755 - Contributions financières
7551 - Contributions financières d'autres organismes
7552 - Quotes-parts de générosité reçues
756 - Cotisations
7561 - Cotisations sans contrepartie
7562 - Cotisations avec contrepartie
757 - Gains de change sur créances et dettes d'exploitation

77 - Produits exceptionnels

775 - Produits des cessions d'éléments d'actifs
7754 - Immobilisations reçues en legs ou donations destinées à être cédées

78 - Reprises sur amortissements, dépréciations et provisions

781 - Reprises sur amortissements des immobilisations dépréciations et provisions (à inscrire dans les produits d'exploitation)

7816 - Reprises sur dépréciations des immobilisations incorporelles et corporelles

78164 - Reprises sur dépréciations d'actifs reçus par legs ou donations destinés à être cédés

789 - Utilisations de fonds reportés et de fonds dédiés

7891 - Utilisations de fonds reportés

7894 - Utilisations des fonds dédiés sur subventions d'exploitation

7895 - Utilisations des fonds dédiés sur contributions financières d'autres organismes

7896 - Utilisations des fonds dédiés sur ressources liées à la générosité du public

86 - Emplois des contributions volontaires en nature

860 - Secours en nature

861 - Mises à disposition gratuite de biens

862 - Prestations

864 - Personnel bénévole

87 - Contributions volontaires en nature

870 - Dons en nature

871 - Prestations en nature

875 - Bénévolat

3 - Comptabilisation des apports

Les biens de l'association ne peuvent pas être attribués aux adhérents et seront intégrés aux fonds propres de l'association. Tout apport, en bien ou en numéraire, peut être mis à disposition de l'association de façon provisoire ou définitive. Selon le cas, il entrera en fonds propres sans droit de reprise ou en fonds propres avec droit de reprise. On distingue donc deux types d'apports :

1. ***les apports, de biens ou de numéraire, sans droit de reprise :*** ils sont mis à la disposition définitive de l'association. Ils sont inscrits en fonds propres au crédit du compte « 102. Fonds propres sans droit de reprise ». Pour les biens amortissables, leur dépréciation est constatée par voie d'amortissement ;
2. ***les apports, de biens ou de numéraire, avec droit de reprise :*** ils correspondent à une mise à disposition conditionnelle au profit de l'association. Le bien est repris par l'apporteur lorsque la condition n'est plus remplie par le bénéficiaire. La condition n'a pas de terme défini et elle porte soit sur la cessation de l'activité à laquelle la mise à disposition était affectée soit sur la dissolution de l'entité.
C'est la convention d'apport qui fixe les conditions (événement dont la survenance justifie la reprise du bien ou des fonds apportés tel que, par exemple, la dissolution de l'entité) et les modalités de reprise du bien (bien repris en l'état, bien repris en valeur à neuf...). En fonction des modalités de reprise, l'entité enregistre le cas échéant, les charges et provisions lui permettant de remplir ses obligations découlant de cette convention. Ainsi, pour les biens amortissables, deux cas peuvent se présenter :
    - **le bien est renouvelable par l'association** à l'issue de sa durée d'utilisation. La dotation aux amortissements comptabilisée permet d'assurer le financement du renouvellement du bien,
    - **le bien n'est pas renouvelable par l'association** à l'issue de sa durée d'utilisation. La dotation aux amortissements doit être constatée car le bien se déprécie avec l'usage. Cependant, l'autofinancement de maintien assuré par l'amortissement n'est pas nécessaire. La dotation aux amortissements doit alors être neutralisée par le débit du compte 103. Cela permet de constater ainsi la diminution de la dette potentielle de l'association à l'égard de l'apporteur.

Exemple : Comptabilisation d'un bien mis à la disposition d'une association

Un immeuble d'une valeur de 2 000 000 € est donné à une association de recherche médicale afin d'abriter un laboratoire. Sa durée d'utilisation est estimée à 20 ans.

- *Hypothèse n° 1 : le bien est mis définitivement à la disposition de l'association.*
- *Hypothèse n° 2 : le bien est mis à la disposition provisoire de l'association car le donateur se réserve le droit de reprendre l'immeuble si l'association ne l'utilisait pas conformément à l'objet convenu. L'association devra financer le renouvellement de l'immeuble.*
- *Hypothèse n° 3 : le bien est mis à la disposition provisoire de l'association. Cependant, il n'est pas prévu que l'association finance le renouvellement de l'immeuble.*

Présenter les écritures correspondant à ces 3 hypothèses.

Hypothèse 1

213		Construction	2 000 000	
	102	Fonds propres sans droit de reprise		2 000 000
		31/12/N		
681		Dotations aux amortissements	100 000	
	2813	Amortissement des constructions		100 000
		2 000 000/20		

Hypothèse 2

213		Construction	2 000 000	
	103	Fonds propres avec droit de reprise		2 000 000
		31/12/N		
681		Dotations aux amortissements	100 000	
	2813	Amortissement des constructions		100 000

Hypothèse 3

213		Construction	2 000 000	
	103	Fonds propres avec droit de reprise		2 000 000
		31/12/N		
681		Dotations aux amortissements	100 000	
	2813	Amortissement des constructions		100 000
		31/12/N		
103		Fonds propres avec droits de reprise	100 000	
	750	Autres produits de gestion courante		100 000

4 - Affectation du résultat

Le résultat comptable de l'association ne peut pas être distribué aux adhérents. Comme l'association ne poursuit pas, en principe, un but lucratif, elle ne peut réaliser que des « excédents » ou des « déficits ».

Les excédents de l'association peuvent être soit définitivement la propriété de l'association soit être sous le contrôle de tiers financeurs. Les tiers financeurs se serviront alors de ces excédents pour décider du montant des financements accordés au cours des exercices suivants.

Les excédents et les pertes apparaissent dans un premier temps :

- au compte 120 Résultat de l'exercice – excédent ;
- au compte 129 Résultat de l'exercice – déficit en cas d'insuffisance de ressources.

En cas de disparition de l'association, les statuts prévoient généralement un don à une association qui a un objet similaire.

Le résultat excédentaire peut être :

- **définitivement acquis par l'association.** Il est alors porté au crédit du compte « 110. Report à nouveau » avant d'être affecté aux réserves par l'assemblée générale ;
- ou **être restitué par l'association aux tiers financeurs.** En effet, pour certaines associations recevant des subventions, le résultat comptable comprend des excédents non utilisés qui doivent être restitués au tiers financeur (l'organisme qui verse les subventions) ou venir en déduction des subventions ultérieures. Ces excédents sont inscrits au crédit du compte « 115. Résultats sous contrôle de tiers financeurs ».

Le déficit sera affecté aux comptes :

- **de report à nouveau ;**
- **de réserves libres afin de les diminuer.**

Exemple : Affectation du résultat d'une association

Une association qui gère un collège privé a comptabilisé en N 1 000 000 € de produits et 700 000 € de charges.

- *Hypothèse n° 1 : L'assemblée générale réunie le 15 mars N+1 décide d'affecter cet excédent aux réserves.*
- *Hypothèse n° 2 : L'État lui verse une subvention de fonctionnement annuelle de 800 000 € en mars de chaque année. S'il existe un excédent, celui-ci vient alors en déduction de la subvention de l'année suivante.*

Présenter les écritures correspondant à ces 2 hypothèses.

Hypothèse n° 1

		31/12/N		
7…		Produits	1 000 000	
	6…	Charges		1 000 000
	120 -	Résultat de l'exercice-excédent		300 000

15/03/N+1

120		Résultat de l'exercice-excédent	300 000	
	106	Réserves		300 000

Hypothèse n° 2

31/12/N

7…		Produits	1 000 000	
	6…	Charges		700 000
	115	Résultats sous contrôle de tiers financeurs		300 000

…/03/N+1

512		Banque	500 000	
115		Résultats sous contrôle de tiers financeurs	300 000	
	740	Subventions d'exploitation		800 000

5 - Les subventions

I. Les subventions d'investissement

Si la subvention d'investissement finance un bien :

- **renouvelable par l'association**, elle est comptabilisée au passif dans les fonds associatifs (crédit du compte 131 « Subventions d'investissement affectées à des biens renouvelables ») car l'association devra dégager une capacité d'autofinancement future pour financer le renouvellement des biens financés par subvention ;
- **non renouvelable par l'association**, elle est inscrite au crédit du compte 132 « Subventions d'investissement attachées à des biens non renouvelables ». Elle est alors rapportée au compte de résultat au rythme de l'amortissement du bien.

Le caractère renouvelable du bien doit être déterminé par l'association sur la base du contenu de la convention ou à défaut en prenant en considération les circonstances de fait (subvention finançant le siège social de l'association…).

Exemple : Acquisition d'une construction financée par une subvention

Une association reçoit une subvention de 1 000 000 € du Conseil départemental de Seine-et-Marne destinée à financer l'acquisition d'une construction d'un coût de 2 000 000 €. La durée d'utilisation est estimée à 20 ans.

- *Hypothèse n° 1 : La construction est renouvelable par l'association.*
- *Hypothèse n° 2 : La construction n'est pas renouvelable par l'association.*

Présenter les écritures correspondant à ces 2 hypothèses.

Hypothèse 1

512		Banque	1 000 000	
	131	Subventions d'investissement affectées à des biens renouvelables		1 000 000
213		Construction	2 000 000	
	404	Fournisseurs d'immobilisations		2 000 000

31/12/N

681		Dotations aux amortissements	100 000	
	2813	Amortissement des constructions		100 000

Hypothèse 2

512		Banque	1 000 000	
	132	Subventions d'investissement affectées à des biens non renouvelables		1 000 000

213		Construction	2000000	
	404	Fournisseurs d'immobilisations		2000000
		31/12/N		
681		Dotations aux amortissements	100000	
	2813	Amortissement des constructions		100000
		31/12/N		
139		Subventions d'investissement affectées à des biens non renouvelables	50000	
	777*	Quote-part de subvention d'investissement virée au résultat*		50000
		(100000 x 1000000/2000000)		

***Remarque**
Le règlement ANC n° 2022-06, d'application obligatoire à compter des exercices ouverts au 1er janvier 2025, prévoit la suppression de certains comptes exceptionnels et leur remplacement par des comptes d'exploitation. Le compte 777 sera remplacé par le compte 747 « Quote-part des subventions d'investissement virée au résultat de l'exercice ». Les associations, puisqu'elles recourent au PCG pour la comptabilisation de ces opérations, devront également modifier leurs schémas comptables.

II. Les subventions de fonctionnement

Une collectivité ou un organisme privé peut accorder à une association une subvention de fonctionnement afin de couvrir une quote-part des charges d'exploitation ou de pallier l'insuffisance des produits d'exploitation.

- ***Subvention accordée sous conditions suspensives :***
  - la subvention ne peut pas être enregistrée en produits tant que la condition suspensive n'est pas levée ;
  - les avances reçues au titre de la subvention future sont à inscrire au crédit du compte **« 4419. État – avances sur subventions »**.
- ***Subvention accordée sous conditions résolutoires :***

En contrepartie de la subvention accordée, l'association devra remplir certaines conditions dans n années. À défaut, elle devra reverser tout ou partie des sommes reçues.

- La subvention est inscrite en produits au compte : **« 74. Subventions d'exploitation »** ;
- si l'association considère à la clôture de l'exercice qu'elle ne pourra pas respecter les conditions, elle doit comptabiliser une provision pour le montant estimé de la subvention à restituer.

Si l'association doit restituer la subvention avec certitude car les conditions fixées par le contrat ne seront pas remplies, il convient de constater une dette dans un poste « 467- subventions à reverser ». La subvention rendue constitue alors une charge. Si une provision a été constituée, la charge a déjà été enregistrée, le compte de provision peut être directement soldé par le compte **« 467 – Subventions à reverser »**.

Une subvention de fonctionnement accordée pour plusieurs exercices est répartie en fonction des périodes ou étapes d'attribution définies dans la convention, ou à défaut au *prorata temporis*.

La partie rattachée à des exercices futurs est inscrite en « produits constatés d'avance ».

6 - Ressources affectées à la réalisation d'un projet

Les fonds dédiés des associations sont des sommes perçues par l'association et affectées, par le tiers financeur, à un projet précis.

Leur comptabilisation est obligatoire à la clôture de l'exercice, lorsque le projet n'est pas terminé et que tous les fonds (ou l'argent affecté au projet) n'ont pas été utilisés.

Si le projet n'est pas complètement réalisé en fin d'exercice, l'association doit constater dans sa comptabilité l'engagement de consacrer à l'achèvement du projet la fraction des produits non encore utilisée.

Lorsqu'une subvention de fonctionnement inscrite, au cours de l'exercice, au compte de résultat dans les produits n'a pu être utilisée en totalité au cours de cet exercice, l'engagement d'emploi pris par l'organisme envers le tiers financeur est inscrit en charges sous la rubrique 689 « Reports en fonds dédiés », sous-compte 6894 « Reports en fonds dédiés sur subventions d'exploitation » ou 6895 « Reports en fonds dédiés sur contributions financières d'autres organismes », et au passif du bilan sous le compte « 194 « Fonds dédiés sur subventions d'exploitation » ou « 195 - Fonds dédiés sur contributions financières d'autres organismes ».

Les sommes inscrites sous la rubrique « fonds dédiés » sont reprises en produits au compte de résultat au cours des exercices suivants, au rythme de réalisation des engagements, par le crédit du compte « 7894 « Utilisations des fonds dédiés sur subventions d'exploitation » « 7895 - Utilisations des fonds dédiés sur contributions financières d'autres organismes ».

Une information est, dans ce dernier cas, donnée en annexe.

Les ressources liées à la générosité du public comprenant les dons manuels, le mécénat, les legs, donations et assurance-vie peuvent aussi être affectées à des projets dédiés. Le schéma comptable est dans ce cas identique (voir les comptes prévus par le règlement comptable des associations).

Exemple : Ressources affectées à la réalisation d'un projet

En avril N, le conseil régional d'Île-de-France, attribue à une association une subvention de 2 000 000 € pour financer un projet de rénovation d'un monument historique. Le total des dépenses engagées est de 500 000 € au 31/12/N et de 900 000 € au 31/12/N+1.

Présenter les écritures correspondantes.

			Débit	Crédit
		04/N		
512		Banque	2 000 000	
	740	Subventions d'exploitation		2 000 000
		31/12/N		
6894		Reports en fonds dédiés sur subventions d'exploitation	1 500 000	
	194	Fonds dédiés sur subventions d'exploitation		1 500 000
		2 000 000 – 500 000		
		31/12/N+1		
194		Fonds dédiés sur subventions d'exploitation	400 000	
	7894	Utilisations des fonds dédiés sur subventions d'exploitation		400 000
		900 000 – 500 000		

Les informations à fournir en annexe

L'annexe des comptes annuels doit contenir des informations sur les fonds dédiés, **sous forme de tableau**. Ce tableau doit contenir :

- les sommes inscrites à l'ouverture et à la clôture de l'exercice en « fonds dédiés » ;
- les reports en fonds dédiés ;
- les fonds dédiés utilisés comprenant les remboursements aux tiers financeurs ;
- les transferts entre fonds dédiés.

L'information est fournie par projet ou catégorie de projet selon les rubriques figurant dans le tableau (subventions d'exploitation, contributions financières d'autres organismes, ressources liées à la générosité du public).

Lorsqu'il existe des fonds dédiés à un projet auquel aucune ressource n'a été affectée depuis deux ans, l'annexe doit également le mentionner.

7 - Comptabilisation des legs et donations

Les associations peuvent bénéficier de la générosité du public. Cette générosité peut se manifester de plusieurs manières :

- les dons manuels ;
- le mécénat ;
- les legs ;
- les donations ;
- et les assurances-vie.

Comme les autres ressources de l'association, les dons manuels, le mécénat, les legs, les donations et assurances-vie peuvent être affectés ou non à un projet précis. Les biens acceptés doivent ainsi être distingués entre :

- les biens destinés à être cédés (avec, dans ce cas, le dispositif des fonds reportés) ;
- et les biens conservés.

Cette affectation a donc des conséquences sur le compte à utiliser.

FICHE RESSOURCES

I. Dons manuels

Définition : donation faite de la main à la main, par simple tradition d'une chose mobilière, c'est-à-dire le transfert de la possession d'une chose, sa remise matérielle.

Les dons manuels sont comptabilisés en produits divers de gestion courante (75), dans le sous-compte 7541 « Dons manuels ».

La distinction entre dons manuels affectés et non affectés a disparu avec l'entrée en vigueur du règlement ANC 2018-06. Les écritures de fonds dédiés sont en revanche maintenues.

Exemple : une association perçoit des dons pour 200 000 € pour un projet humanitaire à Madagascar fin octobre. Au 31 décembre, seuls 50 000 € ont été utilisés. Les 150 000 € non utilisés seront comptabilisés en fonds dédiés et reportés sur l'exercice suivant.

		10/N		
512		Banques	200 000	
	7541	Dons manuels		200 000
		Encaissement des dons		

		31/12/N		
6896		Report en fonds dédiés sur ressources liées à la générosité du public	150 000	
	196	Fonds dédiés sur ressources liées à la générosité du public		150 000
		Report des fonds dédiés		

Les contributions volontaires en nature (et les dons en nature) apparaissent dans une subdivision du compte 87 et sont présentées au pied du compte de résultat.

II. Mécénat

Le mécénat se définit comme « le soutien matériel apporté, sans contrepartie directe de la part du bénéficiaire, à une œuvre ou à une personne pour l'exercice d'activités présentant un intérêt général » (Arrêté du 6 janvier 1989 relatif à la terminologie économique et financière).

Le montant octroyé à une association au titre d'une convention de mécénat est comptabilisé en produit dans un compte 7542 « Mécénats » à la signature de la convention.

III. Donations temporaires d'usufruit reçues

Les donations temporaires d'usufruit sont comptabilisées à la date de signature de l'acte de donation temporaire dans le compte d'immobilisations incorporelles 204 « Donations temporaires d'usufruit » avec pour contrepartie la rubrique 191 « Fonds reportés liés aux legs ou donations ».

Les donations temporaires d'usufruit comptabilisées en immobilisations incorporelles sont amorties sur la durée de la donation temporaire avec pour contrepartie la rubrique 191 « Fonds reportés liés aux legs ou donations ».

Le compte 191 « Fonds reportés liés aux legs ou donations » est donc débité avec pour contrepartie le compte d'amortissements 2804 « Donations temporaires d'usufruit ». Aucune écriture n'est comptabilisée en compte de résultat.

IV. Legs, donations entre vifs et assurances-vie

1. Les legs et donations

Les legs et les donations se distinguent du don manuel par l'existence d'un acte notarié. Ce sont des actes par lesquels une personne se dépouille d'un bien au profit de l'association.

Le legs provient du testament d'un défunt. Les biens et dettes reçus par legs sont comptabilisés à la date de l'acceptation du legs par l'organe habilité de l'entité ou à la date d'entrée en jouissance si celle-ci est postérieure, en l'absence de condition suspensive. En présence de conditions suspensives, la comptabilisation est différée jusqu'à la réalisation de la dernière de celles-ci.

La donation est faite du vivant de la personne qui donne quelque chose. Les biens reçus par donations entre vifs sont comptabilisés à la date de signature de l'acte authentique de donation.

Les frais afférents à un legs engagés par l'entité **préalablement à la date d'acceptation** du legs sont inscrits en charges dans le compte de résultat selon leur nature, à défaut dans le compte 6531 « Autres charges sur legs ou donations ».

À la date d'acceptation, les biens provenant de legs ou de donations sont comptabilisés :

- dans le compte 461 « Créances reçues par legs ou donations » pour les espèces, les actifs bancaires, les actifs financiers cotés ou les parts ou actions d'OPCVM et assimilés jusqu'à la date de réception des fonds ou de transfert des titres ;
- dans des comptes d'actif par nature pour les biens autres que ceux visés au premier alinéa et destinés par le testateur ou le donateur à renforcer les fonds propres ou destinés à être conservés en vertu d'une décision de l'organe habilité à prendre la décision ;
- dans le compte 24 « Biens reçus par legs ou donations destinés à être cédés » pour les biens autres que ceux visés au premier alinéa et qui sont destinés à être cédés.

Les frais liés au traitement des legs et donations sont comptabilisés dans un compte « Dettes des legs ou donations ». Ce ne sont pas des charges pour l'association. Seul le montant net de la vente figurera en produits dans le compte 75432 « Legs ou donations ».

À la date d'acceptation, les passifs provenant des legs ou donations sont notamment constitués :

- des dettes dont le défunt ne s'était pas libéré au jour de son décès ;
- des dettes grevant le bien transférées au bénéficiaire de la donation ;
- de toutes les obligations résultant des stipulations du testateur ou du donateur que l'entité s'engage à assumer en conséquence de l'acceptation du legs ou de la donation.

• Concernant les biens reçus par legs et destinés à être cédés :

À partir de la date d'acceptation et jusqu'à la date de cession, les revenus et les charges afférents aux biens reçus par legs ou donations destinés à être cédés, sont inscrits en compte de résultat soit selon leur nature lorsque celle-ci est identifiable, soit à défaut dans les comptes 6531 « Autres charges sur legs ou donations » et 75433 « Autres produits sur legs ou donations ».

L'engagement pris par l'entité au titre des obligations stipulées par le testateur ou le donateur fait l'objet d'une provision comptabilisée dans le compte 152 « Provisions pour charges sur legs ou donations ».

Le Conseil d'administration ou l'assemblée générale doit en principe accepter les legs ou donations, en général sous bénéfice d'inventaire (ce qui permet à l'association d'éviter de payer les dettes éventuelles).

L'association qui reçoit un immeuble peut être obligée de le revendre si l'immeuble n'est pas nécessaire à la réalisation de son objet.

La contrepartie de la comptabilisation des biens, des dettes et des provisions provenant de legs ou de donations est :

- en fonds propres avec ou sans droit de reprise lorsqu'il existe une stipulation du testateur ou du donateur de renforcer les fonds propres de l'entité (voir exemple 1) ;
- en produits dans le cas contraire (voir exemple 2).

Exemple 1 :

Une association reçoit un immeuble d'une valeur de 100 000 €. Le testament ne prévoit aucun droit de reprise.

		31/2/N		
213		Constructions	100 000	
	1025	Fonds propres sans droit de reprise (legs)		100 000

Exemple 2 :

Une association accepte le 01/10/N un legs comprenant un immeuble avec terrain d'une valeur de 100 000 € (dont 20 000 € pour le terrain) qu'elle décide de conserver pour différents projets en cours ou à venir, ainsi qu'un véhicule dont l'association n'a pas besoin et qui sera revendu. Il est estimé à 5 000 €.

À cela s'ajoutent les comptes bancaires du défunt qui font apparaître un montant de 10 000 € et des dettes successorales qui s'élèvent à 3 000 €.

Enfin, l'association devra entretenir la tombe du testateur pendant plusieurs décennies. Le coût de cette obligation est estimé à 4 000 €.

La voiture est vendue 6 000 € le 28/02/N+1.

		01/10/N		
211		Terrain	20 000	
213		Constructions	80 000	
24		Biens reçus par legs destinés à être cédés	5 000	
461		Créances reçues par legs	10 000	
	152	Provisions pour charges sur legs et donations		4 000
	466	Dettes des legs et donations		3 000
	75432	Legs ou donations		108 000
		Acceptation du legs		

		31/12/N		
6891		Report en fonds reportés (5000 + 10000 – 3000 – 4000)	8000	
	191	Fonds reportés liés aux legs et donations		8000
		Report des fonds		

Les biens destinés à être cédés qui apparaissent dans le compte 24 ne sont jamais amortis même s'ils sont comptabilisés parmi les immobilisations.

		28/02/N+1		
512		Banque	6000	
	7754*	PCEA sur immobilisations reçues en legs et destinées à être cédées*		6000
		Vente de la voiture		
		d°		
6754*		VCEAC sur immobilisations reçues en legs et destinées à être cédées*	5000	
	24	Biens reçus par legs destinés à être cédés		5000
		Sortie de l'actif		

***Remarque**
À ce jour, les charges et produits comptables de cession du plan comptable des associations n'ont pas été modifiés suite à l'homologation du règlement ANC 2022-06 (qui modifie ces schémas comptables pour les entités du secteur lucratif). Nous appliquerons donc le dernier plan de compte à jour et disponible dans le règlement ANC 2018-06.

À la clôture, on constate l'utilisation des fonds reportés, en l'occurrence la vente de la voiture destinée à être vendue.

		31/12/N+1		
191		Fonds reportés liés aux legs et donations	5000	
	7891	Utilisation des fonds reportés		5000
		Utilisation des fonds reportés au titre de la voiture		

2. Les assurances-vie

Une assurance-vie dont l'entité est bénéficiaire est comptabilisée en produit 75431 « Assurances-vie » à la date de réception des fonds par l'entité.

8 - Les contributions volontaires

De nombreuses associations fonctionnent avec des contributions volontaires, notamment le bénévolat.

- **Simple information dans l'annexe sur les contributions volontaires**

Si les contributions volontaires présentent un caractère significatif, une information sur leur nature et leur importance est donnée **dans l'annexe**. À défaut de renseignements quantitatifs fiables, des informations qualitatives sont apportées, notamment sur les difficultés rencontrées pour évaluer les contributions concernées.

- **Comptabilisation des contributions volontaires**

Si l'association dispose d'une information quantifiable et valorisable sur les contributions volontaires ainsi que de méthodes d'enregistrement fiables, elle peut opter pour leur inscription en comptabilité dans les **comptes de la classe 8**.

Comptes de la classe 8

- Les contributions volontaires qui constituent des ressources sont comptabilisées par nature au crédit des comptes 87.
- Les emplois de ces contributions volontaires sont comptabilisés par nature au débit des comptes 86.

Le plan de comptes des contributions volontaires est le suivant :

Emplois : emplois des contributions volontaires en nature		**Ressources : contributions volontaires en nature**	
860	Secours en nature	870	Dons en nature
861	Mises à disposition gratuite de biens	871	Prestations en nature
862	Prestations	875	Bénévolat
864	Personnel bénévole		

Ces contributions volontaires sont donc sans incidence sur le résultat de l'association mais leur évaluation doit figurer au pied du compte de résultat en deux colonnes de totaux égaux. En outre, l'annexe indique les méthodes de quantification et de valorisation retenues.

9 - Les informations spécifiques à porter en annexe

Avant les principes et méthodes comptables, l'annexe comprend: une description de l'objet social de l'entité, une description de la nature et du périmètre des activités ou missions sociales réalisées, une description des moyens mis en œuvre.

Il y a également des informations particulières:

1. Tableau de variation de fonds propres.
2. Une information relative aux fonds dédiés est donnée dans l'annexe par projet ou catégorie de projet selon les rubriques figurant dans le tableau ci-après comportant les montants suivants:
   - ➢ les sommes inscrites à l'ouverture et à la clôture de l'exercice en « fonds dédiés »,
   - ➢ les reports en fonds dédiés,
   - ➢ les fonds dédiés utilisés comprenant les remboursements aux tiers financeurs,
   - ➢ les transferts entre fonds dédiés,
   - ➢ les fonds dédiés correspondant à des projets pour lesquels aucune dépense significative n'a été comptabilisée au cours des deux derniers exercices.
3. Le compte d'emploi annuel des ressources collectées auprès du public conformément à la loi n° 91-772 du 7 août 1991. Ce document est présenté après le compte de résultat par origine et destination et les commentaires y afférents.

Un modèle facultatif de réconciliation des charges entre **le compte de résultat par nature** et le compte de résultat classé par origine et destination est proposé par le règlement ANC 2018-06.

Le premier élément de ce système est le compte de résultat par nature.

Le deuxième pilier est spécifique aux organismes qui font appel public à la générosité (les autres organismes sont libres d'utiliser ce tableau): il s'agit du **compte de résultat classé par origine et destination** (CROD). Y sont identifiés, dans une colonne séparée, les produits issus de la générosité publique et l'utilisation qui en est faite par l'organisme collecteur, afin de rendre compte réellement du modèle économique et d'offrir une image fidèle et globale des organismes qui ont d'autres ressources que celles issues de la générosité du public. Les rubriques de la colonne supplémentaire, dédiée à la générosité du public, alimentent directement le compte d'emploi annuel des ressources collectées auprès du public.

Le compte d'emploi annuel des ressources collectées auprès du public constitue ainsi le troisième niveau de la cascade. Cet état se focalise sur les ressources issues de la générosité du public.

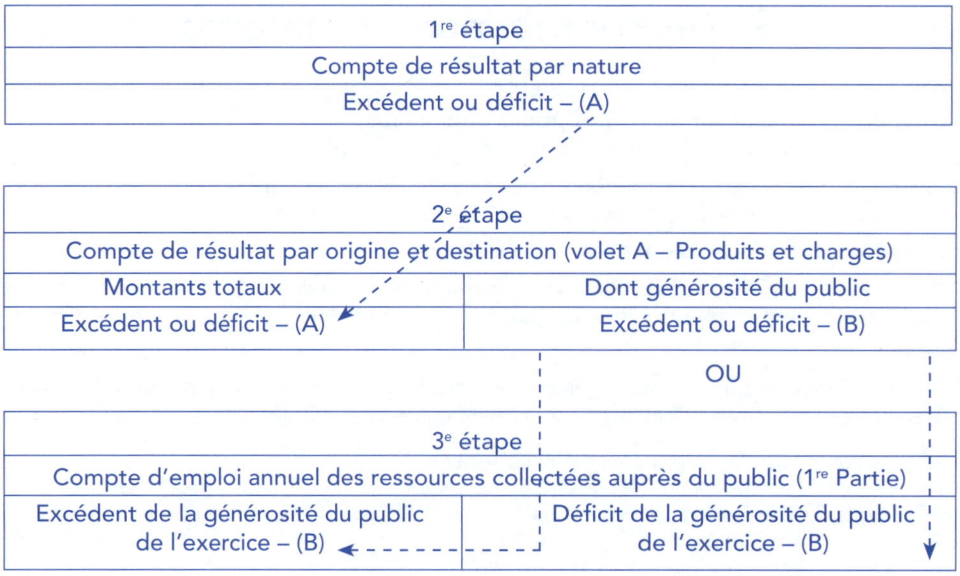

APPLICATIONS

CONTRÔLE DE CONNAISSANCES

QUIZ EN VERSION NUMÉRIQUE

https://eqrco.de/a/SJDCRs

APPLICATION 1*: SUBVENTIONS D'EXPLOITATION ET FONDS DÉDIÉS

20 Min

L'association LES ALIZES gère une maison de retraite. Propriétaire de ses locaux, elle possède un patrimoine foncier de plus de 2000000 €. Ses recettes s'élèvent en N à 1100000 €, provenant de ses pensionnaires, mais également de subventions publiques (160000 € en N, dont la moitié du Conseil départemental pour le financement de la rénovation du système de climatisation). Elle emploie actuellement 24 personnes. Elle a reçu les subventions d'exploitation suivantes:

- une subvention S1 de 30000 € attribuée par la commune. Reçue début N-2 pour trois exercices, la dernière tranche de 10000 € a été normalement utilisée en N;
- une autre subvention de fonctionnement S2 de 45000 € reçue de la Commune en N-1, elle concerne l'animation culturelle et est assortie d'une condition résolutoire, à savoir la réalisation d'un programme de spectacles pour les retraités. Cette subvention a fait l'objet fin N-1 d'une provision et fin N il s'avère que le programme est définitivement annulé;
- enfin, une subvention S3 de 26000 € du conseil régional, affectée exclusivement (dédiée) à un programme d'activités manuelles adaptées, encaissée en N-1. 18000 € seulement ont été dépensés en N-1 dans le cadre de ce projet, le solde a été réalisé en N.

TRAVAIL À FAIRE

1. Indiquer si l'association LES ALIZES est tenue de recourir aux services d'un commissaire aux comptes.
2. Présenter les écritures d'inventaire concernant les subventions d'exploitation.
3. Indiquer l'intérêt de la prise en compte des « fonds dédiés » par le système d'information comptable des associations. (D'après un sujet d'examen)

APPLICATION 2**: SUBVENTIONS D'EXPLOITATION ET D'INVESTISSEMENT

20 Min

L'ASSOCIATION POUR LA CRÉATION D'ENTREPRISES DE LA PLAINE COMMUNE (APCE) a reçu plusieurs aides provenant de collectivités publiques :

- subvention du conseil régional de 100 000 € pour financer un projet de développement d'une zone industrielle. La notification reçue le 10 juillet N précise que l'association devra remplir certaines conditions. À défaut, elle devra reverser la totalité des sommes obtenues. La subvention a été encaissée le 20 juillet N. À la clôture de l'exercice, les dépenses engagées dans ce projet s'élèvent à 68 000 € ;
- subvention du Conseil départemental de 28 000 €, pour l'acquisition d'un matériel informatique de 40 000 € TTC. La subvention a été notifiée le 15 septembre N et encaissée le 10 octobre N. Le matériel a été acheté et mis en service le 15 octobre N. Le renouvellement du bien financé ne sera pas supporté par l'association bénéficiaire. La durée réelle d'utilisation de ce bien prévue par l'association est de 4 ans. Il est estimé que ce bien devrait fournir des avantages économiques futurs réguliers dans le temps.

L'association clôture ses comptes au 31 décembre chaque année. Elle applique le plan comptable des associations et fondations. Elle n'est pas soumise aux impôts commerciaux, ni à la TVA.

TRAVAIL À FAIRE

1. Présenter toutes les écritures nécessaires en N. (Voir la nomenclature des comptes fiche ressources 2)
2. Quelle est l'incidence de la subvention du conseil régional sur l'excédent ou le déficit de l'association de l'exercice N ?

APPLICATION 3**: APPORTS, COTISATIONS ET CONTRIBUTIONS VOLONTAIRES

20 Min

L'association ÉCHECS ET MAT, créée dans le cadre de la loi de 1901, a pour objectif la promotion du jeu d'échec ainsi que l'organisation de tournois, qui se déroulent sur l'ensemble de l'année dans des salles mises à disposition par le département.

Cette association possède déjà un local où se trouve le siège ainsi qu'une salle de tournoi.

Dans le cadre de son activité, elle a effectué, parmi d'autres, les opérations décrites dans le document au cours de l'exercice N.

Au cours de l'exercice N, elle n'a reçu qu'une subvention départementale d'un montant de 15 000 € pour l'organisation des tournois d'échecs.

Son exercice comptable correspond à l'année civile.

TRAVAIL À FAIRE

1. L'association ÉCHECS ET MAT doit-elle nommer un commissaire aux comptes ?
2. Rappeler quelles sont les caractéristiques des apports sans droit de reprise et des apports avec droit de reprise.
3. Enregistrer dans le journal de l'association les écritures concernant les opérations effectuées au cours de l'exercice N y compris les écritures d'inventaire.
4. Indiquer quel serait l'impact de l'enregistrement du bénévolat sur chacun des documents de synthèse.

Document Opérations effectuées par l'association ÉCHECS ET MAT

1 - La commune effectue deux apports à l'association le 1er janvier N :

1.1 - Le premier apport sans droit de reprise consiste en la fourniture de mobilier pour le siège de l'association, d'une valeur de 30 000 € et amortissable en linéaire sur 10 ans.

1.2 - Le deuxième apport avec droit de reprise concerne la mise à disposition de l'association d'un local destiné à être utilisé comme salle de tournoi pour une valeur de 100 000 € et amortissable en linéaire sur 20 ans. À la fin de la mise à disposition, l'utilisation du local ne sera pas renouvelée, ni financée par l'association.

2 - Le 1er février N, l'association a encaissé les cotisations annuelles de ses membres pour un montant de 15 000 €.

3 - L'association a reçu un local non affecté à un projet d'une valeur de 50 000 €. Elle vend cet immeuble qui n'est pas nécessaire à la réalisation de son objet le 06/11/N. Les frais liés à la vente (agence, notaire) s'élèvent à 2 000 € réglés le 04/11/N. L'opération est régularisée le 31/12/N.

4 - Dans le cadre des contributions volontaires et du bénévolat :

4.1 - Le 1er octobre N, la société LOISIRS MODERNES a effectué un don en nature à l'association de matériels divers (tables, chaises, jeux d'échecs…), au prix du marché, pour une valeur de 8 000 €.

4.2 - Le 31 décembre N, l'association a relevé le nombre d'heures effectuées en N par le personnel bénévole pour l'encadrement des joueurs. Il a été évalué à 27 000 €.

MINI-CAS DE SYNTHÈSE

Compétences attendues : à partir d'un contexte professionnel spécifique, le candidat doit pouvoir identifier les adaptations à apporter aux règles comptables du PCG et les comptabiliser. Lorsque cela est nécessaire, la comptabilisation de ces opérations se réalise à partir d'un extrait du plan de comptes applicable, fourni en annexe. L'analyse et le traitement de certaines opérations peut également s'opérer à partir d'extraits des règlements ou instructions applicables.

ASSOCIATION LES VŒUX D'ARTISTES ***

25 Min

L'Association LES VŒUX D'ARTISTES située à Paris a pour objet les activités suivantes :

1. *soutenir les enfants atteints de graves maladies et les équipes hospitalières qui les soignent, en améliorant les conditions d'hospitalisation dans les services pédiatriques et en favorisant la recherche sur les maladies de l'enfant, par des dons issus de ses recettes ;*
2. *sensibiliser les membres de l'association à la culture et à la création artistique, en organisant, avec ses membres artistes, des événements artistiques et culturels, orientés notamment vers la peinture, la gravure, la photographie et la musique au service de cette démarche de solidarité ;*
3. *apporter aux artistes membres de l'association les occasions et les aides nécessaires pour faire connaître leur création et la diffuser au profit d'une œuvre humanitaire.*

Les ressources de l'association proviennent pour l'essentiel :

1. *des cotisations (le montant de l'adhésion annuelle est de 30 euros pour les membres actifs, et de 80 euros pour les membres bienfaiteurs) ;*
2. *de l'organisation annuelle d'une exposition-vente, au cours de laquelle environ une centaine d'artistes présentent des œuvres originales de peinture, gravure ou photographie que les adhérents peuvent acquérir pour un prix unique de 100 euros (encadrement compris), dont une partie revient à l'association ;*
3. *de subventions diverses obtenues de collectivités publiques. Le conseil régional d'Île-de-France verse notamment une subvention annuelle de 600 000 €, le 15 mars de chaque année. S'il existe un excédent, celui-ci vient alors en déduction de la subvention de l'année suivante ;*
4. *de dons et de legs.*

Au 31/12/N-1, à la date de clôture des comptes, on a constaté 656 000 € de produits et 599 000 € de charges.

MISSION

À l'aide des documents 1 et 2 :

La direction de l'association vous charge de réviser les comptes de l'exercice N et d'enregistrer toutes les écritures rendues nécessaires par les informations contenues dans les documents.

Document 1 Extrait du livre des procédures comptables de l'association

...LEGS ET DONATIONS

*...**52.** Pour les legs et donations enregistrés en produits et qui avaient été affectés par l'auteur de la libéralité à un projet particulier et défini, la partie non employée en fin d'exercice est inscrite dans le compte de tiers au passif du bilan appelé « fonds dédiés » (compte 19 ou sous compte « 197 - Fonds dédiés sur legs et donations affectés »), en contrepartie d'un compte de charges « 6897 - Engagements à réaliser sur legs et donations affectés » ;*

***53.** Les legs et donations qui correspondent à des biens durables mis à disposition de l'association ou de la fondation pour la réalisation de son objet social sont considérés comme des apports au fonds associatif (compte « 1025 - Legs et donations avec contrepartie d'actifs immobilisés » ou « 1035 - Legs et donations avec contrepartie d'actifs immobilisés assortis d'une obligation ou d'une condition »). Le compte « 475 - Legs et donations en cours de réalisation » est débité pour solde lors de la constatation de ces apports...*

Document 2 Opérations particulières réalisées au cours de l'année, en attente (opération 1) ou non comptabilisées à ce jour (opérations 2 à 5)

1. L'association a encaissé 89 cotisations de membres actifs et 32 cotisations de membres bienfaiteurs. Ces cotisations ont été enregistrées en compte d'attente.

2. Un local d'une valeur de 500 000 € a été donné à l'association le 15 février N. Sa durée d'utilisation est estimée à 25 ans. Le bien est mis à la disposition provisoire de l'association car le donateur se réserve le droit de reprendre l'immeuble si l'association ne l'utilisait pas conformément à l'objet convenu. L'association devra financer le renouvellement de cet immeuble.

3. Le 15 mars N, le conseil régional a versé la subvention annuelle.

4. Don en numéraire de 25 000 € le 8 septembre N, affecté à la production d'une œuvre par un jeune groupe de musiciens de la région. Les charges affectées à ce projet se sont élevées à 18 000 € en N et ont été correctement enregistrées.

5. Legs d'un immeuble, pour la réalisation de son objet social : 895 200 €. Le notaire a informé les responsables de l'association de ce legs d'un adhérent décédé le 5 octobre N. En l'absence de dettes et de conditions particulières, l'association accepte ce legs le même jour. L'autorisation préfectorale est intervenue le 1er novembre N. Durée d'utilisation estimée à 20 ans.

ENTRAÎNEMENT À L'ÉPREUVE

DÉFINITIONS À RETENIR

- **Actif**
  Un actif est un élément identifiable du patrimoine ayant une valeur économique positive pour l'entité, c'est-à-dire un élément générant une ressource que l'entité contrôle du fait d'évènements passés et dont elle attend des avantages économiques futurs.

- **Actif immobilisé amortissable**
  Un actif immobilisé est amortissable si la durée d'utilisation est déterminable et limitée.

- **Amortissement d'un actif**
  Répartition systématique de son montant amortissable en fonction de son utilisation.

- **Annexe**
  L'annexe complète et commente l'information donnée par le bilan et le compte de résultat. L'annexe comporte toutes les informations d'importance significative destinées à compléter et à commenter celles données par le bilan et par le compte de résultat. Une inscription dans l'annexe ne peut pas se substituer à une inscription dans le bilan et le compte de résultat.

- **Base amortissable d'un actif**
  Le montant amortissable d'un actif (base amortissable) est sa valeur brute sous déduction de sa valeur résiduelle.

- **Bilan**
  Le bilan décrit séparément les éléments actifs et passifs de l'entité et fait apparaître de façon distincte les capitaux propres et, le cas échéant, les autres fonds propres. Les éléments d'actif et de passif sont évalués séparément. Aucune compensation ne peut être opérée entre les postes d'actif et de passif. Le bilan d'ouverture d'un exercice correspond au bilan de clôture avant répartition de l'exercice précédent.

- **Charges**
  Les dépenses qui ne répondent pas aux conditions cumulées de définition et de comptabilisation des actifs et qui ne sont pas attribuables au coût d'acquisition ou de production doivent être comptabilisées en charges.
  Les charges comprennent :
  - les sommes ou valeurs versées ou à verser ;
  - les dotations aux amortissements, aux dépréciations et aux provisions ;
  - la valeur d'entrée diminuée des amortissements des éléments d'actif cédés, détruits ou disparus.

- **Charges constatées d'avance**
  Les charges constatées d'avance sont des actifs qui correspondent à des achats de biens ou de services dont la fourniture ou la prestation interviendra ultérieurement.

- **Clause résolutoire**
  La subvention n'est accordée que sous réserve de remplir certaines conditions. À défaut, l'entreprise devra reverser les sommes reçues. La subvention est acquise (et constatée en produits) dès la signature de l'accord (et non seulement lors de son encaissement).

- **Clause suspensive**
  La subvention n'est accordée que lorsque l'entreprise aura satisfait à certaines conditions spécifiques. L'entreprise ne pourra enregistrer la subvention tant que ces conditions ne seront pas réalisées.

- **Comptes annuels**
  Le bilan, le compte de résultat et l'annexe qui forment un tout indissociable sont établis à la clôture de l'exercice au vu des enregistrements comptables et de l'inventaire.

- **Compte de résultat**
  Le compte de résultat récapitule les charges et les produits de l'exercice, sans qu'il soit tenu compte de leur date de paiement ou d'encaissement. Selon le régime juridique de l'entité, le solde des charges et des produits constitue :
  - le bénéfice ou la perte de l'exercice ;
  - l'excédent ou l'insuffisance de ressources. Aucune compensation ne peut être opérée entre les postes de charges et de produits.

- **Dette**
  Une dette est un passif certain dont l'échéance et le montant sont fixés de façon précise.

- **Immobilisation incorporelle**
  Une immobilisation incorporelle est un actif non monétaire sans substance physique. Une immobilisation incorporelle est identifiable :
  - si elle est séparable des activités de l'entité, c'est-à-dire susceptible d'être vendue, transférée, louée ou échangée de manière isolée ou avec un contrat, un autre actif ou passif ;
  - ou si elle résulte d'un droit légal ou contractuel même si ce droit n'est pas transférable ou séparable de l'entité ou des autres droits et obligations.

- **Immobilisation corporelle**
  Une immobilisation corporelle est un actif physique détenu, soit pour être utilisé dans la production ou la fourniture de biens ou de services, soit pour être loué à des tiers, soit à des fins de gestion interne et dont l'entité attend qu'il soit utilisé au-delà de l'exercice en cours.

- **Juste valeur**
  Montant pour lequel un actif pourrait être échangé, ou un passif éteint, entre parties bien informées,

consentantes, et agissant dans des conditions de concurrence normale. Lorsqu'il s'agit d'un actif financier coté, sa juste valeur correspond à son cours sur le marché financier, ou au prix de vente probable. Lorsqu'il s'agit d'un actif non coté, la juste valeur représente le prix probable de négociation. La juste valeur peut être obtenue en actualisant les flux de trésorerie futurs générés par cet actif.

- **Mode d'amortissement**
  C'est la traduction du rythme de consommation des avantages économiques attendus de l'actif par l'entité.

- **Passif**
  Un passif est un élément du patrimoine ayant une valeur économique négative pour l'entité, c'est-à-dire une obligation de l'entité à l'égard d'un tiers dont il est probable ou certain qu'elle provoquera une sortie de ressources au bénéfice de ce tiers, sans contrepartie au moins équivalente attendue de celui-ci. L'ensemble de ces éléments est dénommé passif externe.

- **Passif éventuel**
  Un passif éventuel est :
  - soit une obligation potentielle de l'entité à l'égard d'un tiers résultant d'événements dont l'existence ne sera confirmée que par la survenance, ou non, d'un ou plusieurs événements futurs incertains qui ne sont pas totalement sous le contrôle de l'entité ;
  - soit une obligation de l'entité à l'égard d'un tiers dont il n'est pas probable ou certain qu'elle provoquera une sortie de ressources sans contrepartie au moins équivalente attendue de celui-ci.

- **Plan d'amortissement**
  Traduction de la répartition de la valeur amortissable d'un actif selon le rythme de consommation des avantages économiques attendus en fonction de son utilisation probable.

- **Produits**
  Les produits comprennent :
  - les sommes ou valeurs reçues ou à recevoir : en contrepartie de la fourniture par l'entité de biens, travaux, services ainsi que des avantages qu'elle a consentis ; en vertu d'une obligation légale existant à la charge d'un tiers ; exceptionnellement, sans contrepartie ;
  - la production stockée ou déstockée au cours de l'exercice ;
  - la production immobilisée ;
  - les reprises sur amortissements et provisions ;
  - les transferts de charges ;
  - le prix de cession des éléments d'actifs cédés.

- **Provision**
  Une provision est un passif dont l'échéance ou le montant n'est pas fixé de façon précise.

- **Stocks**
  Un stock est un actif détenu pour être vendu dans le cours normal de l'activité, ou en cours de production pour une telle vente, ou destiné à être consommé dans le processus de production ou de prestation de services, sous forme de matières premières ou de fournitures.

- **Subvention d'équilibre**
  Aide financière dont bénéficie l'entreprise pour compenser, en tout ou partie, la perte globale qu'elle aurait constatée si cette subvention ne lui avait pas été accordée.

- **Subvention d'exploitation**
  Subvention dont bénéficie l'entreprise pour lui permettre de compenser l'insuffisance de certains produits d'exploitation ou de faire face à certaines charges d'exploitation.

- **Subvention d'investissement**
  Aide accordée dans le but de permettre à l'entreprise de financer l'acquisition d'immobilisations (dans ce cas, ce sont des subventions d'équipement) ou des activités à long terme (activité de recherche-développement).

- **Titres de participation**
  Constituent des participations les droits dans le capital d'autres personnes morales, matérialisés ou non par des titres, qui, en créant un lien durable avec celles-ci, sont destinés à contribuer à l'activité de la société détentrice. Sont présumés être des participations les titres représentant une fraction du capital supérieure à 10 %.

- **Valeur brute d'un actif**
  Valeur d'entrée dans le patrimoine ou sa valeur de réévaluation (coût d'achat ou de production).

- **Valeur nette comptable**
  Valeur brute sous déduction des amortissements et des dépréciations.

- **Valeur résiduelle**
  La valeur résiduelle est le montant, net des coûts de sortie attendus, qu'une entité obtiendrait de la cession de l'actif sur le marché à la fin de son utilisation. La valeur résiduelle d'un actif n'est prise en compte pour la détermination du montant amortissable que lorsqu'elle est à la fois significative et mesurable.

- **Valeur vénale**
  La valeur vénale est le montant qui pourrait être obtenu, à la date de clôture, de la vente d'un actif lors d'une transaction conclue à des conditions normales de marché, net des coûts de sortie.
  Les conditions normales de marché sont des transactions passées entre des personnes bien informées, indépendantes et consentantes.

- **Valeur d'usage**
  La valeur d'usage d'un actif est la valeur des avantages économiques futurs attendus de son utilisation et de sa sortie. Elle est calculée à partir des estimations des avantages futurs attendus. Dans la généralité des cas, elle est déterminée en fonction des flux nets de trésorerie attendus. Si ces derniers ne sont pas pertinents pour l'entité, d'autres critères devront être retenus pour évaluer les avantages futurs attendus.

MÉTHODOLOGIE

FICHE MÉTHODE 1 – CONSEILS DE PRÉPARATION

DÉFINITION DE L'ÉPREUVE UE 10 DU DCG

Épreuve écrite portant sur l'étude d'une ou de plusieurs situations pratiques et/ou un ou plusieurs exercices et/ou une ou plusieurs questions.

Il s'agit au cours de cette épreuve d'évaluer les compétences du candidat en comptabilité approfondie, discipline au cœur du métier de l'expertise comptable.

CONSEILS DE PRÉPARATION

1.1. Objectifs de l'épreuve : elle vise cinq objectifs principaux

1.1. Vérifier les connaissances comptables de base des candidats à partir de questions de cours ou d'applications, des principes et règles comptables. Ces connaissances impliquent la maîtrise des conséquences comptables de la réglementation fiscale, exemples : les provisions réglementées (DCG 2009), constatation d'une provision pour impôt (DCG 2015) et juridique exemples : constitution d'une société (DCG 2010), affectation du résultat (DCG 2008, 2012 et 2015), modifications du capital social (DCG 2009 et 2013), la prise en compte de l'environnement financier, exemple : bons de souscription d'obligations et emprunt obligataire (DCG 2014).

1.2. Tester la capacité du candidat à appliquer des principes et la technique comptables à des situations ou contextes spécifiques (ex. : événement postérieur à la clôture, contrat à long terme, changement de méthodes…).

1.3. Évaluer les capacités du candidat à mobiliser ses connaissances ou des ressources fournies en matière de savoirs et de méthodes (documentation) pour répondre à la tâche contextualisée demandée, déclinée éventuellement en sous-tâches.

1.4. Susciter la réflexion du candidat dans la mise en œuvre d'une démarche pour effectuer des contrôles ou procéder à des comptabilisations complexes. Par exemple : préciser en quoi les coûts liés à l'enregistrement et à l'autorisation d'une substance chimique constituent un actif.

1.5. Apprécier l'aptitude du candidat à utiliser une documentation fournie pour résoudre une difficulté comptable, exemple : enregistrement d'une subvention, comptabilisation des droits…

1.6. Prendre en compte les qualités de rigueur, de cohérence dans la réflexion et la capacité de présenter en temps limité un travail clair, synthétique dans les réponses et soigné.

1.2. Comment travailler ?

2.1. Un travail régulier et tenace est indispensable pendant toute l'année scolaire.

2.2. Nécessité de bien assimiler les concepts et principes généraux sous-jacents à une technique ou à une méthode avant d'aborder le détail des calculs. Une très bonne connaissance du cours et des règles du PCG sur les thèmes figurant au programme est indispensable. Le questionnement renvoie très souvent aux articles du PCG et à leur analyse avant de demander des écritures.

2.3. S'entraîner à donner des réponses courtes et précises à des questions en utilisant les contrôles de connaissances proposés après les fiches ressources en fin de chapitre.

2.4. Les sujets proposés en comptabilité approfondie depuis la première session du DCG n'autorisent plus l'usage de la calculatrice afin d'évaluer les connaissances personnelles du candidat. Les sujets proposés demandent donc beaucoup plus de réponses rédigées. Il faut connaître parfaitement les définitions et les conditions de comptabilisation des différentes opérations et transactions comptables. Des compétences rédactionnelles sont exigées. Il peut être demandé de démontrer et de justifier sa réponse. S'entraîner à la rédaction selon le type de questions (question de cours, application des règles comptables : évaluation et schémas d'écritures, question d'analyse, de réflexion ou de synthèse) est donc nécessaire.

2.5. Préparer des fiches tout au long de l'année pour faciliter ses révisions (voir fiche méthode 3 : les fiches de synthèse).

2.6. S'entraîner durant l'année dans les conditions d'examen en réalisant des sujets type de trois heures (en principe, les notes données en classe évaluent le niveau. Mais il ne faut pas se contenter de viser un 10. Prévoir une marge pour assurer l'UE 10 et compenser d'éventuelles défaillances dans d'autres UE).

Fiche méthode 2 – Méthodologie de l'épreuve d'examen (ou du devoir de synthèse en temps limité)

I. Comment aborder et traiter l'épreuve elle-même ?

- Le sujet est composé généralement de trois à quatre dossiers indépendants d'importance variable. Le barème figurant sur la page de présentation donne une indication précieuse sur l'importance à accorder à chaque partie.
- On peut discerner trois grands types de question :
  - les **questions** visant à **évaluer la connaissance du cours** par le candidat : définitions, concepts, règle juridique et comptable soit les connaissances de base du candidat (le savoir) ;
  - les **questions plus techniques** : résolution d'une application nécessitant calculs, et enregistrements comptables… Ces questions permettent de tester les capacités du candidat à mettre en œuvre ses connaissances (le savoir-faire), et à démontrer une compétence ;
  - les **questions d'analyse ou plus synthétiques ou de réflexion**… qui cherche au-delà des connaissances du cours à évaluer des capacités de type relations professionnelles : aptitude à expliquer, à démontrer, à communiquer les idées essentielles sur un problème, à donner des conseils dans un contexte fourni… (savoirs et savoir-être). Il s'agit ici d'évaluer directement une compétence professionnelle.

II. Conseils pour optimiser sa performance

Phase 1

Lire rapidement le sujet pour apprécier sa longueur et ses différentes parties, repérer les thèmes abordés, distinguer les parties, voire les questions indépendantes et dénombrer les annexes.

Phase 2

Élaborer un **budget de temps par dossier et s'y tenir** : pour optimiser sa performance il est nécessaire de traiter toutes les questions, même partiellement. Il faut absolument éviter un piège classique : le candidat traite avec le maximum de soin et de développement les premiers dossiers… et manque de temps pour aborder les derniers dossiers (le candidat est alors noté sur 12 ou 14 au lieu de 20 points et la moyenne est donc rarement atteinte dans cette hypothèse). Il est possible de se baser sur le barème figurant sur la page de présentation du sujet.

Exemple Sujet DCG-2015

DOSSIER 1 - Capitaux permanents .... (6,5 points)
DOSSIER 2 - Fonds commercial .... (4 points)
DOSSIER 3 - Sinistre .... (6 points)
DOSSIER 4 - Relations avec l'expert-comptable .... (3,5 points)

Soit environ le budget temps suivant :

DOSSIER 1 - Capitaux permanents .... (60 min)
DOSSIER 2 - Fonds commercial .... (30 min)
DOSSIER 3 - Sinistre .... (50 min)
DOSSIER 4 - Relations avec l'expert-comptable .... (30 min)

Relecture finale, finition de la mise en page, classement des intercalaires… (environ 10 minutes).

Certains candidats « oublient » dans le stress de la fin de l'épreuve de rendre une copie ou un document à compléter.

III. Conseils utiles avant l'épreuve

Phase 3

- Commencer par les parties que l'on maîtrise le mieux ; prévoir autant de copies que de dossiers : 4 copies doubles dans l'exemple. Si une question est difficile à cerner ne pas perdre de temps, passer à la suivante en laissant l'espace nécessaire. Vous pourrez y revenir après avoir traité les questions que vous maîtrisez.
- Respecter avec soin la numérotation des questions dans le but de faciliter le travail des correcteurs.
- Rédiger directement sur la copie. La durée accordée pour traiter le sujet ne permet pas l'utilisation de brouillons.
- Répondre aux questions posées et seulement à celles-ci !
- Mettre en évidence les réponses : encadrer les résultats chiffrés, souligner les mots importants…

- Adapter les développements consacrés aux réponses à leur nature (question de cours, d'analyse, ou de réflexion), aux indications du cas (exemple : DCG 2009 – En quelques lignes, rappeler la signification du droit préférentiel de souscription du point de vue des anciens et nouveaux actionnaires…), au barème et à ses capacités.
- Réaliser des contrôles de cohérence pour apprécier les réponses et les résultats, mais éviter de perdre du temps pour rechercher une erreur de calcul ou d'équilibrage. Un court commentaire peut signaler au correcteur la nature de l'erreur.

IV. Remarque finale

Le soin, la lisibilité, la clarté et tout ce qui facilitera la double correction future ne fera qu'améliorer le score du candidat. N'oubliez pas qu'il s'agit de communiquer vos compétences par écrit avec vos correcteurs afin d'obtenir une certification.

FICHE MÉTHODE 3 – LES FICHES DE SYNTHÈSE

Les fiches de synthèse permettent d'organiser vos connaissances. Elles contiennent dans un minimum d'espace un maximum d'informations (concepts clés, méthode d'évaluation, méthodes de calculs, schémas d'écritures comptables, etc.). Elles sont très utiles au moment des révisions soit des devoirs en temps limité soit de l'examen final, et ce n'est donc pas du temps perdu !

Pour faire une fiche de synthèse, il est nécessaire au préalable d'apprendre son cours et surtout de le comprendre.

- Quel est l'objectif de ce chapitre ou le thème traité ?
- Quelles sont les notions essentielles à retenir ?
- Quels sont les mécanismes comptables ?
- Quelles sont les écritures type ?

En second lieu, il faut relire son cours en surlignant les éléments importants.

Il existe 2 types de fiches :
- fiche de cours ;
- fiche de définitions.

I. La fiche de cours

La fiche de cours suit le plan du chapitre. C'est le squelette de votre fiche.

Avoir compris et transcrit le plan, avec à l'intérieur quelques notions clés, vous permettra de maîtriser l'essentiel du chapitre.

ATTENTION ! Ne pas rédiger de phrases mais utiliser de préférence les tirets. Il faut être synthétique. Vous pouvez utiliser des couleurs différentes pour distinguer les éléments importants.

Par exemple, vous pouvez noter :
- en **ROUGE** : les concepts clés (inscrire juste le mot-clé). Si ces concepts donnent lieu à une définition, il faut la rédiger (ou la rédiger dans la fiche de définitions) ;
- en **VERT** : les méthodes de calcul ou d'évaluation ;
- en **BLEU** : les schémas d'écritures par exemple.

II. La fiche de définitions

Vous pouvez :
- soit mettre les définitions dans la *fiche de cours* (§ 1) ;
- soit faire une fiche de définitions. Dans ce cas, il est préférable d'utiliser un répertoire. Penser à préciser le chapitre dans lequel apparaît cette notion.

FICHE MÉTHODE 4 – LA TYPOLOGIE DU QUESTIONNEMENT

On distingue trois types de questions :

- les questions visant à évaluer les savoirs du candidat : définitions, concepts, règle juridique et comptable... ;
  - ➢ Exemple : rappeler les règles juridiques applicables lors de la constitution d'une société anonyme en ce qui concerne la libération du capital pour les actions relatives aux apports en numéraire et les actions relatives aux apports en nature. (DCG 2010)
- les questions plus techniques : résolution d'une application nécessitant calculs, et enregistrements comptables ;
  - ➢ Exemple : déterminer les apports en nature et les apports en numéraire. Procéder aux enregistrements des écritures du mois de janvier 2010 au journal de la société PLUTON. (DCG 2010)
- les questions d'analyse ou plus synthétiques ou de réflexion.
  - ➢ Exemple : justifier le choix du directeur financier en matière de comptabilisation des frais de constitution. Ce choix est-il conforme à la méthode préférentielle préconisée par le PCG ? (DCG 2010)

  ou

  - ➢ Exemple : dans le cas d'un contrat à long terme bénéficiaire, **expliquer** les différences entre la méthode à l'achèvement et la méthode à l'avancement, en ce qui concerne la présentation du bilan et du compte de résultat (aucune écriture n'est exigée). (DCG 2010)

I. Les questions portant sur les savoirs

Ces questions portent sur les définitions, les règles comptables de base (y compris les règles juridiques ayant des conséquences comptables) ou les concepts clés. Elles sont donc très précises. Vous devez mobiliser votre connaissance des fiches ressources (les fiches de synthèse sont d'une utilité évidente pour ce type de question). Votre réponse doit utiliser le vocabulaire comptable adapté à la question.
Dans certains cas, il est possible d'illustrer votre définition par un ou des exemples.

Exemples

- Rappeler la définition d'un événement postérieur à la clôture de l'exercice. (DCG 2011)
- Rappeler quelles sont les responsabilités qui incombent à un comptable salarié. (DCG 2008)
- Quelles sont les deux structures chargées du contrôle externe de la comptabilité des collectivités territoriales ? (DCG 2014)

II. Les questions de technique comptable (savoir-faire) : évaluation et écritures comptables

Il s'agit ici de présenter la solution d'une application nécessitant calculs, et enregistrements comptables. **Un entraînement à la résolution d'exercice d'application est indispensable.** La répétition permet de mémoriser les schémas comptables. Vous devez cependant toujours adapter votre solution au cas proposé. Vous pouvez refaire les exercices réalisés en classe sans le corrigé puis vérifier votre solution. Une lecture attentive des annexes et des indications complémentaires du sujet est donc nécessaire. Vous devez montrer que vous maîtrisez la technique comptable approfondie.

Exemples

- Calculer le nombre d'actions attribuées aux actionnaires désireux de percevoir leurs dividendes en actions. (DCG 2008)
- Enregistrer chronologiquement au cours de l'exercice 2012 et à l'inventaire au 31 décembre 2012, toutes les écritures que vous jugerez nécessaires concernant la création de cette nouvelle marque et l'abandon de l'ancienne marque présentée dans le document 3 ; le cas échéant, justifier explicitement l'absence d'écriture. (DCG 2013)
- Calculer le coût d'acquisition de l'immobilisation sachant que l'entreprise a opté pour l'incorporation des coûts d'emprunt dans la valeur d'entrée des immobilisations. (DCG 2008)
- Enregistrer les opérations liées à l'acquisition de l'immobilisation, à son utilisation, et à l'encaissement de la subvention d'investissement. (DCG 2008)

III. Les questions de compréhension, de réflexion et d'aptitude au conseil (savoir-être)

Ces questions sont plus complexes et nécessitent une réflexion personnelle dans la réponse. À l'aide des connaissances acquises en cours et des ressources communiquées éventuellement en annexe du sujet, vous devez rédiger une réponse détaillée.
Ces questions peuvent commencer par un verbe d'action :

- **Expliquer :** il s'agit de faire comprendre une question, de l'éclaircir en donnant les éléments nécessaires, en faire connaître la cause ou la raison, et donner les points essentiels d'un problème comptable ou d'un système comptable.

Exemples

- Expliquer la méthode comptable de l'abonnement des charges et des produits. Préciser quel est son intérêt pour l'entreprise. (DCG 2008)
- Dans le cas d'un contrat à long terme bénéficiaire, expliquer les différences entre la méthode à l'achèvement et la méthode à l'avancement, en ce qui concerne la présentation du bilan et du compte de résultat (aucune écriture n'est exigée). (DCG 2010)
- Les normes internationales IAS-IFRS offrent peu d'options comptables. Selon vous, quelle en est la raison ? (DCG 2009)
- Expliquer la raison pour laquelle la constitution d'une réserve légale est obligatoire. (DCG 2012)

- **Caractériser, préciser, justifier, classer ou vérifier :** il s'agit de déterminer clairement si une règle comptable doit s'appliquer au cas proposé ou si un élément doit être classé dans une catégorie comptable et pourquoi, c'est-à-dire d'indiquer s'il remplit les critères prévus par les textes comptables ou juridiques.

Exemples

- Pourquoi les provisions réglementées sont-elles classées dans les capitaux propres ? (DCG 2009)
- Caractériser chacune des situations décrites dans le document 4 et préciser quelles sont les conséquences pour l'arrêté des comptes de l'exercice 2010. Aucune comptabilisation n'est demandée. (DCG 2011)

IV. Les questions mixtes

Certaines questions relèvent de plusieurs catégories. Dans ce cas plusieurs verbes d'action sont utilisés. La réponse devra être décomposée pour bien montrer que votre réponse est complète.

Exemple

Après avoir rappelé la définition d'un actif et d'une immobilisation incorporelle, préciser en quoi les coûts liés à l'enregistrement et à l'autorisation d'une substance chimique constituent un actif. Indiquer les conditions de la comptabilisation au bilan de cet actif. (DCG 2010)

Structuration de la Réponse :

- *Définition d'un actif : …*
- *Définition d'une immobilisation incorporelle : …*
- *Préciser en quoi les coûts liés à l'enregistrement et à l'autorisation d'une substance chimique constituent un actif ? Indiquer les conditions de la comptabilisation au bilan de cet actif.*

Les coûts liés à l'enregistrement et à l'autorisation d'une substance chimique remplissent les critères de comptabilisation d'un actif :

Les coûts liés à l'enregistrement d'une substance chimique – qui permet la poursuite de sa production, importation ou transformation – répondent à la définition d'un actif. En effet, ils sont :

- ***identifiables :*** *…*
- ***contrôlés :*** *…*
- ***générateurs d'avantages économiques futurs :*** *…*

Une immobilisation incorporelle acquise est comptabilisée à l'actif lorsque les conditions suivantes sont réunies :

- *il est probable que l'entité bénéficiera des avantages économiques futurs correspondants ;*
- *son coût (ou sa valeur) peut être évalué avec une fiabilité suffisante.*

En conséquence, les coûts liés à l'enregistrement pour mise en conformité avec le règlement REACH remplissent les critères de définition et de comptabilisation d'un actif et d'une immobilisation incorporelle.

FICHE MÉTHODE 5 – L'UTILISATION DES DOCUMENTS

Les documents des sujets se décomposent en deux catégories :

- les documents indiquant le détail des opérations et les données chiffrées pour la présentation des solutions techniques aux cas proposés (questions de type 2) ;
- les annexes documentaires.

Les annexes documentaires peuvent être l'occasion d'interroger le candidat sur l'actualité comptable et d'apprécier son aptitude à utiliser une documentation fournie pour résoudre une difficulté comptable.

LA DÉMARCHE D'ANALYSE DES DOCUMENTS

I. Identifier la nature du ou des documents et son contexte

- Titre : il permet d'identifier le phénomène étudié.
- Source : PCG, avis ou recommandations de l'ANC, extrait d'une documentation fiscale ou juridique, extrait d'une procédure interne d'une entreprise, site Web, etc.
- Date : elle permet de situer historiquement le texte étudié et d'en déterminer l'ancienneté.

II. Repérer les idées principales du document

Vous pouvez par exemple souligner les éléments importants et écrire en marge de votre document vos remarques.

III. Rédiger la réponse aux questions

Les questions peuvent être :

- soit des questions techniques : le document est à utiliser comme une aide à la résolution ou comme un rappel de cours ;

Exemple

> Extrait de l'instruction budgétaire et comptable M71 (DCG 2014), suivi d'opérations à enregistrer.

- soit des questions de réflexion : dans ce cas la réponse à la question doit être structurée.
Les documents présentent des éléments de réflexion, mais vous ne devez pas vous limiter à cela. Vous devez aussi mobiliser vos connaissances théoriques. Une synthèse entre vos connaissances et les éléments du document peut être demandée.

Exemple 1

> Extrait de l'avis relatif au traitement comptable des obligations imposées par le règlement européen REACH, suivi de la question : préciser en quoi les coûts liés à l'enregistrement et à l'autorisation d'une substance chimique constituent un actif. (DCG 2010)

Dans ce cas vous devez utiliser vos connaissances du cours : savoir définir un actif et utiliser les critères spécifiques fixés par l'avis ou le règlement de l'ANC.

Exemple 2

> Extrait de l'instruction budgétaire et comptable M71 suivie de la question : enregistrer, dans la comptabilité de la Région Lorraine, opération par opération, toutes les écritures nécessaires en 2013, y compris les écritures d'inventaire.

Dans ce cas, la documentation vous fournit les schémas comptables à utiliser pour les enregistrements comptables à réaliser (sujet 2014).

SUJET D'ENTRAÎNEMENT À L'ÉPREUVE 1

UE 10 - COMPTABILITÉ APPROFONDIE - DURÉE : 3 HEURES - COEFFICIENT 1 Aucune machine n'est autorisée		
• **Dossier 1 :** Immobilisation corporelle • **Dossier 2 :** Immobilisation incorporelle • **Dossier 3 :** Augmentation de capital • **Dossier 4 :** Emprunt obligataire	6,5/20 3/20 6,5/20 4/20	**Nota -** Il vous est demandé d'apporter un soin particulier à la présentation de votre copie. Toute information calculée devra être justifiée. **Les écritures comptables devront comporter les numéros, les noms des comptes et un libellé.**

AVERTISSEMENT : si le texte du sujet vous conduit à formuler une ou plusieurs hypothèses, il vous est demandé de la (ou les) mentionner explicitement dans votre copie.

Le 5 novembre N-10, la société SUPERFILM, société de production de films d'animation est créée à Paris par Ludovic Chibane et Cyril Quain. Ils installent leur premier studio au 16 rue Abel-Gance dans le 13e arrondissement et leur siège social dans le 11e arrondissement 35 rue Alexandre Dumas. Un nouveau studio plus spécialisé dans l'animation est créé le 1er juillet N-4 à Angoulême. Enfin la société de production SUPERFILM a ouvert un bureau aux USA à San Francisco le 9 juin N-2 pour proposer son expertise en animation. Ensemble, Ludovic Chibane et Cyril Quain ont produit plus de 25 séries pour la télévision (environ 400 heures de programmes) vendues dans plus de 120 pays et 7 longs métrages, associant des partenaires tels que France Télévisions, M6, TF1, Canal +, Disney Channel, Cartoon Network, Super RTL, BBC... La plupart de ces productions ont été menées dans le cadre de coproductions internationales avec notamment les États-Unis, le Canada, l'Allemagne, l'Italie, le Luxembourg, etc.

Vous venez d'être recruté(e) au sein de cette entreprise. Pendant votre période d'essai, Monsieur Lafitte directeur financier vous confie, notamment, 4 dossiers indépendants : deux dossiers d'investissement et deux dossiers de financement.

M. Ludovic Chibane, vous communique la fiche signalétique de la société SUPERFILM établie au 1er janvier N.

SUPERFILM ANIMATION

Dénomination	**SAS SUPERFILM**
Statut juridique	**Société par actions simplifiées**
Capital social	**12 000 000 €** **(divisé en actions de 100 € de valeur nominale)**
Adresse du Siège Social	**35 rue Alexandre Dumas – 75011 Paris**
Dirigeants	**Ludovic Chibane et Cyril Quain**
Effectif de l'entreprise	**83**
Activité principale	**Recherche et développement, financement, et production d'œuvres et documents audiovisuels : films, séries télévisées, jeux vidéo, documentaires.**
Début d'activité	**5 novembre N-10**
N° SIRET	**52804882000018**
Chiffre d'affaires HT	**N-4 = 2 895 000 €** **N-3 = 9 661 300 €** **N-2 = 10 540 600 €** **N-1 = 12 800 100 €**
Taux d'impôt sur les sociétés	**25 %**

DOSSIER 1 - IMMOBILISATION CORPORELLE
BASE DOCUMENTAIRE : DOCUMENTS 1, 2, 3, ET 4

55 Min

La société SUPERFILM, dans le cadre de son activité a acquis une installation spécifique pour le montage de ses films d'animation : une station de montage Media, dont le détail figure dans le **document 1**. On vous charge de ce dossier.

Mission 1

M. Lafitte vous confie le dossier relatif à l'acquisition de la nouvelle station de montage-mixage. Pour réaliser cette mission, vous devez :

1. **Exposer les solutions alternatives prévues par le PCG en ce qui concerne l'enregistrement des coûts directs liés à l'acquisition des immobilisations corporelles.**
2. **Exposer la règle de détermination de la période d'attribution (ou d'activation) des coûts.**
3. **Déterminer le coût d'acquisition de la station de montage-mixage.**
4. **Enregistrer toutes les opérations relatives à l'acquisition de la station de montage-mixage, de début juin N à novembre N.**

Mission 2

M. Lafitte vous demande de traiter les écritures d'inventaire relatives à ce nouveau matériel. Pour réaliser cette mission vous devez :

5. **Expliquer la technique comptable utilisée pour permettre à la SAS SUPERFILM de respecter les règles comptables de détermination des amortissements économiques tout en bénéficiant de la déductibilité des amortissements fiscaux du système dégressif et justifier le classement comptable retenu par le PCG.**
6. **Procéder aux évaluations des amortissements qui découlent de cette analyse et du choix fiscal de la société en justifiant tous vos calculs, au 31/12/N.**
7. **Procéder aux enregistrements des amortissements.**

DOSSIER 2 – IMMOBILISATION INCORPORELLE
BASE DOCUMENTAIRE : DOCUMENT 5

30 Min

La SAS SUPERFILM acquiert par acte notarié la licence d'exploitation des droits audiovisuels du film d'animation « La Termite » auprès de la société COOPÉTIC, le 2 janvier N. SUPERFILM a prévu de louer les droits audiovisuels de ce film, pendant 400 jours, soit une moyenne de 50 jours par an. Le **document 5** vous communique les informations nécessaires pour effectuer le traitement comptable de ce contrat. Par ailleurs, on considère qu'un éventuel complément de redevance correspond à la création en interne d'éléments incorporels, en raison, des efforts de la société SUPERFILM pour développer son activité et faire augmenter le chiffre d'affaires.

Mission

M. Lafitte vous demande de traiter le dossier d'acquisition de cette licence d'exploitation. Par mesure de simplification on négligera la TVA sur ce dossier. Pour réaliser cette mission vous devez :

1. **Expliquer s'il est possible de modifier ultérieurement la valeur d'entrée en fonction du montant des redevances effectivement payées. Pourquoi ? Quel est le principe comptable concerné ?**
2. **Comptabiliser son acquisition et les écritures au 31/12/N.**
3. **Comptabiliser le paiement des 7e (N+6) et 8e (N+7) redevances.**

DOSSIER 3 – AUGMENTATION DE CAPITAL BASE DOCUMENTAIRE : DOCUMENTS 6 ET 7

55 Min

Le capital de la SA SUPERFILM est de 12 000 000 € divisé en actions de 100 € nominal. La société augmente son capital le 1er mars N, afin de financer une série d'investissements et d'améliorer son image auprès des actionnaires. La valeur du titre avant les deux opérations est de 300 €. Les droits de souscription et d'attribution sont négociés à leur valeur théorique. Le taux d'IS est de 25 %.

Mission 1

M. Lafitte vous confie le dossier des opérations d'augmentation de capital. Pour réaliser cette mission vous devez :

1. **Expliquer l'utilité de la prime d'émission et rappeler son mode de calcul.**
2. **Exposer le moyen juridique dont disposent les anciens actionnaires de la SA SUPERFILM pour conserver leur pourcentage de contrôle.**
3. **Déterminer le rapport de souscription, la valeur théorique du droit de souscription (la vérifier), le rapport d'attribution et la valeur théorique du droit d'attribution (la vérifier).**
4. **Les actions de numéraire devant être libérées du minimum légal lors de la souscription, enregistrer toutes les écritures comptables relatives à l'émission des actions en numéraire, aux frais d'augmentation de capital et à l'attribution des actions gratuites.**
5. **Enregistrer l'appel du 2 janvier N+1, puis le versement du 1er février N+1.**

Mission 2

M. Lafitte est interrogé par un investisseur : M. Steff qui envisage de souscrire à l'augmentation de capital. Il souhaite être certain que la valeur des titres souscrits corresponde à l'investissement effectué à la date de l'opération. Pour cette deuxième mission sur ce dossier, vous devez :

6. **Démontrer que l'opération est équitable pour Monsieur Steff qui ne disposait d'aucune action ancienne et qui participe aux deux augmentations de capital pour obtenir à la fin des deux opérations : 600 actions de numéraire et 100 actions gratuites. (On vérifiera l'équité en comparant la valeur finale des titres acquis aux dépenses correspondantes.)**

DOSSIER 4 - EMPRUNT OBLIGATAIRE BASE DOCUMENTAIRE : DOCUMENTS 8, 9, 10

40 Min

La SA SUPERFILM décide de se financer par emprunt obligataire. Elle a émis, le 15 décembre N, 30 000 obligations.

Mission

M. Lafitte vous confie ce dossier de financement. Pour réaliser cette mission vous devez :

1. **Préciser la différence entre un emprunt bancaire et un emprunt obligataire.**
2. **Comptabiliser les opérations relatives à l'émission d'emprunt.**
3. **Justifier le calcul de la prime de remboursement étalée sur la durée de l'emprunt et sa comptabilisation.**
4. **Enregistrer les écritures d'inventaire relatives aux frais, aux intérêts et à la prime de remboursement au 31/12/N+1.**
5. **Enregistrer le service de l'emprunt lors de la première échéance au 01/01/N+2.**
6. **Quel aurait été l'avantage du rachat des obligations de cet emprunt ?**

BASE DOCUMENTAIRE

Document 1 Opérations relatives à l'installation technique

La SAS SUPERFILM a acquis, auprès d'un fournisseur japonais Hyroshi, une importante station de montage-mixage, pour un coût global de 120 000 000 Yens (JPY).

La négociation avec la firme japonaise a nécessité l'intervention d'un intermédiaire qui a été rémunéré, en France, par une commission de 12 600 € HT – TVA : 2 520 €. Cette commission a été réglée par chèque le 4 juin N. La station a été livrée le 10 juin N. La facture du fournisseur japonais est reçue par l'entreprise le 1er juillet N, et elle est réglée le 1er novembre N par un virement international de 960 000 €.

Le transitaire en douane a adressé la facture suivante n° 2166 le 14 juin N :

- *droits de douane : 23 000 € ;*
- *TVA au taux de 20 % : 200 000 € ;*
- *honoraires : 4 400 € HT (TVA : 880 €).*

Les frais administratifs généraux imputables selon la comptabilité de gestion ont été estimés à 6 200 € HT.

La station de montage-mixage a été mise en service le 1er juillet N.

La SAS SUPERFILM estime à 10 ans la durée de consommation des avantages économiques de l'installation technique. Le mode linéaire est retenu pour déterminer les amortissements annuels. Cette installation technique est fiscalement admise à l'amortissement dégressif. La durée d'usage est de 10 ans. Les dirigeants de la société ont estimé qu'un élément significatif de l'installation, le matériel électronique évalué à 400 000 € HT, a une durée d'utilisation de 5 ans.

Document 2 Procédures comptables

- *La SA SUPERFILM incorpore tous les frais liés directement à l'acquisition des immobilisations dans le coût d'achat des immobilisations inscrites à l'actif dans le respect des règles du PCG.*
- *Les procédures comptables de la SA SUPERFILM précisent que le compte « Immobilisations en cours » est utilisé.*
- *La SA SUPERFILM entend bénéficier, lorsque cela est autorisé, du régime fiscal de l'amortissement dégressif et en tire les conséquences sur le plan comptable.*

Document 3 Cours du change et conversion de la facture du fournisseur HYROSHI

Date	Cours de change
1er juillet N	1 € = 120 Yens (JPY)
1er novembre N	1 € = 125 Yens (JPY)

Document 4 Extrait d'une documentation fiscale

⇨ ***Coefficients dégressifs :***

Durées	Coefficient
3 et 4 ans	1,25
5 et 6 ans	1,75
> 6 ans	2,25

⇨ ***Analyse fiscale des composants :***

- *Les composants ayant une valeur unitaire < 500 € HT peuvent ne pas être identifiés.*
- *La valeur des composants doit être significative par rapport au prix de revient total de l'immobilisation. Pour les biens meubles, les éléments dont la valeur est < à 15 % du prix total de l'actif ne seront pas des composants [...].*
- *Si la composante est identifiée fiscalement, elle est éligible aux régimes fiscaux d'amortissement.*

Document 5 Contrat de licence d'exploitation du film « La Termite »

- ***Date :*** *2 janvier N*
- ***Concédant :*** *société COOPÉTIC*
- ***Concessionnaire :*** *société SUPERFILM*
- ***Durée :*** *8 ans à compter du 01/01/N, soit une fin de contrat le 31 décembre N+7.*
- ***Conditions de la concession :*** *versement d'une redevance fixe de 120 000 € à la signature du contrat et d'une redevance variable de 200 € par jour de location des droits audiovisuels aux salles de cinéma versée le 31 décembre de chaque année. Le montant de la redevance variable sur la durée du contrat a été estimé à 80 000,00 €.*

Le nombre de jours de location aux salles de cinéma des droits audiovisuels ont été les suivants :

Années	Jours de location aux salles de cinéma	Redevance variable en €
N	110	22 000
N+1	80	16 000
N+2	70	14 000
N+3	40	8 000
N+4	50	10 000
N+5	30	6 000
N+6	40	8 000
N+7	30	6 000

Document 6 Extrait du prospectus d'informations financières simplifiées publié par la société SUPERFILM et visé par l'AMF

...

5. Conditions de l'offre

5.1. INTÉRÊT DES PERSONNES PHYSIQUES ET MORALES PARTICIPANT À L'OFFRE
L'intérêt pour la Société est de permettre aux actionnaires de consolider leur position au capital de la Société et, partant, de financer la croissance interne de la société [...].

5.2. RAISONS DE L'OFFRE ET UTILISATION PRÉVUE DU PRODUIT DE L'OFFRE
Dans la continuité de la philosophie de la société, afin de permettre aux actionnaires de participer au développement du Groupe, il est prévu de leur offrir la possibilité de participer à deux augmentations de capital de la Société par l'émission d'actions ordinaires nouvelles.

5.3. [...]

5.4. CARACTÉRISTIQUES DES OPÉRATIONS
La société procédera à deux opérations d'augmentation de capital, le même jour, afin de le porter à un montant de 20 000 000 €.

5.5. MODALITÉS DES DEUX OPÉRATIONS
L'opération s'effectuera dans l'ordre suivant :
1 - Émission de 60 000 actions de numéraire avec prime de 50 € libérées du minimum légal.
2 - Attribution de 20 000 actions gratuites à toutes les actions y compris aux 60 000 actions de numéraire émises lors de la première opération [...].

5.6. FRAIS D'AUGMENTATION DE CAPITAL
Les frais d'augmentation de capital seront imputés sur les primes d'émission.

Document 7 Calendrier des opérations

- *La période de souscription se situe du 1er octobre N au 28 octobre N 18 heures. La date d'effet juridique de l'opération a été fixée au 1er novembre N. À cette occasion 1 000 actions se sont libérées par anticipation.*
- *Le crédit coopératif verse les fonds le 1er novembre N sur le compte de la société SUPERFILM sous déduction des frais d'augmentation de capital qui s'élèvent à 12 000 € HT.*
- *Le 2 janvier N+1, la SAS SUPERFILM appelle la moitié du capital des actions de numéraire créées le 1er novembre dernier à verser au plus tard le 1er février N+1. Tous les actionnaires se sont libérés dans les temps.*

Document 8 Extrait du plan comptable de l'entreprise SUPERFILM

4673 - Obligataires, compte de souscription
4674 - Obligataires, obligations échues à rembourser
4676 - Obligataires, coupons à payer
4731 - Obligations à la souche (à placer)
481 - Frais d'émission des emprunts
6812 - Dotations aux charges à répartir sur plusieurs exercices
6861 - Dotations aux amortissements des primes de remboursement

Document 9 Caractéristiques de l'emprunt obligataire

Éléments	Données
Prix d'émission	46 €
Valeur nominale	50 €
Valeur de remboursement	Au pair
Taux d'intérêt	4 %
Date de jouissance	1er janvier de chaque année
Durée de l'emprunt	5 ans
Mode de remboursement	Amortissement constant

Le 30 décembre N, 25 000 obligations ont été souscrites, la banque n'ayant pas pu placer toutes les obligations. Les obligations non souscrites sont annulées. À cette date, la société a payé des frais bancaires de 15 000 € HT. La société a choisi d'étaler la prime et les frais sur la durée de l'emprunt par parts égales.

Document 10 Extrait du tableau de remboursements de l'emprunt obligataire

Années	Obligations vivantes	Obligations amorties	Intérêts	Amortissement	Annuités
01/01/N+2	25 000	5 000	50 000	250 000	300 000
01/01/N+3	20 000	5 000	40 000	250 000	290 000

SUJET D'ENTRAÎNEMENT À L'ÉPREUVE 2

UE 10 - COMPTABILITÉ APPROFONDIE - DURÉE : 3 HEURES Aucune machine n'est autorisée		
• **Dossier 1 :** Solutions informatiques • **Dossier 2 :** Contrats à long terme et changements comptables • **Dossier 3 :** Événements postérieurs à la clôture des comptes • **Dossier 4 :** Augmentation de capital	4,5/20 6,5/20 3/20 6/20	**Nota -** Il vous est demandé d'apporter un soin particulier à la présentation de votre copie. Toute information calculée devra être justifiée. Toute information non justifiée sera considérée comme fausse. **Les écritures comptables devront comporter les numéros et les noms des comptes et un libellé.**

AVERTISSEMENT : si le texte du sujet vous conduit à formuler des hypothèses, il vous est demandé de les mentionner explicitement.

La société anonyme AXINOV a été créée le 1er janvier N-8. L'exercice comptable de la société coïncide avec l'année civile. Le directeur financier de cette société dans laquelle vous effectuez votre stage de DCG vous demande de traiter les 4 dossiers suivants.

DOSSIER 1 : SOLUTIONS INFORMATIQUES

L'expert-comptable M. Lépine, lors de l'examen des comptes annuels de la société AXINOV, a relevé des dépenses liées à la création d'une solution informatique (logiciel) interne : AXIS 3000, afin de permettre à ses clients d'enregistrer rapidement leur commande. La société souhaite faire de ce logiciel un élément essentiel de son système commercial et envisage de le connecter ultérieurement à un site internet actif. L'entreprise opte systématiquement pour la déduction fiscale la plus rapide de ses dépenses.

À l'aide des documents 1 et 2 :

1. **Indiquer les conditions fixées par le Plan Comptable Général pour inscrire en immobilisations les solutions informatiques développées par une entité.**
   La décision d'inscrire à l'actif du bilan d'une entité une solution informatique développée en interne relève-t-elle d'une décision de gestion ?
2. **Les conditions étant réunies, présenter, à l'aide du document 1, les écritures comptables concernant la solution informatique AXIS 3000 :**
   2.1. à la clôture des comptes au 31/12/N-1 ;
   2.2. à la fin des travaux de création de la solution informatique au 30/06/N ;
   2.3. à la clôture des comptes au 31/12/N.
3. **Présenter les écritures relatives aux solutions informatiques diverses du document 2, au 31/12/N.**

DOSSIER 2 : CONTRATS À LONG TERME ET CHANGEMENT COMPTABLE

La société AXINOV est une société de consulting qui emploie 14 800 personnes. Elle est spécialisée en projets de développement de longue durée dans des secteurs d'activité variés. Jusqu'au 31 décembre N, la société AXINOV utilisait la méthode de l'achèvement pour le traitement comptable de ses contrats à long terme. Elle a décidé, pour l'exercice N+1, d'opter pour la méthode à l'avancement. Les charges par nature ont été régulièrement comptabilisées. Le taux d'IS est de 25 %. Le taux de TVA est de 20 %.

À l'aide du document 3 :

1. **Citer les différents changements comptables et donner un exemple pour illustrer chaque type de changement comptable.**
2. **Concernant le changement comptable intervenu au 1er janvier N+1 pour la société AXINOV :**
   a. Préciser la nature du changement et justifier ce changement.

b. Indiquer si ce changement comptable est global et irréversible. Justifier votre réponse.

c. Préciser, en justifiant votre réponse, les trois principes comptables remis en cause par ce changement comptable.

3. Préciser les conditions imposées par le Code de commerce pour l'application de la méthode à l'avancement prévue par le Plan Comptable Général.
4. Rappeler les critères utilisés pour déterminer si l'entité comptable a pour un contrat à long terme la capacité à estimer de façon fiable le résultat à terminaison.
5. Présenter les méthodes et outils qu'une entreprise peut utiliser pour déterminer le pourcentage d'avancement d'un contrat à long terme.
6. Présenter la ou les écritures enregistrées sur le contrat « AMADEUS » en N et en N+1.
7. Déterminer le résultat de chaque exercice en justifiant vos calculs. Contrôler la cohérence d'ensemble du résultat.

DOSSIER 3 : ÉVÉNEMENTS POSTÉRIEURS À LA CLÔTURE DES COMPTES

Le directeur financier, avant une réunion avec le commissaire aux comptes, se demande quels impacts sur les comptes annuels peuvent avoir deux événements intervenus début N.

a. Le 01/01/N+1, un incendie a endommagé les locaux de la société. Le coût des réparations est estimé à 45 000 €.

b. Le 3 mars N+1, la société AXINOV a reçu une notification de redressement fiscal faisant suite à une vérification de comptabilité effectuée sur place, du 22 décembre N au 13 février N+1. Le montant du redressement fiscal correspond à un supplément d'IS de 30 000 € au titre de l'année N-1, pour diverses erreurs dans la détermination du résultat fiscal. La société n'a pas contesté le montant de ce redressement fiscal.

1. Préciser la mission générale du commissaire aux comptes.
2. Analyser les événements postérieurs à la clôture des comptes de l'exercice N en précisant dans quel cas ils se situent. Enregistrer, si nécessaire.

DOSSIER 4 : AUGMENTATION DU CAPITAL

Le capital de la SA AXINOV est de 6 000 000 € divisé en actions de 100 € nominal. La valeur du titre avant les 2 opérations est de 150 €.

La société augmente son capital le 1er mars N, en procédant **dans l'ordre** aux opérations suivantes :

I - Émission de 30 000 actions de numéraire avec prime de 20 €.

II - Attribution de 10 000 actions gratuites.

On supposera que les droits de souscription et d'attribution sont négociés à leur valeur théorique.

1. Établir le rapport de souscription, la valeur théorique du DS (la vérifier), le rapport d'attribution et la valeur théorique du DA (la vérifier).
2. Montrer que l'opération est équitable pour Monsieur Jugurtha, qui ne disposait d'aucune action ancienne et qui participe aux deux augmentations de capital pour obtenir à la fin des deux opérations : 300 actions de numéraire et 50 actions gratuites.

   On vérifiera l'équité en comparant la valeur finale des titres acquis aux dépenses correspondantes.
3. Les actions de numéraire devant être libérées du minimum légal lors de la souscription et sachant que 500 actions se sont libérées par anticipation, enregistrer toutes les écritures comptables relatives à l'émission en numéraire et à l'attribution gratuite, le 1er mars N.
4. Le 1er septembre N, la SA AXINOV appelle le 2e quart du capital des actions de numéraire à verser au plus tard le 1er octobre. Monsieur Perrot qui avait souscrit 50 actions le 1er mars N, ne répond pas à cet appel. Ses actions sont vendues le 1er décembre N, par-devant Maître Pierre notaire pour un prix global de : 3 550 €. La société AXINOV décompte des frais de 100 € HT et un intérêt de retard annuel de 12 %.

   Enregistrer l'appel du 1er septembre, puis les versements et enfin les écritures relatives à l'actionnaire défaillant.
5. Calculer et analyser le résultat réalisé par l'actionnaire défaillant sur la vente de ses actions.

BASE DOCUMENTAIRE

Document 1 Données relatives à la création de la solution informatique : AXIS 3000

	Éléments du coût de production engagés	du 01/01/N-1 au 31/12/N-1	du 01/01/N au 30/06/N
Phase conceptuelle	Études préalables : 1. étude de faisabilité détermination des objectifs et des fonctionnalités 2. sélection des fournisseurs 3. traitement des questions juridiques préalables	1 800	
Phase de développement et de mise en production	Analyse organique 1. développement 2. étude du code	3 000	1 000
	Programmation 3. codification du logiciel de catalogage 4. création du code 5. création de la base de données	-	4 000
	Tests et jeux d'essais	-	4 000
Phase d'exploitation	Formation de l'utilisateur	-	800
	Maintenance	-	200

L'entreprise prévoit une évolution rapide des conceptions et des techniques et estime qu'au bout de trois ans cette solution informatique (logiciel) ne répondra plus aux besoins de sa clientèle.

Document 2 Opérations diverses sur solutions informatiques (logiciels)

- *AXINOV a développé un logiciel spécifique qui lui a été commandé par un client, un très gros cabinet de conseil juridique. Le coût de production de ce logiciel spécifique, rattaché à l'exercice N-1, est de 5 040 €. La fabrication du logiciel est achevée le 15 mai N, pour un coût total de 7 750 €. Ce logiciel est vendu à cette date au prix de 13 800 € HT. Aucune régularisation n'a encore été effectuée au 31/12/N.*
- *AXINOV a commencé le 15 février N-1, le développement d'un logiciel commercial destiné à être loué à sa clientèle. Un montant de 16 700 € a été inscrit en immobilisation en cours au 31/12/N-1. Le projet a été abandonné le 5 juin N. Aucune régularisation n'a été effectuée.*
- *Le 15 décembre N, la société AXINOV acquiert les logiciels suivants :*
  - *un logiciel utilitaire « Orditest », au prix HT de 350 € (TVA : 70,00), destiné à mesurer les performances des micro-ordinateurs portables ; aucune écriture n'a encore été enregistrée pour cette opération au 31/12/N ;*
  - *un logiciel antivirus « AntiV » a été acquis le 5 avril N-3 au prix HT de 1 680 € (TVA : 400). AXINOV a souscrit, lors de cette acquisition, un contrat d'envoi systématique des mises à jour sur ce logiciel. En vertu de ce contrat, la société reçoit une mise à jour de « AntiV » le 15 décembre N, au prix de 200 € HT (TVA : 40 €) ; aucune écriture n'a été enregistrée pour cette facture. Les mises à jour n'apportent pas d'améliorations significatives.*

Document 3 Informations sur le contrat à long terme « Amadeus » de la société AXINOV

Contrat d'implantation d'un ERP débuté en mars N.

Informations au	31/12/N	31/12/N+1
Prix de vente prévisionnel	1 590 000	1 600 000
Coût des prestations exécutées pendant l'exercice	500 000	400 000
Coût total prévisionnel de revient (1)	1 500 000	1 800 000

(1) *Montant estimé avec fiabilité.*

Notes

Notes

Notes

Notes

Maquettes (couverture et intérieure) : FontainePicard
Édition : Studio Octopoda
Mise en page : FontainePicard

Achevé d'imprimer sur les presses de l'imprimerie Sepec - 00831240416
Imprimé en France
Dépôt légal : 2e trimestre 2024

PEFC
10-31-1470
Certifié PEFC
Ce produit est issu de forêts gérées durablement et de sources contrôlées
www.pefc-france.org

Pour d'éventuelles informations de votre éditeur

https://eqrco.de/a/jo1nGZ

ISBN : 978-2-7446-4972-1